Wolfgang Welsch

Grenzgänge der Ästhetik

Philipp Reclam jun. Stuttgart

Für Katharina,
die sich nicht scheut,
Grenzen zu überschreiten

Universal-Bibliothek Nr. 9612

Gesamtherstellung: Reclam, Ditzingen. Printed in Germany 1996
RECLAM und UNIVERSAL-BIBLIOTHEK sind eingetragene Marken
der Philipp Reclam jun. GmbH & Co., Stuttgart
ISBN 3-15-009612-X

Inhaltsübersicht

Anhang

Vorwort

Die hier versammelten Vorträge und Aufsätze sind in den Jahren 1990–95 entstanden. 1990 war mein *Ästhetisches Denken* erschienen. Die *Grenzgänge* führen dessen Perspektive fort, setzen aber auch neue Akzente.

Eine erste Gruppe von Überlegungen widmet sich allgemeinen Fragen. Sie thematisiert die besondere Relevanz des Ästhetischen für das zeitgenössische Denken, setzt sich kritisch mit der heutigen globalen Ästhetisierung auseinander, erörtert Beziehungen zwischen dem Ästhetischen und dem Ethischen und wendet sich schließlich der Frage zu, wie eine zeitgenössische Ästhetik beschaffen sein könnte.

Eine zweite Gruppe von Beiträgen untersucht zunächst einzelne Kunstphänomene und fragt dann, wie das Verstehen von Kunst generell möglich und konkret zu leisten ist. Eine dritte Gruppe verbindet Fragen der Ästhetik mit solchen der Kultur: Was ist für künftige Städte wichtig? Rückt unsere Kultur derzeit vom Visualprimat ab? Wie wirken die elektronischen Medien auf die herkömmlichen Erfahrungswelten zurück?

Um »Grenzgänge« handelt es sich in mehrfachem Sinn. Erstens wird für eine Erweiterung des Gegenstandsbereichs der Ästhetik über den Bereich der Kunst hinaus plädiert – mit Vorteilen für die Kunstanalyse selbst. Zweitens stehen immer wieder Ambivalenzen des Ästhetischen im Blickpunkt. Drittens wird gefragt, wie sich durch ästhetische Entwicklungen Grenzen im Haushalt unserer Kultur verschieben und wie Prozesse jenseits der etablierten Grenzen zugleich Binnenbestände innerhalb dieser Grenzen verändern.

Ästhetik ist heute mehr denn je ein »weites Feld« (wie schon Herder sagte). Ihr vielschichtiges Gelände zu durchstreifen ist nicht das Potpourri-Denken geeignet, dem am Ende alles für irgendwie ästhetisch gelten mag, sondern das

in aestheticis seit jeher geforderte differenzierende Denken. Es bewahrt zudem vor der dekretorischen Verengung des Ästhetischen auf nur einen Typus.
Die Aufsätze sind aus unterschiedlichen Anlässen – teils fachphilosophischer, teils populärer Art – entstanden. Sie wurden jedoch von vornherein für diesen Band konzipiert. Einige Überschneidungen und Wiederholungen wurden zugunsten der selbständigen Lesbarkeit der Beiträge, wie sie bei einem Band dieser Art wünschenswert ist, belassen.
Mein Dank gilt all denen, welche diese Überlegungen durch Diskussionen gefördert haben: den Kollegen und Studenten verschiedener Universitäten im In- und Ausland sowie den Teilnehmern der Kongresse, Tagungen und Symposien, bei denen ich diese Gedanken erstmals vortrug. Sie werden sich in dem einen oder anderen Argument wiedererkennen. Besonders danken möchte ich Arthur C. Danto, der mir bei Unterscheidungen in Sachen Ästhetisierung half, Hanno Birken-Bertsch, der stets ein kritischer und sorgfältiger Leser der Texte sowie ein umsichtiger Bücher-Akquisiteur war, und Dietrich Klose, der bei der Auswahl der Texte wertvolle Ratschläge gab.

Magdeburg, im März 1996 *Wolfgang Welsch*

Neue Szenarien

Ästhetisierungsprozesse – Phänomene, Unterscheidungen, Perspektiven

> Lebe mit deinem Jahrhundert,
> aber sei nicht sein Geschöpf;
> leiste deinen Zeitgenossen,
> aber was sie bedürfen, nicht was sie loben.
>
> Friedrich Schiller, *Über die ästhetische Erziehung des Menschen*

> Vielleicht aber wird es überhaupt anstössig sein, ein aesthetisches Problem so ernst genommen zu sehn.
>
> Friedrich Nietzsche, *Die Geburt der Tragödie aus dem Geiste der Musik*

Die folgenden Überlegungen umfassen vier Teile. Als erstes will ich ein Tableau der gegenwärtigen Ästhetisierungsprozesse skizzieren. Da es sehr unterschiedliche Aspekte beinhaltet, werde ich als zweites zu klären haben, was der Begriff ›ästhetisch‹ in diesen verschiedenen Verwendungen bedeutet und wie mit ihm korrekt umzugehen ist. Im dritten Teil werde ich eine tiefergehende Erklärung der Ästhetisierungsprozesse versuchen. Der vierte Teil wird dann eine Bewertung der Ästhetisierungsprozesse vornehmen und Perspektiven der Kritik benennen.

I. Tableau der gegenwärtigen Ästhetisierungsprozesse

Zweifellos erleben wir gegenwärtig einen Ästhetik-Boom. Er reicht von der individuellen Stilisierung über die Stadtgestaltung und die Ökonomie bis zur Theorie. Immer mehr

Elemente in der Wirklichkeit werden ästhetisch überformt, und zunehmend gilt uns Wirklichkeit im ganzen als ästhetisches Konstrukt.
Das folgende Tableau versucht, erstens Übersicht in die zum Teil bekannten, aber verwirrend diskutierten Phänomene zu bringen. Zweitens und vor allem soll deutlich werden, daß es nicht nur eine Oberflächenästhetisierung, sondern auch eine Tiefenästhetisierung gibt. Die erste ist vielberedet und reichlich verspottet; die zweite ist weniger geläufig, jedoch gewichtiger, und sie verläßlich zu kritisieren dürfte schwieriger sein. Wer, wie das leider meist geschieht, unter dem Stichwort ›Ästhetisierung‹ nur von der Oberfläche spricht und die Tiefenästhetisierung außer acht läßt, bleibt unter dem heute nötigen diagnostischen Niveau.

1. Oberflächenästhetisierung: Verhübschung, Animation, Erlebnis

a) Ästhetische Ausstaffierung der Wirklichkeit

Am offenkundigsten ist die Ästhetisierung im urbanen Raum, wo so gut wie alles in den letzten Jahren einem Facelifting unterzogen wurde. Die Einkaufszonen wurden elegant, chic, animatorisch gestaltet. Längst sind nicht mehr nur die Innenstädte, sondern ebenso die Randzonen und ländlichen Refugien von diesem Trend betroffen. Kaum ein Pflasterstein, keine Türklinke und kein öffentlicher Platz blieb vom Ästhetisierungs-Boom verschont. Sogar die Ökologie ist weithin zu einer Verschönerungsbranche geworden. Könnten die fortgeschrittenen westlichen Industriegesellschaften ganz, wie sie wollten, sie würden die urbane, industrielle und natürliche Umwelt wohl in toto zu einem hyperästhetischen Szenario umbilden.
Dabei wird Welt zum Erlebnisraum. »Erlebnis« ist ein zentrales Stichwort dieser Verschönerungs- oder Verhüb-

schungsprozesse.[1] Jede Boutique und jedes Café wird heute »erlebnisaktiv« gestaltet. Die deutschen Bahnhöfe heißen nicht mehr Bahnhöfe, sondern nennen sich, seit sie mit Kunst garniert werden, »Erlebniswelt mit Gleisanschluß«. Alltäglich gehen wir vom Erlebnis-Büro zum Erlebnis-Kauf, erholen uns in der Erlebnis-Gastronomie und landen schließlich zu Hause im Erlebnis Wohnen. Es gibt sogar Vorschläge, Gedenkstätten – beispielsweise des Nazi-Terrors – als »Erlebnisräume« zu inszenieren.

Auch der Kunstbetrieb fügt sich der Erlebnismaschinerie ein und zeugt sich gemäß der Dialektik solcher Pseudoerlebnisse fort: Die Enttäuschung über die Erlebnisse, die in Wahrheit keine sind, treibt die Menschen immer schneller von einem Erlebnis zum nächsten. Die IX. Documenta des Jahres 1992 in Kassel belegte es erneut: Man nannte sie wieder einmal schlechter als alle vorausgegangenen und überhaupt rundum enttäuschend – aber wieder übertrafen die Besucherzahlen alle Erwartungen. Sie war die erste Documenta, die ohne Defizit abschloß. Je schlechter, desto erfolgreicher – dieses Gesetz der Unterhaltungsindustrie scheint auch für die Subbranche Kunst zu gelten.

Auf dieser ersten, vordergründigen Ebene bedeutet Ästhetisierung soviel wie Ausstattung der Wirklichkeit mit ästhetischen Elementen, Überzuckerung des Realen mit ästhetischem Flair. Gewiß knüpft dies an ein altes und elementares Bedürfnis nach schöner, unseren Sinnen- und Gestaltwünschen entsprechender Wirklichkeit an. Hinzu kommt, zumal in den Provinzen, die Fortschrittssymbolik: »Seht, nicht nur in den Metropolen, sondern auch bei uns gibt es diese ästhetischen Inszenierungen – und bei uns sogar besser, weil mit menschlichem Maß.« Der alte Traum, das Leben und die Wirklichkeit durch Einbringung von Ästhetik zu verbessern, scheint sich einzulösen. Aber unübersehbar

1 Vgl. Gerhard Schulze, *Die Erlebnisgesellschaft. Kultursoziologie der Gegenwart*, Frankfurt a. M. 1992.

ist, daß hier von der Kunst nur die vordergründigsten Momente übernommen und in verflachter Form realisiert werden. Die schönen Ensembles geraten allenfalls hübsch, und die erhabenen Inszenierungen gleiten ins Lächerliche ab – schon Napoleon hatte darauf hingewiesen, daß es vom Erhabenen zum Lächerlichen nur ein Schritt sei.

Bei dieser alltäglichen Ästhetisierung handelt es sich nicht, wie manche Theoretiker meinen, um eine – obgleich unbefriedigende – Einlösung avantgardistischer Erweiterungs- und Entgrenzungsprogramme der Kunst. Im Gegenteil: Wenn Beuys oder Cage für eine Erweiterung oder Entgrenzung des Kunstbegriffs plädierten, so dachten sie daran, daß etwas, was nicht Kunst sei, als kunstartig begriffen – und der Begriff der Kunst dadurch verändert oder erweitert werden solle. In der heutigen Ästhetisierung aber werden, genau umgekehrt, traditionelle Eigenschaften der Kunst auf die Wirklichkeit übertragen, wird der Alltag mit Kunstcharakter vollgepumpt. Das entspricht nicht den Programmen der Avantgarde, sondern allenfalls älteren Ästhetisierungsprogrammen à la Schiller, Systemprogramm, Werkbund usw. Freilich lösen auch diese sich in der gegenwärtigen Ästhetisierung anscheinend nur als Verkitschungsprogramme ein.

b) Hedonismus als neue Matrix der Kultur

In der Oberflächenästhetisierung dominiert der vordergründigste ästhetische Wert: die Lust, das Amüsement, der Genuß ohne Folgen. Dieser animatorische Trend reicht heute über die ästhetische Überformung einzelner Alltagsbestände – über das Styling von Objekten und erlebnisträchtigen Ambientes – bei weitem hinaus. Er bestimmt zunehmend die Form unserer Kultur im ganzen. Erlebnis und Entertainment sind in den letzten Jahren zu Leitlinien der Kultur geworden. Die expandierende Festival- und Fun-Kultur dient der Lust- und Unterhaltungsversorgung einer

Freizeit- und Erlebnisgesellschaft. Und während man über allzu schrille Ästhetisierungsblüten oder über einzelne Strategien von Wirklichkeitskosmetik lächeln mag, kann einem bei der Ausdehnung auf die Kultur im ganzen das Lachen schon vergehen.

c) Ästhetisierung als ökonomische Strategie

Vieles an dieser alltäglichen Ästhetisierung dient ökonomischen Zwecken. Durch Verbindung mit Ästhetik läßt sich auch Unverkäufliches verkaufen und Verkäufliches zwei- und dreimal verkaufen. Denn da die ästhetischen Moden besonders kurzlebig sind, entsteht nirgendwo so schnell und so sicher Ersatzbedarf wie bei ästhetisch durchgestylten Produkten: Noch bevor die ohnehin schon auf Verschleiß angelegten Artikel funktionell unbrauchbar werden, sind sie ästhetisch out. Zudem lassen sich Produkte, die aus moralischen oder gesundheitlichen Gründen zunehmend unverkäuflich werden, durch ästhetische Nobilitierung neu salon- und verkaufsfähig machen. Der Konsument erwirbt dann primär die ästhetische Aura und nur nebenbei den Artikel. Das hat vor allem die Zigarettenindustrie erkannt, die seit langem ästhetisch avanciert zu nennen ist. Als ihr in den 80er Jahren direkte Produktwerbung untersagt wurde, entwickelte sie Werbeformen, die ohne Produkt- oder Firmennamen auskamen und allein durch ästhetische Raffinesse bestachen.

Das Verfahren ist aufschlußreich. Man kann an ihm zwei Umstellungen ablesen, die von allgemeiner, auch über die Ökonomie hinausreichender Signifikanz sind. Erstens kommt es zu einer Vertauschung von Ware und Verpackung, Sein und Schein, Hardware und Software. Der Artikel, ehedem die Hardware, ist nur noch Beiwerk; die Ästhetik hingegen, ehedem die Software, wird zur Hauptsache. Zweitens verraten diese Werbestrategien, daß Ästhetik zu einem autonomen Leitwert – um nicht gar zu sagen: zur

Leitwährung – der Gesellschaft geworden ist. Gelingt es der Werbung, ein Produkt mit einer für den Konsumenten interessanten Ästhetik zu verbinden, so wird das Produkt, was immer seine realen Eigenschaften sein mögen, gekauft. Man erwirbt nicht eigentlich den Artikel, sondern man kauft sich mittels seiner in den Lifestyle ein, den die Werbung mit ihm assoziiert hat. Und da die Lifestyles heute ihrerseits überwiegend ästhetisch geprägt sind, ist Ästhetik insgesamt nicht Vehikel, sondern zur Essenz geworden.

2. Tiefenästhetisierung: Positionstausch zwischen Hardware und Software – neuartige Priorität des Ästhetischen

Ästhetisierungen breiten sich heute nicht nur an der Oberfläche aus, sondern die Ästhetisierung reicht auch in tiefere Schichten. Die beiden soeben genannten Vorgänge – die Vertauschung von Hardware und Software und die neue Priorität des Ästhetischen – charakterisieren nicht nur die Oberflächenprozesse, sondern auch Tiefenprozesse der Ästhetisierung, von denen nunmehr die Rede sein soll.

a) Veränderungen im Produktionsprozeß – neue Materialtechnologien

Als erstes ist auf die neuen Materialtechnologien hinzuweisen. Im Gefolge der Mikroelektronik wird die klassische Hardware, die Materie, zunehmend zu einem ästhetischen Produkt. Neue industrielle Werkstoffe werden heute bis zur Endfertigung hin rein computer-simulatorisch konzipiert und erprobt. Die Simulation – ein ästhetischer Vorgang, der sich auf der Bildfläche des Monitors abspielt – hat nicht mehr nachahmende, sondern produktive Funktion. Auch hier also rückt Ästhetik an die erste Stelle, und zwar sowohl was das Verfahren, als auch was die gewünschten Ergebnisse angeht. Die einst für hart gehaltene Wirklichkeit erweist sich als veränderbar, neu kombinierbar und offen für die Realisierung beliebiger ästhetisch konturierter Wünsche. Wenn Technikexperten heute sagen, es sei unglaublich, was wir alles könnten, so meint dieses ›unglaublich‹ nicht wie früher eine selbstbewußte Machtfülle, sondern das Erstaunen darüber, daß die materielle Wirklichkeit so wenig Widerstand bietet. Durch intelligente Eingriffe in ihre Mikrostruktur ist sie in jeder Faser veränderbar. Die Wirklichkeit ist – von heutiger technologischer Warte aus gesehen – aus formbarstem, leichtestem Stoff. Noch extreme Materialhärten sind ein Effekt weicher, ästhetischer Prozeduren.

Ästhetische Prozesse überformen nicht erst fertig vorgegebene Materien, sondern bestimmen schon deren Struktur, betreffen nicht erst die Hülle, sondern bereits den Kern. Ästhetik gehört also nicht mehr bloß zum Überbau, sondern zur Basis. Die heutige Ästhetisierung ist keineswegs bloß eine Sache von Schöngeistern oder der postmodernen Muse des Amüsements oder ökonomischer Oberflächenstrategien, sondern sie resultiert ebensosehr aus grundlegenden technologischen Veränderungen, aus harten Fakten des Produktionsprozesses.

Diese Ästhetisierung des Materiellen, wie ich diese Vorgänge nennen will, hat zugleich eine immaterielle Ästhetisierung zur Folge. Der tägliche Umgang mit mikroelektronischen Produktionsverfahren bewirkt eine Ästhetisierung unseres Bewußtseins und unserer gesamten *Auffassung* von Wirklichkeit. Wer ständig mit CAD arbeitet, weiß um die Virtualität und Manipulierbarkeit von Wirklichkeit; er hat erfahren, wie wenig wirklich die Wirklichkeit ist, wie sehr sie ästhetisch modellierbar ist. – Vielleicht verstehen die Älteren noch zu wenig, wie leicht eine jüngere Generation sich in künstlichen Welten einzurichten beginnt.

b) Wirklichkeitskonstitution durch die Medien

Daran schließt der nächste Aspekt an. Auch die soziale Wirklichkeit ist, seit sie primär durch Medien, insbesondere televisionäre Medien, vermittelt und geprägt wird, tiefgreifenden Entwirklichungs- und Ästhetisierungsvorgängen ausgesetzt. Vor dem Wirklichkeitsspender Fernsehen muß unser alter Realitätsglaube definitiv zusammenbrechen. Denn die televisionäre Wirklichkeit ist nicht mehr verbindlich und unentrinnbar, sondern im Gegenteil wählbar, wechselbar, verfügbar, fliehbar. Paßt einem etwas nicht, schaltet man weiter. Im Zapping und Switchen zwischen den Kanälen übt der fortgeschrittene Fernsehkonsument die Derealisierung des Realen ein, die auch sonst gilt. Die Bilder der Medien bieten keine dokumentarische Gewähr mehr für Realität, sondern sind weithin arrangiert und künstlich und werden auch zunehmend dieser Virtualität gemäß präsentiert.[2] Wirklichkeit wird medial zu einem Angebot, das bis in seine Substanz hinein virtuell, manipulierbar, ästhetisch modellierbar ist.[3]

2 Im Zeitalter der Pixeltechnik ist auch das Foto, früher unmittelbares Dokument von Wirklichkeit, prinzipiell unzuverlässig geworden. Mit dem alten Verläßlichkeitsglauben noch rechnen zu können, sich aber gleichzeitig neuer, manipulatorischer Technik zu bedienen, eröffnet Möglichkeiten perfekter Täuschung.

3 Videospiele ziehen die Konsequenz daraus. Sie sind die von Berichtspflichten und Realitätsbezügen definitiv losgelöste, interaktive Form von Television. Daß sie überwiegend nicht schöne, sondern dramatische, kriegerische und schreckliche Wirklichkeiten präsentieren, ist Indiz einer Bedarfsfolge der Ästhetisierung. Ästhetisierung als solche macht auf Dauer alles beliebig und schal und weckt daher den Bedarf nach immer stärkeren Reizen. Zugleich glaubt man, diese im Medium des Ästhetischen unverfänglich liefern zu können. Deshalb bietet man in Videospielen ersatzweise die harte Realität, die im Alltag durch Ästhetisierungsprozesse zunehmend entschwindet. – Auch ein gut Teil der Kunst sieht heute seine Aufgabe darin, harte Wirklichkeit, Körperlichkeit, drastische Erfahrungen zu vermitteln, also all das, was uns in der Wirklichkeit infolge von Ästhetisierungsprozessen abhanden gekommen ist. Ebenso bemüht sich die Abenteuerindustrie des Alltags um die unriskante Darbietung des Ernstfalls. Video-Kriegsspiele, Körperkunst und Bungee-Jumping bilden eine Familie.

Ich war in meinem Tableau gegenwärtiger Ästhetisierungsprozesse von der zunehmenden Ausstattung der Wirklichkeit mit ästhetischen Elementen, von ihrer Überzuckerung mit ästhetischem Flair ausgegangen. Dann habe ich darauf hingewiesen, daß diese Oberflächenästhetisierung nicht nur einzelne Momente innerhalb der Wirklichkeit betrifft, sondern auch die Form der Kultur im ganzen berührt und daß sie zunehmend universal wird. Des weiteren kommt zur Oberflächenexpansion – Stichwort Universalisierung – eine Tiefenexpansion – Stichwort Fundamentalisierung – hinzu. Darin gelangt der Positionstausch zwischen Software und Hardware und die neue Priorität des Ästhetischen, wie sie zunächst an Strategien der Ökonomie und Werbung abzulesen war, voll zum Tragen. Sowohl auf der materiellen wie auf der sozialen Ebene zeigt sich Wirklichkeit im Gefolge der neuen Technologien bzw. der televisionären Medien zunehmend durch ästhetische Prozesse bestimmt; sie wird zu einer immer stärker ästhetischen Angelegenheit – ›ästhetisch‹ hier natürlich nicht im Sinn von Schönheit, sondern von Virtualität und Modellierbarkeit gemeint. Auf diese Prozesse reagiert dann ein neuartiges, prinzipiell ästhetisches Wirklichkeitsbewußtsein. Tiefer als jene vordergründige, materielle Ästhetisierung reicht diese immaterielle Ästhetisierung. Sie betrifft nicht bloß einzelne Bestände der Wirklichkeit, sondern die Seinsweise der Wirklichkeit und unsere Auffassung von ihr im ganzen.

3. Styling von Subjekten und Lebensformen – auf dem Weg zum *homo aestheticus*?

Vergleichbares ist zu beobachten, wenn man nun von der materiellen und sozialen Wirklichkeit zur subjektiven Wirklichkeit, zur Existenzform der Individuen übergeht. Auch hier gibt es eine vordergründige und offenkundige

Ästhetisierung, aber auch dieser liegt eine tiefere Ästhetisierung zugrunde.
Bei den Individuen scheint die gegenwärtige Ästhetisierung geradezu ihre Vollendung zu erreichen. Allenthalben erleben wir ein Styling von Körper, Seele und Geist – und was die schönen neuen Menschen sonst noch alles haben mögen (oder sich zulegen). In Schönheitsstudios und Fitneßzentren betreiben sie die ästhetische Perfektionierung ihrer Körper und in Meditationskursen und New-Age-Seminaren die ästhetische Spiritualisierung ihrer Seelen. Künftige Generationen sollen es dann gleich schon leichter haben: Ihnen wird vorab die Gentechnologie zu Hilfe gekommen sein – diese neue Ästhetisierungsbranche, die uns eine Welt voll perfekt gestylter Vorführmodelle in Aussicht stellt.
Auch der Umgang der Individuen miteinander ist zunehmend ästhetisch bestimmt. In einer Welt, in der moralische Normen schwinden, scheinen Tischsitten und Umgangsformen – die Wahl des richtigen Glases und der passenden Begleitung zum jeweiligen Anlaß – noch am ehesten Halt geben zu können. Ästhetische Kompetenz – von Lifestyle-Magazinen propagiert und in Benimmkursen antrainiert – soll den Verlust moralischer Standards ausgleichen.
In solchen Prozessen wird der *homo aestheticus* zur neuen Leitfigur.[4] Er ist sensibel, hedonistisch, gebildet und vor allem von erlesenem Geschmack. Und er weiß: Über Geschmack läßt sich nicht streiten. Das gibt neue Sicherheit inmitten rundum bestehender Unsicherheit. Fundamentalistischer Illusionen ledig, lebt er alle Möglichkeiten in spielerischer Distanz. Die Kierkegaard-Literatur nimmt wieder zu.[5]

4 Vgl. hierzu kritisch: Luc Ferry, *Homo aestheticus*, Paris 1990; dt. *Der Mensch als Ästhet. Die Erfindung des Geschmacks im Zeitalter der Demokratie,* übers. von Petra Braitling, Stuttgart 1992..

5 Deren affirmative Version stammt heute von Foucault, der allzu pauschal als subversiv eingeschätzt wird. Foucaults »Ästhetik der Existenz« ist in weiten Teilen eine zeitgeistige Anpreisung ästhetischer Selbststilisierung. Man soll

Auch diese vordergründigen Narzißmen haben allerdings einen tieferen Hintergrund. Für das moderne Bewußtsein haben seit langem sämtliche Lebensformen, Orientierungsweisen und ethischen Normen eine eigentümlich ästhetische Qualität angenommen. Spätestens seit dem Historismus des 19. Jahrhunderts betrachtet man sie nicht mehr als verbindliche Standards, sondern als geschichtliche, soziale oder individuelle Entwürfe, die allenfalls situativ – für eine bestimmte Lage und Zeitspanne – passend sind. Andere Entwürfe stehen ihnen entgegen, und jeder von ihnen kann verändert und ersetzt werden. Die Moralen gelten als Gebilde von geradezu künstlerischem Rang – aber auch von eher schwebender als verbindlicher Geltung. Selbst wenn ihre Aussagen rigid sind, trägt ihre Verfassung im ganzen ästhetische Züge. Und die Kriterien, aufgrund derer man sich zwischen verschiedenen Moralen entscheidet, werden letztlich ästhetischer Natur sein.

Es trifft zwar zu, daß diese prinzipielle Ästhetisierung unserer lebenspraktischen Einstellungen und moralischen Orientierungen heute zu exzessiven Erscheinungen führt, aber unübersehbar gilt die all dem zugrunde liegende Denkform schon seit langem. Und wiederum ist es zwar leicht, über diese oder jene Erscheinungsform zu spotten, aber außerordentlich schwer, gegen die tieferen Gründe der Situation ein wirklich verläßliches Argument vorzubringen.

aus dem eigenen Leben »ein Werk [...] machen [...], das gewisse ästhetische Werte trägt und gewissen Stilkriterien entspricht« (Michel Foucault, *Sexualität und Wahrheit*, 4 Bde., übers. von Ulrich Raulff und Walter Seitter, Bd. 2: *Der Gebrauch der Lüste*, Frankfurt a.M. 1986, S.18). Zwar meint Foucault, daß auf diesem Weg selbstbestimmte und widerstandsfähige Subjekte entstünden. Aber de facto fallen sie eher angepaßt aus und fügen sich wie Dekorationspuppen in die objektive Ästhetisierung ein. Botho Strauß und Robert Wilson haben uns diesen neuen Typ von Zombies vor Augen geführt. Die ästhetischen Subjekte der schönen neuen Welt sind in Wahrheit weniger selbstbestimmt und eigensinnig als vielmehr angepaßt und steuerbar. Noch ihre Authentizität hat den Charakter des Aufgedrehten, des willentlich Gemachten. – Die Grenzen dieser Typen zu Foucaults Maximen sind zumindest fließend.

4. Generaltrend Ästhetisierung – auf unterschiedliche Weisen

Das billigste Verhalten gegenüber der neuartigen und bedrängenden Aktualität des Ästhetischen besteht darin, die Phänomene einfach zu leugnen – weil nicht sein kann, was nicht sein darf; und weil nicht ist, was man nicht wahrnimmt. Allzu leicht bedient man sich des begrifflichen Tricks, von Ästhetik per definitionem nur im Blick auf Kunst zu sprechen – schon ist man die bedrängenden Fragen losgeworden und im sicheren Hafen traditioneller Fragestellungen gelandet. Solcher Eskapismus mag für ängstliche Seelen nötig sein. Aber er taugt nicht zum philosophischen Begreifen dessen, was ist. Er setzt Abwehr an die Stelle von Diagnose und Selbstberuhigung an die Stelle begrifflicher Anstrengung. Er folgt dem magischen Glauben, durch Wegsehen die Phänomene zum Verschwinden bringen zu können, bzw. dem Theoriewahn, nicht erklären, sondern bloß dekretieren zu müssen. – Im Unterschied zu solchem Eskapismus gilt es, die diversen Ästhetisierungen unverkürzt in den Blick zu nehmen, zu unterscheiden und zu bedenken. Nur so kann man zu begründeten Optionen gelangen.

Blicken wir noch einmal auf das Tableau der Ästhetisierungsprozesse zurück: Auf einer vordergründigen Ebene nehmen in der objektiven wie der subjektiven Wirklichkeit ästhetische Elemente zu: Die Fassaden werden hübscher, die Geschäfte animatorischer, die Nasen perfekter. Aber die Ästhetisierung reicht auch tiefer, sie betrifft grundlegende Strukturen der Wirklichkeit als solcher: der materiellen Wirklichkeit im Gefolge der neuen Materialtechnologien, der sozialen Wirklichkeit infolge ihrer medialen Vermittlung und der subjektiven Wirklichkeit infolge der Ablösung moralischer Standards durch Selbststilisierungen.

Zusammengenommen ergibt sich ein genereller Ästhetisierungsbefund. ›Ästhetisierung‹ bedeutet ja grundsätzlich, daß Nichtästhetisches ästhetisch gemacht oder als ästhetisch begriffen wird. Genau das erleben wir gegenwärtig allenthalben. Zwar folgt diese Ästhetisierung nicht überall dem gleichen Muster, und der Typ des Ästhetischen, der auf das ehedem Nichtästhetische aufgeblendet wird, kann von Fall zu Fall ein anderer sein: In der urbanen Umwelt meint Ästhetisierung das Vordringen des Schönen, Hübschen, Gestylten; in der Werbung und im Selbstverhalten meint sie das Vordringen von Inszenierung und Lifestyle; im Blick auf die technologische Bestimmung der objektiven Welt und die mediale Vermitteltheit der sozialen Welt hat ›ästhetisch‹ vor allem die Bedeutung der Virtualisierung. Die Ästhetisierung des Bewußtseins schließlich bedeutet: Wir sehen keine ersten oder letzten Fundamente mehr, sondern Wirklichkeit nimmt für uns eine Verfassung an, wie wir sie bislang nur von der Kunst her kannten – eine Verfassung des Produziertseins, der Veränderbarkeit, der Unverbindlichkeit, des Schwebens usw. Im einzelnen also erfolgt die Ästhetisierung auf unterschiedliche Weise, zusammengenommen aber ergibt sich ein Generalbefund von Ästhetisierung.

II. Begriffsklärungen

1. Ist semantische Polyvalenz gleichbedeutend mit Unbrauchbarkeit?

Vielleicht sollte ich aber, bevor ich von diesem Befund aus weitergehe, erst auf einen möglichen Einwand antworten. Ich habe soeben davon gesprochen, daß der Ausdruck ›ästhetisch‹ nicht in allen vorangegangenen Beispielen die gleiche Bedeutung hatte. Mal bezog er sich auf Schönes oder auch nur Hübsches, mal auf Stilisierung, mal auf Virtualisierung usw. Zudem war sein Bezugspunkt unterschiedlich:

Mal ging es um Eigenschaften von Gegenständen, mal um assoziative Dimensionen, mal um die Seinsweise von Wirklichkeit.

Darf man so mit einem Begriff umgehen? Oder anders gefragt: Wenn solch unterschiedliche Verwendungsweisen tatsächlich zur Grammatik des Ausdrucks ›ästhetisch‹ gehören – verurteilt dies den Ausdruck dann nicht zur Unbrauchbarkeit? Macht derlei Polysemie aus einem Begriff nicht einen Scheinbegriff? Sollte am Ende gar die diagnostizierte Universalität des Ästhetischen bloß eine Folge der Vielgesichtigkeit des Ausdrucks und somit ein Scheineffekt sein? Ist ›ästhetisch‹ eine Passepartout-Vokabel, die nur deshalb auf alles paßt, weil sie nichts besagt? Müßte man also den Ausdruck nicht gänzlich fallenlassen, weil Unexaktheit bei Begriffen gleichbedeutend ist mit Unbrauchbarkeit?

Das Problem der semantischen Uneindeutigkeit des Ästhetischen ist so alt wie die Disziplin namens Ästhetik. Baumgarten, der sie begründet hat,[6] bestimmte die Ästhetik als »Wissenschaft vom sinnenhaften Erkennen«.[7] Ästhetik sollte primär nicht mit Kunst zu tun haben, sondern ein Zweig der Erkenntnistheorie sein. Hegel hingegen wollte, gut ein halbes Jahrhundert später, unter Ästhetik dezidiert eine »Philosophie der Kunst« und genauer »der schönen Kunst« verstanden wissen.[8] Dagegen erhob, wieder einige Jahrzehnte später, ein Experte wie Konrad Fiedler Einspruch: »Ästhetik«, sagte er, »ist nicht Kunstlehre«; die »Zusammenstellung des Schönen und der Kunst« ist viel-

6 Baumgarten hat 1735 den Terminus ›Ästhetik‹ geprägt, 1742 erstmals Vorlesungen über Ästhetik gehalten und 1750 das erste Buch dieses Titels, den ersten Band seiner *Aesthetica*, publiziert.

7 Alexander Gottlieb Baumgarten, *Aesthetica*, Frankfurt a. d. O. 1750, Nachdr. Hildesheim 1970, § 1, S. 1.

8 Georg Wilhelm Friedrich Hegel, *Ästhetik*, hrsg. von Friedrich Bassenge, 2 Bde., Frankfurt a. M. [o. J.], Bd. 1, S. 13.

mehr das »*proton pseudos* auf dem Gebiete der Ästhetik«.[9] Der Katalog solch konträrer Bestimmungen der Ästhetik ließe sich schier endlos fortsetzen. Mal soll es um das Sinnliche, mal um das Schöne, mal um Natur, mal um Kunst, mal um Wahrnehmung, mal um Beurteilung, mal um Erkenntnis gehen; und ›ästhetisch‹ soll abwechselnd sinnlich, lustvoll, künstlerisch, scheinhaft, fiktional, poietisch, virtuell, spielerisch, unverbindlich usw. bedeuten.

Diese Vieldeutigkeit könnte einen in der Tat an Sinn und Brauchbarkeit des Ausdrucks verzweifeln lassen. Jeder Ästhetiktheoretiker sagt etwas Interessantes, aber jeder sagt etwas anderes. »Es stimmt alles; und nichts.« »[...] in dieser Lage befindet sich«, wer »in der Aesthetik [...] nach Definitionen sucht« – so hat Wittgenstein die Situation einmal beschrieben.[10]

2. Familienähnlichkeit

a) Vorbild Wittgenstein

Wittgenstein zeigt uns aber auch einen Ausweg aus dieser Schwierigkeit. Er legt dar, daß bei Termini mit unterschiedlichen Verwendungsweisen zwar eine Kohärenz dieser Verwendungsweisen nötig ist, daß diese Kohärenz sich aber nicht einem einheitlichen Wesen zu verdanken braucht, sondern auch auf andere Art zustande kommen kann: durch semantische Überschneidungen von einer Verwendungsweise zur nächsten. Die unterschiedlichen Bedeutungen haben dann, wie Wittgenstein sagt, »garnicht Eines gemeinsam«[11]

9 Konrad Fiedler, »Kunsttheorie und Ästhetik«, in: K. F., *Schriften zur Kunst*, hrsg. von Gottfried Boehm, 2 Bde., München ²1991, Bd. 2, S. 9–24, hier S. 9.

10 Ludwig Wittgenstein, *Philosophische Untersuchungen*, in: L. W., *Werkausgabe*, Frankfurt a. M. 1984, Bd. 1, S. 225–580, hier S. 283 [77].

11 Ebd., S. 277 [65].

– also kein Element, das zu dekretieren erlaubte, was *das* Ästhetische ist –, vielmehr resultiert ihr Zusammenhang einzig aus ihren Überschneidungen. Eine solche Struktur bezeichnet Wittgenstein als »Familienähnlichkeit«.
Genau so ist meines Erachtens der Terminus ›ästhetisch‹ verfaßt. Familienähnlichkeiten bestimmen seine Grammatik. Man könnte in Anlehnung an eine berühmte Passage von Wittgensteins *Philosophischen Untersuchungen* geradezu formulieren: »Statt etwas anzugeben, was allem, was wir ästhetisch nennen, gemeinsam ist, sage ich, es ist diesen Erscheinungen garnicht Eines gemeinsam, weswegen wir für alle das gleiche Wort verwenden, – sondern sie sind mit einander in vielen verschiedenen Weisen *verwandt*. Und dieser Verwandtschaft, oder dieser Verwandtschaften wegen nennen wir sie alle ›ästhetisch‹.«[12] – Ich habe in dem Zitat nur ›Sprache‹ durch ›ästhetisch‹ ersetzt.

b) ›ästhetisch‹ – ein durch Familienähnlichkeiten charakterisierter Terminus: Bedeutungselemente, Bedeutungsgruppen, Überschneidungen

Im folgenden will ich darlegen, inwiefern ›ästhetisch‹ ein durch Familienähnlichkeiten charakterisierter Terminus ist. Zu diesem Zweck gehe ich verschiedene Verwendungsweisen des Ausdrucks durch.[13] Dabei wird es analytisch hilfreich sein, drei Gesichtspunkte zu unterscheiden. Was sind – erstens – die verschiedenen Bedeutungen und Bezugsbereiche des Ausdrucks? Zweitens (und vor allem): Welche semantischen Bedeutungselemente lassen sich bei diesen verschiedenen Verwendungen identifizieren, und wie ergeben

12 Ebd.
13 Aus Umfangsgründen beschränke ich mich auf die Nennung der hauptsächlichen Bedeutungen – schon deren Zahl ist groß genug. Die Analyse dürfte genügen, um die Eigenart der Familienähnlichkeiten erkennen zu lassen, wie sie dann auch andere Bedeutungen des Ausdrucks ›ästhetisch‹ kennzeichnet.

unterschiedliche Kombinationen dieser Elemente die diversen Bedeutungen des Ausdrucks? Und drittens: Auf welche Weise führt das Vorkommen der gleichen Bedeutungselemente in den verschiedenen Bedeutungen zu Überschneidungen, Anschlüssen und Übergängen zwischen diesen? Wie also – im Gefolge welcher Bedeutungselemente – gelangt man von einer Bedeutung zur nächsten und so sukzessiv durch die ganze Skala der Verwendungsweisen von ›ästhetisch‹?

Bedeutungsgruppe Sinnenhaftes: das aisthetische und das elevatorische Bedeutungselement

Sehr allgemein bezieht sich der Ausdruck ›ästhetisch‹ auf das Sinnenhafte. ›Ästhetisch‹ kann geradezu gleichbedeutend mit ›sinnenhaft‹ gebraucht werden. Gleichwohl nennen wir, genau genommen, nicht jegliches Sinnliche ›ästhetisch‹. Wir tun dies vielmehr – in Abgrenzung vom Grob-Sinnlichen – nur bezüglich des Kultiviert-Sinnlichen. Beispielsweise bezeichnen wir nicht die Genußhaltung des Gourmand, sondern nur die des Gourmet als ›ästhetisch‹. Zum Ästhetischen gehört eine Tendenz zur Überformung, Überhöhung und Veredelung des Sinnlichen. Sie kann bis zu Konnotationen des Überfeinerten, Sublimen, ja Ätherischen reichen.

Während ich das erste Bedeutungselement, das sich allgemein auf das Sinnenhafte bezieht, als das *aisthetische* Bedeutungselement bezeichne, nenne ich dieses zweite Element, das spezifizierend hinzutritt, das *elevatorische* Element. Es bringt eine Absetzung, eine Distanzierung vom Vulgär-Sinnlichen, den Aufstieg zu einer höheren Form des Sinnlichen zum Ausdruck. Erst beide Elemente zusammen – das aisthetische und das elevatorische Element – machen die volle Semantik der auf das Sinnenhafte bezogenen Bedeutungsgruppe von ›ästhetisch‹ aus. Durch diese Doppelung wohnt dem Ausdruck freilich von Anfang an eine eigentümliche Spannung inne: ›ästhetisch‹ bezieht sich auf das Sinnenhafte – und vollzieht doch zugleich eine Distanzierung von ihm; es zielt auf das Sinnenhafte nicht, wie es gewöhnlich ist, sondern auf eine höhere und ausgezeichnete, eine besonders kultivierte Einstellung zum Sinnenhaften. Dadurch wird der Raum für eine ganze Reihe von Verschiebungen und Variationen eröffnet.

Doppelcharakter der *aisthesis*: Empfindung und Wahrnehmung

Innerhalb des aisthetischen Bedeutungselements ist sogleich eine weitere Differenzierung zu beachten. Denn die *aisthesis* hat zwei Seiten; sie ist durch eine Gabelung von *Empfindung* einerseits und *Wahrnehmung* andererseits charakterisiert. Die Empfindung ist lustbezogen und gefühlshaft, die Wahrnehmung hingegen ist gegenstandsbezogen und erkenntnisartig. Subjektive Bewertung bildet den Fokus der Empfindung, objektive Feststellung den Skopus der Wahrnehmung. Dieser Gabelung entsprechend, kann ›ästhetisch‹ im Blick auf den Lustakzent der Empfindung eine *hedonistische* und im Blick auf die Betrachtungshaltung der Wahrnehmung eine *theoretizistische* Bedeutung annehmen.

Empfindung: hedonistisches Bedeutungselement

Hinsichtlich der Empfindung macht sich sogleich wieder das elevatorische Bedeutungselement geltend. Wir bezeichnen – wie zuvor nicht jedes Sinnliche – so auch nicht jegliche Empfindung oder Lust als ›ästhetisch‹: nicht nämlich die niedrige, vitale Lustempfindung, die durch Lebensinteressen bestimmt ist, sondern nur eine höhere Art von Lust, die sich entweder auf andere, auf vital irrelevante Aspekte der vital lustvollen Gegenstände richtet oder auf solche Gegenstände, die, vital betrachtet, von vornherein weder lustvoll noch unlustvoll sind. Die spezifisch ästhetische Lust bezieht sich beispielsweise auf das Arrangement von Speisen – statt auf deren Substanz, oder auf den Vollzug der Liebe – statt der Triebbefriedigung, oder auf die Form einer Rede – anstelle ihres Inhalts.

Während man die vitale Lust mit dem Erdgeschoß eines Bauwerks vergleichen könnte, entspricht die ästhetische Lust einem darüber befindlichen Stockwerk, einem *piano nobile*, wo man, nachdem die elementaren Bedürfnisse gestillt sind, gemäß den Kriterien eines reflexiven Wohlgefallens genießt, das seine Gegenstände nicht als notwendig oder nützlich, sondern als schön, harmonisch, erhaben oder apart beurteilt. Dieses piano nobile ist die *Beletage* des ästhetischen Urteilsvermögens par excellence, des »Geschmacks«. Daher wird ›ästhetisch‹ oftmals im Sinn von ›geschmackvoll‹ oder ›kultiviertem Geschmack entsprechend‹ verwendet.

Strikt hedonistisch ausgerichtet ist freilich auch dieses höhere Wohlgefallen. Lust ist seine zentrale Bestimmung. Das Wohlgefallen des Geschmacks verdankt sich nämlich »einer Empfindung [...], die mit dem Gefühle der Lust und Unlust unmittelbar verbunden ist«[14] – nur daß es sich jetzt eben nicht mehr um die Lust des bloßen »Sinnen-Geschmacks«, sondern um die höhere Lust des »Reflexions-Geschmacks« handelt.[15]

Zur Zeit ist freilich eine gewisse Distanzverringerung zwischen den beiden ›Stockwerken‹ festzustellen. Früher waren höhere Ansprüche zu erfüllen, damit man von ›ästhetisch‹ sprach, heute genügen niedrigere. So bezeichnet man gegenwärtig bereits ein den Sinnen gefälliges Arrangement als ›ästhetisch‹. Das elevatorische Element wird also reduziert, und ästhetische Ansprüche werden schon nahe an der Vitalsphäre, ja in dieser erhoben. Gleichwohl ist mit dem Ausdruck ›ästhetisch‹ weithin noch immer der Gegensatz von

14 Immanuel Kant, Erste Fassung der Einleitung in die *Kritik der Urteilskraft*, H 30.

15 So hat Kant diesen Unterschied benannt (ebd., B 22).

elitär versus gewöhnlich verbunden. Zum Ästhetischen gehört stets eine Art von Distanzbildung.

Bedeutungselemente ästhetischer Wahrnehmung: proportionen- und formbezogen, theoretizistisch, phänomenalistisch

Auf der anderen Seite der *aisthesis*, auf der Seite der Wahrnehmung, macht sich ebenfalls als erstes wieder das elevatorische Bedeutungselement geltend. Wenn wir eine Wahrnehmung als ›ästhetisch‹ bezeichnen, so haben wir nicht die gewöhnliche Art des Wahrnehmens im Sinn, sondern eine besondere und höherstufige Wahrnehmung, die sich auf spezifische Aspekte und Gegenstände richtet – beispielsweise nicht, wie die simple Wahrnehmung, darauf, daß etwas rot ist, sondern darauf, daß dieses Rot in einem Komplementärkontrast zum Grün steht oder daß es durch die umgebenden Farben besonders gut zur Geltung gebracht wird.
Diese ästhetische Wahrnehmung bezieht sich generell weniger auf Elemente als auf Verhältnisse von Elementen: auf Zusammenhänge und Kontraste, Harmonien und Korrespondenzen, Gegenführungen oder Analogien. Die ästhetische Wahrnehmung ist an deren Stimmigkeit und Gelungensein interessiert. Fragen der Form und der Proportion bilden ihre Domäne. Wo sich ›ästhetisch‹ auf solche Wahrnehmungen bezieht, rückt daher ein *form- und proportionenbezogenes* Bedeutungselement in den Vordergrund.
Zusätzlich ist für solche Wahrnehmung ein *theoretizistisches* Bedeutungselement kennzeichnend: Die ästhetische Wahrnehmung hat die Vollzugsform der Betrachtung. Am unmittelbaren Sein der Dinge ist sie ohnehin nicht interessiert, und noch ihre eigentümlichen Gegenstände genießt sie auf Distanz – eben in der Weise der Betrachtung. Die ästhetische Wahrnehmung ist nicht praxisorientiert, sondern kontemplativ, nicht pragmatisch, sondern theoretizistisch. Das kann bis zu Konnotationen wie ›praxisfern‹, ›wirklichkeits-

fremd‹ oder gar ›weltfremd‹ führen. Der ästhetisch Wahrnehmende richtet seinen Blick eben ausschließlich auf die spezifisch ästhetischen Gegenstandsaspekte und Verhältnisse, ohne sich in die realen hineinziehen zu lassen. Er macht sich die Hände nicht schmutzig, sondern betrachtet die ästhetischen Verhältnisse, ohne der Antagonismen des Realen zu achten.

Daran anschließend, kann ›ästhetisch‹ vornehmlich auf das Bedeutungselement *phänomenalistisch* zielen. Dabei steht der Gedanke im Vordergrund, daß die ästhetische Wahrnehmung sich nur auf die Oberfläche, auf die Haut der Dinge richtet, sich also den Erscheinungen widmet und nicht deren Sein. Sie schwelgt im Äußeren der Dinge, ohne sich um deren Inneres zu kümmern. Von daher wird ›ästhetisch‹ oft mit Konnotationen wie ›Schein‹, ›erscheinungshaft‹, ›oberflächenbetont‹, ›äußerlich‹, ›oberflächlich‹ verbunden.

Bedeutungselement ›subjektiv‹

Vielfach sagt man, die ästhetische Empfindung sei subjektiv – dem einen gefalle dies, dem anderen das. Daher ist der Gebrauch des Ausdrucks ›ästhetisch‹ oft durch das Bedeutungselement *›subjektiv‹* dominiert. Verständlich ist das insofern, als Lust generell eine subjektive Bestimmung ist (Lustcharakter haftet den Gegenständen nicht als solchen an, sondern kommt ihnen nur in Relation zu einem Subjekt zu), und dies ist bei der ästhetischen Lust besonders auffällig, denn sie hängt ganz und gar von einer spezifischen Einstellung ab: Ihre Gegenstände (etwa die gelungene Form einer Komposition oder die Harmonie einer Farbenpalette) entdecken sich überhaupt nur in der Geschmacksperspektive, während sie für das gewöhnliche Empfinden und Wahrnehmen gar nicht existieren.

Bedeutungselement ›versöhnt‹

Manchmal bringt ›ästhetisch‹ eine *Versöhnungsperspektive* zum Ausdruck. Als ›ästhetisch‹ bezeichnet man Gebilde gerade, sofern in ihnen Unterschiedliches wundersam gefügt, zur Harmonie gebracht, zusammenstimmend oder zusammenklingend gemacht ist. Was alltäglich hart und unversöhnlich aufeinanderstößt, scheint sich ästhetisch wie von selbst zu fügen. Der Übergang von der elementaren zur ästhetischen Sinnlichkeit ist zugleich einer von Disparatheit zu Fügung, von Widerstreit zu Harmonie, von Divergenz zu Versöhnung.

Analytisch betrachtet, kommen darin mehrere der schon erwähnten Bedeutungselemente neuerlich zur Geltung: die Absetzung von der alltäglichen Realitätserfahrung sowie das elevatorische, das form- und proportionenbezogene und das phänomenalistische Bedeutungselement. Offenbar können die unterschiedlichen Bedeutungselemente auch ineinander verfugt sein. Oder genauer gesagt: Zwar sind die unterschiedlichen Verwendungsweisen bzw. Bedeutungen des Ausdrucks ›ästhetisch‹ zumeist auf ein bestimmtes Bedeutungselement konzentriert, aber sie können andere Bedeutungselemente als Nebengesichtspunkte einschließen. Die einzelnen Bedeutungselemente scheinen sogar strukturell immer auch andere Bedeutungselemente zu implizieren.

Kallistisches Bedeutungselement

Oft wird ›ästhetisch‹ gleichbedeutend mit ›schön‹ gebraucht, also in *kallistischer* Bedeutung verwendet. Schönheit gilt weithin sogar als das ästhetische Prädikat par excellence. Das hat damit zu tun, daß ›schön‹ alle auf das Sinnenhafte bezogenen Elemente in sich aufzunehmen vermag und sie in einer Versöhnungsperspektive zusammenfaßt. Denn Schönheit bezeichnet die Vollendungsform des Sinnlichen, und diese Vollendung besteht eben in einer freiheitlichen

Fügung der Teile zu einem Ganzen, also in Versöhnung. Somit gehören zur Struktur des kallistischen Bedeutungselements das aisthetische wie das elevatorische, das hedonistische und das form- und proportionenbezogene und insbesondere das Versöhnung signalisierende Bedeutungselement.

Kosmetisches und poietisches Bedeutungselement

In einer eher pragmatischen Akzentuierung kann sich ›ästhetisch‹ auf Gestaltung beziehen – speziell auf gute Gestaltung, auf Gestaltung im Sinn der ›guten Form‹. Wieder sind das elevatorische, das form- und proportionenbezogene, das kallistische und das versöhnungsbezogene Bedeutungselement beteiligt. Zusätzlich rückt hier eine *kosmetische* Bedeutung des Ästhetischen in den Vordergrund: Die Gestaltung erreicht nicht durch Substanzwandel, sondern durch geschicktes Arrangement und gekonnte Überformung ihrer Materialien und Gegenstände, daß das Ergebnis sich für die ästhetische Betrachtung als gelungen und genußvoll darstellt. Dieses kosmetische Bedeutungselement steht offenbar dem phänomenalistischen nahe.

Vor allem tritt hier aber ein neues Bedeutungselement auf: das *poietische* Element, das Element der Hervorbringung. Während sich die vorangegangenen Verwendungen von ›ästhetisch‹ auf die ästhetische *Betrachtung* von Vorhandenem bezogen (wobei sich die Seite der Hervorbringung auf die Erzeugung der ästhetischen Einstellung, der ästhetischen Wahrnehmungsart beschränkte), geht es hier um *Hervorbringung auf der Gegenstandsebene*, um die Erzeugung von Objekten ästhetischen Charakters. Das kann alltägliche Gegenstände ebenso wie Kunstwerke betreffen.

Artistisches Bedeutungselement

Oftmals wird ›ästhetisch‹ geradezu definitorisch auf Kunst bezogen, hat also spezifisch *artistische* Bedeutung. Die Verbreitetheit dieser Verwendungsweise erklärt sich daraus, daß die kunstbezogene Bedeutung fast alle der zuvor erwähnten Elemente in sich zu versammeln vermag: das Sinnenhafte, seine Übersteigung und Vollendung, den Genuß der Betrachtung, die Distanzierung vom Realen, die Vollkommenheit von Formen und Proportionen, die Praxisferne, den Phänomenalismus, die wundersame Fügung von Elementen zum versöhnten Ganzen, und natürlich ebenso den Subjektivitäts- und Schönheitsakzent sowie das kosmetische und das poietische Moment.

Bedeutungselement ›ästhetik-konform‹

Schließlich kann ›ästhetisch‹ gleichbedeutend mit ›der Theorie des Ästhetischen gemäß‹ gebraucht werden, also soviel wie *›ästhetik-konform‹* bedeuten. Der Ausdruck signalisiert dann kurzum Kompetenz in Sachen Ästhetik.
Gegenüber den zuletzt genannten, eher verengenden Bedeutungen des Ausdrucks ›ästhetisch‹ seien abschließend noch drei Bedeutungen genannt, die den Ausdruck vergleichsweise erweitern.

Bedeutungselement ›sensibel‹

Wenn man eine Person als ›ästhetisch‹ bezeichnet, so muß sich dies nicht (im Anschluß an schon erwähnte Bedeutungen) auf deren Erscheinungsbild oder ästhetischen Habitus beziehen, sondern man kann damit auch meinen, daß diese Person in besonderer Weise *›empfindungsfähig‹*, eigentümlich *›sensibel‹* ist. Ein solcher Mensch vermag Dinge wahrzunehmen, die andere übersehen.
Diese Verwendung knüpft an die Eigenart ästhetischer

Wahrnehmung an, überall dort, wo das gewöhnliche Wahrnehmen nur Gewöhnliches wahrnimmt (etwa Farben), Anderes und Weitergehendes zu gewahren (etwa die Harmonie der Farben). Die Bedeutung ›sensibel‹ überträgt diese Struktur des Ästhetischen auf andere, nicht primär sinnenhafte, sondern etwa auf ethische, moralische oder politische Felder. Als ›sensibel‹ gilt dann beispielsweise, wer die Aggressivität in einem Gestus von Freundlichkeit oder die Unterdrückung inmitten eines Habitus von Toleranz wahrzunehmen vermag. Und wenn wir von einer ›ästhetischen Kultur‹ sprechen, so müssen wir dabei nicht ein besonders hohes künstlerisches Niveau der betreffenden Kultur im Auge haben, sondern können mit dieser Bezeichnung eine außergewöhnlich entwickelte Sensibilität dieser Kultur in moralischen und politischen Angelegenheiten meinen.

Bedeutungselement ›ästhetizistisch‹

Oftmals steht ›ästhetisch‹ für einen Extremfall des Ästhetischen, für die Gestaltung des Lebens nach ausschließlich ästhetischen Kriterien, für einen ästhetischen Typus der Existenz.[16] ›Ästhetisch‹ bedeutet hier soviel wie *›ästhetizistisch‹*.

Die ästhetizistische Haltung schlägt den Bogen zum Vitalen, zum anfänglichen Absetzungsboden des Ästhetischen zurück. Immer war ja die Frage in gewisser Weise offen, ob die ästhetischen Vollzüge zu den vitalen nur ergänzend hinzutreten oder diese letztlich zu absorbieren und zu substituieren suchen. Der ästhetische Lebenstypus wählt die letztere, die weitgehende Lösung.

Mit der ästhetizistischen Haltung ist eine Universalisierung des Ästhetischen verbunden, und ›ästhetizistisch‹ vermag, ähnlich wie zuvor ›artistisch‹, schier alle der bisher erörter-

16 Diese Bedeutung ist seit Schiller, Hegel und Kierkegaard geläufig und wurde von Künstlern wie Baudelaire und Wilde exemplarisch verkörpert.

ten Bedeutungselemente des Ästhetischen in sich aufzunehmen. Ein Unterschied zur Integration im Fall der Kunst liegt allerdings darin, daß das poietische Moment hier nicht nach außen (auf die Erzeugung von Werken), sondern nach innen, auf die Gestaltung des eigenen Lebens bezogen ist – gleichsam reflexiv geworden ist.
Neu ist dann (neben der Reflexivierung auch des Genußmoments, denn es geht dem Ästhetizisten letztlich in allem um Selbstgenuß) vor allem die Dominanz des Spielerischen sowie der Vorrang des Möglichen vor dem Wirklichen. Der *homo aestheticus* ist ein Virtuose des »Möglichkeitssinns« (Musil) und der Virtualisierung.

Bedeutungselement ›virtuell‹

Das leitet zum letzten Bedeutungselement über, das ich hier erwähnen will: zur *Virtualität*. Sie kennzeichnet eine spezifisch ästhetische Auffassung der Wirklichkeit, die dort eintritt, wo die ästhetische Betrachtung zum Leitmodell des Verhältnisses zum Wirklichen gemacht wird. Diese ästhetische Weltsicht richtet sich (in Fortführung des phänomenalistischen Bedeutungselements) ganz auf die Oberflächen und Erscheinungen. Für sie ist der Zusammenhang der Welt nicht mehr einer von Dingen, sondern von Phänomenen; der rein ästhetisch Betrachtende wird sogar zu der Auffassung neigen, daß es »nichts hinter den Phänomenen [gibt]: sie selbst sind die Lehre«.[17]
In dieser Wirklichkeitssicht sind weder die Einzeldinge noch die singulären ästhetischen Erscheinungen ausschlaggebend, sondern deren Zusammenhang, ihr Verhältnis, ihre Konstellation im Ganzen. Dies hat zur Folge, daß alle Bestimmungen – die objektiven Referenzen sowieso, aber ebenso die ästhetischen Erscheinungen – in ein eigentümli-

17 Johann Wolfgang Goethe, *Maximen und Reflexionen*; *Goethes Werke* (Hamburger Ausg.), Bd. 12, München ^{7}1973, S. 365–547, hier S. 432 [Nr. 488].

ches Schweben geraten. Die ästhetische Welt vermittelt dann im ganzen einen Eindruck der Leichtigkeit, der Veränderlichkeit und des Schwebens.
Solche Bestimmungen haben natürlich an der ›realen‹ Welt ihren Gegenhalt. Die Bodenschwere des Realen ist der dunkle Satz, gegen den die ästhetische Welt so glänzende Figur macht. Es ist gegenüber dem Realen, daß das Ästhetische den Charakter des Virtuellen, der Auflösung der Wirklichkeit, der Abgehobenheit und tendenziellen Unwirklichkeit annimmt. Kontrastiv erscheint die ästhetische Welt als apart, leicht und licht und vergleichsweise unwirklich – irgendwie wolkengleich. Das kann bis zu negativen Assoziationen wie ›realitätsfremd‹, ›freischwebend‹, ›scheinhaft‹, ›ephemer‹, ›unverbindlich‹, ›unverantwortlich‹ oder ›bodenlos‹ führen. Auf solche – um das Zentralprädikat ›virtuell‹ kreisende – Bedeutungen bezieht sich ›ästhetisch‹, wenn es eine Seinsweise meint.

Fazit: Familienähnlichkeiten und Zusammenhang der diversen Bedeutungen von ›ästhetisch‹

Was ist das Ergebnis dieses Ganges durch die hauptsächlichen Verwendungsweisen des Ausdrucks ›ästhetisch‹, der uns erlaubt hat, eine ganze Reihe von Bedeutungen und Bedeutungselementen des Ausdrucks zu identifizieren?
Erstens zeigte sich, daß es weder eine einzige verbindliche Bedeutung des Ausdrucks ›ästhetisch‹ noch ein Bedeutungselement gibt, das all seinen diversen Bedeutungen gemeinsam wäre – das also dergleichen wie das essentielle Element des Ästhetischen darstellen oder einen roten Faden durch alle Bedeutungen bilden würde.[18]

18 Am ehesten könnte noch das elevatorische Bedeutungselement den Eindruck erwecken, ein solch essentialistischer Kandidat zu sein. Aber es gibt Versionen des Ästhetischen, die sich gerade gegen dieses Element wenden, indem sie im Gegenzug gegen die standardmäßige Überschreitung des Primärsinnlichen just für eine Rückwendung zum rohen, primären Sinnlichen

Zweitens wurde deutlich, daß die diversen Verwendungen gleichwohl nicht einfachhin disparat sind. Gewiß: Wenn ›ästhetisch‹ in der Bezugsgruppe Wahrnehmung die Bedeutung ›theoretizistisch‹ und in der Bezugsgruppe Empfindung die Bedeutung ›lustvoll‹ hat, so sind dies hochgradig unterschiedliche Bedeutungen, und man wird keinesfalls die eine für die andere substituieren können. Ähnliches gilt für Prädikate wie ›form- und proportionenbezogen‹, ›phänomenalistisch‹, ›subjektiv‹, ›poietisch‹ oder ›virtuell‹. Dennoch bestehen offenbar auch Übergänge zwischen diesen Prädikaten. Daher weisen die durch sie bestimmten Bedeutungsgruppen nicht bloß bleibende Differenzen (vornehmlich hinsichtlich ihrer Leitprädikate), sondern zugleich etliche Verbindungen und Übergänge auf.
Solche Verflechtungen rühren insbesondere daher, daß die Bedeutungselemente nicht ›Radikale‹ im strengen Sinn darstellen (nicht wie ›Atome‹ verfaßt sind), sondern eine komplexe Struktur aufweisen. Die semantische Architektur eines einzelnen Bedeutungselements kann mehrere andere Bedeutungselemente einschließen. Immer wieder zeigte sich im Gang durch die Verwendungsweisen eine solche Vernetzung der Bedeutungselemente. Die Elemente repräsentieren nicht autonome semantische Positionen, sondern sind als Pointierungen in einem Geflecht von Bedeutungselementen zu verstehen.
Sofern andere Bedeutungselemente zur Struktur eines einzelnen Bedeutungselements gehören können, mögen derlei

plädieren – man denke etwa an die *art brut*. Im übrigen würde das elevatorische Element selbst dann, wenn es tatsächlich allen Bedeutungen inhärieren würde, doch als solches noch nicht ausreichen, um den Begriff des Ästhetischen zu konstituieren. Es ist, für sich genommen, keineswegs spezifisch genug, um von sich aus die Bedeutung ›ästhetisch‹ zu erzeugen; es tritt gleichermaßen in anderen Sphären auf, die darob noch lange nicht ästhetisch zu nennen sind – so beispielsweise in der moralischen oder der kognitiven Sphäre. Es muß schon mindestens ein zweites Element – etwa das aisthetische – zum elevatorischen hinzukommen, damit die Bedeutung ›ästhetisch‹ entsteht.

Bedeutungen zwar vordergründig als disparat erscheinen, sind aber untergründig – und konstitutiv – miteinander verbunden. So erwachsen beispielsweise das hedonistische und das theoretizistische Element auf unterschiedlichen Ästen der *aisthesis* – das eine auf dem empfindungs-, das andere auf dem wahrnehmungsbezogenen Ast –, aber in beiden ist eine elevatorische Komponente wirksam; daher sind sie, trotz ihrer Oberflächendifferenz, sowohl durch die Doppelmatrix der *aisthesis* wie durch diese elevatorische Komponente verbunden. Diese Struktur hat zur Folge, daß man im Duktus solch gemeinsamer Elemente von einer Bedeutung zur nächsten übergehen kann. Und dies hebt ihren Unterschied gewiß nicht auf, sondern macht ihn – ganz im Gegenteil – geradezu besser verständlich. Indem man sich klarmacht, wie die hedonistische und die theoretizistische Bedeutung auf den verschiedenen Ästen der *aisthesis* im Zug der gleichen elevatorischen Dynamik erwachsen, kann man sowohl die Genese ihrer Differenz wie den Mechanismus verstehen, der sie beide zu Mitgliedern im Fächer der Bedeutungen von ›ästhetisch‹ macht. – Oder ein Prädikat wie ›sensibel‹ teilt mit ›formbezogen‹ zwar das Moment der Absetzung vom gewöhnlichen Wahrnehmen und der Überlegenheit diesem gegenüber, wendet dieses Moment aber auf eine völlig andere Materie (nicht auf eine aisthetische, sondern etwa auf eine moralische oder politische) an. Daher ist ›sensibel‹ zwar von ›formbezogen‹ begreiflicherweise weit entfernt, denn die Prämisse der formbezogenen Bedeutung (die aisthetische Komponente) kommt im Chromosomensatz von ›sensibel‹ gar nicht vor; aber sofern beide das Absetzungsmoment gemeinsam haben, besteht auch eine Verbindung zwischen ihnen und gehören beide plausiblerweise zum Bedeutungsfächer von ›ästhetisch‹. – Oder ›virtuell‹ knüpft an zahlreiche andere Elemente (›elevatorisch‹, ›theoretizistisch‹, ›phänomenalistisch‹) an, schließt hingegen noch einmal andere (wie ›kallistisch‹, ›ästhetikkonform‹ oder ›sensibel‹) durchaus nicht ein.

Drittens lehrt also eine in die Substruktur der Bedeutungen eindringende Analyse, warum und wie wir jeweils von einer Bedeutung zu einer anderen übergehen können. Die genaue Betrachtung vermag sowohl die Überschneidungen und Verbindungen wie die Unterschiede und Verschiebungen zwischen den diversen Verwendungsweisen von ›ästhetisch‹ aufzudecken und dadurch das Netz ihrer Zusammenhänge im ganzen verständlich zu machen. Sie führt uns Stück für Stück durch die gesamte, weitverzweigte Skala der diversen Verwendungen des Ausdrucks ›ästhetisch‹.

Dabei vollzieht sich der Übergang von einer Verwendungsweise zur nächsten in etwa so, wie Wittgenstein dies durch Vergleich mit der Bildung eines Fadens ausgedrückt hat: »wir dehnen unseren Begriff [...] aus, wie wir beim Spinnen eines Fadens Faser an Faser drehen [...]«.[19] Betrachten wir die einzelnen Verwendungen bzw. Bedeutungselemente, so sehen wir »zwar nicht etwas [...], was *allen* gemeinsam wäre«, aber wir sehen »Ähnlichkeiten, Verwandtschaften, [...] und zwar eine ganze Reihe.«[20] »Und das Ergebnis dieser Betrachtung lautet nun: Wir sehen ein kompliziertes Netz von Ähnlichkeiten, die einander übergreifen und kreuzen. Ähnlichkeiten im Großen und Kleinen.«[21]

Viertens liegt die Pointe – Wittgensteins wie, in Anlehnung an ihn, dieser Analyse – darin, daß Familienähnlichkeiten dieser Art für die Kohärenz und Leistungsfähigkeit eines Begriffs wie ›ästhetisch‹ völlig ausreichend sind. Keineswegs bedarf es dafür eines durchgängig-einheitlichen ›Wesens‹. Die Tauglichkeit und Stärke eines Begriffs (wie, analog, die eines Fadens) hängt von der Überlappung der verschiedenen Bedeutungen, nicht von der Kontinuität einer einzigen

19 Wittgenstein, *Philosophische Untersuchungen* (s. Anm. 10), S. 278 [67].

20 Bei Wittgenstein lautet die entsprechende Passage im Zusammenhang: »Betrachte z.B. einmal die Vorgänge, die wir ›Spiele‹ nennen. [...] wenn du sie anschaust, wirst du zwar nicht etwas sehen, was *allen* gemeinsam wäre, aber du wirst Ähnlichkeiten, Verwandtschaften, sehen, und zwar eine ganze Reihe« (ebd., S. 277 [66]).

21 Ebd., S. 278 [66].

Grundbedeutung ab.[22] Es müssen nur von Stück zu Stück Verbindungen bestehen – aber diese können ihrerseits unterschiedlichen Mustern folgen, so daß die Kette der Bedeutungen an verschiedenen Abschnitten reichlich verschiedene Aspekte vorweist und immer wieder andere Prädikate bzw. Bedeutungselemente in den Vordergrund rückt.

Fünftens folgt daraus, daß ein Begriff dieser Art nicht streng abgeschlossen ist, sondern ›weitergesponnen‹ werden kann. Nicht nur historische Bedeutungsverschiebungen, sondern auch neue Bedeutungsvarianten sind möglich.

Zusammengefaßt: Die verschiedenen Verwendungsweisen des Ausdrucks ›ästhetisch‹ sind durch Familienähnlichkeiten zusammengehalten. Es bestehen sowohl signifikante Unterschiede wie Überschneidungen und Querverbindungen zwischen den diversen Bedeutungen. Daher ist die Polysemie des Ausdrucks ›ästhetisch‹ nicht etwa anstößig oder bedrohlich, sondern gut begreiflich; zudem garantieren die Familienähnlichkeiten im ganzen eine – lockere – Kohärenz des Ausdrucks ›ästhetisch‹.

3. Konsequenzen

Was sind die Konsequenzen für den korrekten Umgang mit dem Ausdruck ›ästhetisch‹?

1. Der Ausdruck ist trotz seiner Polysemie leistungsfähig. Die Unterschiedlichkeit von Verwendungsweisen desavouiert einen Begriff gerade nicht, sondern kann – bei korrektem Gebrauch – sogar seine besondere Leistungsfähigkeit begründen. ›Unexakt‹ ist nicht gleichbedeutend mit ›unbrauchbar‹.[23] Man muß nur genau zu unterscheiden wissen,

22 »Und die Stärke des Fadens liegt nicht darin, daß irgend eine Faser durch seine ganze Länge läuft, sondern darin, daß viele Fasern einander übergreifen« (ebd., S. 278 [67]).

23 Wittgenstein erläutert dies unter Bezugnahme auf die Begriffe ›Sprache‹ und ›Spiel‹: »[. . .] ich *kann* [. . .] dem Begriff ›Zahl‹ feste Grenzen geben,

mit welcher Bedeutungsversion bzw. welcher Kombination von Bedeutungselementen man es jeweils zu tun hat und wie man von einer zu einer anderen übergehen kann. Ist dies garantiert, so vermag man sowohl hinsichtlich der einzelnen Verwendungsweisen äußerst präzis zu sein als auch der Polyvalenz des Begriffs im ganzen gerecht zu werden.

2. Ein solches Vorgehen ist nicht nur legitim und sinnvoll, sondern nötig. Wer eine Ästhetik im vollen Sinn des Wortes entwickeln will, wird *allen* Verwendungsweisen des Ausdrucks gerecht werden müssen.[24] Alles andere ergäbe bloß eine Partialästhetik. Eine umfassende, eine wirklich vollständige Ästhetik – für deren Entwicklung ich plädiere – darf nicht von willkürlichen Selektionen ihren Ausgang nehmen. Philosophisch bzw. ästhetiktheoretisch wäre es falsch und antiquiert, partout einen einzigen, ultimativen Begriff des Ästhetischen geben oder diktieren zu wollen.

d. h. das Wort ›Zahl‹ zur Bezeichnung eines fest begrenzten Begriffs gebrauchen, aber ich kann es auch so gebrauchen, daß der Umfang des Begriffs *nicht* durch eine Grenze abgeschlossen ist. Und so verwenden wir ja das Wort ›Spiel‹. [...] Was ist noch ein Spiel und was ist keines mehr? Kannst du die Grenzen angeben? Nein. Du kannst welche *ziehen*: denn es sind noch keine gezogen. (Aber das hat dich noch nie gestört, wenn du das Wort ›Spiel‹ angewendet hast.) ›Aber dann ist ja die Anwendung des Wortes nicht geregelt; das ‚Spiel', welches wir mit ihm spielen, ist nicht geregelt.‹ – Es ist nicht überall von Regeln begrenzt« (ebd., S. 278 f. [68]). Diese Überlegungen abschließend, sagt Wittgenstein dann, daß somit jede Erklärung eines solchen Begriffs – seiner Mannigfaltigkeits- und Überschneidungsstruktur entsprechend – unexakt sein muß, und er fügt hinzu: »Verstehen wir aber nur, was ›unexakt‹ bedeutet! Denn es bedeutet nun nicht ›unbrauchbar‹.« (Ebd., S. 290 [88])

24 Schon Meier – der Schüler Baumgartens, der dessen neue Ideen noch vor Erscheinen der *Aesthetica* durch seine Schrift *Anfangsgründe aller schönen Wissenschaften*, Halle a. d. Saale 1748–50, in Umlauf gebracht hatte – forderte: »Man muss alle Bedeutungen eines Ausdrucks wissen, die er, durch den gemeinen und gelehrten Gebrauch zu reden, schon bekommen hat« (Georg Friedrich Meier, *Auszug aus der Vernunftlehre*, Halle 1752, zit. nach: *Kant's gesammelte Schriften*, Akademie-Ausgabe, Bd. 16, Berlin 1924, S. 3–872, hier S. 818 [§ 446]).

Aus den diversen Bedeutungen des Ästhetischen diejenigen Teile, die einem nicht passen, dekretorisch auszuschließen oder eine bestimmte Bedeutung zur Grundbedeutung oder einzig legitimen Bedeutung zu erklären, verstößt gegen die Phänomene. Ein solch imperialer Gestus suggeriert zwar Klarheit, verzeichnet aber de facto das Feld des Ästhetischen. Schlechte Philosophie kokettiert mit der traditionellen Erwartung, man müsse die Vielfalt von Bedeutungen unter allen Umständen auf eine Grundbedeutung reduzieren. Darin erfüllt sie eigene Herrschaftsbedürfnisse und die jener, denen begriffliche Kahlschläge lieber sind als die Analyse komplexer Phänomene.

3. Eine Ästhetik, die sich der Weite des Ästhetischen stellt, erfordert gewiß mehr Weitblick und Differenzierungsvermögen als eine Partialästhetik. Sie ist, kurz gesagt, schwieriger. Sie verlangt, die unterschiedlichen semantischen Provinzen, Versionen und Gruppen des Ästhetischen mit ihren Überschneidungen und Verflechtungen zu berücksichtigen und jeweils angeben zu können, mit welchem semantischen Element man gerade operiert und welcher Überschneidungen man sich bedient. Nur auf diesem Weg kann man der Komplexität des Ästhetischen gerecht werden.

4. Diese Hinweise haben ihre Pointe im Einspruch gegen die konventionellste aller ästhetikeinschlägigen Verengungen, die heute wieder beliebt zu werden scheint: gegen die Einschränkung des Ästhetischen auf die Kunst. Wer den Begriff des Ästhetischen exklusiv an die Provinz Kunst binden und seine Grenze gegenüber dem Alltag und der Lebenswelt partout dichtmachen möchte, betreibt ästhetiktheoretischen Provinzialismus.[25] Er thematisiert eine einzige Pro-

25 Bekanntlich hat Karl Heinz Bohrer den politischen Provinzialismus der Bundesrepublik beklagt und dagegen mehr Ästhetik in der Politik gefordert. Umgekehrt vertritt er in der Ästhetik selber einen Provinzialismus: einen dezidiert artistischen Provinzialismus. Bohrer plädiert für die Beschränkung des Ästhetischen auf die Kunst, gar auf die große oder emphatische Kunst (vgl. Karl Heinz Bohrer, »Die Grenzen des Ästhetischen«, in:

vinz des Ästhetischen, während er von der Welt des Ästhetischen zu sprechen vorgibt. Damit verfehlt er aber nicht nur den vollen und legitimen Begriff des Ästhetischen, sondern – in objektiver Ironie – noch den Begriff dessen, dem zu dienen er vorgibt: den der Kunst. Denn die Kunst will sich in der Moderne nicht mehr in den goldenen Käfig der Autonomie einschließen lassen, sondern verweigert sich solch ästhetiktheoretischer Ghettoisierung.[26]

Die Kunst ist gewiß eine besonders wichtige Provinz im Universum der Bedeutungen des Ästhetischen. Aber sie ist nicht die einzige. Die heutige Aktualität des Ästhetischen resultiert gerade daraus, daß die konventionelle Gleichsetzung von Ästhetik und Kunst unhaltbar geworden ist und andere Dimensionen des Ausdrucks in den Vordergrund gerückt sind. Man muß daher – zugunsten des vollen Begriffs

Die Aktualität des Ästhetischen, hrsg. von Wolfgang Welsch, München 1993, S. 48–64). Damit erklärt er die artistische Provinz zur Welt des Ästhetischen schlechthin. Das nenne ich ästhetiktheoretischen Provinzialismus, denn nicht, daß man in einer besonderen Provinz zu Hause ist, sondern daß man diese Provinz für die einzige hält und mit der Welt verwechselt, macht einen zum Provinzler. – Bohrers Optionen sind im übrigen nicht nur unterschiedlich, sondern untereinander widersprüchlich. Wenn er für die Politik mehr Ästhetik einklagt, hat er selbst eine transartistische Bedeutung des Ästhetischen im Sinn, die das Ästhetische »nicht nur als Kriterium der künstlerischen Phantasie, sondern vielmehr auch für die Art des Miteinanderumgehens« verstehen möchte (Karl Heinz Bohrer, *Nach der Natur. Über Politik und Ästhetik*, München 1988, S. 19). Wenn er jedoch von Ästhetik in bezug auf die Kunst spricht, setzt er auf Autonomie ohne Praxisbezug. So dementieren seine politische Ästhetik und seine artistische Ästhetik einander wechselseitig.

26 Ohnehin hätte man das Autonomietheorem, wenn man es absolut nehmen wollte, stets mißverstanden. Das war schon bei Baudelaire zu lernen, der l'art pour l'art zugleich als das einzig verbleibende Existenzideal für wenige proklamierte; theoretisch haben den Zusammenhang von Autonomietheorem und Gesellschaftsbezug Gehlen und Adorno formuliert, indem sie (jeder auf seine Weise) zeigten, wie die Autonomie stets eine präzise gesellschaftliche Funktion zur Kehrseite hat. – Eine ausführliche Darstellung der Dialektik der Autonomie findet sich in Wolfgang Welsch, *Vernunft. Die zeitgenössische Vernunftkritik und das Konzept der transversalen Vernunft*, Frankfurt a. M. 1995, stw 1996, S. 464–484).

der Ästhetik – der artistischen Engführung des Ästhetischen entgegentreten, muß die Ästhetik von dieser obsoleten Verengung freihalten.[27]

III. Die epistemologische Ästhetisierung

Im Konvolut der in Teil I geschilderten Ästhetisierungsprozesse finden sich viele bedenkliche Erscheinungen, angesichts derer es töricht wäre, behaupten zu wollen, durch Ästhetisierung werde alles besser. Diese Hoffnung der Ästhetisierungsprogramme seit dem späten 18. Jahrhundert können wir nicht mehr teilen. Im Gegenteil: Proklamationen wie die Schillersche, daß erst der ästhetische Mensch ein ganzer Mensch sein werde,[28] oder die Hegel-Schelling-Höl-

27 Man hat überdies Anlaß, dies auch schon um eines zureichenden Verständnisses der Kunst selbst willen zu tun. Denn die Kunst ist heute, auch wo sie sich der alltäglichen Ästhetisierung entgegenstellt, gleichwohl von dieser gebeizt. Sie opponiert ihr hoffnungsvoll, angestrengt oder verzweifelt – oftmals auch vergeblich. Ohnehin darf man generell nicht übersehen, daß die Kunst immer wieder sehr bewußt auf den gesellschaftlichen Zustand des Ästhetischen reagiert hat. Wo in der modernen Welt die Sinnlichkeit unter die Räder zu kommen drohte, konnte die Kunst sich, ihrer alten Bindung ans Sinnliche eingedenk, als Künderin und Retterin des Sinnlichen verstehen (Dubuffet); wo allenthalben Verhübschung grassiert, kann sie ihre Aufgabe darin sehen, dieser entgegenzutreten und sich dezidiert spröde zu verhalten (*arte povera*, *concept art*) – so wie sie früher, in einer ästhetisch kargeren Welt, Schönheit als Elysium vor Augen geführt hat. Kunst reagiert nicht nur auf Kunst, sondern stets auch auf Wirklichkeit, und im besonderen auf den Zustand des Ästhetischen in dieser. – Die Vorteile einer transartistisch geöffneten Ästhetik für die Kunstanalyse diskutiere ich im vorliegenden Band ausführlich in dem Aufsatz »Ästhetik außerhalb der Ästhetik – Für eine neue Form der Disziplin«.

28 Schiller meinte, »daß unter allen Zuständen des Menschen gerade das Spiel und *nur* das Spiel es ist, was ihn vollständig macht und seine doppelte Natur auf einmal entfaltet«; »der Mensch [. . .] *ist nur da ganz Mensch, wo er spielt*« (Friedrich Schiller, »Über die ästhetische Erziehung des Menschen in einer Reihe von Briefen«, in: F. S., *Sämtliche Werke*, Bd. 5, hrsg. von Gerhard Fricke und Herbert G. Göpfert, München [6]1980, S. 570–669, hier S. 616 f. bzw. S. 618).

derlinsche, daß »Wahrheit und Güte nur in der Schönheit verschwistert« seien,[29] entpuppen sich angesichts der heutigen Einlösungsformen solcher Ästhetisierungsprogramme als dubios.

Wie aber ließe sich eine Trennungslinie zwischen den Positiva und den Negativa der Ästhetisierung ziehen, und wie wäre eine Kritik an einzelnen Erscheinungsformen der Ästhetisierung zu begründen? Dafür kommen, allgemein gesprochen, entweder Kriterien der Wahrheit oder solche der Moral oder ästhetische Kriterien in Betracht. Man kann sich um Beistand bei der Wissenschaft, der Ethik oder der Ästhetik bemühen.

Der Versuch, ausgerechnet von der Ästhetik eine Kritik der Ästhetisierung zu erwarten, mutet von vornherein paradox an. Ebenso dürfte die Ethik heute nicht der beste Gewährsmann für eine Kritik der Ästhetisierung sein, denn derzeit ist die Ethik – von neoaristotelischen Ansätzen bis hin zur Foucault-Nachfolge – selber dabei, zu einer Subdisziplin der Ästhetik zu werden. Bleibt also offenbar nur, auf die Wissenschaft und damit auf die Karte Wahrheit zu setzen.

1. Kritik der Ästhetisierung im Namen der Wahrheit?

Und in der Tat: Viele Intellektuelle ziehen heute im Namen der Wahrheit gegen die Ästhetisierung zu Felde. Sie sagen, eine universale Ästhetisierung laufe auf die Auflösung der Wahrheit und auf eine Zerstörung von Wissenschaft, Aufklärung und Vernunft hinaus. Die Wissenschaft drohe unterminiert zu werden, wenn rhetorische Brillanz wichtiger werde als die Begründung von Aussagen. Die Aufklä-

29 *Mythologie der Vernunft. Hegels ›ältestes Systemprogramm des deutschen Idealismus‹*, hrsg. von Christoph Jamme und Helmut Schneider, Frankfurt a. M. 1984, S. 12.

rung gerate ziellos, wenn das ästhetische Gesetz der Fiktion an die Stelle der Wahrheit und wenn Pluralität an die Stelle von Verbindlichkeit trete. Vernunft schließlich werde, wo Grundfragen zu Fragen des Geschmacks werden, in skandalöser Weise eskamotiert.

Diese Warnungen sind allerdings Reprisen. In ihnen lebt der alte Streit zwischen Wahrheit und Schönheit, Sein und Schein, fundamentalistischer Verbindlichkeit und fiktionaler Freiheit wieder auf – ein Streit, der das Abendland seit Platons Dichterkritik, Bernhard von Clairvaux' Polemik gegen die Gotik und seit dem Konflikt zwischen Idealismus und Romantik in mannigfachen Formen durchzog.

Aber ich meine: Die Grundlagen dieses Streits haben sich verändert. Er ist zunehmend entschieden. Und zwar ist er – anders als die Altvorderen glaubten – zugunsten der Ästhetik entschieden. Dazu kam es – so meine These – infolge der Entwicklung der wissenschaftlichen Rationalität selbst. Durch sie ist Wahrheit weithin zu einer ästhetischen Kategorie geworden. In dem einleitenden Tableau von Ästhetisierungen habe ich nämlich die allereinschneidendste und am tiefsten reichende Ästhetisierung noch gar nicht erwähnt: die Ästhetisierung unserer Erkenntnis- und Wirklichkeitskategorien einschließlich der Kategorie Wahrheit, wie sie durch die Leitinstanz der Moderne, die Wissenschaft, verfügt wurde. Durch sie ist den vorgeblich ›rationalen‹ Einreden gegen die Ästhetisierung längst auf ihrem eigenen Terrain der Boden entzogen.

2. Epistemologische Ästhetisierung – seit zweihundert Jahren

Ich muß diesen Punkt also nachtragen, kann die Geschichte der modernen Ästhetisierung des Wissens hier jedoch nur als Kurzgeschichte erzählen, denn sie hat schon vor etwa zweihundert Jahren begonnen.[30] Kant, der Revolutionär der modernen Philosophie, bildet auch hier den Ausgangspunkt.

a) Kant: Ästhetik als epistemologische Fundamentaldisziplin

Kant zeigte in der *Kritik der reinen Vernunft* unter dem Titel einer »transzendentalen Ästhetik«, daß ästhetische Momente für unser Wissen grundlegend sind. Kants »Revolution der Denkart« zufolge erkennen wir »von den Dingen nur das a priori [...], was wir selbst in sie legen«,[31] und was wir zuallererst in sie legen, das sind eben *ästhetische* Vorgaben: die Anschauungsformen von Raum und Zeit. Nur in Raum und Zeit können uns überhaupt Gegenstände gegeben werden – genau so weit, wie diese Anschauungsformen sich erstrecken, reicht unser Erkennen und unsere Wirklichkeit. Insofern ist bei Kant die Ästhetik – als Lehre von diesen Anschauungsformen, also als *transzendentale* Ästhetik (nicht etwa als Theorie der Kunst) – epistemologisch fundamental geworden.[32] Seit Kant wissen wir um die ästheti-

30 Im vorliegenden Band enthält der nachfolgende Aufsatz »Ästhetische Grundzüge im gegenwärtigen Denken« eine ausführlichere Fassung der hier in Abschnitt III 2 (S. 79–81) vorgetragenen Überlegungen. Ich habe die hiesige Kurzdarstellung jedoch beibehalten, um die Vollständigkeit des Tableaus zu gewährleisten, auf das der gegenwärtige Aufsatz zielt.

31 Immanuel Kant, *Kritik der reinen Vernunft* (1781), B XI bzw. XVIII.

32 Übrigens hat Kant zu Beginn dieser transzendentalen Ästhetik erwogen, ob es nicht besser sei, Ästhetik im eben zuvor erst von Baumgarten entwickelten Sinn – also (wie Kant Baumgarten verstand) als Versuch, »die kritische Beurteilung des Schönen unter Vernunftprinzipien zu bringen« – wieder eingehen zu lassen, um den Titel Ästhetik allein »derjenigen Lehre aufzubehalten, die wahre Wissenschaft ist« (ebd., A 21). Für Kant stand die Legitimität und Notwendigkeit, die epistemologische Ästhetik als ›Ästhetik‹ zu bezeichnen, völlig außer Frage. Das sollte denjenigen eine Warnung sein, die allzu eilfertig Ästhetik und Kunst definitorisch kurzschließen wollen.

schen Fundamente allen Erkennens, um eine prinzipielle Protoästhetik der Kognition.

b) Nietzsche: der ästhetisch-fiktionale Charakter des Erkennens

Nietzsche hat die Kantische Grundlegung fortgeführt und so überzeugend gemacht, daß man seitdem zwar noch gegen die ästhetische Verfassung unseres Erkennens anreden mag, aber kaum noch etwas gegen sie vorbringen kann.
Nietzsche zeigte, daß unsere Wirklichkeitsentwürfe nicht nur grundlegend ästhetische Elemente beinhalten, sondern im ganzen von ästhetischer Art sind. Wirklichkeit ist ein Konstrukt, das wir wie Künstler mit fiktionalen Mitteln – durch Anschauungsformen, Projektionen, Phantasmen, Bilder usw. – hervorbringen. Erkennen ist eine grundlegend metaphorische Tätigkeit. Der Mensch ist ein *animal fingens*.
In dem Manuskript *Ueber Wahrheit und Lüge im aussermoralischen Sinne* von 1873 schreibt Nietzsche: »Man darf [...] den Menschen wohl bewundern als ein gewaltiges Baugenie, dem auf beweglichen Fundamenten und gleichsam auf fliessendem Wasser das Aufthürmen eines unendlich complicirten Begriffsdomes gelingt; freilich, um auf solchen Fundamenten Halt zu finden, muss es ein Bau, wie aus Spinnefäden sein, so zart, um von der Welle mit fortgetragen, so fest, um nicht von dem Winde auseinander geblasen zu werden.«[33] – So stellt sich das Erkennen in ästhetischer Perspektive dar. Wie Künstler oder geniale Konstrukteure schaffen wir Orientierungsformen, die so beweglich und elastisch verfaßt sein müssen, wie die Wirklichkeit fließend und veränderlich ist. All unsere Orientierungsformen sind

33 Friedrich Nietzsche, »Ueber Wahrheit und Lüge im aussermoralischen Sinne«, in: F. N., *Sämtliche Werke. Kritische Studienausgabe in 15 Bänden*, hrsg. von Giorgio Colli und Mazzino Montinari, München 1980, Bd. 1, S. 873–890, hier S. 882.

ästhetisch in dreifachem Sinn: Sie sind poietisch erzeugt, durch fiktionale Mittel strukturiert und ihrer ganzen Seinsweise nach von jener schwebenden und fragilen Art, die man traditionell nur ästhetischen Phänomenen attestiert und nur bei ihnen für möglich gehalten hat.

c) Die Durchsetzung der epistemologischen Ästhetisierung im 20. Jahrhundert

aa) Wissenschaftstheorie und Philosophie

Vertreten eine solch ästhetische Sicht des Erkennens nur exquisite – oder scheinbar überspannte – Ästhetiker wie Nietzsche? Nein. Nietzsches Einsichten wurden im 20. Jahrhundert zunehmend allgemein. Selbst die Wissenschaftstheorie dieses Jahrhunderts ist sukzessiv ›nietzscheanisch‹ geworden. So hat Otto Neurath unsere Situation ganz ähnlich wie Nietzsche beschrieben: »Wie Schiffer sind wir, die ihr Schiff auf offener See umbauen müssen, ohne es jemals in einem Dock zerlegen und aus besten Bestandteilen neu errichten zu können.«[34] Dieser Satz Neuraths wurde dann auch zum Leitspruch des analytischen Philosophen Willard Van Orman Quine.[35] Und selbst bei Karl Popper lesen wir, »daß dort, wo wir auf festem und sicherem Boden zu stehen glaubten, in Wahrheit alles unsicher und im Schwanken begriffen ist.«[36] – Man sieht: Selbst Wissenschaftstheoretiker, die gewiß keine Nietzscheaner sein wollen, kommen dort, wo sie Grundfragen erörtern, nicht daran vorbei, wie Nietzscheaner zu sprechen. Die ästheti-

34 Otto Neurath, »Protokollsätze«, in: *Erkenntnis*, Bd. 3 (1932/33), S. 204 bis 214, hier S. 206.
35 Er bildet das Motto von *Word and Object*, Cambridge (Mass.) 1960, S. VII.
36 Karl Popper, »Die Logik der Sozialwissenschaften«, in: Theodor W. Adorno [u.a.], *Der Positivismusstreit in der deutschen Soziologie*, Neuwied/Berlin 1969, S. 103–123, hier S. 103.

sche Verfassung der Wirklichkeit ist eine Einsicht nicht nur einiger Ästhetiker, sondern aller reflektierten Wirklichkeits- und Wissenschaftstheoretiker des 20. Jahrhunderts. Sie ist eine *fällige* Einsicht.

Auch die neuere analytische (oder post-analytische) Philosophie ist – ähnlich wie Nietzsche und die moderne Wissenschaftstheorie – der Auffassung, daß wir »auf beweglichen Fundamenten und gleichsam auf fliessendem Wasser« zu operieren haben. Das ist eine Konsequenz dessen, daß die Rede von einer Wirklichkeit-an-sich prinzipiell sinnleer ist, weil es Wirklichkeit immer nur als »Wirklichkeit-unter-einer-Beschreibung« gibt[37] – und das bedeutet eben: im Horizont von problematischen (nie absolut begründbaren) Prämissen und als nur eine Wirklichkeitsversion neben anderen.

Paul Feyerabend hat diesen ästhetischen Charakter von Wahrheit wohl am provokativsten formuliert, als er darauf hinwies, daß die Wissenschaften im Grunde auch nicht anders verfahren als die Künste,[38] sofern beide einem Stil gemäß operieren und Wahrheit und Wirklichkeit in der Wissenschaft ebenso stilrelativ sind wie in der Kunst: »Untersucht man nämlich, was ein bestimmter Denkstil unter diesen Dingen versteht, dann trifft man nicht auf etwas, was jenseits des Denkstils liegt, sondern auf seine eigenen grundlegenden Annahmen: Wahrheit ist, was der Denkstil sagt, daß Wahrheit sei.«[39]

Richard Rorty hat aus diesen wissenschaftstheoretischen Einsichten eine aufschlußreiche Konsequenz gezogen. Er plädiert für eine »poetisierte Kultur«. Darunter versteht er eine Kultur, die weiß, daß unsere ›Fundamente‹ allesamt ästhetisch verfaßt, nämlich durchweg »kulturelle Artefakte« sind, die wir immer nur an anderen kulturellen Artefakten,

37 Richard Rorty, *Der Spiegel der Natur: Eine Kritik der Philosophie*, Frankfurt a. M. 1981, S. 409.
38 Vgl. Paul Feyerabend, *Wissenschaft als Kunst*, Frankfurt a. M. 1984.
39 Ebd., S. 77.

nie hingegen an der Wirklichkeit selber überprüfen können. Eine poetisierte Kultur erkennt diese Situation an, statt weiterhin vergeblich darauf zu beharren, »daß wir die echte Wand hinter den gemalten Wänden finden, die echten Prüfsteine der Wahrheit im Gegensatz zu Prüfsteinen, die nur kulturelle Artefakte sind«. Sie weiß gerade »zu schätzen [...], daß *alle* Prüfsteine solche Artefakte sind«.[40]

bb) Wissenschaftspraxis

Längst sind sich auch die Forscher in den Naturwissenschaften der Bedeutung ästhetischer Momente für ihre Erkenntnisarbeit bewußt geworden. So hatten schon Bohr, Einstein oder Heisenberg an entscheidenden Stellen ästhetisch argumentiert, und Poincaré hatte gar rundweg erklärt, daß ästhetische und nicht etwa logische Potenz die zentrale Fähigkeit eines guten Mathematikers sei.[41] In neuerer Zeit hat dann Watsons Hinweis bahnbrechend gewirkt, daß ihm die Entschlüsselung der DNS-Struktur nur deshalb gelang, weil er davon ausging, daß die Lösung äußerst elegant werde sein müssen – nur unter dieser ästhetischen Prämisse vermochte er in angemessener Zeit unter der großen Zahl theoretisch offenstehender Lösungswege den zutreffenden zu finden.[42] Heute bemüht man sich bewußt und systematisch darum, ästhetische Momente für den Erkenntnisprozeß fruchtbar zu machen. Neuere wissenschaftstheoretische Ansätze sprechen den Veränderungen im ästhetischen Kanon sogar Ursachenfunktion für wissenschaftliche Revolu-

40 Richard Rorty, *Kontingenz, Ironie und Solidarität*, Frankfurt a. M. 1989, S. 99. Vgl. zum Konzept dieser poetisierten Kultur auch ebd., S. 117, 119, 121 f.

41 Vgl. hierzu den von Judith Wechsler herausgegebenen Sammelband *On Aesthetics in Science*, Cambridge (Mass.) 1981, sowie die unter dem Titel *Truth and Beauty. Aesthetics and Motivations in Science* versammelten Arbeiten von Subrahmanyan Chandrasekhar (Chicago 1987).

42 Vgl. James D. Watson, *Die Doppel-Helix. Ein persönlicher Bericht über die Entdeckung der DNS-Struktur*, Reinbek bei Hamburg 1969.

tionen zu.[43] Angesichts von Theorien wie der vom ›Big Bang‹ oder der unendlichen Geschichte der Quarks kann man wohl auch gar nicht anders, als eine große Relevanz ästhetischer und fiktionaler Momente in Rechnung zu stellen.

Derzeit setzt sich in allen Wissenschaften das Bewußtsein von einem grundlegend ästhetischen Charakter des Erkennens und der Wirklichkeit durch. Ob zeichentheoretisch oder systemtheoretisch, ob in Soziologie, Biologie oder Mikrophysik, allenthalben bemerken wir, daß es kein erstes oder letztes Fundament gibt, daß wir vielmehr gerade in der Dimension der ›Fundamente‹ auf eine ästhetikartige Verfassung stoßen. Die Semiotiker sagen uns, daß die Signifikantenketten stets auf andere Signifikantenketten und nicht etwa auf ein ursprüngliches Signifikat verweisen; die Systemtheorie lehrt uns, daß wir, »statt auf letzte Einheiten zu rekurrieren«, immer nur Beobachtungen beobachten und Beschreibungen beschreiben;[44] und die Mikrophysik stellt fest, daß sie, wo sie auf Elementares zurückgreifen will, doch nie auf Elementares, sondern stets auf neue Komplexität stößt.

Längst ist dieses ästhetische Grundbewußtsein auch in die Poren der Gesellschaft und die Köpfe der Individuen eingedrungen – weit mehr jedenfalls, als eine verbreitete akademische Ängstlichkeit und öffentliche Abwehrrhetorik wahrhaben mögen. Der Umgang der Individuen mit den aktuellen Ästhetisierungsprozessen ist vom Bewußtsein dieser prinzipiellen Ästhetisierung getragen.

43 Vgl. James W. McAllister, »Truth and Beauty in Scientific Reason«, in: *Synthese* 78 (1989) S. 25–51, sowie Mary Hesse, »The Explanatory Function of Metaphor«, in: M. H., *Revolutions and Reconstructions in the Philosophy of Science*, Bloomington (Ind.) 1980, S. 111–124, hier S. 111.

44 Niklas Luhmann, *Die Wissenschaft der Gesellschaft*, Frankfurt a. M. 1990, S. 717.

d) Fazit

Ich fasse die skizzierte Entwicklung zusammen: Wahrheit, Wissen und Wirklichkeit haben in den letzten zweihundert Jahren zunehmend ästhetische Konturen angenommen. Erstens zeigte sich, daß ästhetische Anteile für unser Erkennen und unsere Wirklichkeit grundlegend sind. Das begann mit Kants transzendentaler Ästhetik und reicht bis zur Selbstreflexion der gegenwärtigen Naturwissenschaft. Zweitens setzte sich zunehmend die Einsicht durch, daß Erkennen und Wirklichkeit ihrer Seinsart nach ästhetisch sind. Das war Nietzsches Entdeckung, die seither auch von anderen unter Rückgriff vorwiegend auf nautische Metaphern zum Ausdruck gebracht wurde und bis zum Konstruktivismus unserer Tage reicht. Wirklichkeit ist keine erkenntnisunabhängige, fest vorgegebene Größe, sondern Gegenstand einer Konstruktion.

Hatte man früher gemeint, Ästhetik habe es erst mit sekundären, nachträglichen Realitäten zu tun, so erkennen wir heute, daß das Ästhetische schon zur Grundschicht von Erkenntnis und Wirklichkeit gehört. Traditionelles Wirklichkeitswissen wollte objektivistisch bzw. fundamentalistisch sein, während man sich an ästhetischen Phänomenen Gesetzlichkeiten genuiner Erzeugung klarmachte. Unter der Hand hat man dabei jedoch zugleich Kategorien für das Verstehen von Wirklichkeitserzeugung überhaupt entwikkelt. Seitdem uns deutlich geworden ist, daß nicht nur die Kunst, sondern auch andere Formen unseres Tuns, bis hin zum Erkennen, Erzeugungscharakter aufweisen, sind diese ästhetischen Kategorien – Kategorien wie Schein, Beweglichkeit, Mannigfaltigkeit, Bodenlosigkeit oder Schweben – zu Grundkategorien der Wirklichkeit geworden.

Und all das haben nicht irgendwelche Ästhetiker dekretiert, sondern das hat uns die Leitinstanz der Moderne, die Wissenschaft, zu erkennen geboten. Sie hat eine *epistemologische Ästhetisierung* – eine prinzipielle Ästhetisierung von

Wissen, Wahrheit und Wirklichkeit – verfügt, von der keine Frage unbetroffen bleibt. Diese epistemologische Ästhetisierung ist das Vermächtnis der Moderne. Spricht man auf dem Stand der Gegenwart von Ästhetik, so muß man stets auch diese Protoästhetik ins Auge fassen und deren Aussagen sich stellen.

Es gibt heute kein einziges Argument, das dieser Ästhetisierung wirksam zu begegnen vermöchte.[45] Unabhängig davon, ob man sie schätzt oder nicht – alle denkbaren Einwände werden ihr selbst unterliegen. Geht man auf die Grundlagen von Argumentationen zurück, so stößt man regelmäßig auf ästhetische Optionen. Weil Wahrheit sich in der Moderne selbst als ästhetische Kategorie entpuppt hat, vermögen auf Wahrheit pochende Einreden gegen die Ästhetisierung nichts zu verschlagen. Die Wissenschaft kann uns vor dem ästhetischen Bruder Leichtfuß nicht bewahren, denn sie ist selbst in sein Lager übergelaufen – aber nicht aus Leichtfertigkeit, sondern unter dem Druck von Einsichten.

45 Ähnlich konstatiert Rüdiger Bubner: »In der Tat stehen keine ausreichenden Mittel zur Verfügung, Wahrheit als Wahrheit und Schein als Schein zu bezeichnen ohne das Risiko, sich in die Vermischung zu verwickeln. An der geschilderten Ästhetisierung der Lebenswelt werden erkenntniskritische Kategorien wie diejenigen der Täuschung zuschanden« (Rüdiger Bubner, »Mutmaßliche Umstellungen im Verhältnis von Leben und Kunst«, in: R. B., *Ästhetische Erfahrung*, Frankfurt a. M. 1989, S. 121–142, hier S. 139). Bubner registriert auch die Schlüsselrolle des modernen wissenschaftlichen Wissens für die Unwiderleglichkeit der Ästhetisierungsprozesse: »Der längst erfolgte Abbruch der zweifelsfreien Verläßlichkeit des wissenschaftlichen Weltbildes verstärkt [...] die Ästhetisierung. [...] Der wissenschaftliche Fortschritt widerlegt unabsichtlich die naive Aussicht auf Endgültigkeit, die ihn begleitet« (ebd.).

3. Das Verhältnis der diversen Ästhetisierungsarten zueinander

Und wie ist das Verhältnis der verschiedenen, im Verlauf meiner Ausführungen angesprochenen Ästhetisierungsniveaus zueinander zu sehen?[46] Wie verhalten sich erstens

46 In *Ästhetische Zeiten? Zwei Wege der Ästhetisierung* (Saarbrücken 1992) habe ich mich auf die Darstellung von nur zwei Wegen der Ästhetisierung konzentriert. Der eine – der der konventionellen Ästhetik entspricht – hat Schönheit, der andere – der der epistemologischen Ästhetisierung entspricht – Wahrheit zum Fokus. Der erste betrifft die Gestaltung, der zweite die Auffassung von Wirklichkeit. Beide Wege haben im 18. Jahrhundert begonnen, aber sie sind ihrem Ansatz wie ihren Ergebnissen nach höchst unterschiedlich, in der Philosophie und der Kunst wie in der Wirklichkeit. Die Philosophie hat die Schönheitsästhetik bald für ihre eigenen Zwecke eingesetzt. Das ist an Kants dritter *Kritik*, an Schillers *Briefen über die ästhetische Erziehung des Menschen* und am *Ältesten Systemprogramm des Deutschen Idealismus* abzulesen. Scheinbar läuft diese Linie (durch welche die Ästhetik innerhalb weniger Jahre in die Spitzenposition der Philosophie befördert wird) auf einen Lobpreis des Schönen, der Ästhetik und der Kunst hinaus. In Wirklichkeit aber handelt es sich um einen Akt philosophischer Usurpation – mit höchst zweifelhaften Ergebnissen. Ästhetisch soll noch einmal gelingen, was die Philosophie anstrebt, womit sie aber zunehmend Schwierigkeiten bekommen hat: Ganzheit und universale Versöhnung zu erreichen. Später setzt sich diese Linie schönheitlicher Ästhetisierung in Theorien des Gesamtkunstwerks und in den Strömungen von Arts and Crafts, Werkbund und Bauhaus fort. Ästhetisierung, so glaubt man noch immer, bringt Verbesserung, weil Verschönerung Ganzheit erbringt. Heute mündet dies alles – mitsamt der verkannten Problematik, daß totale ästhetische Akkumulation in Wahrheit auf ästhetischen Terror und Anästhetisierung hinausläuft – in die Hyper-Ästhetisierung des Alltags. Demgegenüber kritisch, habe ich auf die epistemologische Ästhetisierung als anderen Ästhetisierungsweg aufmerksam gemacht. Sie betrifft die Struktur unseres Wirklichkeitsverständnisses – vor aller Gestaltung. Diese Entwicklungslinie scheint mir die gewichtigere und vielversprechendere zu sein. Zugleich ist es diejenige Linie, die in der gängigen Ästhetisierungsdebatte gemeinhin übersehen wird. Beide Linien vor Augen zu bekommen ist Bedingung eines zureichenden Verständnisses und einer angemessenen Wertung. Die genannte Doppelgleisigkeit läßt sich historisch wie gegenwartsdiagnostisch als verläßliche Sonde nützen. – Übrigens ist es interessant, daß in der Kunst des 20. Jahrhunderts zwar manche Strömungen weiterhin der schönheitlichen Ästhetisierung zuarbeiten, daß aber wichtige Ansätze – von Kubismus, Dada und Surrealismus bis hin zur Concept Art

die verhübschende Oberflächenästhetisierung des Alltags, zweitens die tiefergehende, technologisch und medial bedingte Ästhetisierung unserer materiellen wie sozialen Wirklichkeit, drittens die ebenso tiefreichende Ästhetisierung unserer lebenspraktischen Einstellungen und moralischen Orientierungen und schließlich viertens die epistemologische Ästhetisierung zueinander?
Ich bin auf die epistemologische Ästhetisierung deshalb so ausführlich eingegangen, weil sie offenbar die fundamentalste aller Ästhetisierungen ist, mit denen wir es heute zu tun haben. Sie scheint mir den eigentlichen Untergrund der aktuellen Ästhetisierungsprozesse zu bilden und deren auffallende Akzeptanz zu erklären. Sie ist sowohl als Folie und Motor wie als Rechtsbeistand dieser Ästhetisierungsprozesse wirksam. Dadurch, daß sich Erkennen und Wirklichkeit als im Grunde ästhetisch herausgestellt haben, sind wir generell für Ästhetisierungen bereit geworden. Daher lassen wir uns auf die Überführung ehemaliger Hardware in Software, wie sie im Gefolge der technologischen und medialen Ästhetisierung unseren Alltag bestimmt, zunehmend ein. Und aus dem gleichen Grund agieren wir diese Tiefenästhetisierung in einer umfassenden Oberflächenästhetisierung aus, realisieren sie gleichsam bis in die Haut der Erscheinungen hinein, demonstrieren sie uns dort ad oculos, üben sie täglich ein.

– diesen Weg verlassen und sich ästhetischen Leitvorstellungen zugewandt haben, die offensichtlich der epistemologischen Ästhetisierung entsprechen. Ein aufschlußreiches Beispiel dafür, wie Künstler der Gegenwart just Kants *Kritik der reinen Vernunft* als Durchbruch zu jener Vorstellungswelt begreifen können, auf der ihr künstlerisches Tun basiert, bietet David Rabinowitsch. Er sagt, daß »Kants erste ›Kritik‹ [. . .] die Grundbedingungen für die revolutionärsten Entwicklungen in den bildenden Künsten schuf« (David Rabinowitsch, »Bemerkungen zu den ›Gravitational vehicles‹«, Eröffnungsvortrag der Ausstellung ›Gravitational vehicles 1965‹, Galerie nächst St. Stephan, Wien, 9. Juni 1990, Manuskript S. 4). Kant habe dort gezeigt, daß schon die physikalische Welt »ein Produkt der Konstitution des Menschen« ist (ebd., S. 3), und in der Bahn dieser Entdeckung bewegten sich die künstlerischen Konstruktivismen des 20. Jahrhunderts und Rabinowitschs eigene Arbeit (ebd.).

IV. Perspektiven ästhetischer Kritik an Ästhetisierungsprozessen

Hinsichtlich der zu Beginn von Teil III aufgeworfenen Frage nach Kriterien, welche die Ästhetisierung zu begrenzen vermöchten oder bestimmte Erscheinungsformen innerhalb ihrer zu kritisieren erlauben, scheinen wir inzwischen allerdings in eine äußerst mißliche Lage geraten zu sein. Wahrheit, das Kriterium, auf das sich alle Hoffnungen konzentriert hatten, ist offenbar zu Interventionen gegen die Ästhetisierung untauglich, weil Wahrheit in der Moderne selbst weithin zu einer ästhetisch geprägten Kategorie geworden ist. Ethische Kriterien waren aus dem gleichen Grund sogleich beiseite gerückt worden – die Ethik ist heute dabei, sich selber in eine Subdisziplin der Ästhetik zu verwandeln. Bedeutet dies, daß wir der Ästhetisierung völlig halt- und kriterienlos ausgeliefert sind?

Immerhin verbleiben ästhetische Kriterien. Zwar habe ich diese vorhin als erste beiseite gesetzt. Aber das geschah nur dem Anschein nach zu Recht. Denn erstens ist das Faktum, daß es ästhetische Kriterien gibt, gar nicht zu bestreiten. Ästhetik hat immer zwischen Gelungenem und Nichtgelungenem, Besserem und Schlechterem, Vorbildlichem und Abwegigem unterschieden. Und zweitens steht gerade in einer Situation globaler Ästhetisierung zu erwarten, daß speziell ästhetische Kriterien relevant sein werden und auch in besonderer Weise die Chance haben, Beachtung zu finden. In einer Situation universaler Ästhetisierung auf ästhetische Kriterien zu setzen ist daher eher konsequent als paradox.

An welche Kriterien ist im einzelnen zu denken? Oder anders gefragt: Wie läßt sich Adornos Versprechen, daß ästhetische Sensibilität immer auch ein Organ ihrer Selbstkritik sei, unter heutigen Bedingungen einlösen?[47]

47 »Gerade den ästhetisch avancierten Nerven ist das selbstgerecht Ästhetische unerträglich geworden« (Theodor W. Adorno, *Minima Moralia. Reflexionen aus dem beschädigten Leben*, in: Th. W. A., *Gesammelte Schriften*, Bd. 4, Frankfurt a. M. 1980, S. 163, Nr. 95).

1. Einspruch gegen den Ästhetisierungstrubel

Ein ästhetisches Grundgesetz besagt, daß unsere Wahrnehmung nicht nur Belebung und Anregung, sondern auch Verweilen, Ruhezonen und Unterbrechungen braucht. Dieses Gesetz verurteilt die derzeit grassierende Verschönerungstendenz zum Scheitern. Die Totalästhetisierung läuft auf ihr Gegenteil hinaus. Wo alles schön wird, ist nichts mehr schön; Dauererregungen führen zu Abstumpfung; Ästhetisierung schlägt in Anästhetisierung um. Gerade ästhetische Gründe sprechen also dafür, den Ästhetisierungstrubel zu durchbrechen.[48] Inmitten der Hyperästhetisierung tun ästhetische Brachflächen not.[49]

Ästhetische Reflexion wird sich nicht zum Agenten einer Ästhetisierung machen lassen, die in Wahrheit auf Anästhetisierung hinausläuft – auf die Erzeugung von Unempfindlichkeit, auf Betäubung durch ständige ästhetische Überdrehtheit. Ästhetisches Denken opponiert dem Ästhetisierungstrubel und der Pseudo-Sensibilität einer Erlebnisgesellschaft.

48 Das gibt Gelegenheit, auf eine alternative Möglichkeit von Ästhetisierung hinzuweisen. Im Gegensatz zur üblichen, welche die spektakuläre Ausstaffierung der Wirklichkeit mit designerischen Glanzstücken betreibt, konzentriert diese sich nicht auf einzelne Gegenstände und deren Oberflächenerscheinung, sondern auf ihren kulturellen und funktionalen Kontext. Sie bemüht sich um eine Gesamtgestaltung, welche die urbanen, funktionalen, emotionalen und kulturellen Aspekte in ein optimales Verhältnis zu bringen sucht. Dabei kann das Ergebnis – anders als beim Embellissement – ganz unauffällig sein. Ein besonders überzeugendes Beispiel dafür ist Robert Irwins Projekt für den Flughafen in Miami (1986). Dazu schreibt Arthur C. Danto: »One of the goals of art in such projects is [...] to ›heighten awareness‹. Not to heighten awareness of art as art, but of the dimensions and features of life that art raises to the highest powers of enhancement while remaining invisible, directing the viewer's sensibilities with a kind of aesthetic Hidden Hand. [...] Anything can be art without having to look like art at all« (Arthur C. Danto, »Art-In-Response«, in: *Robert Irwin*, Los Angeles 1993, S.129–151, hier S.151).

49 Vgl. hierzu im vorliegenden Band den Aufsatz »Gegenwartskunst im öffentlichen Raum: Augenweide oder Ärgernis?«.

2. Für eine Kultur des blinden Flecks

Worauf es gegenwärtig ankäme, ist nicht eine Hyperästhetisierung der Kultur, sondern – eher gegenläufig dazu – die Entwicklung einer *Kultur des blinden Flecks*. Was ist damit gemeint? Reflektierte Ästhetik mahnt immer, sich des Doppelverhältnisses von Beachtung und Ausschluß bewußt zu sein. Etwas zu sehen heißt stets, etwas anderes zu übersehen. Es gibt kein Sehen ohne blinden Fleck. Entwickelte Sensibilität ist darauf aufmerksam und zieht die Konsequenzen daraus.[50]

Diese Konsequenzen reichen über den engeren Bereich der Gestaltung oder des Ästhetischen hinaus.[51] Hier zeichnet sich – anders als beim Oberflächentrend der Verhübschung – eine verfolgenswerte gesellschaftliche Konsequenz der Ästhetisierung ab. Eine wirklich ästhetisierte Kultur wäre sensibel für Differenzen und Ausschlüsse – und dies nicht nur in bezug auf Formen der Kunst und Gestaltung, sondern ebenso im Alltag und gegenüber sozialen Lebensformen.

Das soll natürlich nicht heißen, daß häufige Museumsbesuche uns zu besseren sozialen Wesen machen würden. Erstens verleiht nicht der Kunstgenuß als solcher, sondern erst ein gemäß den heutigen Erfordernissen reflektiertes ästhetisches Bewußtsein das Sensibilitätspotential, das auch sozial relevant werden kann; und zweitens ist dessen Wirkung nicht als direkte, sondern als indirekte zu verstehen. Ermöglicht aber ist eine Übertragung ästhetischer Sensibilität auf soziale Fragen durch eine spezifische Analogie von Kunst- mit Lebensverhältnissen. Deren gemeinsamer Nenner ist durch das Stichwort ›Pluralität‹ bezeichnet.

Moderne Gesellschaften sind durch eine Pluralität divergie-

50 Näher habe ich dies ausgeführt in »Ästhetik und Anästhetik«, in: Wolfgang Welsch, *Ästhetisches Denken*, Stuttgart 1990, S. 9–40.

51 Dafür einschlägige Konsequenzen habe ich diskutiert in: *Ästhetische Zeiten? Zwei Wege der Ästhetisierung* (s. Anm. 47).

render Lebensformen innerhalb ein und derselben Gesellschaft charakterisiert. Sie bilden keine einheitliche Truppe, sondern stellen ein lockeres Netzwerk hochgradig unterschiedlicher Lebensformen dar. Deren Anerkennung ist demokratisch und grundrechtlich geboten. Worauf es in der Praxis ankommt, ist, die Eigenlogik dieser Lebensformen zu beachten und ihr Eigenrecht zu wahren – statt sie partout am Maß einer einzigen messen und entsprechend beschneiden zu wollen. Diese gesellschaftliche Problemstruktur und Aufgabenstellung ist derjenigen der Kunst offensichtlich analog. Denn auch die Kunst des 20. Jahrhunderts ist durch eine Pluralität höchst unterschiedlicher Paradigmen gekennzeichnet. Die Künstler spulen nicht einfach ein wohldefiniertes Programm namens ›Kunst‹ ab, sondern sie bringen unterschiedliche Versionen von Kunst hervor. Duchamps Readymades können nicht an Picassos Kubismus und dieser kann nicht an Malewitschs Suprematismus oder an Kandinskys Abstraktion gemessen werden. Daher ist für ästhetische Urteile auf dem Stand der Moderne eine breite Kenntnis und adäquate Praxis dieser Paradigmen und ihrer unterschiedlichen Kriteriensätze verlangt. Es wäre ein elementarer Kategorienfehler, ein surrealistisches Werk nach konstruktivistischen Kriterien oder umgekehrt ein konstruktivistisches Werk nach surrealistischen Kriterien, generell: ein Werk nach dem Kriteriensatz eines ihm fremden Typus oder alle Werke nach einem einzigen Kriteriensatz beurteilen zu wollen. Ein solches Verfahren kennzeichnet den Beckmesser.

Was bezüglich der Kunst zunehmend selbstverständlich ist, wäre auch sozial zum Standard zu erheben. Denn auch hier gelten dieselben Aspekte der Pluralität, der Spezifität und Partialität und der tendenziellen Blindheit der Perspektiven füreinander, und auch hier sind Anerkennung und Gerechtigkeit geboten. Indem reflektiertes ästhetisches Bewußtsein prinzipiell für Grundunterschiede sensibilisiert ist, vermag es analog auch die Eigenheit und Irreduzibilität von Lebensformen leichter zu erkennen und zu achten als das verbreitete Sozialbewußtsein, das Andersheiten eher ablehnt, statt sie anzuerkennen. Daher kann ein ästhetisch sensibilisiertes Bewußtsein auch in Fragen der Lebenswelt erhellend, klärend und helfend wirksam werden. Ihm ist konstitutiv die Bereitschaft eingebaut, auf Grenzen und Ausschlüsse kritisch aufmerksam zu sein, Imperialismen zu durchschauen und – prinzipiell gegen Ungerechtigkeiten allergisch – dort zu intervenieren, wo Überherrschung vorliegt und wo es für das Recht des Unterdrückten einzutreten gilt.[52] Insofern vermag ästhetische Kultur indirekt auch zur politischen Kultur beizutragen.

Und wie sehr politische Kultur de facto auf ästhetische Kultur angewiesen ist, kann man sich am Beispiel der Toleranz klarmachen. Toleranz wäre ohne Sensibilität bloß ein leeres Prinzip. Man stelle sich nur einmal einen Menschen vor, der sich die Maxime der Toleranz perfekt zu eigen gemacht hätte, dem aber die Sensibilität fehlte, um im täglichen Leben überhaupt zu bemerken, daß er es bei den Anschauungen eines anderen Menschen mit einer prinzipiellen Differenz und nicht bloß mit einer beliebigen Abweichung zu tun hat, daß also nicht ein Defizit, sondern ein kultureller Unterschied vorliegt. Ein solcher Mensch käme niemals in die Verlegenheit, von seiner schönen Maxime der Toleranz überhaupt Gebrauch zu machen, er würde vielmehr andauernd seine Imperialismen und Unterdrückungen praktizieren – aber besten Gewissens und im sicheren Glauben, ein toleranter Mensch zu sein. Sensibilität für Differenzen ist eine Realbedingung von Toleranz. – Vielleicht leben wir in einer Gesellschaft, die zu viel von Toleranz redet und zu wenig Sensibilität besitzt.

Durch ihre Sensibilisierungseffekte also kann Ästhetisierung in gesellschaftliche Prozesse eingreifen. Hier sehe ich

52 Vgl. zu den ethischen Implikationen ästhetischen Bewußtseins im vorliegenden Band den Aufsatz »Ästhet/hik – Ethische Implikationen und Konsequenzen der Ästhetik«.

Chancen der Ästhetisierung – die ich in den Tendenzen zur Verhübschung, die bei der Rede von Ästhetisierung meist im Vordergrund stehen, nicht sehe.

3. Resümee

Die gegenwärtige Ästhetisierung ist weder pauschal zu bejahen noch pauschal zu verwerfen. Beides wäre gleich billig und falsch. Ich habe mit dem Gedanken der epistemologischen Ästhetisierung einen prinzipiellen Grund zu benennen versucht, der die moderne Unausweichlichkeit von Ästhetisierungsprozessen verständlich macht. Wenn wir auf diese Tiefenästhetisierung blicken, haben wir es mit einer Form von Ästhetisierung zu tun, die geradezu unwidersprechlich scheint. Ihr Non-Fundamentalismus bildet modern unsere ›Basis‹. Wenn wir hingegen auf die Oberflächenästhetisierung blicken, besteht vielfacher Anlaß zu Kritik. Die prinzipielle Rechtfertigung von Ästhetisierungsprozessen bedeutet ja keineswegs, daß jede Form von Ästhetisierung gutzuheißen wäre. Ich habe zuletzt deutlich gemacht, daß gerade von ästhetischer Warte aus Einsprüche gegen kurrente Erscheinungsformen der Ästhetisierung möglich und nötig sind. Wenn wir schließlich auf die sozialen und politischen Implikationen einer ästhetisierten Kultur blicken, also auf die Sensibilisierung für Unterschiede und auf die Entwicklung einer Kultur des blinden Flecks, dann zeichnen sich diesbezüglich Chancen und Aufgaben einer neuen Aktualität des Ästhetischen ab. – Erst die prinzipielle Rechtfertigung von Ästhetisierungsprozessen, die spezifische Kritik bestimmter Ästhetisierungsformen und die Entwicklung der Sensibilisierungschancen der Ästhetisierung zusammen werden uns erlauben, inmitten der Ästhetisierungsprozesse etwas Rechtes zustande zu bringen.

Ästhetische Grundzüge im gegenwärtigen Denken

I. Eine fällige Revision?

Wenn ich recht hätte mit dem, was der Titel suggeriert, wenn ästhetische Momente für das gegenwärtige Denken tatsächlich nicht bloß Schmuck und Beiwerk wären, sondern wenn sie Grundzüge des Denkens bestimmten, dann hätten Platon und seine Nachfolger im Abendland nicht gesiegt. Platon hat im 10. Buch der *Politeia* die Dichter einschließlich Homers des Staates verwiesen. Die Dichtung und die Kunst seien zu gefahrbringend, sie verführten die Menschen kognitiv wie emotional zum Falschen. Die Philosophie hingegen zeige uns den rechten Weg. Während die Kunst uns in Schein und Täuschung verstricke und zu Geiseln unserer Leidenschaften mache, erhebe die Philosophie uns über die Leidenschaften und lasse uns auf das Wahre und Unveränderliche blicken.

Nichts würde daher dieses Platonische Projekt und diese Platonische Auszeichnung der Philosophie mehr gefährden, als wenn die Philosophie selbst sich als kunstartig erweisen sollte, indem sie ästhetische Grundzüge aufwiese. An der Trennung vom Ästhetischen hängt das Wohl, die Vermengung mit dem Ästhetischen bedeutet das Wehe der Philosophie.

Diese Platonische Konstellation war im Abendland sehr wirkmächtig. Wir finden sie beispielsweise – unter christlichem Vorzeichen – im 12. Jahrhundert in Bernhard von Clairvaux' Polemik gegen Abt Suger von St. Denis wieder.[1] Und sie ist noch im späten 20. Jahrhundert – unter rationa-

1 Vgl. »S. Bernardi Abbatis Apologia ad Guillelmum Sancti Theoderici Abbatem«, in: *Patrologia Latina*, hrsg. von J.-P. Migne, Bd. 182, Paris 1862, S. 895–918, hier insbes. S. 914–916.

litätstheoretischem Vorzeichen – wirksam, wenn Jürgen Habermas Derrida vorwirft, dieser ebne den »Gattungsunterschied zwischen Philosophie und Literatur« ein.[2] Zwar führt das inzwischen nicht mehr zur Exilierung aus dem Staat, aber zur Exilierung aus der Philosophie reicht es noch immer. Der institutionell sanktionierte Begriff der Philosophie verlangt eine klare Demarkationslinie gegenüber dem Ästhetischen.

Wenn ich recht hätte, müßte diese Tradition inzwischen fraglich und brüchig geworden sein. Das Ästhetische müßte zum Denken nicht bloß gelegentlich und äußerlich hinzutreten – als Zierat oder Hilfsmittel, wie das (aus Darstellungsgründen, um der Anschaulichkeit willen, für pädagogische Zwecke usw.) manchmal wünschenswert sein mag –, sondern ästhetische Momente müßten zum *Kern* der Philosophie gehören, müßten ihr innerlich sein. Dann wäre allerdings in der Tat ein Axiom gefallen: ein traditionell-philosophisches, ja ein abendländisches Grundmuster wäre hinfällig geworden.

Nun meine ich tatsächlich, daß Anlaß besteht, von einer solchen Revision zu sprechen. Und ich vertrete meine Behauptung, daß dem heutigen Denken ästhetische Grundzüge innerlich sind, sogar in einem doppelt starken Sinn.

Erstens möchte ich plausibel machen, daß ästhetische Grundzüge unsere Vorstellungen von *Wahrheit* bestimmen. Der springende Punkt der neueren Situation scheint mir gerade dadurch bezeichnet zu sein, daß das Ästhetische im Zentrum philosophischer Geltungsansprüche, in der Perspektive der Wahrheit, Heimatrecht gewonnen hat. Das

2 Jürgen Habermas, *Der philosophische Diskurs der Moderne. Zwölf Vorlesungen*, Frankfurt a.M. 1985, S.219–247. – Dagegen Derrida: »Ich habe versucht, diese traditionelle Unterscheidung zwischen Philosophie und Literatur zu überdenken. An dieser Grenze arbeite ich. [. . .] Die Bande zwischen der Literatur und der Philosophie sind komplizierter, als jene zu glauben scheinen, die mir widersprechen« (Interview mit Florian Rötzer, in: *Französische Philosophen im Gespräch*, hrsg. von Florian Rötzer, München 1986, S. 67–87, hier S. 79 f.).

Ästhetische ist gleichsam ins Allerheiligste der Philosophie eingedrungen.

Zweitens verbinde ich diese These mit der weitergehenden Behauptung, daß Wahrheit, genau genommen, immer schon ästhetisch grundiert war, daß man dies nur traditionell nicht hat wahrhaben wollen. Ich meine nicht eigentlich etwas Neues hinsichtlich des *Status* von Wahrheit, sondern nur hinsichtlich der *Auffassung* von Wahrheit zu sagen. Was man seit geraumer Zeit entdeckt hat und was ich zu verteidigen gedenke, ist eine ästhetische – oder semi-ästhetische – Verfassung der Wahrheit. Von Wahrheit kann man gar nicht zureichend sprechen, ohne in der Konfiguration dessen, was wir ›Wahrheit‹ nennen, grundlegend ästhetische Momente in Betracht zu ziehen. Jede gründliche Analyse entdeckt in der Verfassung der Wahrheit selbst, was einst als ihr Feind und Widerpart galt: das Ästhetische. Dies ist zu zeigen. Die folgenden Überlegungen haben also eine *kognitive* bzw. *epistemologische Ästhetisierung* zum Thema.

Diese epistemologische Ästhetisierung ist nicht mit der heute gängigen schönheitlichen oder artistischen Ästhetisierung zu verwechseln oder gar gleichzusetzen.[3] Während die letztere im Konvolut der gegenwärtigen Ästhetisierungsprozesse (wie der vorangegangene Aufsatz zu zeigen suchte) die vordergründigste Stelle einnimmt, kommt der epistemologischen Ästhetisierung der grundlegende Rang zu. Daher soll sie – über die Kurzdarstellung im vorigen Aufsatz (Abschn. III.2) hinaus – hier eigens dargestellt werden.

3 Es geht mir um alles andere als eine Verschönerungsaktion der Philosophie. Für den im 18. Jahrhundert, bei der Entstehung der Ästhetik, geprägten Begriff des »schönen Denkens« (*ars pulchre cogitandi*) hatte ich stets wenig Sympathie – und kann sie angesichts der gegenwärtigen Ästhetisierungsmanie in Lebenswelt und Kultur noch weniger haben. Ich will nicht einem Überschwappen dieser Ästhetisierungswelle auch noch auf die Philosophie das Wort reden. Dem Verschönerungstrend (der ohnehin meist Verhäßlichungseffekte zeitigt) sollte man ja auch außerhalb der Philosophie eher entgegentreten.

II. Was heißt und was bedeutet ›ästhetisch‹?

Zunächst ist jedoch genauer zu klären, was wir eigentlich meinen, wenn wir ›ästhetisch‹ sagen. Offenbar allerlei – und recht Verschiedenes.[4]

1. Standardsemantik

Da ist erstens die *kunstbezogene* Bedeutung. Die Rede vom Ästhetischen bezieht sich auf die Kunst; und des näheren auf Kunst *als* Kunst (im Unterschied etwa zu Kunst als Ware); und noch näher: auf Kunst als Gegenstand unserer Hochschätzung und Bewertung. Aber diese kunstbezogene – ich nenne sie auch die *artistische* – Bedeutung des Ästhetischen ist nicht die einzige und schon gar nicht die ursprüngliche.

Bei Baumgarten, dem Gründungsvater und Namensgeber der Ästhetik, hatte die Ästhetik keineswegs die Kunst zum Gegenstand. Ihr Bezugspunkt war vielmehr das Erkenntnisvermögen. Sie sollte insbesondere der Verbesserung des unteren, des *sinnlichen* Erkenntnisvermögens dienen. Diese sinnenbezogene – diese *aisthetische* (von griech. *aisthetos* ›sinnlich‹, ›wahrnehmbar‹) – Bedeutung des Ästhetischen ist historisch die erste. Von ihr leitet sich auch der Name der Ästhetik her.[5]

Ein dritter Bezugspunkt des Ästhetischen ist das *Schöne*. Ästhetisch nennen wir etwas, was Gestalthöhe aufweist,

4 Vgl. die vollständigere Analyse im vorangegangenen Beitrag (Teil II, S. 21 bis 43). Im jetzigen Zusammenhang geht es um andere Akzente.

5 Baumgarten hat den Ausdruck ›Ästhetik‹ als Kurzform von *episteme aisthetike* gebildet (vgl. Alexander Gottlieb Baumgarten, *Meditationes philosophicae de nonnullis ad poema pertinentibus*, Halle 1735, zit. nach der Ausg. *Meditationes philosophicae de nonnullis ad poema pertinentibus – Philosophische Betrachtungen über einige Bedingungen des Gedichtes*, Hamburg 1983, § CXVI, S. 86 bzw. S. 87).

und deren höchsten Grad bezeichnen wir üblicherweise als Schönheit. Historisch gesehen, bildete diese dritte Bedeutung – man könnte sie die *kallistische* nennen – die Brücke zwischen den beiden erstgenannten, also zwischen dem artistischen und dem aisthetischen Begriff des Ästhetischen.[6]
Diesem dritten Bedeutungselement, in dessen Vordergrund die Schönheit steht, kann man zwanglos andere Momente, die wir mit dem Ausdruck ›ästhetisch‹ verbinden, zur Seite stellen: Momente der Überformung, der Kultivierung, der Verfeinerung, der Künstlichkeit. Überdies ist Schönheit traditionell nicht das einzige Nobelprädikat der Kunst. Eine Tendenz zur Einengung aufs Schöne besteht nur, solange man an der Faßlichkeit für die Sinne als Definiens des Ästhetischen festhält. Die Kunst aber hat die Fassungskraft des Sinnlichen immer wieder zu überschreiten gesucht – darin liegt die Bedeutung der Kategorie des Erhabenen. Die Ästhetik des Erhabenen beugt sich nicht dem Diktat der Sinnlichkeit, sondern will eher eine Ästhetik des Geistes sein. Kant hat die Empfindung des Erhabenen ein »Geistesgefühl« genannt.[7]
Damit dürften die geläufigsten semantischen Flächen des Ausdrucks ›ästhetisch‹ umrissen sein: das *Artistische*, das *Aisthetische* und das *Kallistisch-Sublime*. Ich werde diese Prädikate im folgenden die *Standardprädikate* des Ästhetischen nennen. Wie man sieht, handelt es sich um drei recht unterschiedliche Bestimmungen. Sie weisen freilich auch Überschneidungen und Verbindungsmöglichkeiten auf. Ein durchgängig-einheitliches ›Wesen‹ des Ästhetischen jedoch gibt es nicht.

6 Baumgarten verstand die vollendete sinnliche Erkenntnis als schöne Erkenntnis; andererseits galt Schönheit traditionell als Leitprädikat der Kunst; daher konnte die Sinnenästhetik später via Schönheit in eine Kunstästhetik transformiert werden.

7 Immanuel Kant, Erste Fassung der Einleitung in die *Kritik der Urteilskraft*, H 67.

2. Das Ästhetische als Typus

Nun liegt aber die *Brisanz* des Ästhetischen nicht in der bislang aufgelisteten Palette, also weder in den genannten Bezugsflächen (Kunst, Sinne) noch in den genannten Einzelprädikaten (Schönes, Erhabenes oder auch Rührendes, Komisches usw.). Sie resultiert vielmehr daraus, daß das Ästhetische sich zu einem universellen *Typus* auswachsen kann. Dies geschieht beispielsweise dort, wo es zum Lebenstypus erklärt wird. Man kennt dies unter dem Stichwort »Ästhetizismus« – etwa bei Charles Baudelaire oder Oscar Wilde. Ästhetizismus ist eine Haltung, die *alles* nach Maßgabe ästhetischer Kriterien betrachtet, bewertet und gestaltet.[8] Daß das Ästhetische nicht auf eine Region beschränkt bleibt, sondern zu einem potentiell universellen Typus wird, ist durch die Dynamik der Moderne ermöglicht – durch ihre Ausdifferenzierung und Autonomisierung von Geltungsaspekten. In deren Gefolge steht geradezu zu erwarten, daß die Autonomisierung sich zumindest gelegentlich bis zur Verabsolutierung auswachsen wird. Daß dies beim Ästhetischen tatsächlich der Fall ist, liegt unter anderem an der faktischen Entwicklung der Moderne. Denn die Moderne hat – entgegen ihrer Idee von der Gleichgewichtigkeit des Kognitiven, Praktischen und Ästhetischen – theoretisch zu einer Dominanz des Kognitiven geführt und praktisch eine Dominanz des Ökonomischen errichtet. Gegen den so entstehenden Moderne-Panzer, gegen dieses »stählerne Gehäuse« der Moderne[9] hat man dann immer wieder auf die Sprengkraft des Ästhetischen gesetzt. Unter unlebbaren Bedingungen sollte einzig das Ästhetische noch einmal menschenwürdiges Leben ermöglichen. Auf solchen

8 Vgl. hierzu Kierkegaards Darstellung des Ästhetischen als eines Grundtypus der Existenz (Sören Kierkegaard, *Entweder / Oder*, 1843).

9 Max Weber, »Parlament und Regierung im neugeordneten Deutschland«, in: M. W., *Gesammelte Politische Schriften*, hrsg. von Johannes Winckelmann, Tübingen 1988, S. 306–443, hier S. 331.

Wegen wurde das Ästhetische modern zu einem potentiell universellen Typus, in dessen Sprache alles gesagt, nach dessen grammatischen Mustern alles dekliniert und konjugiert werden kann.

3. Zustandssemantik – das Ästhetische als Seinsweise

Im Übergang zum Ästhetischen als Typus formt sich nun aber zugleich der semantische Chromosomensatz des Ästhetischen um. Von den Sinnen, der Kunst, der Schönheit, dem Erhabenen usw. – also von den Standardprädikaten des Ästhetischen – kann zwar noch immer gesprochen werden, aber an die erste Stelle rücken nun andere Gesichtspunkte: das Poietische, das Imaginative und das Fiktionale sowie Bestimmungen wie Schein, Beweglichkeit, Schweben. Ich werde sie im folgenden die *Zustandsprädikate* des Ästhetischen nennen. Sie kennzeichnen das Ästhetische als Seinsweise. Daß sie jetzt in den Vordergrund treten, rührt daher, daß sich das autonomisierte Ästhetische nicht mehr unter Rekurs auf eine vorgegebene Wirklichkeit verstehen läßt, sondern allein von seinen eigenen Bedingungen aus bestimmt werden muß. Als autonomes kann es gar nicht mehr realistisch-mimetisch oder idealistisch-überhöhend sein. Zum neuen Leitfaden des Ästhetischen wird daher das Prinzip »der Produktion der Wirklichkeit«.[10] Eben darauf beziehen sich die Zustandsprädikate des Ästhetischen. Sie bringen das Spezifische ästhetischer Wirklichkeiten zum Ausdruck.

10 Konrad Fiedler, einer der tiefblickendsten Ästhetiker des 19. Jahrhunderts, diagnostizierte, daß nunmehr »das Prinzip der Produktion der Wirklichkeit« an die Stelle von Realismus und Idealismus trete; die Kunst werde »eins der Mittel, durch die der Mensch allererst die Wirklichkeit gewinnt« (Konrad Fiedler, »Moderner Naturalismus und künstlerische Wahrheit« [1881], in: K. F., *Schriften zur Kunst*, hrsg. von Gottfried Boehm, 2 Bde., München ^{2}1991, Bd. 1, S. 81–110, hier S. 109).

4. Primärcharakter und Universalität des Ästhetischen

Als Seinsweise konnte das Ästhetische gewiß auch früher schon – seit der Antike – aufgefaßt werden. Insofern ist der Gebrauch von Prädikaten wie ›Schein‹, ›poiesis‹, ›Fiktion‹ im Blick auf das Ästhetische nicht unvertraut. Modern aber kommt es zu zwei gewichtigen Veränderungen. Erstens werden diese Zustandsprädikate – eben weil das Ästhetische nun als originär und nicht mehr als abgeleitet begriffen wird – zu den Primärprädikaten des Ästhetischen. Und zweitens wird die ästhetische Seinsweise als nicht bloß ästhetik-einschlägig, sondern als generelle Seinsweise verstanden. Dazu trägt insbesondere die allgemein neuzeitliche und spezifisch idealistisch-romantische Auffassung bei, daß die Wirklichkeit nicht etwas Gegebenes, sondern eine Hervorbringung ist – daß sie Konstruktcharakter aufweist. Daher vermögen die ästhetischen Zustandsprädikate, sofern sie eben die Seinsweise von Hervorbringungen kennzeichnen, nun zu Grundprädikaten des Wirklichkeitsverständnisses im ganzen aufzurücken. Zur modernen Ästhetik gehört eine Tendenz zur Poetisierung und Ästhetisierung der Welt – und zur modernen Welt eine Tendenz, Wirklichkeit zunehmend als ästhetisches Phänomen zu begreifen.

Im Idealismus wurde diese Sicht grundgelegt und beispielsweise von Hölderlin und Schelling vertreten.[11] In der Ro-

11 Hölderlin hat den »ästhetischen Sinn« als dasjenige Vermögen konzipiert, das imstande sei, sämtliche Widerstreite zu überwinden – »zwischen dem Subject und dem Object, zwischen unserem Selbst und der Welt, ja auch zwischen Vernunft und Offenbarung« (Brief an Immanuel Niethammer, 24. Februar 1796, in: Friedrich Hölderlin, *Sämtliche Werke*, Bd. 6, Stuttgart 1954, S. 202 f., hier S. 203). Die Nähe dieser Auffassung zum *Ältesten Systemprogramm des deutschen Idealismus* (als dessen Verfasser Hölderlin kürzlich mit neuen Argumenten geltend gemacht wurde; vgl. Eckart Förster, »›To Lend Wings to Physics Once Again‹: Hölderlin and the ›Oldest System-Programme of German Idealism‹«, in: *European Journal of Philosophy* 3/2, 1995, S. 174–198) ist offenkundig. In bezug auf Schelling hat Odo Marquard gezeigt, daß dessen Identitätssystem als »eine Ästhetik der Gesamtwirklichkeit« verstanden werden kann (Odo Marquard, »Gesamt-

mantik kam sie dann weithin zum Tragen – etwa bei Friedrich Schlegel und Novalis.[12] Der paradigmatische Autor für das Verständnis des Ästhetischen als einer sowohl elementaren wie umfassenden Seinsweise aber wurde Nietzsche. Er erklärte das Ästhetische zum Paradigma für alles – für das Leben ebenso wie für Wahrheit und Wissen. So sagte er schon 1872 in der *Geburt der Tragödie aus dem Geiste der Musik*, daß »das Dasein und die Welt« »nur als *aesthetisches Phänomen* [...] *gerechtfertigt*« sind.[13] Später begriff er dies zunehmend als Folge des Konstruktionscharakters von Dasein, Welt und Wirklichkeit. So legte er bereits 1873 in »Ueber Wahrheit und Lüge im aussermoralischen Sinne« dar, daß all unseren Wirklichkeitsvorstellungen die »frei dichtende und frei erfindende« Tätigkeit des Menschen und somit ein »*ästhetisches* Verhalten« zugrunde liegt.[14] Nietzsche zufolge bildet die Ästhetik unseren grundlegendsten und äußersten Horizont. »Wir kommen über die Ästhetik nicht hinaus [...] wir haben das Wesen einer Welt, welche die *Menschen* allmählich *geschaffen* haben: *ihre* Ästhetik.«[15]

kunstwerk und Identitätssystem. Überlegungen im Anschluß an Hegels Schellingkritik«, in: O. M., *Aesthetica und Anaesthetica. Philosophische Überlegungen*, Paderborn 1989, S. 100–112, hier S. 105).

12 Vgl. Schlegels Idee einer »ästhetischen Revolution« (Friedrich Schlegel, »Über das Studium der Griechischen Poesie«, in: F. S., *Kritische Ausgabe*, hrsg. von Ernst Behler, Bd. 1, Paderborn 1979, S. 217–367, hier S. 269–272) sowie sein Konzept der »Universalpoesie« (F. S., »Athenäums-Fragmente«, in: *Kritische Ausgabe*, Bd. 2, München 1967, S. 165–255, hier S. 182 f. [Nr. 116]). Novalis deutete die Poesie als »Selbstbewußtseyn des Universums« (*Novalis Schriften*, hrsg. von Paul Kluckhohn und Richard Samuel, Bd. 3: *Das philosophische Werk II*, Stuttgart 1983, S. 640 [Nr. 513]) und erklärte: »Die Poesie ist das ächt absolut Reelle. Dies ist der Kern meiner Philosophie« (ebd., Bd. 2: *Das philosophische Werk I*, Stuttgart 1981, S. 647 [Nr. 473]).

13 Friedrich Nietzsche, *Die Geburt der Tragödie aus dem Geiste der Musik*, in: F. N., *Sämtliche Werke. Kritische Studienausgabe in 15 Bänden*, hrsg. von Giorgio Colli und Mazzino Montinari, München 1980, Bd. 1, S. 9–156, hier S. 47 (ähnlich S. 17 und S. 152).

14 Nietzsche, »Ueber Wahrheit und Lüge im aussermoralischen Sinne«, in: ebd., S. 873–890, hier S. 884.

15 Nietzsche, »Nachgelassene Fragmente. Anfang 1880 bis Sommer 1882«, in: ebd., Bd. 9, S. 581 [Herbst 1881].

Traditionell hatte man die ästhetische Seinsweise als eine partikulare und sekundäre aufgefaßt, die erstens nur für Gegenstände menschlicher Erzeugung einschlägig und zweitens der grundlegenden Seinsweise des Realen nachgeordnet sein sollte. Modern aber kommt es zu einer Prinzipialisierung und Universalisierung des Ästhetischen. Immer mehr drängt sich der Gedanke auf, daß ästhetische Kategorien zum Verständnis schon der elementaren und allgemeinen Wirklichkeitsverfassung geeignet sein könnten. An die Stelle der klassischen ontologischen Kategorien von Sein, Wirklichkeit, Beständigkeit, Realität usw. treten jetzt ästhetische Zustandskategorien wie Schein, Beweglichkeit, Bodenlosigkeit und Schweben. In den Jahrhunderten davor hatte man gleichsam im Schatten der primären Wirklichkeitskategorien (und im Blick nur auf die sekundären Wirklichkeiten menschlicher Hervorbringung) einen zweiten Satz von Kategorien ausgearbeitet, der sich nun plötzlich – seit sich idealistisch, romantisch, historistisch usw. Wirklichkeit generell als Hervorbringung entpuppt hat – als auch für das Verständnis der primären und allgemeinen Wirklichkeit geeignet erweist.
Inwiefern ist dieser Übergang – durch den ästhetische Kategorien zu Grundkategorien der Wirklichkeit und unseres Erkennens werden – gerechtfertigt? Und wie ist er genau zu begreifen? Dazu will ich im folgenden einen Erklärungsversuch unternehmen.

5. Kritik hyperbolischer Ansprüche des Ästhetischen

Zuvor aber will ich nicht verschweigen, daß die neuartige Auffassung und Expansion des Ästhetischen, so sehr sie auch wohlbegründet sein mag, andererseits zugleich im Kreuzfeuer der Kritik steht. Das Eindringen des Ästhetischen in die Sphäre der Wahrheit, seine epistemologische Fundamentalisierung gilt als gefährlich und unerträglich.

In diesem Sinn hat beispielsweise Habermas an Nietzsches Universalisierung des Ästhetischen Kritik geübt und ebenso Nachfolgeformen dieser Strategie gerügt. Er tat dies sogar im Blick auf Horkheimer und Adorno. Diese hätten sich fatalerweise von Nietzsches Ästhetikprimat und seiner Infragestellung klassischer Erwartungen an Vernunft inspirieren lassen. Genau weil Nietzsche im Hintergrund der *Dialektik der Aufklärung* stehe, seien Horkheimer und Adorno zu »einer hemmungslosen Vernunftskepsis« gelangt.[16]

Es wäre verlockend und nötig, diesbezüglich ins Detail zu gehen – in viele Details. Dazu ist hier jedoch nicht der Ort. Nur einer Vermutung möchte ich Ausdruck geben – um ihr dann zu folgen. Ich fürchte, daß Habermas' Distanzierung des Ästhetischen zu spät ansetzt – bei weitem zu spät. Mit Nietzsche mag der »Eintritt in die Postmoderne« erfolgt sein,[17] die grundsätzliche Ästhetisierung von Wirklichkeit und Denken aber hat schon weitaus früher begonnen. Nämlich hundert Jahre vor Nietzsche, und bei einem Autor, den gewiß auch Habermas nicht distanzieren möchte: bei Kant.

16 Nietzsche, so diagnostiziert Habermas, habe »als erster die Gesinnung der ästhetischen Moderne auf den Begriff« gebracht. Horkheimer und Adorno hätten sich dann gerade »darin von Nietzsche inspirieren« lassen, »daß sie ihre kulturkritischen Maßstäbe aus einer *verselbständigten* Grunderfahrung der ästhetischen Moderne« hernahmen. Dies habe sie zu einer »Unbekümmertheit im Umgang mit den [. . .] Errungenschaften des okzidentalen Rationalismus«, ja zu »einer hemmungslosen Vernunftskepsis« geführt (Habermas, *Der philosophische Diskurs der Moderne* (s. Anm. 2), Kap. V: »Die Verschlingung von Mythos und Aufklärung: Horkheimer und Adorno«, S. 130–157, hier S. 148, S. 146, S. 156).

17 Vgl. Habermas, ebd., Kap. IV: »Eintritt in die Postmoderne: Nietzsche als Drehscheibe«, S. 104–129.

III. Epistemologische Ästhetisierung – seit zweihundert Jahren

Meine Grundthese lautet: Die neuartige Grundsätzlichkeit und Universalität des Ästhetischen ist die Folge einer *epistemologischen* Ästhetisierung. In ihrem Verlauf dringt das Ästhetische in den Kern von Wissen und Wahrheit vor. Es ist im Gefolge dieses Vorgangs, daß das neuere Denken ästhetische Grundzüge annimmt.[18]

1. Kant 1781: Ästhetik als epistemologische Basaldisziplin

Diese epistemologische Ästhetisierung wurde vor über zweihundert Jahren durch Kant initiiert. Er hat als erster gezeigt, daß unser Wissen in einem elementaren und konstitutiven Sinn ästhetisch geprägt ist. Der Ort dieser Einsicht ist nicht die vermeintlich allein ästhetik-einschlägige *Kritik der Urteilskraft*, sondern die *Kritik der reinen Vernunft*, und dort speziell die »transzendentale Ästhetik«.[19]

18 Dabei spielen, wie wir sehen werden, die Zustandsprädikate des Ästhetischen die ausschlaggebende Rolle; von den Standardprädikaten hingegen ist nur das aisthetische Bedeutungsmoment beteiligt. – Die folgenden Überlegungen habe ich ähnlich entwickelt in *Vernunft. Die zeitgenössische Vernunftkritik und das Konzept der transversalen Vernunft*, Frankfurt a.M. 1995, stw 1996, insbes. S. 485–509.

19 Auf die große Bedeutung von Kants transzendentaler Ästhetik hat im 20. Jahrhundert erstmals Heidegger – im Gegenzug gegen die neukantianische Kant-Interpretation – hingewiesen (vgl. Martin Heidegger, *Phänomenologische Interpretation von Kants Kritik der reinen Vernunft*, Vorlesung Wintersemester 1927/28, in: M. H., *Gesamtausgabe*, Bd. 25, Frankfurt a.M. 1977, S. 77 ff.). Heidegger zielt mit seiner Interpretation jedoch eher auf eine daseinsanalytische, nicht auf eine epistemologische Relevanz dieser Ästhetik. Er ist in seiner Kant-Auslegung von vornherein auf der Suche nach der (soeben, 1927, schon gefundenen) Zeit. – Odo Marquard hat 1962 im Blick auf die Entwicklung der Philosophie seit dem 18. Jahrhundert konstatiert, daß mit Kant eine »Wende zur Ästhetik« erfolgt sei, sofern »die Ästhetik seit Ende des 18. Jahrhunderts und dem Anspruch nach bis heute zur diensthabenden Fundamentalphilosophie wird« (Odo

Kant nennt diese mit Bedacht und zu Recht »transzendental«, sofern sie sowohl »Bedingungen der *Möglichkeit der Erfahrung*« als auch »Bedingungen der *Möglichkeit der Gegenstände der Erfahrung*« exponiert.[20] Sie zeigt, daß ästhetische Strukturen für unsere Erfahrung unabdingbar sind, weil sie für die Gegenstände dieser Erfahrung konstitutiv sind.

Diese transzendentale Fundamentalisierung des Ästhetischen hängt mit der Grundthese von Kants theoretischer Philosophie – mit seiner »Revolution der Denkart«[21] – zusammen, derzufolge wir nicht Dinge an sich, sondern nur Erscheinungen erkennen, weil wir »von den Dingen nur das a priori erkennen, was wir selbst in sie legen«.[22] Und was wir zuallererst in die Dinge hineinlegen, das sind eben *ästhetische* Vorgaben: die Anschauungsformen von Raum und Zeit. Nur in Raum und Zeit können uns überhaupt Gegenstände gegeben werden. Genau so weit, wie diese

Marquard, »Kant und die Wende zur Ästhetik«, in: *Zeitschrift für philosophische Forschung*, Bd. 16, 1962, S. 231–243, S. 363–374; wieder abgedr. in: O. M., *Aesthetica und Anaesthetica* [s. Anm. 11], S. 21–34, hier S. 21). Allerdings sieht Marquard mit der »Wende zur Ästhetik«, die für ihn eine Wende zur Kunst bzw. zur artistischen Ästhetik ist, eine »Abkehr von der (exakten) Wissenschaft« einhergehen (ebd., S. 24), während die von mir thematisierte Wende zur epistemologischen Ästhetisierung gerade auch in der Wissenschaft erfolgt; zudem macht Marquard die »Wende zur Ästhetik« an der *Kritik der Urteilskraft* und nicht an der *Kritik der reinen Vernunft* fest; schließlich betrachtete Marquard in seinem Aufsatz von 1962 die Konjunktur der Ästhetik nur als Zwischenstadium zwischen der alten Dominanz der Wissenschaft und der künftigen Dominanz der Geschichtsphilosophie (»Ästhetik wird angesichts der Aporie des emanzipierten Menschen gebraucht als Ausweg dort, wo das wissenschaftliche Denken nicht mehr und das geschichtliche Denken noch nicht trägt. Das ist die These« [ebd., S. 25]), wohingegen es mir um den Hinweis auf eine bislang nicht überholte Bedeutung des Ästhetischen geht. – Vgl. zu einer grundlegend ›ästhetischen‹ Lesart Kants auch: Gilles Deleuze, *La philosophie critique de Kant*, Paris 1963; dt. *Kants kritische Philosophie*, übers. von Mira Köller, Berlin 1990.

20 Immanuel Kant, *Kritik der reinen Vernunft* (1781), A 158.

21 Ebd., B XI.

22 Ebd., B XVIII.

Anschauungsformen sich erstrecken, reicht unser Erkennen und unsere Wirklichkeit.

Dies also ist der erste und elementare Ästhetisierungsfaktor: Unser Wirklichkeitsbezug und unser Erkennen schließen ästhetische Grundanteile ein. Ein zweiter Ästhetisierungsfaktor liegt darin, daß sich damit zugleich der ganze Zuschnitt von Erkenntnis und Wirklichkeit verändert: Sie nehmen grundsätzlich fiktionalen, hervorbringenden, poietischen Charakter an. Kant selbst war sich dessen klar bewußt. Wenn er auf die »transzendentale Idealität« von Raum und Zeit und damit der Erscheinungen insgesamt hinwies,[23] so hatte er genau diesen fiktionalen Charakter im Auge (der nur für gewöhnlich nicht auffällt, weil alle Menschen – so dachte jedenfalls noch Kant – diese Fiktionen in gleicher Weise vollziehen). Die Ideen, die genuinen Begriffe der Vernunft, bezeichnete Kant ausdrücklich als »heuristische Fiktionen«.[24] Von der Einbildungskraft, von der er schon in der *Kritik der reinen Vernunft* als »einer blinden, obgleich unentbehrlichen Funktion der Seele« gesprochen hatte, »ohne die wir überall gar keine Erkenntnis haben würden«,[25] sagte er im *Opus postumum*, daß sie dort, wo sie a priori tätig ist, »*dichtet*«.[26] Bezüglich der Mathematik erklärte er gar, sie sei nichts anderes als »reine Dichtung«.[27] Schließlich notierte er lapidar: »Wir machen alles selbst.«[28]

Kant, dieser gewiß nüchterne Kopf, hat uns in höchst luzider und eindringlicher Weise die ästhetischen Komponenten

23 Vgl. ebd., A 28 bzw. A 36 sowie A 506.
24 Ebd., A 771.
25 Ebd., A 78.
26 Immanuel Kant, *Opus postumum. Zweite Hälfte*, Akademie-Ausgabe, Bd. 22, Berlin/Leipzig 1938, S. 476.
27 Ebd., S. 490. – »Dichtung« ist ein Schlüsselbegriff der hier zu verfolgenden Entwicklung. Wir sind ihm schon bei Schlegel begegnet und werden noch mehrfach – bei Herder, Nietzsche, Rorty und Wittgenstein – auf ihn stoßen.
28 Ebd., S. 82.

von Wahrheit, Wirklichkeit und Wissen zu bemerken gelehrt. Er hat uns auf den grundlegend ästhetischen Charakter des Erkennens hingewiesen, hat eine Basalbedeutung ästhetischer Anteile für unser Erkennen aufgezeigt.[29] Bei Kant ist die Ästhetik – und zwar als *transzendentale* Ästhetik (nicht etwa als Theorie der Kunst) – epistemologisch fundamental geworden.[30] Seitdem kann man von Erkenntnis, Wahrheit und Wissenschaft nicht mehr sprechen, ohne ästhetische Komponenten in Betracht zu ziehen. Das Verkennen der ästhetischen Bedingtheit unseres Erkennens war

29 Mit dieser Feststellung will ich nicht die Art verteidigen, wie Kant die Anschauungsformen im einzelnen auslegte, sondern nur auf die prinzipielle Tatsache hinweisen, daß die Ästhetik bei Kant zu einer Fundamentaldisziplin der theoretischen Philosophie geworden ist. Gewiß ist vieles an Kants Durchführung problematisch und unhaltbar: die Ungeschichtlichkeit des transzendentalen Apriori, Details der Explikation von Raum und Zeit, die Beschränkung auf allein diese beiden Anschauungsformen. Aber die *Idee* dieser transzendentalen Ästhetik, wonach Wirklichkeit uns nur im Kontext von Grundanschauungen erschlossen ist und daher ästhetischen Momenten Basalbedeutung zukommt, war ein zündender Gedanke, der durch seine späteren Verwandlungen – von denen einige bald zu nennen sein werden – zunehmend haltbarere Gestalt gewann.

30 Für Kant blieb diese transzendentale Ästhetik übrigens die primäre und unzweifelhafte Ästhetik. Von ihr erklärte er in beiden Auflagen der *Kritik der reinen Vernunft*, daß allein sie »wahre Wissenschaft« sei (*Kritik der reinen Vernunft*, A 21, B 36). In den »Allgemeinen Anmerkungen zur transzendentalen Ästhetik« unterstrich er, daß diese transzendentale Ästhetik »so gewiß und ungezweifelt sei, als jemals von einer Theorie gefordert werden kann, die zum Organon dienen soll« (ebd., A 46, B 63). Die spätere Geschmacksästhetik – deren Möglichkeit er 1781 noch außerordentlich skeptisch beurteilt hatte (vgl. ebd., A 21) und die er dann 1790 in der *Kritik der Urteilskraft* ausarbeitete – hat das Konzept dieser transzendentalen Ästhetik in keiner Weise zu tangieren oder einzuschränken vermocht – allein schon deshalb, weil die Geschmacksästhetik auf einer ganz anderen Ebene liegt. Kant hat nie auch nur mit einer Silbe die Bezeichnung seiner transzendentalen Ästhetik als »Ästhetik« oder seine Auffassung von der Primärrelevanz dieser Ästhetik zurückgenommen. Dies sollte all denjenigen eine Warnung sein, die meinen, man könne diese Erkenntnisästhetik mit leichter Hand aus dem Kreis legitimer Ästhetikbegriffe ausschließen. Kant sah es genau umgekehrt. Er war von der späteren Engführung von Ästhetik und Kunst noch frei.

gerade der Grundfehler der überlieferten Metaphysik. Fortan wird gelten: Kein kognitiver Diskurs kann ohne das Bewußtsein seiner ästhetischen Grundelemente gelingen; Ästhetikausgriff und Erkenntniskompetenz decken sich; keine Kognition ohne Ästhetik.[31] – Wenn Kant für die Ge-

31 Übrigens findet sich auch in der späteren *Kritik der Urteilskraft* ein Lehrstück, das auf eine grundlegende Bedeutung ästhetischer Vollzüge für *jegliche* Form der Erkenntnis hinweist. Das Ästhetische hat Kant zufolge *allgemein-logische* Bedeutung. Allerdings hat man, dem doppelten Vorurteil folgend, die »Kritik der ästhetischen Urteilskraft« habe es nur mit einem besonderen Vermögen namens ›Geschmack‹ zu tun und Ästhetisches sei bloß für Geschmacksfragen relevant, dieses Lehrstück so gut wie völlig übersehen. Dabei hätte man selbst unter den Bedingungen dieser Restriktion allen Anlaß gehabt, es zur Kenntnis zu nehmen, denn Kant sagt dort ausdrücklich, daß dieses Lehrstück den »Schlüssel zur Kritik des Geschmacks« enthalte und daher »aller Aufmerksamkeit würdig« sei (Immanuel Kant, *Kritik der Urteilskraft*, § 9, B 27). Worum geht es? Kant weist darauf hin, daß sich die Erkenntnisvermögen im Geschmacksurteil in der »proportionierten Stimmung« befinden, »die wir zu allem Erkenntnisse fordern« (ebd., B 31 f.). Diese proportionierte Stimmung, die für jegliche Erkenntnis erforderlich ist, besteht darin, daß Einbildungskraft und Verstand »zusammen stimmen« (ebd., B 29). Genau als Lust an einer derartigen »Harmonie der Erkenntnisvermögen« bzw. dem »freien Spiele der Einbildungskraft und des Verstandes« (ebd.) begreift Kant nun aber die ästhetische Lust. Insofern repräsentiert das Geschmacksurteil ihm zufolge die Reinform des Gemütszustandes, wie er »zu einem *Erkenntnisse überhaupt* erforderlich ist« (ebd.). Einbildungskraft und Verstand befinden sich hier in »einhelliger Tätigkeit«, und zwar in »derjenigen [...], die zu einem Erkenntnis überhaupt gehört« (ebd., B 31). Das Geschmacksurteil realisiert die reine Grundform des Erkenntnisurteils.

Das allein würde schon eine beträchtliche Aufwertung des Ästhetischen bedeuten, verliert dieses dadurch doch den Geruch des Irrationalen und wird als Reinform des Erkenntnisgeschehens überhaupt begriffen. Aber Kant geht sogar noch einen Schritt weiter und behauptet nicht nur, daß ästhetische Vollzüge den kognitiven analog sind, sondern daß sie umgekehrt Grundlegungsfunktion für diese haben. Das ästhetische Verhalten ist nicht nur gleichsam das Konzentrat des Erkenntnisverhaltens, sondern es ist eine Grundbedingung und ein faktisches Implikat aller Erkenntnisvollzüge. Warum dies? Kant sagt, daß »eine jede bestimmte Erkenntnis [...] auf jenem Verhältnis als subjektiver Bedingung beruht« (ebd., B 29), wobei er mit »jenem Verhältnis« dasjenige »in dem freien Spiele der Einbildungskraft und des Verstandes« meint, sofern Einbil-

genwart ein Klassiker ist, dann gerade auch infolge dieser von ihm aufgedeckten Protoästhetik der Kognition.[32]

dungskraft und Verstand dabei »unter einander, wie es zu einem *Erkenntnisse überhaupt* erforderlich ist, zusammen stimmen« (ebd.). Kant denkt offenbar daran, daß kein Urteil, welcher Art es auch immer sei, ohne ein Gefühl der Stimmigkeit auskommt, das sich auf die Fügung bzw. Passung von sinnlichem und begrifflichem Moment bzw. materialer und struktureller Komponente bezieht. Dieses »Stimmen« kann aber letztlich immer nur ästhetisch festgestellt werden. Insofern wohnt jedem Urteil ein ästhetischer Akt inne. Somit entspricht das ästhetische Urteil nicht nur der reinen Grundform eines jeden Urteils, sondern davon gilt sogar die Umkehrung: Jegliches Urteil schließt einen ästhetischen Vollzug ein.
In § 21 hebt Kant diesen Punkt erneut hervor – und in einer Form, die endgültig hätte hellhörig machen müssen. Nachdem er wiederholt hat, daß der Anspruch des ästhetischen Urteils auf Allgemeingültigkeit sich der Tatsache verdankt, daß dieses Urteil die reine Grundform eines Urteils überhaupt repräsentiert, weist er noch einmal darauf hin, daß kein Urteil und keine Erkenntnis ohne dieses letztlich ästhetische Moment auskommt. Er erklärt, daß ein Gemeinsinn, wie er für »die allgemeine Mitteilbarkeit eines Gefühls« erforderlich ist, generell »die notwendige Bedingung der allgemeinen Mitteilbarkeit unserer Erkenntnis« darstellt. Daher werde er »in jeder Logik und jedem Prinzip der Erkenntnisse« vorausgesetzt (ebd., § 21, B 66). Keine Erkenntnis ist ohne diesen innersten ästhetischen Sinn namens »Gemeinsinn« auch nur denkbar. Er ist ein notwendiges Element jeder Erkenntnislehre – meist implizit bleibend, von Kant jedoch explizit gemacht. Unsere Erkenntnis ist sowohl in ihrer propositionalen Verfassung wie in ihrem kommunikativen Charakter ästhetisch bedingt. – Insofern hat Kant auch in der *Kritik der Urteilskraft* ein Lehrstück entwickelt, das man »Protoästhetik der Kognition« überschreiben könnte. Die neuerdings beliebte Strategie, gegen die transzendentale Ästhetik der *Kritik der reinen Vernunft* die Geschmacksästhetik der *Kritik der Urteilskraft* auszuspielen und die letztere zur eigentlichen, die erstere hingegen zu einer bloß nominellen oder überholten Ästhetik zu erklären, ist mithin doppelt falsch (vgl. schon die vorige Anm.).

32 Noch Husserl, der ansonsten zumindest den Konsequenzen der im folgenden weiter darzustellenden epistemologischen Ästhetisierung entgegenzutreten versuchte, konnte sich der Einsicht in diese Protoästhetik nicht entziehen. Auch er betonte »die protologische Funktion der transzendentalen Ästhetik« (Edmund Husserl, *Formale und transzendentale Logik*, hrsg. von Paul Janssen, Husserliana Bd. 17, Den Haag 1974, S. 447).

2. Rückblick auf Baumgarten: Erkenntnisansprüche schon des ursprünglichen Projekts der Ästhetik

Rückblickend mag in diesem Zusammenhang eine nochmalige Erinnerung daran hilfreich sein, daß schon Baumgarten die neue Disziplin namens ›Ästhetik‹ nicht etwa artistisch, sondern epistemologisch angesetzt hatte. Bereits Baumgartens Ansatz zielte auf eine Erkenntnisbedeutung des Ästhetischen.

Baumgarten hat die Ästhetik, wie gesagt, als »Wissenschaft vom sinnenhaften Erkennen« definiert.[33] Aufgabe der neuen Wissenschaft sollte die Verbesserung unserer Erkenntnis durch systematische Ausbildung des bislang vernachlässigten unteren, des sinnenhaften Erkenntnisvermögens sein. Baumgartens Konzept von Ästhetik war von vornherein wissensbezogen angesetzt.

Im Zuge dieses epistemologischen Projekts kam es dann erstmals dazu, daß ästhetische Prädikate in grundsätzlicher Weise als wahrheitsrelevant angesehen wurden. Die neu begründete Ästhetik zielte letztlich auf eine ästhetische Uminterpretation des Erkennens. Genau durch diesen Zündstoff wurde sie denn auch zur neuen Karrieredisziplin der Philosophie und rückte innerhalb weniger Jahrzehnte vom Aschenputtel zur Herrin der Epistemologie auf. Der deutlichste Beleg dafür ist das *Älteste Systemprogramm des deutschen Idealismus* (von circa 1796), wo es heißt, daß der »höchste Akt der Vernunft« ein »ästhetischer Akt« und »die Philosophie des Geistes« eine »ästhetische Philosophie« sei.[34] Die Ästhetik, die zunächst nur das untere Erkenntnisvermögen betreffen sollte, hat in einer Blitzkarriere die Spitzenposition der Philosophie erobert.

33 Alexander Gottlieb Baumgarten, *Aesthetica*, Frankfurt a. d. O. 1750, Nachdr. Hildesheim 1970, § 1, S. 1.

34 *Mythologie der Vernunft. Hegels »ältestes Systemprogramm des deutschen Idealismus«*, hrsg. von Christoph Jamme und Helmut Schneider, Frankfurt a. M. 1984, S. 12.

Am Anfang, als Baumgarten sein Ästhetik-Projekt vorstellte, war von solch hochfliegenden Impulsen freilich noch kaum etwas zu bemerken. Im Gegenteil: Baumgarten führte die Ästhetik mit dem Versprechen reiner Nützlichkeit und im Gestus der Servilität ein. Die neue Wissenschaft werde, indem sie das bislang vernachlässigte sinnenhafte Erkenntnisvermögen kultiviere, unserem Erkennen im ganzen einen willkommenen Dienst erweisen. Die Ästhetik werde Stoff beibringen, Anschaulichkeit garantieren, Darstellung und Faßlichkeit verbessern. Zunächst scheint die Ästhetik also keine Eigenansprüche zu erheben, sondern nur der Verbesserung der Erkenntnis im ganzen zu dienen. Baumgarten führt sie als dienstbereite Zofe am Hof der Herrin Wissenschaft ein.

Gegen Ende der *Aesthetica* aber schlägt Baumgarten plötzlich andere Töne an. Die neue Ästhetik begehrt nun offen gegen das überkommene Erkenntnisideal auf. Die begriffliche Wahrheit sei abstrakt und arm und könne der Wirklichkeit, die immer individuell sei, nicht gerecht werden.[35] Für das Individuelle brauche es ein anderes Organ: eben die Ästhetik, die nunmehr zum Anwalt des Individuellen wird.[36] Da uns Menschen als sinnlich-logischen Wesen die rein logische Wahrheit ohnehin verschlossen sei,[37] müßten wir uns zudem im Fall eines Konflikts zwischen dem traditionellen Ideal logischer, abstrakt-allgemeiner Wahrheit und dem neuen Ideal ästhetiko-logischer Wahrheit für das letztere entscheiden – also für ein Ideal, das ästhetische Momente im Namen der Wirklichkeit und unter Berufung auf die Conditio humana in den Vordergrund rückt.[38] Und da es immer wieder zu solchen Konflikten kommt, ist weithin der ästhetisch geprägten Erkenntnis der Vorzug vor der

35 Vgl. Baumgarten, *Aesthetica* (s. Anm. 33), §§ 559, 560, 564.
36 Vgl. ebd.
37 Vgl. ebd., § 557.
38 Vgl. ebd.

bloß logischen zu geben.[39] – Das ist eine bemerkenswerte Veränderung gegenüber dem Anfang der Schrift und gegenüber der traditionellen Vorstellung von Wahrheit, Erkenntnis und Wissenschaft.

Zwar versteht Baumgarten das Ästhetische noch nicht als transzendental, aber er begreift es bereits als unverzichtbar. Er betont, daß für uns Menschen *jede* Wahrheit – nicht etwa bloß sensualistisch-anfänglich, sondern bleibend – einen ästhetischen Anteil oder Einschuß besitzt. Damit hat er ein Motiv eingeführt, das sich sukzessiv Geltung verschaffen sollte. Die Ästhetik – von Baumgarten gleichsam als eine Art Trojanisches Pferd in die Festung der Wissenschaften eingeschleust – führt schon in diesem ersten Entwurf zu einer Veränderung des Konzepts von Wissenschaft und Erkenntnis: Wahrhafte Erkenntnis muß fortan ästhetiko-logische Erkenntnis sein, und wahrhafte Wissenschaft wird ihre ästhetischen Determinanten nicht ignorieren dürfen, sondern ihnen gerecht werden müssen. Von hier aus ist es nicht mehr weit zu dem Ansinnen, die Wissenschaft müsse sich *im ganzen* ästhetisch reorganisieren.

Just diesen Schritt tat Kant, indem er die bei Baumgarten noch empirisch-anthropologisch gebliebene Auszeichnung der Ästhetik als transzendentale faßte. Das Ästhetische ist Kant zufolge mehr als ein anthropologisches Ideal, es ist konstitutiv für unser Welterkennen und Weltverhalten überhaupt.

3. Nietzsche: der ästhetisch-fiktionale Charakter von Erkenntnis und Wirklichkeit

Kants Grundlegung wurde hundert Jahre später durch Nietzsche fortgeführt und so überzeugend gemacht, daß man seitdem zwar noch gegen die ästhetische Grundierung

39 Vgl. ebd., § 565.

des Erkennens anreden mag, aber kaum noch etwas gegen sie vorbringen kann.

Nietzsche – vielleicht der ästhetische Denker par excellence – radikalisierte die Ästhetisierung dreifach. Er zeigte erstens, daß Wirklichkeit insgesamt (nicht nur in ihrer transzendentalen Struktur) *gemacht* ist: Tatsachen sind *Tat*-sachen. Er wies zweitens darauf hin, daß diese Wirklichkeitserzeugung mit *fiktionalen* Mitteln erfolgt: durch Anschauungsformen, Grundbilder, Leitmetaphern, Phantasmen usw. Und er durchbrach drittens die Schwelle der einen und gemeinsamen Welt: Wenn Wirklichkeit Ergebnis einer Erzeugung ist, dann muß man auch mit dem Entstehen unterschiedlicher Welten rechnen.

Schon in dem frühen Manuskript »Ueber Wahrheit und Lüge im aussermoralischen Sinne« von 1873 wies Nietzsche (bezeichnenderweise im Anschluß an eine Kant-Paraphrase) darauf hin, daß wir Wirklichkeit allenthalben mit fiktionalen Mitteln und auf dem Weg metaphorischer Tätigkeit hervorbringen. Die Rede von »meta-phorischer« Aktivität ist dabei wörtlich zu verstehen. Wir übertragen einen anfänglichen Nervenreiz in ein Bild, dieses in einen Laut, schließlich den Laut in einen Begriff. Durch solche Übertragung von einer Sphäre in eine andere entstehen die Kaskaden der Wirklichkeit. Diese ist in allem, was über den elementaren physischen Reiz hinausgeht, ein Produkt menschlicher Kunst. Den »Trieb zur Metapherbildung« kann man »keinen Augenblick wegrechnen [...], weil man damit den Menschen selbst wegrechnen würde«.[40] Der Mensch ist ein *animal fingens*.

Wenn uns die Wirklichkeit für gewöhnlich nicht als erzeugt, sondern als gegeben erscheint, so ist das die Folge eines habituellen und geradezu systematischen Vergessens unserer Tätigkeitsanteile. Der Mensch kommt »zum Gefühl der

40 Nietzsche, »Ueber Wahrheit und Lüge im aussermoralischen Sinne« (s. Anm. 14), S. 887.

Wahrheit«,[41] indem er »sich als Subjekt und zwar als *künstlerisch schaffendes* Subjekt vergisst«.[42] »Er vergisst [...] die originalen Anschauungsmetaphern als Metaphern und nimmt sie als die Dinge selbst.«[43] Zwar erzeugen wir unsere Wirklichkeiten, aber wir verbergen uns dies oder vergessen es – und dadurch entsteht der Anschein von Objektivität.[44] Das Gefüge der Wirklichkeit beruht insgesamt auf ästhetischen bzw. poietischen Primärprojektionen – es liegt ihm die »frei dichtende und frei erfindende« Tätigkeit des Menschen, mithin ein »*ästhetisches* Verhalten« zugrunde[45] –, nur wollen wir genau das für gewöhnlich nicht wahrhaben, sondern vergessen und verdrängen es. Über diese Verdrängung des ästhetischen Grundprozesses hat Nietzsche uns aufgeklärt.

Auf diesem Weg gelangt Nietzsche zu einer ingeniösen Einschätzung unserer Begriffsgebäude: »Man darf hier den Menschen wohl bewundern als ein gewaltiges Baugenie, dem auf beweglichen Fundamenten und gleichsam auf fliessendem Wasser das Aufthürmen eines unendlich complicirten Begriffsdomes gelingt; freilich, um auf solchen Fundamenten Halt zu finden, muss es ein Bau, wie aus Spinnefäden sein, so zart, um von der Welle mit fortgetragen, so fest, um nicht von dem Winde auseinander geblasen zu werden.«[46] – So stellt sich das Erkennen für ein Bewußtsein dar, das auf seine ästhetischen Grundleistungen aufmerksam geworden ist. Alle Elemente des neuen Primärcharakters des

41 Ebd., S. 881.
42 Ebd., S. 883.
43 Ebd.
44 Schon Herder hatte zu einer dynamischen und pragmatischen – statt ›objektivistischen‹ – Auffassung unserer Erkenntnisformen angehalten: »Der wievielste Teil von euch betrachtet Logik, Metaphysik, Moral, Physik, als was sie sind – Organe der menschlichen Seele, *Werkzeuge*, mit denen man würken soll!« (Johann Gottfried Herder, *Auch eine Philosophie der Geschichte zur Bildung der Menschheit* [1774], Frankfurt a. M. 1967, S. 76)
45 »Ueber Wahrheit und Lüge im aussermoralischen Sinne« (s. Anm. 14), S. 884.
46 Ebd., S. 882.

Ästhetischen sind in dieser Charakterisierung versammelt: Wie Künstler oder geniale Konstrukteure erzeugen wir unsere Verständigungssysteme, errichten kunstvolle Konstruktionen, die auf Wirklichkeit zwar bezogen sind, aber nicht durch Abbildung, sondern durch Erfindung, und die insgesamt dem Non-Fundamentalismus der Wirklichkeit Rechnung tragen: »Es giebt für uns keine ›Wirklichkeit‹ [...].«[47]

Nietzsche zufolge enthalten unsere Wirklichkeitsentwürfe also nicht nur grundlegend ästhetische Elemente, sondern sie sind insgesamt von ästhetischem Zuschnitt: Sie sind poietisch erzeugt, durch fiktionale Mittel strukturiert und ihrer ganzen Seinsweise nach von jener schwebenden und fragilen Art, die man traditionell nur ästhetischen Phänomenen attestiert – und nur bei ihnen für möglich gehalten hat. Bei Nietzsche sind Wirklichkeit und Wahrheit im ganzen ästhetisch geworden. Was Baumgarten angebahnt und Kant als erster ein Stück weit ausgearbeitet hatte – Nietzsche hat es ins Extrem entwickelt.

4. Die Durchsetzung der epistemologischen Ästhetisierung im 20. Jahrhundert

a) Wissenschaftstheorie

Vertreten eine solch ästhetische Sicht des Erkennens nur exquisite – oder scheinbar überspannte – Ästhetiker wie Nietzsche? Nein. Nietzsches Einsichten wurden im 20. Jahrhundert zunehmend allgemein. Selbst die Wissenschaftstheorie ist sukzessiv ›nietzscheanisch‹ geworden. So hat Otto Neurath (der immerhin einer der härtesten wissenschaftstheoretischen Schulen, dem »Wiener Kreis«,

47 Friedrich Nietzsche, *Die fröhliche Wissenschaft*, in: F. N., *Sämtliche Werke* (s. Anm. 13), Bd. 3, S. 422 [57].

angehörte) unsere Situation ganz ähnlich wie Nietzsche beschrieben: »Wie Schiffer sind wir, die ihr Schiff auf offener See umbauen müssen, ohne es jemals in einem Dock zerlegen und aus besten Bestandteilen neu errichten zu können.«[48] Dieser Satz Neuraths wurde dann auch zum Leitspruch des analytischen Philosophen Willard Van Orman Quine.[49] Sogar bei Karl Popper lesen wir, »daß dort, wo wir auf festem und sicherem Boden zu stehen glaubten, in Wahrheit alles unsicher und im Schwanken begriffen ist«.[50] – Man sieht: Selbst Wissenschaftstheoretiker, die gewiß keine Nietzscheaner sein wollen, kommen dort, wo sie Grundfragen erörtern, nicht daran vorbei, wie Nietzscheaner zu sprechen. Die ästhetische Verfassung der Wirklichkeit ist eine Einsicht nicht nur mancher Ästhetiker, sondern aller reflektierten Wirklichkeits- und Wissenschaftstheoretiker des 20. Jahrhunderts. Sie ist eine *fällige* Einsicht.

b) Hermeneutik

Eine ähnliche Diagnose vertritt die hermeneutische Philosophie. Hans Blumenberg wies darauf hin, daß die alte Metapher der Seefahrt in der Geschichte des abendländischen Denkens zunehmend modifiziert und dabei zur modernen Schlüsselmetapher für die *conditio humana* wurde.[51] Einst gab es zur Seefahrt und ihrer dramatischen Zuspitzung in der Katastrophe des Schiffbruchs noch ein Gegenüber: einen Zuschauer, der alles von der sicheren Warte eines Fest-

48 Otto Neurath, »Protokollsätze«, in: *Erkenntnis*, Bd. 3 (1932/33), S. 204 bis 214, hier S. 206. – Übrigens war Neurath ein besonders lebendiger und vielseitiger Geist. Seinen Schülern legte er nahe, alle fünf Jahre eine andere Laufbahn einzuschlagen.

49 Er bildet das Motto von *Word and Object*, Cambridge (Mass.) 1960, S. VII.

50 Karl Popper, »Die Logik der Sozialwissenschaften«, in: Theodor W. Adorno [u. a.], *Der Positivismusstreit in der deutschen Soziologie*, Neuwied/Berlin 1969, S. 103–123, hier S. 103.

51 Hans Blumenberg, *Schiffbruch mit Zuschauer. Paradigma einer Daseinsmetapher*, Frankfurt a. M. 1979.

landes aus betrachten konnte und vom Unheil selbst unbetroffen war. Zunehmend aber erkannte man, daß es eine solch neutrale oder überlegene Warte nicht gibt, daß vielmehr auch die Position eines jeden Zuschauers schwankend, ungesichert und einer Seefahrt ausgesetzt ist – daß wir, anders gesagt, alle in Booten sitzen.[52, 53] Uns bleibt keine andere Möglichkeit als die eines »Schiffbaus aus dem Schiffbruch«.[54, 55]

c) Neuere analytische Philosophie

Auch die neuere analytische (oder postanalytische) Philosophie vertritt – ähnlich wie Nietzsche, die moderne Wissenschaftstheorie und die Hermeneutik – die Auffassung, daß wir »auf beweglichen Fundamenten und gleichsam auf fließendem Wasser« operieren müssen. Das ist im analytischen Kontext eine Konsequenz daraus, daß die Rede von einer Wirklichkeit-an-sich prinzipiell sinnleer ist, weil es

52 Man könnte einwenden wollen, daß dies bloß eine metaphorische Redeweise sei. Aber erstens handelt es sich, wenn schon um eine Metapher, dann um eine Metapher für eine Grundsituation, und Grundsituationen sind stets nur metaphorisch erläuterbar. Und zweitens: Wenn das neuere Denken Wirklichkeit zunehmend als Erzeugnis metaphorischer Tätigkeit begreift, dann sind Metaphern eben mehr als ›Metaphern‹, nämlich potentiell gültige Wirklichkeitsbeschreibungen.

53 Wie grundlegend der Unterschied gegenüber älteren Auffassungen ist, zeigt ein Vergleich mit Aristoteles. Auch dieser bediente sich an einer gewichtigen Stelle einer nautischen Metapher – aber mit ganz anderer Zielrichtung. Im *Protreptikos*, seiner Mahnschrift zur Philosophie, sagt Aristoteles vom Philosophen: »Wie ein guter Schiffskapitän vertäut er sein Leben an dem, was ewig und beharrend ist, läßt dort den Anker fallen und lebt als sein eigener Herr« (*Der Protreptikos des Aristoteles*, Einl., Text, Übers. und Komm. von Ingemar Düring, Frankfurt a. M. 1969, S. 55 ff. [B 50]). Genau eine solche Ankermöglichkeit, einen solch archimedischen Punkt sieht das moderne Denken nicht mehr.

54 So der Titel von Kap. VI bei Blumenberg, *Schiffbruch mit Zuschauer* (s. Anm. 51), S. 70–74.

55 Es scheint mir nicht übertrieben, die Hermeneutik – etwa auch in ihrer Gadamerschen Version – als Denken unter den Bedingungen dieser Einsicht zu charakterisieren.

Wirklichkeit immer nur als »Wirklichkeit-unter-einer-Beschreibung« gibt bzw. daß wir »bei allem, was beschrieben wird, auf Beschreibungsweisen beschränkt« sind.[56] Daher können wir von Wirklichkeit immer nur im Horizont prinzipiell problematischer (nie letztbegründbarer) Prämissen und stets nur als von einer Wirklichkeitsversion neben anderen sprechen.

Entsprechend hat Richard Rorty im *Spiegel der Natur* dargelegt, daß die überkommenen Abbild- und Objektivismus-Vorstellungen den produktiven und ästhetischen Charakter unserer Erkenntnisleistungen unterschlagen. In *Kontingenz, Ironie und Solidarität* zeigte er dann, daß unsere ›Fundamente‹ allesamt ästhetisch verfaßt, nämlich durchweg kulturelle Artefakte sind. Aus dieser Einsicht zog er eine aufschlußreiche Konsequenz. Rorty plädiert für eine »poetisierte Kultur«.[57] Darunter versteht er eine Kultur, die weiß, daß man es allenthalben mit kulturellen Artefakten zu tun hat, die man immer nur an anderen kulturellen Artefakten, nie hingegen an der Wirklichkeit selbst überprüfen kann. Und eine »poetisierte Kultur« erkennt diese Situation an, statt weiterhin vergeblich darauf zu beharren, »daß wir die echte Wand hinter den gemalten Wänden finden, die echten Prüfsteine der Wahrheit im Gegensatz zu Prüfsteinen, die nur kulturelle Artefakte sind«. Sie weiß gerade »zu schätzen [...], daß *alle* Prüfsteine solche Artefakte sind«.[58]

Ähnlich wie Rorty hatte zuvor schon Nelson Goodman auf eine Parallelität von künstlerischer und wissenschaftlicher

56 Richard Rorty, *Der Spiegel der Natur: Eine Kritik der Philosophie*, übers. von Michael Gebauer, Frankfurt a.M. 1981, S.409, bzw. Nelson Goodman, *Weisen der Welterzeugung*, übers. von Max Looser, Frankfurt a.M. 1984, S.15.

57 Richard Rorty, *Kontingenz, Ironie und Solidarität*, übers. von Christa Krüger, Frankfurt a.M. 1989, S.99, 117, 119, 121 f. (An der ersteren Stelle hat die deutsche Übersetzung fälschlich »ästhetisierte« statt »poetisierte Kultur«.)

58 Ebd., S.99.

Tätigkeit hingewiesen.[59] Seine Rede von »Weisen der Welterzeugung« setzt auf analytischer Basis Kants und Nietzsches Einsicht in den Fiktionscharakter des Erkennens fort und leitet zu einem generellen Non-Fundamentalismus über. Goodman zeigt, daß alle Symbolsysteme – die der Wissenschaft ebenso wie die der Wahrnehmung oder der Lebensformen – ästhetisch bzw. poietisch verfaßt sind. Welt-Versionen sind nicht einfach vorhanden, Welt-Versionen werden *erzeugt*.

Es scheint nicht übertrieben zu behaupten, daß der Übergang zu einer ästhetischen Interpretation von Wahrheit, Wirklichkeit und Erkennen den philosophischen Grundvorgang der letzten zweihundert Jahre darstellt.[60] Immer mehr dringt das Ästhetische in die Grundschicht des Kognitiven ein. Die Protoästhetik ist das untergründige Movens der neueren Epistemologie.

d) Wissenschaftsgeschichte

Auch im Bereich der Wissenschaftsgeschichte und Wissenschaftstheorie ist man zunehmend auf ästhetische Primäranteile des Erkennens aufmerksam geworden. Das gilt gerade bezüglich der ›harten‹ Wissenschaften, der Naturwissenschaften.

Am drastischsten hat diesbezüglich Paul Feyerabend eine Äquivalenz von Kognition und Ästhetik vertreten. In *Wissenschaft als Kunst* wies er darauf hin, daß »künstlerische Verfahren [...] überall in den Wissenschaften« vorkommen

59 Goodman hat vor allem die kognitive Dimension des Ästhetischen deutlich gemacht – zum Nutzen sowohl der Ästhetik wie der Epistemologie. Vgl. Nelson Goodman, *Sprachen der Kunst. Ein Ansatz zu einer Symboltheorie*, Frankfurt a. M. 1973, insbes. S. 265 f.

60 Goodman hat das folgendermaßen ausgedrückt: »Die Bewegung verläuft von der einen und einzigen Wahrheit und einer fertig vorgefundenen Welt zum Erzeugungsprozeß einer Vielfalt von richtigen und sogar konfligierenden Versionen oder Welten« (Goodman, *Weisen der Welterzeugung* [s. Anm. 56], S. 10).

und daß dies ganz besonders dort der Fall ist, »wo neue und überraschende Entdeckungen gemacht werden«.[61] Er sagt, daß die Wissenschaften im Grunde nicht anders verfahren als die Künste auch.[62] Beide operieren im Duktus eines bestimmten Stils – eines Kunststils im einen, eines Erkenntnisstils im anderen Fall. Wahrheit und Wirklichkeit sind daher in der Wissenschaft genauso stilrelativ wie in der Kunst: »Untersucht man nämlich, was ein bestimmter Denkstil unter diesen Dingen versteht, dann trifft man nicht auf etwas, was jenseits des Denkstils liegt, sondern auf seine eigenen grundlegenden Annahmen: Wahrheit ist, was der Denkstil sagt, daß Wahrheit sei.«[63] Auch die Wissenschaften sind daher Feyerabend zufolge nichts anderes als »Künste [...] im Sinne dieses fortschrittlichen Kunstverständnisses«.[64]

Feyerabend führte darin Thesen von Thomas S. Kuhn fort.[65] Dieser hatte in *Die Struktur wissenschaftlicher Revolutionen* gezeigt, daß die Wissenschaftsgeschichte nicht, wie die Wissenschaftler gerne meinen, rational, linear und nach dem Muster eines Fortschritts auf einheitlicher Basis verläuft, sondern daß sie, ebenso wie die Geschichte der Künste, durch eine Aufeinanderfolge revolutionärer Perioden, in denen die Basis verändert wird, und kumulativer Perioden, in denen auf der erreichten Basis weitergearbeitet wird, ge-

61 Paul Feyerabend, *Wissenschaft als Kunst*, Frankfurt a. M. 1984, S. 8.

62 Vgl. ebd. – Übrigens hatte Konrad Fiedler schon 1876 ganz ähnlich festgestellt: »Die Kunst ist so gut Forschung, wie die Wissenschaft, und die Wissenschaft ist so gut Gestaltung, wie die Kunst« (Konrad Fiedler, »Über die Beurteilung von Werken der bildenden Kunst«, in: K. F., *Schriften zur Kunst* [s. Anm. 10], Bd. 1, S. 1–48, hier S. 31).

63 Feyerabend, *Wissenschaft als Kunst* (s. Anm. 61), S. 77.

64 Ebd., S. 78. – Es ist aufschlußreich für den hier verfolgten Zusammenhang, daß schon einer der ersten bedeutenden naturwissenschaftlichen Kantianer, Johann Wilhelm Ritter, 1806 in München eine Akademierede mit dem Titel »Physik als Kunst« hielt.

65 Vgl. Thomas S. Kuhn, *The Structure of Scientific Revolutions*, Chicago 1962; dt. *Die Struktur wissenschaftlicher Revolutionen*, übers. von Kurt Simon, Frankfurt a. M. 1967.

kennzeichnet ist.[66] Dabei hatte Kuhn bekannt, daß er zu dieser Auffassung der wissenschaftlichen Entwicklungsgeschichte durch einen Blick auf die »Geschichtsschreibung der Literatur, Musik, bildenden Kunst, Politik und vieler anderer menschlicher Tätigkeiten« inspiriert worden war. In diesen Sphären gehörte die »Periodisierung durch revolutionäre Umbrüche von Stil, Geschmack und institutioneller Struktur« schon seit langem zu den »Standardwerkzeugen«.[67] Er habe nun nichts anderes getan, als diese in ästhetischen Bereichen bewährte Perspektive auf die Sphäre der Naturwissenschaften zu übertragen.[68] Dadurch hat Kuhn die konventionelle Trennung zwischen dem kognitiven und dem ästhetischen Bereich überwunden. Seitdem ist die Wissenschaftsgeschichte in beträchtlichen Teilen zu einer Ästhetikgeschichte der Wissenschaft geworden. Und während Kuhn vorerst nur eine homologe Entwicklungsstruktur der

66 Darin setzt Kuhn Ansätze von Gaston Bachelard fort. Dieser hatte schon in den dreißiger Jahren gelehrt, daß die Wissenschaftsentwicklung nicht kontinuierlich verlaufe, sondern durch Krisen und dramatische Einschnitte (»coupures épistémologiques«) gekennzeichnet sei, die jeweils »eine vollständige Umwälzung des Wissenssystems« zur Folge haben (Gaston Bachelard, *Die Bildung des wissenschaftlichen Geistes. Beitrag zu einer Psychoanalyse der objektiven Erkenntnis*, übers. von Michael Bischoff, Frankfurt a. M. 1978, S. 49; frz. Originalausgabe Paris 1938). Erstmals hatte Bachelard diese These von der Diskontinuität der Wissenschaftsentwicklung in seiner Dissertation *Essai sur la connaissance approchée* (Paris 1928) aufgestellt, um sie dann in *Le Nouvel Esprit scientifique* (Paris 1934; dt. *Der neue wissenschaftliche Geist*, übers. von Michael Bischoff, Frankfurt a. M. 1988) zu präzisieren.

67 Thomas S. Kuhn, *Die Struktur wissenschaftlicher Revolutionen*, übers. von Kurt Simon, 2., rev. und um das Postskriptum von 1969 erg. Aufl., Frankfurt a. M. 1976, S. 220.

68 Vgl. ebd. Andernorts berichtet Kuhn, daß »die Ähnlichkeiten zwischen Wissenschaft und Kunst« für ihn »eine Offenbarung waren«, und er betont, »daß der Wissenschaftler, ganz wie der Künstler, sich von ästhetischen Gesichtspunkten leiten läßt und dem Einfluß der vorherrschenden Wahrnehmungsweisen unterliegt« (Thomas S. Kuhn, »Bemerkungen zum Verhältnis von Wissenschaft und Kunst« in: Th. S. K., *Die Entstehung des Neuen. Studien zur Struktur der Wissenschaftsgeschichte*, übers. von Hermann Vetter, Frankfurt a. M. 1977, S. 446–460, hier S. 449 f.).

beiden Bereiche behauptet hatte, sprechen neuere wissenschaftstheoretische Ansätze den Veränderungen im ästhetischen Kanon sogar Ursachenfunktion für wissenschaftliche Revolutionen zu.[69, 70]

e) Wissenschaftspraxis

Längst sind sich auch die Forscher in den Naturwissenschaften der Bedeutung ästhetischer Momente für ihre Erkenntnisarbeit bewußt geworden. Es ist für sie geradezu ein Gemeinplatz, daß ihr Erkennen eher vom Typus der Hervorbringung als der Wiedergabe ist und daß imaginative Fähigkeiten für die Forschung unentbehrlich sind. So hatten schon Bohr, Dirac, Einstein und Heisenberg an entscheidenden Stellen ästhetisch argumentiert, und Poincaré hatte gar rundweg erklärt, daß ästhetische und nicht etwa logische Potenz die zentrale Fähigkeit eines guten Mathemati-

69 So interpretiert Mary Hesse wissenschaftliche Revolutionen als »metaphorische Neubeschreibungen« der Natur (Mary Hesse, »The Explanatory Function of Metaphor«, in: M. H., *Revolutions and Reconstructions in the Philosophy of Science*, Bloomington, Ind., 1980, S. 111–124, hier S. 111), und James W. McAllister weist darauf hin, daß neue Paradigmen wesentlich durch einen Wechsel im ästhetischen Kanon bzw. den ästhetischen Präferenzen veranlaßt sind (vgl. James W. McAllister, »Truth and Beauty in Scientific Reason«, in: *Synthese* 78, 1989, S. 25–51).

70 Natürlich können dann, unterschiedlichen ästhetischen Präferenzen entsprechend, auch unterschiedliche kognitive Präferenzen bestehen. Die Ästhetik der Schönheit und der Harmonie ist nicht die einzig mögliche. Man kann auch einer Ästhetik der Paradoxie, der Sprengung, der Ambivalenz oder der Offenheit anhängen. Im ersten Fall wird man das Gefühl gelungener Erkenntnis dann haben, wenn alles sich zum Ganzen fügt, also harmonisch wird; im zweiten Fall hingegen dann, wenn letzte Brüche und Unvereinbarkeiten zutage treten. Das erste war bei Wissenschaftlern wie Kepler oder Heisenberg der Fall. Kepler mochte nur einer Ästhetik der Harmonie Glauben schenken, und für viele Wissenschaftler gilt noch heute der Satz »Wenn es nicht schön ist, kann es nicht wahr sein«. Anders verhält es sich bei Denkern wie Benjamin oder Lyotard. Lyotard sieht Stimmigkeit erst dort erreicht, wo Paradoxien und Widerstreite zutage treten; und Benjamin war überzeugt, daß wahrhaftes Erkennen Blitz- und Choc-Charakter haben müsse.

kers sei.[71, 72] In neuerer Zeit hat dann Watsons Hinweis bahnbrechend gewirkt, daß ihm die Entschlüsselung der DNS-Struktur nur deshalb gelang, weil er davon ausging, daß die Lösung äußerst elegant werde sein müssen – nur unter dieser ästhetischen Prämisse vermochte er in angemessener Zeit unter der großen Zahl theoretisch offenstehender Lösungswege den zutreffenden zu finden.[73] – Die Ästhetik liefert offenbar nicht nur Intuitionen, sie stellt auch Kriterien bereit.

Durch solche Entwicklungen sind rationalistische Barrieren in den Köpfen zunehmend abgebaut worden. Man wagt sich heute unbefangener daran, ästhetische Momente im Kern der Wissenschaft einzugestehen. Historisch haben sie

71 Vgl. hierzu den von Judith Wechsler herausgegebenen Sammelband *On Aesthetics in Science*, Cambridge (Mass.) 1981; ferner die unter dem Titel *Truth and Beauty. Aesthetics and Motivations in Science* versammelten Arbeiten von Subrahmanyan Chandrasekhar (Chicago 1987); schließlich Gideon Engler, »Aesthetics in Science and Art«, in: *The British Journal of Aesthetics* 30/1 (1990) S. 24–34, und James W. McAllister, »Scientists' Aesthetic Judgements«, in: *The British Journal of Aesthetics* 31/4 (1991) S. 332–341. McAllister weist darauf hin, daß die Anwendung ästhetischer Kategorien auf intellektuelle Konstrukte zur Zeit Shaftesburys und Hutchesons weitaus vertrauter war, als sie es einer allzu artistisch restringierten Ästhetik heute ist (vgl. ebd., S. 339).

72 Poincarés Auffassung ist übrigens keineswegs extravagant, sondern wurde auch von weniger originellen Geistern vertreten. Beispielsweise legte Wolfgang Krull am 11. Januar 1930 in seiner Erlanger Antrittsrede »Über die ästhetische Betrachtungsweise in der Mathematik« dar, daß Phantasie für die Mathematik sehr wichtig ist und daß Mathematik und Kunst diesbezüglich verwandt sind: »Ich wollte zeigen, daß die Fantasie und die Schaffensgrundsätze des Mathematikers in gewisser Hinsicht denen des Künstlers verwandt sind.« »Es scheint mir [...] allgemein wichtig zu sein, daß endlich einmal betont wird, daß bei den Mathematikern ästhetische Gesichtspunkte eine große Rolle spielen.« »Ich [...] möchte in aller Schärfe betonen: der wirkliche Mathematiker muß vor allen Dingen Fantasie besitzen, natürlich eine besondere, eine ›mathematische‹ Fantasie.« (Wolfgang Krull, »Über die ästhetische Betrachtungsweise in der Mathematik«, in: *Sitzungsberichte der physikalisch-medizinischen Sozietät zu Erlangen*, Bd. 61, Erlangen 1930, S. 207–220, hier S. 211, 218, 208.)

73 Vgl. James D. Watson, *Die Doppel-Helix. Ein persönlicher Bericht über die Entdeckung der DNS-Struktur*, Reinbek bei Hamburg 1969.

ohnehin immer bestanden. Die Beispiele dafür reichen von der Kreismetaphorik der antiken Astronomie über Newtons Konzept des Naturgesetzes bis zu den imaginativen Anteilen in der gegenwärtigen Symmetrieforschung,[74] und ebenso ist die heuristische Relevanz ästhetischer Intuitionen von Archimedes über Newton bis zu Kekulé bekannt.[75] Wenn man heute mit Theorien wie der vom ›Big Bang‹ oder der unendlichen Geschichte der Quarks konfrontiert wird, kann man wohl auch gar nicht anders, als eine große Relevanz ästhetischer und fiktionaler Momente in Rechnung zu stellen. Der ehedem für prinzipiell gehaltene Unterschied zwischen wissenschaftlicher und ästhetischer Rationalität hat sich als bloß gradueller Unterschied herausgestellt. Kognitive Rationalität ist – ob in Kantischer oder Feyerabendscher Manier verstanden – in ihrer Grundschicht mit ästhetischen Momenten verflochten.

In allen Wissenschaften dringt derzeit das Bewußtsein von einem grundlegend ästhetischen Charakter des Erkennens und der Wirklichkeit durch. Ob zeichentheoretisch oder systemtheoretisch, ob in Soziologie, Biologie oder Mikrophysik, allenthalben erkennen wir, daß es kein erstes oder letztes Fundament gibt, daß wir vielmehr gerade in der Dimension der ›Fundamente‹ auf eine ästhetikartige Verfassung

74 Für Newton beispielsweise war eine ästhetische Auszeichnung wie Einfachheit geradezu ein Kriterium für den Begriff des Naturgesetzes. Sie war nicht eine Entdeckung, die man hinsichtlich der Naturgesetze machte, sondern eine ästhetische Vorbedingung für das, was als Naturgesetz sollte gelten können (vgl. Dale Jacquette, »Aesthetics and Natural Law in Newton's Methodology«, in: *Journal of the History of Ideas* 51/4, 1990, S. 659–666, hier insbes. S. 661 und 666).

75 Schon Herder hatte diagnostiziert: »So ward *Newton* in seinem Weltgebäude wider Willen ein Dichter, wie *Buffon* in seiner Kosmogonie, und *Leibnitz* in seiner prästabilirten Harmonie und Monadenlehre. Wie unsre ganze Psychologie aus Bildwörtern bestehet, so wars meistens *Ein* neues Bild, *Eine* Analogie, *Ein* auffallendes Gleichniß, das die größten und kühnsten Theorien gebohren« (Johann Gottfried Herder, »Vom Erkennen und Empfinden der menschlichen Seele«, in: J. G. H., *Sämmtliche Werke*, hrsg. von Bernhard Suphan, Bd. 8, Berlin 1892, S. 170).

stoßen. So sagen uns die Semiotiker, daß die Signifikantenketten stets auf andere Signifikantenketten und nicht etwa auf ein ursprüngliches Signifikat verweisen; die Systemtheorie lehrt uns, daß wir, »statt auf letzte Einheiten zu rekurrieren«, immer nur Beobachtungen beobachten und Beschreibungen beschreiben;[76] und die Mikrophysik stellt fest, daß sie, wo sie auf Elementares zurückgreifen will, doch nie auf Elementares, sondern stets auf neue Komplexität stößt.[77] Dies alles ist jedoch nicht als Ausdruck von Resignation, sondern als Indiz der Einsicht in die grundlegend ästhetische Struktur der Wirklichkeit zu begreifen.

Bis in die Alltagsauffassung hinein setzt sich heute dieses Bewußtsein vom grundlegend ästhetischen Charakter unseres Erkennens, unserer Wirklichkeit und unserer Verstehensformen durch.[78] Unsere Orientierungen nehmen zunehmend ästhetische Züge an, und wir rechtfertigen noch unsere Abweichungen von traditionellen Normen zunehmend mit Argumenten ästhetischer Art.

5. Protoästhetik – *aesthetic turn*

Die Ausgangsvermutung der Überlegungen dieses III. Teiles besagte, daß das Ästhetische in den Kern der Philosophie, in die grundlegende Dimension von Wahrheit und Wissen eingedrungen sei. Inzwischen können wir dies als

76 Niklas Luhmann, *Die Wissenschaft der Gesellschaft*, Frankfurt a. M. 1990, S. 717.

77 Ähnlich hatte übrigens schon Montaigne gesagt, daß wir immer nur Anmerkungen über Anmerkungen machen: »nous ne faisons que nous entregloser« (Michel de Montaigne, *Essais*, in: M. de M., *Œuvres Complètes*, Paris 1967, B. 3, Kap. 13, S. 430).

78 Natürlich führen diese Einsichten auch dazu, daß das Wahrheitsmonopol der Wissenschaft verabschiedet wird. Der Nachweis, daß die wissenschaftliche Wahrheit in ihrer Grundschicht nicht weniger ästhetisch verfaßt ist als andere Orientierungsformen auch, führt konsequent zur Relativierung des vormals exklusiven Stellenwerts wissenschaftlicher Wahrheit.

Ergebnis festhalten. Wahrheit ist dem modernen Verständnis zufolge von ästhetischen Prämissen durchsetzt. Unser Erkennen ist in grundlegenden Zügen ästhetisch konfiguriert.

Diese Protoästhetik ist in den letzten zweihundert Jahren zunehmend ausdrücklich geworden. Seit Baumgartens Projekt einer ästhetischen Verbesserung der Wissenschaft, seit Kants Transzendentalisierung des Ästhetischen, seit Nietzsches ästhetischer und fiktionaler Interpretation des Erkennens und vollends in den diversen Formen, in denen die Wissenschaftstheorie und die Wissenschaftspraxis des 20. Jahrhunderts ästhetische Momente in der Wissenschaft entdeckten, haben sich Wahrheit, Erkennen und Wirklichkeit als eminent ästhetisch entpuppt. Erstens zeigte sich, daß ästhetische Anteile für unser Erkennen und unsere Wirklichkeit grundlegend sind. Das begann – nach Baumgartens Vorbereitung – mit Kants transzendentaler Ästhetik und reicht heute bis zur Selbstreflexion der Naturwissenschaften. Zweitens setzte sich immer mehr die Einsicht durch, daß das Erkennen und die Wirklichkeit ihrer Seinsart nach ästhetisch sind. Dies war Nietzsches Entdeckung, die seither auch von anderen (oftmals in anderer Terminologie) zum Ausdruck gebracht wurde und bis zum Konstruktivismus unserer Tage reicht. Wirklichkeit ist keine erkenntnisunabhängige, fest vorgegebene Größe, sondern Gegenstand einer Konstruktion. Während man früher erst den zweiten, den nachträglichen Wirklichkeiten ästhetischen Charakter zuschrieb, haben wir zunehmend eingesehen, daß schon unsere Primärwirklichkeiten eine Verfassung aufweisen, die man am ehesten als ästhetisch beschreiben kann. Ästhetische Kategorien sind zu Grundkategorien geworden.

Einschneidend ist daran insbesondere, daß das Ästhetische nicht erst höherstufige, sondern bereits die elementaren Dimensionen, daß es gerade die Grundlagen betrifft. ›Rationalität‹ hingegen – das andere für Wahrheit essentielle Moment – ist erst für Folgeprozesse auf der Basis prinzipiell ästhetischer Grundlagen ausschlaggebend. Rationalität agiert die Konsequenzen des durch ästhetische Momente bestimmten Prinzipiensatzes prämissenkonform und verfahrenskonsistent aus. Aber Rationalität kann diese Grundlagen weder begründen noch rechtfertigen. Zwar deckt das Ästhetische also nicht den ganzen Umfang der Wahrheit ab. Auch Rationalität ist unverzichtbar. Aber das Ästhetische betrifft die Grundschicht, während die Rationalität erst die Folgestrukturen betrifft. Genau das – genau diesen Primärcharakter des Ästhetischen – hat man traditionell nicht erfaßt oder nicht wahrhaben wollen. Die moderne Entwicklung aber hat ihn uns nachhaltig erkennen lassen.

Und nicht etwa irgendwelche Ästhetiker haben dies dekretiert, sondern die Leitinstanz der Moderne, die Wissenschaft, hat uns dies alles zu erkennen geboten. Sie hat eine *epistemologische Ästhetisierung* – eine prinzipielle Ästhetisierung von Wissen, Wahrheit und Wirklichkeit – verfügt, von der keine Frage unbetroffen bleibt.[79] Diese epistemologische Ästhetisierung ist das Vermächtnis der Moderne. Es gibt heute kein Argument, das ihr wirksam zu begegnen vermöchte. Man hat nicht nur allen Anlaß, sondern geradezu die Pflicht, ästhetische Momente im Kern von Wahrheit, Wissen und Wirklichkeit zu bedenken. Spricht man auf dem Stand der Gegenwart von Ästhetik, so muß man stets auch diese Protoästhetik ins Auge fassen und ihren Einsichten sich stellen.

Im Blick auf diese Entwicklung könnte man von einem *›aesthetic turn‹*, von einer ›ästhetischen Wende‹ sprechen. Unsere ›Erste Philosophie‹ ist zu einem beträchtlichen Teil ästhetisch geworden. ›Erste Philosophie‹, das war der klassische Titel für denjenigen Teil der Wissenschaft, der die allgemeinsten Aussagen über die Wirklichkeit macht. Ehedem

79 Überflüssig, noch einmal zu bemerken, daß diese Ästhetisierung mit Verschönerung oder dergleichen nichts zu tun hat. Sie betrifft nicht ästhetische Gegenstandsprädikate, sondern eine ästhetische Zustandscharakteristik unseres Wissens, unseres Erkennens und unserer Wirklichkeitsauffassung.

(in der Antike) wurden sie vom Sein abgeleitet, nachher (in der Neuzeit) vom Bewußtsein, schließlich (in der Moderne) von der Sprache; heute scheint der Übergang zu einem ästhetischen Paradigma anzustehen. Je weiter wir zurückfragen, je gründlicher wir analysieren, um so mehr stoßen wir auf ästhetische Momente und ästhetikartige Strukturen. In den Grundlagen von Argumentationen sowie in den Elementarbeschreibungen von Wirklichkeit entdecken wir immer wieder ästhetische Optionen. Im heutigen Kontext – im Kontext der Non-Fundamentalität – zeigen die ›Fundamente‹ allesamt ein ästhetisches Antlitz.[80] Oder genauer gesagt: Non-Fundamentalismus bedeutet eben, daß die Grundlagen ästhetisch signiert sind. Man wird dies nicht mit einem ›ästhetischen Fundamentalismus‹ verwechseln wollen. Es handelt sich offenbar um dessen Gegenteil: um die Verabschiedung eines jeglichen Fundamentalismus. Denn eine ästhetisch konturierte ›Erste Philosophie‹ verabschiedet nicht nur die traditionelle Besetzung, sondern sie durchstößt zugleich die Form einer ›Ersten Philosophie‹. Wenn sie ›Erste Philosophie‹ ist – dann nicht mehr in der Weise einer ›Ersten Philosophie‹. Sie hat nicht mehr den Status einer Grundwissenschaft, die man autonom entwikkeln kann, um aus ihr Antworten auf alle nachfolgenden Fragen abzuleiten. Die Ästhetik bildet keinen Fundus und stellt kein Fundament bereit. Gerade das kennzeichnet diesen Paradigmenwechsel, diesen *aesthetic turn*.

80 Noch ›Fundamentalismen‹ erweisen sich, genau betrachtet, als Konstrukte von letztlich ästhetischer Art. Allerdings müßten die Fundamentalismen ihren Status einer Konstruktion auch eingestehen. Solange sie sich auf absolute, objektive Wahrheit berufen, verfolgen sie eine unhaltbar gewordene Legitimationsstrategie. Damit ist zugleich eine Trennungslinie zwischen akzeptablen und inakzeptablen Fundamentalismen benannt. Nicht, daß man konstruiert, sondern daß man den Konstruktionscharakter verleugnet, ist das Trügerische.

6. Die ästhetische Verfassung der ›Fundamente‹

Präzisierend möchte ich eine Unterscheidung noch einmal hervorheben. Zur epistemologischen Ästhetisierung gehören zwei Faktoren. Erstens enthalten die Grundstrukturen unseres Erkennens in hohem Maße *ästhetische Anteile* – diese reichen von elementaren Anschauungsformen über Leitmetaphern bis hin zu spezifischen Fiktionen. Das lehrten grundsätzlich Kants transzendentale Ästhetik oder Nietzsches metaphorologische Erkenntnisdeutung, und auf spezifischer Ebene vermögen Analysen der Wissenschaft oder der Philosophie immer wieder die Leitbildfunktion ästhetischer Grundvorstellungen aufzudecken.[81]
Zweitens – und das ist wohl der ausschlaggebende Punkt – tritt eine *ästhetikartige Verfassung* der Wirklichkeit zutage.

81 Gaston Bachelard hat glänzend gezeigt, wie sich die neuzeitliche Wissenschaft immer wieder im Bann bestimmter Imaginationen bewegte (vgl. z.B. seine Hinweise auf die Metapher des Schwammes bei Descartes, Réaumur, Franklin; Bachelard, *Die Bildung des wissenschaftlichen Geistes* [s. Anm. 66], S. 127–135). Bezüglich der Philosophie erklärte Rorty generell: »Nicht Sätze, sondern Bilder, nicht Aussagen, sondern Metaphern dominieren den größten Teil unserer philosophischen Überzeugungen« (Rorty, *Der Spiegel der Natur* [s. Anm. 56], S. 22), und er hat dann speziell das Bild vom Bewußtsein als einem Spiegel einer einschneidenden Kritik unterzogen. Italo Calvino wies darauf hin, daß man noch in »einer der visuellen Phantasie so fernen Sprache wie der des modernen wissenschaftlichen Diskurses« überraschenderweise auf Bilder trifft: »Auch wenn man die spezialisierteste wissenschaftliche Abhandlung oder das abstrakteste Philosophiebuch liest, kann man plötzlich auf einen Satz stoßen, der unverhofft die bildliche Vorstellungskraft anregt« (Italo Calvino, *Sechs Vorschläge für das nächste Jahrtausend. Harvard-Vorlesungen*, aus dem Ital. von Burkhart Kroeber, München 1991, S. 125). Bezüglich seiner eigenen Arbeiten sagte Calvino, daß zwar »am Ursprung jeder meiner Erzählungen ein visuelles Bild gestanden« habe (ebd., S. 123), daß sein Vorgehen aber darauf abzielte, »die spontane Erzeugung von Bildern mit der Intentionalität des diskursiven Denkens zu vereinen« (ebd., S. 125). Schließlich kommt er zu dem Fazit: »Gleichwohl bleiben die visuellen Lösungen weiter bestimmend, und manchmal treten sie unversehens auf den Plan, um Situationen zu entscheiden, die weder die Konjekturen des Denkens noch die Ressourcen der Sprache auflösen könnten« (ebd., S. 125 f.).

Die Seinsweise der Wirklichkeit ist von ihren prägenden Formen an von einer Art, die als ästhetisch zu bezeichnen ist. Denn die tragenden Strukturen sind jeweils von spezifischem (nicht universalem) Zuschnitt, und von einem bestimmten Punkt an sind sie nicht mehr begründbar, sondern stehen gleichsam grundlos da, weisen eine schwebende Verfassung auf. Eine derartige Verfassung war traditionell, wie gesagt, allein von ästhetischen Phänomenen her bekannt. Sie wurde dort seit langem unter Rekurs auf Zustandsprädikate des Ästhetischen – auf Termini wie Schein, Mannigfaltigkeit, Bodenlosigkeit oder Schweben – beschrieben. Daher ist es konsequent, die neuartige Verfassung der Grundlagen als ästhetikartig zu bezeichnen.

Man kann sich die entstandene Situation auch folgendermaßen verdeutlichen: Wirklichkeitsverständnisse und Lebensformen weisen zwar intern eine hierarchische Struktur auf – es gibt Grundlegenderes und darauf Aufbauendes. Aber die Grundlagen selber kann man letztlich nicht mehr begründen. Auf sie trifft daher weder das Prädikat ›rational‹ noch das Prädikat ›irrational‹ zu. Wittgenstein sagte dafür: »Du mußt bedenken, daß das Sprachspiel sozusagen etwas Unvorhersehbares ist. Ich meine: Es ist nicht begründet. Nicht vernünftig (oder unvernünftig). Es steht da – wie unser Leben.«[82] Begründungsversuche können hier nur noch den Charakter einer Erhellung, nicht mehr den einer Begründung haben. Sie weisen letztlich zirkuläre Struktur

82 Ludwig Wittgenstein, *Über Gewißheit*, in: L. W., *Werkausgabe*, Frankfurt a. M. 1984, Bd. 8, S. 113–257, hier S. 232 [559]. An anderer Stelle führt Wittgenstein aus, daß es keinen Sinn hat, nach Gründen für das Denken zu fragen. Man kann nur »das Spiel des Denkens beschreiben, aber nicht die Gründe, weshalb wir denken. ›Grund‹ ist nur innerhalb eines Systems von Regeln anwendbar. [...] Es ist Unsinn, Gründe für das gesamte System des Denkens zu verlangen. Die Regeln lassen sich nicht rechtfertigen« (Ludwig Wittgenstein, *Vorlesungen 1930–1935*, Frankfurt a. M. 1984, S. 108). »[...] ›rational‹ gilt nur innerhalb des Systems« (ebd., S. 125).

auf.[83] Wittgenstein verwies diesbezüglich auf das argumentative Gesetz von Tür und Angel: »[...] es gehört zur Logik unsrer wissenschaftlichen Untersuchungen, daß Gewisses *in der Tat* nicht angezweifelt wird.« »D. h. die *Fragen*, die wir stellen, und unsre *Zweifel* beruhen darauf, daß gewisse Sätze vom Zweifel ausgenommen sind, gleichsam die Angeln, in welchen jene sich bewegen.«[84] Nur sind diese ›Angeln‹ ihrerseits nicht über jeden Zweifel erhaben; nicht bilden sie, weil sie etwa evident und unbezweifelbar wären, schlechthin verläßliche Grundlagen, sondern sie stellen nur pragmatisch bzw. funktional nötige Grundlagen dar; daher können sie in einem nächsten Überlegungsschritt ihrerseits zum Gegenstand des Fragens (gleichsam zur ›Tür‹) gemacht werden – unter Verwendung einer anderen ›Angel‹, die jedoch prinzipiell ebenso in weiteren Schritten verfraglicht werden kann. Resümierend hat Wittgenstein diese Situation so charakterisiert: »Nichts, was man tut, läßt sich endgültig verteidigen. Sondern nur in Bezug auf etwas anderes Festgesetztes.«[85] Man kommt im Rückgang der Begründungen auf keinen unumstößlichen Grund, sondern immer nur zu wiederum prinzipiell problematischen Setzungen. Die Begründungs- und Argumentationsarchitektur bleibt insgesamt fragil, relativ und schwankend.

Das führt – auch Wittgenstein – am Ende noch einmal auf eine Priorität ästhetischer Operationen. Denn da in der Grundschicht stets unterschiedliche Setzungen möglich sind, zwischen denen eine ›rationale‹ Entscheidung nicht mehr getroffen werden kann, bleibt nur eine ästhetische Wahl übrig. Wittgenstein hat dies, von ›Stil‹ sprechend, einmal folgendermaßen ausgedrückt: »So steht es auch mit der

83 Darauf hat Rorty unter dem Stichwort »Kontingenz« hingewiesen (vgl. Rorty, *Kontingenz, Ironie und Solidarität* [s. Anm. 57]), und in die gleiche Richtung deuten die Einsichten der (von Rorty rezipierten) modernen Hermeneutik.

84 Wittgenstein, *Über Gewißheit* (s. Anm. 82), S. 186 [342, 341].

85 Ludwig Wittgenstein, *Vermischte Bemerkungen*, in: L. W., *Werkausgabe* (s. Anm. 78), Bd. 8, S. 445–573, hier S. 472.

Schöpfung: Gott, das ist der eine Stil, der Nebelfleck ist der andere. Der Stil verschafft uns Befriedigung, aber der eine Stil ist nicht rationaler als der andere.«[86]

7. Wittgenstein

Ich will diesen Teil III mit einigen ergänzenden Hinweisen zu Wittgenstein abschließen. Wittgenstein ist hinsichtlich des *aesthetic turn* für das 20. Jahrhundert so entscheidend, wie Nietzsche es für das 19. Jahrhundert war. Wittgenstein hat die Verfassung der Sprachspiele und der Lebensformen nach einem im Grunde ästhetischen Muster beschrieben – ganz ähnlich wie Nietzsche, Neurath, Goodman oder Rorty die Verfassung der Wirklichkeit. Wittgenstein zu verstehen verlangt auch Notizen wie die folgende zu begreifen (sie datiert vom Reformationstag des Jahres 1946): »O, warum ist mir zumute, als schriebe ich ein Gedicht, wenn ich Philosophie schreibe?«[87]

Wittgenstein war in vielen Zügen ein ästhetischer Denker – und er wußte darum. So hat er generell von der »seltsame[n] Ähnlichkeit einer philosophischen Untersuchung [...] mit einer ästhetischen« gesprochen.[88] Seltsam nannte er diese Ähnlichkeit, weil sie unseren gewohnten Vorstellungen widerspricht;[89] für ihn aber – als Meister analytischer Präzision – drängte diese Ähnlichkeit sich auf. So hat er denn auch für sein eigenes philosophisches Tun immer wieder ästhetische Parallelen herangezogen. Generell sagte er: »Wissenschaftliche Fragen können mich interessieren, aber

86 Wittgenstein, *Vorlesungen 1930–1935* (s. Anm. 82), S. 124.

87 Zit. nach: *Ludwig Wittgenstein. Sein Leben in Bildern und Texten*, hrsg. von Michael Nedo und Michele Ranchetti, Frankfurt a. M. 1982, S. 316.

88 Wittgenstein, *Vermischte Bemerkungen* (s. Anm. 85), S. 485.

89 In diesem Sinn rügte Frege in einem Brief an Wittgenstein vom 16. September 1919, daß der *Tractatus* wohl »eher eine künstlerische als eine wissenschaftliche Leistung« darstelle (zit. nach: Manfred Frank / Gianfranco Soldati, *Wittgenstein – Literat und Philosoph*, Pfullingen 1989, S. 42).

nie wirklich fesseln. Das tun für mich nur *begriffliche* und *ästhetische* Fragen.«[90] Seine philosophische Tätigkeit hat Wittgenstein mit einer Geschmacksreform verglichen: »Wer heute Philosophie lehrt, gibt dem Andern Speisen, nicht, weil sie ihm schmecken, sondern um seinen Geschmack zu ändern.«[91] Im einzelnen hat Wittgenstein Parallelen zur Musik, zur Architektur, zur Malerei, zur Dichtung gezogen: »Mein Stil gleicht [. . .] musikalischem Satz.«[92] »Die Arbeit an der Philosophie ist – wie vielfach die Arbeit in der Architektur – eigentlich mehr die Arbeit an Einem selbst.«[93] »[. . .] ich bin im Grunde doch ein Maler [. . .].«[94] »Was ich erfinde, sind neue *Gleichnisse*.«[95] »Philosophie dürfte man eigentlich nur *dichten*.«[96, 97]

90 Wittgenstein, *Vermischte Bemerkungen* (s. Anm. 85), S. 563.
91 Ebd., S. 474.
92 Ebd., S. 505.
93 Ebd., S. 472. »Sie glauben, die Philosophie sei ein schwieriges Geschäft, aber ich kann Ihnen sagen: Verglichen mit den Schwierigkeiten, die in der Architektur stecken, ist das gar nichts« (*Ludwig Wittgenstein: Portraits und Gespräche*, hrsg. von Rush Rhees, Frankfurt a. M. 1987, S. 117 f.).
94 Wittgenstein, *Vermischte Bemerkungen* (s. Anm. 81), S. 567.
95 Ebd., S. 476.
96 Ebd., S. 483. – Übrigens hatte bereits Nietzsche gesagt: »Bevor ›gedacht‹ wird, muß schon ›gedichtet‹ worden sein« (Friedrich Nietzsche, »Nachgelassene Fragmente. Herbst 1885 bis Anfang Januar 1889, Teil 1: Herbst 1885 bis Herbst 1887«, in: F. N., *Sämtliche Werke* [s. Anm. 13], Bd. 12, S. 550 [Herbst 1887]).
97 Man wird vielleicht einwenden wollen, dies treffe zwar für den späteren Wittgenstein zu, beim frühen Wittgenstein aber, beim strengen Wittgenstein des *Tractatus logico-philosophicus* verhalte es sich anders. Weit gefehlt. Schon 1912, in einer Kontroverse mit Bertrand Russell, bestand Wittgenstein auf dem *ästhetischen* Charakter seines philosophischen Verfahrens. Russell hatte ihn gemahnt, »er solle nicht einfach bloß behaupten, was er für wahr hält«, doch Wittgenstein erwiderte, »durch Argumente würde die Schönheit des Gedankens beeinträchtigt, und dann hätte er das Gefühl, wie wenn man mit unreinen Händen eine Blume beschmutzt« (Bertrand Russell an Ottoline Morrell, 28. Mai 1912; zit. nach: Brian McGuiness, *Wittgensteins frühe Jahre*, übers. von Joachim Schulte, Frankfurt a. M. 1988, S. 175). Ein solches Gefühl hat Wittgenstein bis zu seinem Ende nicht verlassen. Die zuvor zitierte Äußerung »O, warum ist mir zumute, als schriebe ich ein Gedicht, wenn ich Philosophie schreibe?« lautet

Im Vorausgegangenen suchte ich eine Erklärung dafür zu geben, warum Wittgenstein so sprechen kann. Indem er die Probleme der Philosophie illusionslos bis zu den sogenannten ›ersten Fragen‹ hin analysierte – also bis dorthin, wo »die Begründungen erschöpft« sind, wo man »auf dem harten Felsen« anlangt und der »Spaten« sich zurückbiegt[98] – wurde er auf eine ästhetische Grundverfassung des Denkens aufmerksam. Dies war auch für ihn eine zunächst verwunderliche, dann aber zunehmend selbstverständliche Entdeckung.

IV. Rückblick und Ausblick

Ich habe mit Platon begonnen und will am Ende noch einmal auf ihn zurückblicken. Platon hat die Dichter des Staates verwiesen und statt dessen die Philosophie inthronisiert. Wittgenstein hingegen meint, man dürfe Philosophie »eigentlich nur *dichten*«.

Gleichwohl: Der Gegensatz zu Platon (und zur Tradition insgesamt) ist weniger groß, als es den Anschein hat. Ich habe eingangs schon gesagt, daß ich nicht der Auffassung bin, daß erst das heutige Denken ästhetische Grundzüge aufweise, sondern daß dies immer schon der Fall gewesen sei – daß man es sich nur traditionell nicht eingestehen mochte, daß man die Ahnung eines solch ästhetischen Charakters abwehrte und zu distanzieren suchte. Am Ende will ich dafür nun just Platon, den Apologeten einer Trennung von Philosophie und Dichtung, als Zeugen aufrufen.

Nicht nur ist biographisch überliefert, daß Platon die Ver-

weiter: »Es ist [. . .], wie wenn hier ein Kleines wäre, was eine herrliche Bedeutung hat. Wie ein Blatt, oder eine Blume« (*Ludwig Wittgenstein. Sein Leben in Bildern und Texten* [s. Anm. 87], S. 316).

98 Ludwig Wittgenstein, *Philosophische Untersuchungen*, in: L. W., *Werkausgabe* (s. Anm. 82), Bd. 1, S. 225–580, hier S. 350 [217].

bindung von Philosophie und Dichtung gleichsam in sich trug und erst im letzten Moment, nämlich am Abend, bevor er als Tragödiendichter zum Wettstreit antreten wollte, von Sokrates zur Philosophie bekehrt wurde, sondern am Ende meiner Referenzpassage, der Dichterpolemik im 10. Buch der *Politeia*, sagt Platon selbst, daß seine ganze Rede ein Zauberspruch gewesen sei, mit dem er sich selbst besprechen müsse, um nicht in jene alte Liebe zur Dichtung zurückzufallen, die ihn noch immer anziehe.[99] Platon läßt dann sogar eine Tür für die Dichtung offen: Wenn denn einer käme, der eine überzeugende Verteidigungsrede zugunsten der Dichtung zu halten vermöchte, so wolle er einem solchen nicht nur zuhören, sondern auch zustimmen – es wäre ja zum eigenen Vorteil.[100]

Schließlich: Agiert Platon nicht selbst in der Art eines Dichters? Immerhin hat Montaigne es so gesehen. »Habe ich nicht bei Plato dieses göttliche Wort gelesen, daß die Natur nichts als eine rätselhafte Dichtung sei? [...] Und gewiß ist die Philosophie nichts als eine ausgeklügelte Dichtung [...] Die ersten Philosophen waren selber Dichter und behandelten die Philosophie nach ihrer Kunst. Plato ist nichts als ein ausschweifender Poet.«[101] Tatsächlich hat Platon selbst – und zwar gerade in der *Politeia* – sein philosophisches Tun mehrfach in der Art einer künstlerischen Tätigkeit charakterisiert. Was, so fragt er beispielsweise, tue er hier denn anderes, als in der Art eines guten Malers »ein Musterbild eines guten Staates« aufzustellen?[102] Der Philosoph sei doch wohl ein »Zeichner des Staates«, der dessen »schönste Zeichnung« verfertigt.[103] Damit ist sogar eine wörtliche Brücke zu Wittgenstein geschlagen, der feststellte: »Der

99 Vgl. Platon, *Politeia* 607e – 608b.
100 Vgl. ebd., 607 b – e.
101 Montaigne, *Essais* (s. Anm. 77) II 12, S. 223.
102 Platon, *Politeia* 472 d – e.
103 Ebd., 501c.

Denker gleicht sehr dem Zeichner, der alle Zusammenhänge nachzeichnen will.«[104]

Es fehlt mithin bei Platon selbst nicht an Winken, daß die philosophische Tätigkeit weitaus mehr Affinitäten mit ästhetischen und poetischen Verfahren aufweist, als sie vordergründig zu erkennen geben mag. Erst später, mit der rationalistischen Wendung des Philosophierens, hat man von dergleichen Affinitäten nichts mehr wissen mögen. Heute aber sind wir für die ästhetischen Momente unseres Denkens und Wirklichkeitsverständnisses hellhörig geworden und entdecken auch in älteren Texten ästhetische Signaturen.

Daß nicht die ästhetische Verfassung des Denkens als solche, sondern nur die Aufmerksamkeit auf sie neu ist, mag uns den Schritt zur Anerkennung des ästhetisch-poietischen Charakters des Denkens erleichtern. Schwierig und ungewohnt ist dieser Schritt gleichwohl. Wittgenstein notierte einmal: »Meine Art des Philosophierens ist mir selbst immer noch, und immer wieder, neu, und daher muß ich mich so oft wiederholen.«[105] Aber er fuhr fort: »Einer anderen Generation wird sie in Fleisch und Blut übergegangen sein [...].«[106] Vielleicht darf man diese Erwartung auch auf die Einsicht in die ästhetischen Grundzüge des Denkens beziehen.

104 Wittgenstein, *Vermischte Bemerkungen* (s. Anm. 85), S. 466.
105 Wittgenstein, *Vermischte Bemerkungen* (s. Anm. 85), S. 451.
106 Ebd.

Ästhet/hik – Ethische Implikationen und Konsequenzen der Ästhetik

Aesthetics is the mother of ethics.
Joseph Brodsky

Vorbemerkung: Zum Verhältnis von Ästhetik und Ethik und zum Konzept einer Ästhet/hik

Zwei Teildisziplinen der Philosophie haben in den letzten Jahren einen beträchtlichen Aufschwung genommen: die Ethik und die Ästhetik. Bei der Ethik ist der Grund naheliegend. Neue und täglich größere Probleme der Industriegesellschaften – Nord-Süd-Gefälle, Ökologie, Arbeitslosigkeit, Gentechnologie – erhöhen laufend den Bedarf an Ethik. Die Gründe für die Konjunktur der Ästhetik hingegen sind anders gelagert. Sie verdankt ihren Aufschwung nicht externen Folgen, sondern einem internen Faktor des Rationalisierungsprozesses, dem Umstand nämlich, daß sich Wahrheit, die Leitkategorie wissenschaftlicher Rationalität, zunehmend als ästhetisch signiert erwiesen hat; daher rückt die Ästhetik zu einer Art Fundamentaldisziplin auf.[1]

Auch im Verhältnis der Disziplinen Ethik und Ästhetik ist in den letzten Jahren eine Veränderung eingetreten. Waren sie traditionell und modern einander entgegengesetzt, so treten aktuell Verbindungen in den Vordergrund.

Traditionell galt das Ästhetische als gefährlich; man glaubte, ihm ethische Schranken auferlegen zu müssen. So wurde in der Antike dem Ästhetischen sein Platz im Rahmen philo-

1 Vgl. die Darlegungen im vorangegangenen Aufsatz.

sophisch-ethischer Normierungen zugewiesen, und noch im christlichen Abendland stand die Ästhetik bis in die Neuzeit hinein unter der Knute der Ethik.

Die Moderne hat den Gegensatz der beiden Disziplinen dann anders, nämlich als den von gleichgewichtigen Sphären konstruiert, die es durch Trennung auf Distanz zu halten gelte. Autonomie, das moderne Leitwort der Ästhetik, bedeutete im Ursprung die Freihaltung des Ästhetischen von moralischen Vorgaben. Umgekehrt sollten ästhetische Gesichtspunkte für die moderne Ethik seit Kant keine Rolle mehr spielen.

Sowohl jenes traditionelle Modell einer ethischen Majorisierung des Ästhetischen wie dieses moderne Modell einer autonomistischen Neutralität zwischen den beiden Sphären sind in den letzten Jahren durch eine neue Aufmerksamkeit auf Verflechtungen des Ethischen mit dem Ästhetischen abgelöst worden. Neoaristotelische und poststrukturalistische Ethiken (Nussbaum, Foucault) weisen der Ästhetik eine Schlüsselrolle für die Ethik zu, und soziologische und ökologische Ästhetiken (Bourdieu, Böhme) machen ethische Aspekte als Grundgesichtspunkte des Ästhetischen geltend.[2]

Generell erkennen wir heute, daß die verschiedenen Bereiche und Disziplinen – anders als das moderne Ausdifferenzierungstheorem und Trennungsgebot sich dies vorstellte – durch Verflechtungen bestimmt sind. Das gebietet den Übergang vom Trennungs- zu einem Verflechtungsdenken. Disziplinenpurismus und -separatismus sind obsolete Stra-

2 Vgl. Martha C. Nussbaum, »›Finely Aware and Richly Responsible‹: Moral Attention and the Moral Task of Language«, in: *The Journal of Philosophy* 82 (1985) S. 516–529; Michel Foucault, *Sexualität und Wahrheit*, 4 Bde., übers. von Ulrich Raulff und Walter Seitter, Bd. 2: *Der Gebrauch der Lüste*, Frankfurt a. M. 1986, sowie M. F., ebd., Bd. 3: *Die Sorge um sich*, Frankfurt a. M. 1986; Pierre Bourdieu, *Zur Soziologie der symbolischen Formen*, Frankfurt a. M. 1970; Gernot Böhme, *Für eine ökologische Naturästhetik*, Frankfurt a. M. 1989.

tegien geworden. An ihre Stelle treten transdisziplinäre und transversale Analysen.[3]

Aus einer solchen Perspektive will ich im folgenden fragen, wieweit der Ästhetik als solcher schon ethische Bestimmungen innewohnen und welche ethischen Folgerungen sich daraus ergeben. Die Wortprägung ›Ästhet/hik‹ – gebildet durch Zusammenziehung von ›Ästhetik‹ und ›Ethik‹ – soll diejenigen Teile der Ästhetik bezeichnen, die *von sich aus* ethische Momente enthalten.[4]

Die Frage nach einer solchen Ästhet/hik – die hier, weil sie neu ist, auch nur in der Weise eines ersten Entwurfs behandelt werden kann – ist sogleich gegen ein Mißverständnis abzusichern. Die Möglichkeiten einer solchen Ästhet/hik auszuloten, bedeutet nicht, die Ethik durch Ästhetik ersetzen zu wollen. Wenn ich ethische Implikationen und Konsequenzen der Ästhetik aufweise, so will ich damit keineswegs behaupten, daß durch sie eine Ethik sui generis überflüssig würde. Jedoch könnte eine solche Ästhet/hik die übliche Ethik ergänzen oder ihr eine Hilfe sein – sie könnte Begründungslücken schließen, Argumentationen verbessern, Ziele klären und an Problemstellen weiterhelfen.[5]

Ich will über zwei Versionen einer solchen Ästhet/hik sprechen. Erstens über einen altvertrauten ethischen Imperativ inmitten des Ästhetischen (Abschnitte I und II) und zweitens über eine neuere Option, die in Opposition dagegen nötig wurde (Abschnitte III und IV). In der ersten Perspektive geht es um den Imperativ zur Überschreitung des Unmittelbar-Sinnlichen auf ein Höher-Sinnliches, in der zweiten Perspektive um die Maxime, unterschiedlichen sinnlichen Ansprüchen – beispielsweise unmittelbar-sinnlichen

3 Vgl. hierzu Wolfgang Welsch, *Vernunft. Die zeitgenössische Vernunftkritik und das Konzept der transversalen Vernunft*, Frankfurt a.M. 1995, stw 1996.

4 Da sich der Terminus ›Ästhet/hik‹ im Deutschen (im Unterschied beispielsweise zum Englischen) nicht differenzierend aussprechen läßt, wird man in Redesituationen zu einem Notbehelf greifen, etwa zu ›Ästhetiko-ethik‹.

5 Ästhetische Implikationen moralisch-praktischer Diskurse habe ich dargestellt in: Welsch, *Vernunft* (s. Anm. 3), S. 516–525.

ebenso wie höher-sinnlichen – gerecht zu werden. In beiden Fällen handelt es sich – wie ich zeigen will – um Versionen einer Ästhet/hik.

I. Eine dem ästhetischen Bereich inhärente Ethik

1. Elementarästhetik

Der erste, traditionelle Typ einer Ästhet/hik erwächst schon inmitten der elementaren Ästhetik. Unter ›elementarer Ästhetik‹ verstehe ich – im Unterschied zur kunstbezogenen (auf die man den Ausdruck ›Ästhetik‹ meist zu schnell und allzu ausschließlich bezieht) – eine auf *aisthesis*, auf *Wahrnehmung* bezogene Ästhetik. Von *aisthesis* leitet sich ja auch der Name ›Ästhetik‹ her.

Aisthesis hat bekanntlich eine doppelte Bedeutung. *Aisthesis* meint einerseits *Wahrnehmung*, andererseits *Empfindung*. Dieser Doppelsinn war schon im Griechischen vorhanden und findet sich ebenso in den meisten anderen Sprachen. Er gehört zum Phänomen. Als *Wahrnehmung* richtet sich die *aisthesis* auf die genuinen Sinnesqualitäten wie Farben, Töne, Geschmäcke, Gerüche. Sie dient deren *Erkenntnis*. Als *Empfindung* hingegen verfolgt sie eine Gefühlsperspektive. Sie bewertet Sinnenhaftes im Horizont von *Lust und Unlust*.

Die erste Stufe der *aisthesis* ist durch die *Empfindung* repräsentiert. Sie folgt vitalen Interessen. Die Lust oder Unlust, anhand derer sie ihre Gegenstände bewertet, ist nichts anderes als deren Zuträglichkeits- oder Abträglichkeitsindex für die Vitalbedürfnisse des Menschen. Dabei deutet sich allerdings bereits eine mögliche Relevanz des funktionalen Unterschieds von Nah- und Fernsinnen an. Anders als die Nahsinne, sind die Fernsinne nicht auf unmittelbaren Kontakt mit dem Gegenstand angewiesen, sondern treffen ihre Feststellungen auf Distanz. Das wird zum Ausgangspunkt einer Absetzung der Wahrnehmung von der Empfindung werden. Denn Vitalrelevanz, wie die Empfindung sie registriert, stellt sich letztlich immer in direktem Kontakt heraus (aus der Ferne kann uns auch ein Tiger nicht zerfleischen); daher sind die kontaktgebundenen Nahsinne prinzipiell stärker empfindungsfixiert als die Fernsinne; den letzteren ist von ihrer Konstitution her die Chance eröffnet, sich vom Nahhorizont der Empfindung auch zu lösen. Zunächst jedoch bewegt sich die *aisthesis* insgesamt im intentionalen Horizont des Empfindens. Nur unterscheiden sich die Fernsinne eben schon funktional – wenn auch noch nicht intentional – vom Unmittelbarkeitsmodus des Empfindens, wie er für die Nahsinne verbindlich ist.

Der Schritt zur Absetzung der Wahrnehmung von der Empfindung wird getan, sobald sich die *aisthesis* auf das Erscheinungsbild eines Gegenstandes als solchen – unabhängig von seiner Empfindungs-Charakteristik – richtet. Damit nimmt sie anstelle der bisherigen subjektiven Ausrichtung eine objektive Ausrichtung an. Dies geschieht bei den Fernsinnen leichter, weil, wie gesagt, deren funktionaler Unterschied von der Empfindung (ihr Operieren auf räumliche Distanz) zugleich eine intentionale Distanzbildung begünstigt. Insofern wirken die Fernsinne als Protagonisten der höheren, wahrnehmungsartigen Form der *aisthesis*. Diese richtet sich nun auf objektive Qualitäten, nicht mehr auf empfindungsgebundene Aspekte der Gegenstände. Konsekutiv kann diese erkenntnisartige Ausrichtung der *aisthesis* dann aber auch auf die Nahsinne übertragen werden.

Damit ist ein neuer Typ von *aisthesis*, der Typ des eigentlichen *Wahrnehmens* etabliert. Es zielt generell auf die genuinen Sinnesqualitäten der Gegenstände, also auf Farben, Töne, Geschmäcke, Gerüche und Tastqualitäten, und zwar in ihrer objektiven Charakteristik – unabhängig von ihren subjektiv-vitalen Empfindungs-Aspekten. Dieses ›reine‹

Wahrnehmen stellt die von der Tradition immer wieder thematisierte und gewürdigte Art des Wahrnehmens dar. Sie steht nicht mehr im Dienst vitaler Interessen, sondern ist dem Ideal der *Erkenntnis* verschrieben. Sie hat sich von der ersten Stufe, der empfindungsgebundenen *aisthesis*, und vom Horizont der Empfindung insgesamt gelöst. Das Wahrnehmen ist autonom geworden. Mit dem Schritt zum Erkennen hat es die empfindungsbestimmte Schicht der *aisthesis* hinter und unter sich gelassen.

Allerdings: Im Gefolge dieses Schrittes zum reinen Wahrnehmen bleibt auch die Empfindung nicht ganz, wie sie war. Es kommt, der anfänglichen Zusammengehörigkeit von Wahrnehmung und Empfindung entsprechend, nun analog auch bei der Empfindung zur Konstitution eines höheren, reineren Akttypus. Dieser folgt zwar noch immer Gesichtspunkten der Lust – aber nicht mehr solchen der primären, vitalen Lust. Sondern das Gebäude der Lust wird jetzt gleichsam aufgestockt: über dem Erdgeschoß der vital-sinnlichen Lust entsteht das *piano nobile* einer neuartigen Lust: der Lust eines rein reflexiven Wohlgefallens oder Mißfallens.[6] Dies ist die Geburtsstätte des spezifisch ästhetischen Sinns: des *Geschmacks*. Dieser bewertet seine Gegenstände nicht mehr, wie die primäre Empfindung es tat, nach Vitalkriterien, also etwa als aufreizend oder wohlschmeckend oder ekelerregend, sondern nach Reflexionskriterien, also beispielsweise als schön, wohlgefällig und harmonisch oder als abstoßend, häßlich und gestört. Die Architektur der Empfindung und der Lust umfaßt von nun an zwei Niveaus: das Erdgeschoß des »Sinnen-Geschmacks« und das Obergeschoß des »Reflexions-Geschmacks« – so hat Kant diesen Unterschied benannt.[7]

6 Äußerst feinteilig hat diese Verhältnisse schon Aristoteles untersucht. Seine Analyse bildet den Hintergrund der vorangegangenen Darstellung. Vgl. Wolfgang Welsch, *Aisthesis. Grundzüge und Perspektiven der Aristotelischen Sinneslehre*, Stuttgart 1987.

7 Vgl. Immanuel Kant, *Kritik der Urteilskraft* (1790), A 22.

2. Der ästhetische oder elevatorische Imperativ

Inwiefern liegt in dieser Architektur der *aisthesis* – wie ich behaupten will – der Ansatz einer *aisthesis*-immanenten Ethik?
Offenbar ist die Zweistöckigkeit mit einem *ästhetischen Imperativ* verbunden, der zugleich die Bedeutung eines ästhet/hischen Imperativs hat, sofern er angibt, welcher Umgang mit der Sinnlichkeit geboten ist. Zum einen betrifft dieser Imperativ die Wahrnehmungsleistungen der *aisthesis*. Hier besagt er: Halte dich wahrnehmend von der sinnlichen Empfindung frei, sieh von ihr ab, erhebe dich über sie! Zum andern macht sich dieser Imperativ aber auch bezüglich der Empfindung geltend, und da besagt er: Folge nicht nur der primär-vitalen Lust, sondern praktiziere auch die höhere, die eigentümlich ästhetische Lust eines reflexiven Wohlgefallens! In beiden Versionen verlangt dieser ästhet/hische Imperativ von uns, daß wir die primär-sinnliche Bestimmtheit übersteigen. Ich will ihn daher als *elevatorischen Imperativ* bezeichnen.

3. Der vitale Imperativ

Allerdings ist dieser elevatorische Imperativ nicht der schlechthin erste Imperativ in der ästhetischen Sphäre. Ihm geht vielmehr ein anderer, ein *vitaler Imperativ* voraus. Denn anfänglich, als Empfindung, diente die *aisthesis* insgesamt vitalen Interessen. Sie diente dem Leben, dem Sich-am-Leben-erhalten und Überleben (*zen*, *soteria*) – nur noch nicht dem guten Leben (*eu zen*). Sie zielte auf die Identifikation des Nützlichen oder Schädlichen, Zuträglichen oder Abträglichen und bewirkte die entsprechenden, lebensdienlichen Akte des Sich-Zuwendens oder -Abwendens. Insofern lag bereits auf dieser vitalen Ebene eine erste und elementare Verbindung von Ästhetik und Ethik vor. Denn bereits diese anfänglichen ästhetischen Akte dienten einem zumindest rudimentär ethischen Ziel: der Führung eines zuträglichen Lebens. Der mit der *aisthesis* ursprünglich verbundene Imperativ zur Befolgung ihrer Feststellungen ist höchst lebensdienlich. Dieser Vitalimperativ ist der erste ästhet/hische Imperativ.

4. Die anthropologische Differenz

Aufschlußreich ist nun jedoch folgendes: Üblicherweise betrachten wir die zuletzt geschilderte Primärverfassung der *aisthesis* als kennzeichnend für tierisches, nicht für menschliches Leben. Dieses soll sich gerade durch die Übersteigung der vital-bestimmten Seinsweise auszeichnen.
So hat es beispielsweise Aristoteles beschrieben: Die Tiere kennen nur das Nützliche und Schädliche, und dafür sind Lust und Schmerz ausreichende und verläßliche Indikatoren. Die Menschen aber kennen auch höhere Prädikate wie gut und schlecht, recht und unrecht, und diese erfordern mehr als sinnliche Gewißheit, sie verlangen die Fähigkeit der Reflexion und Kommunikation.[8]
Der elevatorische Imperativ – die Aufforderung zur Übersteigung der unmittelbar-sinnlichen Bestimmtheit zugunsten eines reinen Wahrnehmens auf der einen und eines höheren Wohlgefallens auf der anderen Seite – hängt also direkt mit der anthropologischen Differenz, mit der Seinsweise des Menschen als Menschen zusammen. Sofern wir *Lebewesen* sind, ist der vitale Imperativ auch unser erster ästhet/hischer Imperativ und der elevatorische Imperativ erst der zweite. Aber sofern wir *Menschen* sind, ist der elevatorische Imperativ unser konstitutiver und ausschlaggebender Imperativ. Er ist menschlich der kategorische Imperativ par excellence.

8 Vgl. Aristoteles, *Politik* I 2, 1253a 10–18.

Im folgenden konzentriere ich mich auf diesen zweiten, den elevatorischen Imperativ. Er stellt nicht bloß ein elementares Axiom unserer Kultur dar, demzufolge gelingendes Leben nur auf dem Weg eines solchen Aufstiegs zu gewinnen sein soll, sondern dieser elevatorische Imperativ ist es auch, der in der philosophischen Disziplin namens Ästhetik zur Geltung gebracht wird.

Eines will ich zuvor noch festhalten: Der elevatorische Imperativ ist ein genuin auf dem Terrain des Ästhetischen erwachsender ethischer Imperativ, also im präzisen Sinn ein *ästhet/hischer* Imperativ. Nicht dringt hier ein ethisches Gebot von außen in den Bereich des Ästhetischen ein, sondern dieser Imperativ erwächst innerhalb der ästhetischen Sphäre selbst. Wir haben es mit dem Ansatzpunkt einer Ethik inmitten der Ästhetik zu tun.

II. Die traditionelle Ästhetik und ihre Tendenz zur Verabsolutierung des ästhetisch-elevatorischen Imperativs

In diesem Abschnitt will ich zeigen, wie die traditionelle Ästhetik zu einer kulturellen Durchsetzungsinstanz des elevatorischen Imperativs wurde. Zusätzlich möchte ich auf einen hochproblematischen und geradezu paradoxen Zug dieser Ästhetik hinweisen: auf ihre Tendenz zur Sinnenfeindlichkeit.

1. Baumgarten, Meier

Die Ästhetiker des 18. Jahrhunderts mußten, um ihrem neuartigen Projekt einer Ästhetik Chancen kultureller Akzeptanz zu eröffnen, zunächst darlegen, daß ihr Vorhaben den ethischen Standardforderungen der etablierten Kultur nicht etwa widerstreitet, sondern entspricht, ja daß es in besonderer Weise geeignet ist, diesen Forderungen auch in der widerspenstigen Sphäre des Sinnlichen Geltung zu verschaffen.

In diesem Sinn antwortet Baumgarten, der Gründungsvater der Ästhetik, auf den Einwand, seine Ästhetik laufe auf eine Stärkung der Sinnlichkeit hinaus, während es diese doch von Rechts wegen zu bekämpfen gelte, mit der Versicherung, die Ästhetik werde uns zur erwünschten Herrschaft über die Sinne verhelfen.[9] Noch stärker paßt sich Baumgartens Schüler Meier dem kulturell etablierten Gebot einer Beherrschung der Sinnlichkeit an.[10] Er unterstreicht, daß man sich »bei der ganzen Ausbesserung der untern Begehrungskraft [...] wohl in Acht nehmen« müsse, »daß sie nicht gar zu stark werde. Sonst fallen wir in den viehischen Zustand, und in die moralische Sklaverei«.[11] Meier bezeichnet »die sinnlichen Erkenntniskräfte« – die doch eigentlich das Kapital der Ästhetik darstellen – als den »Pöbel der Seele«,[12] und er dekretiert: »Die Sinne müssen, von Rechts wegen, Sklaven der Vernunft sein.«[13] – Man versteht, daß die Ästhetik von solchen Prämissen aus zu einem Unternehmen der Disziplinierung der Sinne werden konnte.[14]

Bei Baumgarten waren derlei Äußerungen zwar weithin

9 Vgl. Alexander Gottlieb Baumgarten, *Aesthetica*, Frankfurt a. d. O. 1750, Nachdr. Hildesheim 1970, § 12, S. 5.

10 Vgl. Georg Friedrich Meier, *Anfangsgründe aller schönen Wissenschaften*, 3 Tle., Halle a. d. Saale 1748–50, Nachdr. Hildesheim 1976, hier Bd. 1, § 22, S. 36.

11 Ebd., Bd. 2, § 540, S. 654.

12 Ebd., Bd. 1, § 219, S. 516.

13 Ebd., Bd. 2, § 341, S. 176.

14 Noch Kants »Apologie für die Sinnlichkeit« ist durch die Paradoxie gekennzeichnet, daß die Sinnlichkeit bei dieser Verteidigung als »Pöbel« bezeichnet wird (Immanuel Kant, *Anthropologie in pragmatischer Hinsicht* [1798], § 8, A 30 f.). Die Verteidigung beschränkt sich darauf, die Unverzichtbarkeit der Sinnlichkeit als Materialbeschaffungsinstanz fürs Erkenntnisgeschäft darzutun.

strategische Erklärungen – in Wirklichkeit hat er Eigenansprüche des Sinnlichen in starkem Maße zur Geltung gebracht. Aber nachfolgende und sehr prominente Ästhetikkonzepte haben bei aller scheinbaren Sinnenfreundlichkeit doch in Wahrheit ausgesprochen anti-sinnlich gedacht und argumentiert. Mein Beispiel ist – so überraschend das zunächst erscheinen mag – Schiller.

2. Schiller

Schiller erhofft sich in den *Briefen über die ästhetische Erziehung des Menschen* alles Heil von der ästhetischen Erziehung des Menschen, näherhin: von der »Ausbildung unseres Empfindungsvermögens«.[15] Am Ende der Briefe aber fordert er, daß »die Macht der Empfindung schon innerhalb ihrer eigenen Grenzen gebrochen« werde.[16] Die Sinnlichkeit gilt ihm jetzt als »furchtbarer Feind«, gegen den es zu »fechten« gelte; man müsse »den Krieg gegen die Materie in ihre eigene Grenze spielen«.[17] »Das eigentliche Kunstgeheimnis des Meisters« bestehe gerade darin, *»daß er den Stoff durch die Form vertilgt«*.[18] In solcher Kriegsführung und Ausmerzung des Originär-Sinnlichen sieht Schiller die primäre Aufgabe »ästhetischer Kultur«.[19] – Wie ist diese Verkehrung einer sinnenfreundlichen Intention – wie man sie der Ästhetik generell zuspricht und wie man sie auch bei Schiller zunächst formuliert findet – in ein sinnenfeindliches Programm, in eine Kriegsstrategie gegen die Sinne zu erklären?

15 Vgl. Friedrich Schiller, »Über die ästhetische Erziehung des Menschen in einer Reihe von Briefen«, in: F. S., *Sämtliche Werke*, Bd. 5, hrsg. von Gerhard Fricke und Herbert G. Göpfert, München [6]1980, S. 570–669, hier 8. Brief, S. 592.
16 Ebd., 23. Brief, S. 642.
17 Ebd., 23. Brief, S. 645.
18 Ebd., 22. Brief, S. 639.
19 Ebd., 23. Brief, S. 645.

Die ursprüngliche Intention Schillers zielt auf eine Gleichgewichtigkeit und Versöhnung von Sinnlichkeit und Vernünftigkeit. Es soll darum gehen, die »Gesetze der Vernunft [...] mit dem Interesse der Sinne [zu] versöhnen«.[20] Die Diskrepanz zwischen dieser sinnenfreundlichen Intention und der sinnenfeindlichen Durchführung des Projekts aber ergibt sich daraus, daß Schiller abstrichslos dem elevatorischen Imperativ folgt und diesem dabei überdies eine absolutistische Form gibt.

Schiller setzt, wie gesagt, auf eine »Ausbildung des Empfindungsvermögens«.[21] Er nennt dies »Veredelung«.[22] Aber da er die Ausbildung des Empfindungsvermögens nach Maßgabe eines verabsolutierten ästhetischen Imperativs denkt, der die völlige Verabschiedung des Unmittelbar-Sinnlichen verlangt, wird aus diesem Kultivierungsvorhaben ein martialisches Projekt. Schiller fordert nicht weniger als »eine totale Revolution« unserer »ganzen Empfindungsweise«.[23] Wir sollen uns von der primären Sinnlichkeit in toto verabschieden, sollen uns in allem Sinnlichen künftig gar nicht mehr sinnlich, sondern allein ästhetisch verhalten. Wir sollen den »physischen Zustande« nicht bloß hie und da übersteigen, sondern sollen insgesamt »zu dem ästhetischen [Zustande]« übergehen.[24] Der primärsinnliche und der höhersinnliche Zustand sollen nicht neben- oder übereinanderstehen, sondern der erste soll zugunsten des zweiten völlig beseitigt werden. – Der holde Schiller ist ein rigoroser Exekutor des ästhetischen Imperativs. Er verlangt dessen totalisierte Befolgung.

20 Ebd., 14. Brief, S. 614. Es ist Schillers eigentliche Intuition (die er jedoch nicht durchzuhalten vermag), daß die Kultur »beiden eine gleiche Gerechtigkeit schuldig ist und nicht bloß den vernünftigen Trieb gegen den sinnlichen, sondern auch diesen gegen jenen zu behaupten hat« (13. Brief, S. 608).

21 Ebd., 8. Brief, S. 592.

22 Vgl. ebd., 4. Brief, S. 577 und 23. Brief, S. 642.

23 Ebd., 27. Brief, S. 662.

24 Ebd., 23. Brief, S. 642.

So paradox es auch scheinen mag: Die Ausmerzung des Primärsinnlichen bildet für Schiller die Grundaufgabe ästhetischer Erziehung. Dies tritt anläßlich diverser Überlegungen immer wieder zutage. So lobt Schiller beispielsweise den mechanischen wie den schönen Künstler dafür, daß sie »kein Bedenken« tragen, der Materie »Gewalt anzutun«.[25] Die Tilgung des Primärsinnlichen gilt als Eröffnungszug der Ästhetik.

Das ist keineswegs nur Schillers Auffassung – den ich hier denn auch in exemplarischer und nicht in mäkelnder Absicht anführe –, sondern es ist die Auffassung der traditionellen Ästhetik insgesamt, sofern sie dem elevatorischen Imperativ folgt. Schiller bringt ein Grundaxiom der traditionellen Ästhetik auf den Begriff. Ähnlich wird beispielsweise Hegel erklären, »daß das Sinnliche im Kunstwerk freilich vorhanden sein müsse, aber nur als Oberfläche und *Schein* des Sinnlichen erscheinen dürfe«.[26] Die Kunst bringe »von seiten des Sinnlichen her absichtlich nur eine Schattenwelt von Gestalten, Tönen und Anschauungen hervor«.[27]

3. Drei Absolutismen

Den Ästhetiken dieses Typs – also den meisten traditionellen Ästhetiken – ist ein anti-sinnlicher Absolutismus eingebaut. Er ist eine Folge der rigorosen und absolutistischen Auslegung des ästhetischen Imperativs. Eigentlich besagt dieser ja nur, daß man nicht *bloß* sinnlich, sondern *auch* ästhetisch verfahren solle. Daraus wird aber gemacht, daß man *nirgendwo* sinnlich, sondern *allenthalben* nur ästhetisch verfahren solle. Dadurch wird die Ästhetik – statt

25 Ebd., 4. Brief, S. 578.
26 Georg Wilhelm Friedrich Hegel, *Ästhetik*, hrsg. von Friedrich Bassenge, 2 Bde., Frankfurt a. M. o. J., Bd. 1, S. 48.
27 Ebd., S. 49.

zu einem Erweiterungs- und Entfaltungsunternehmen der Sinnlichkeit – zu deren Disziplinierungsunternehmen. Während man gemeinhin glaubt, die Ästhetik bringe die Rechte des Sinnlichen zur Geltung, ist sie in Wahrheit von dieser Denkform her gegen das Sinnliche gekehrt, hat den »Krieg gegen die Materie« zu ihrer Maxime. – Genau dies wird sich, wenn die Ästhetik einmal wirklich eine Ästhetik werden soll, ändern müssen.

Zu diesem ersten, dem sinnlichkeitsvernichtenden Absolutismus kommt ein zweiter, ein weltvernichtender Absolutismus hinzu. Wieder sind Schillers Ausführungen aufschlußreich. Ästhetik wird bei ihm zu einem Spiel des Subjekts bei geschlossenen Türen. Schiller fordert, man solle »alles Äußere forme[n]«,[28] also nichts hinnehmen, wie es ist, sondern alles durch Formarbeit in einen humanen Bestand verwandeln und dadurch aneignen. Man soll, »anstatt sich an die Welt zu verlieren«,[29] »alles in sich vertilgen, was bloß Welt ist«.[30] Dadurch wird die Ästhetik zu einer Vollzugsform absoluter Subjektivität.[31] Keine Vorgegebenheit, keine Exteriorität, keine Widerständigkeit, keine Andersheit wird anerkannt, geachtet, gewahrt. Für Ästhetiken dieses Typs ist von ihrem Ansatz her dergleichen wie Mimesis, Hingabe an das Material, Erfahrung eines Verändertwerdens, Aufbrechung des Panzers der Subjektivität ausgeschlossen.[32] – Auch diese Hypothek wird eine moderne Ästhetik ablegen müssen.

28 Schiller, »Über die ästhetische Erziehung des Menschen in einer Reihe von Briefen« (s. Anm. 15), 11. Brief, S. 603.
29 Ebd., 13. Brief, S. 608.
30 Ebd., 11. Brief, S. 603.
31 Fichte bzw. Schillers Fichte-Lektüre steht im Hintergrund.
32 Auch dieses Resultat ist unmittelbar widersprüchlich zur genuinen Intention Schillers. Denn eigentlich ist seine Idee, daß man als ästhetischer Mensch allem Welthaften so begegnen solle, wie wenn es eine Erscheinung von Freiheit wäre. Aber im Rahmen seines ausgeführten Konzepts soll dies nur durch Umformung des Gegebenen möglich sein – statt durch Anerkennung einer Freiheit, die dem Welthaften schon immanent ist.

Eliminiert der erste Absolutismus innerästhetisch das Primärsinnliche, so entfernt dieser zweite Absolutismus weltbezogen alles wirklich Andere, Fremde, Entgegenstehende – im Grunde also geradezu die Möglichkeit ästhetischer Erfahrung. Es bleiben nur die ästhetische Produktivität und das vom Subjekt selbst hervorgebrachte Ästhetische übrig.

Schließlich kommt es zu einem dritten Absolutismus. Die Ästhetik beansprucht, die einzige veritable Orientierungsinstanz zu sein. Die modern mit ihr konkurrierenden Instanzen – Wissenschaft und Moral – werden von ihr systematisch degradiert. So weist Schiller die Orientierungsansprüche von Aufklärung und Wissenschaft unter Hinweis auf deren Einseitigkeit und Ungenügen ab;[33] zudem behauptet er, allein die Ästhetik könne die Aufgabe der »Lebenskunst« sowie das »politische Problem« lösen, an dem die Französische Revolution gescheitert war.[34] Die eine These beansprucht also die ästhetische Überbietung der kognitiven, die andere die ästhetische Usurpation der moralischen Orientierung. – Seinen grandiosesten Auftritt hat dieses ästhetische Überbietungsprogramm dann bekanntlich im *Ältesten Systemprogramm des deutschen Idealismus*, das mit dem Projekt einer Ethik beginnt, um mit der ästhetischen Absorption des Ethischen wie des Kognitiven zu enden.[35]

Insgesamt führt der ästhetische Imperativ also in seiner – hier an Schiller abgelesenen, aber der traditionellen Ästhetik im ganzen tief eingeschriebenen – Verabsolutierung statt zu ästhetischer Versöhnung zu einem dreifachen ästheti-

33 Vgl. Schiller, »Über die ästhetische Erziehung des Menschen in einer Reihe von Briefen« (s. Anm. 15), 8. Brief, S. 592.

34 Ebd., 15. Brief, S. 618 bzw. 2. Brief, S. 573.

35 »*Wahrheit und Güte*« sollen »*nur in der Schönheit* verschwistert« sein (*Mythologie der Vernunft. Hegels »ältestes Systemprogramm des deutschen Idealismus«*, hrsg. von Christoph Jamme und Helmut Schneider, Frankfurt a. M. 1984, S. 12).

schen Absolutismus: gegenüber der primären Sinnlichkeit, gegenüber der Welt und gegenüber konkurrierenden Orientierungsweisen. Darin liegt die dreifache Malaise der traditionellen Ästhetik.

Der zugrundeliegende systematische Fehler besteht, wie gesagt, im Mißverständnis des ästhetischen Imperativs. Man nimmt das Gebot zur *Überschreitung* des Unmittelbar-Sinnlichen als Aufforderung zu dessen *Negation* und *Extinktion*. Deshalb entwickeln Ästhetiken dieses Typs Strategien nicht der Anerkennung und Emanzipation des Sinnlichen, sondern Strategien zu seiner Beherrschung, Bannung und Disziplinierung. Das ist die innerste Paradoxie der traditionellen Ästhetik. Sofern die Ästhetik ursprünglich als Unternehmen einer Rehabilitierung der Sinne gemeint war, kommt diese Verlagerung geradezu einer Perversion des Projekts gleich.

III. Moderne Ästhetik: »Gerechtigkeit gegenüber dem Heterogenen« (Adorno)

Anhand von Adorno möchte ich nun zeigen, wie sich dieser traditionelle Typus von Ästhetik zwar auch noch im 20. Jahrhundert findet, wie man aber auch seinen Widerspruch bemerken und von da aus zu einem anderen Konzept von Ästhetik gelangen kann.

1. Wiederkehr traditioneller Topoi

Adornos Grundthese hinsichtlich des Verhältnisses von Ästhetik und Ethik lautet bekanntlich: Direkt, auf der Ebene der Gehalte und Aussagen, hat das Kunstwerk keinerlei moralische, ethische oder soziale Relevanz – und soll es eine solche auch nicht haben wollen.[36] Hingegen kommt den Werken durch ihre Formarbeit – also indirekt und analog – höchste moralische Relevanz zu. Je mehr ein Werk immanent durchgebildet ist, um so mehr erhebt es ipso facto Einspruch gegen eine Gesellschaft, in der nichts Wert für sich, sondern alles nur Wert für anderes hat. – Wie ist das gemeint?

Kunst vollzieht laut Adorno durch ihre Formarbeit den Schritt von roher Sinnlichkeit zu geistiger Selbstbestimmung. »Das Rohe, subjektiver Kern des Bösen, wird von Kunst, der das Ideal des Durchgeformten unabdingbar ist, a priori negiert [. . .].«[37] Damit wiederholt Adorno offenbar das alte elevatorische Schema der Ästhetik: Das Rohe ist das Böse, dem die Kunst die Form entgegensetzt. Das Hochästhetische besiegt das Niedrigästhetische wie Gabriel den Luzifer.

Von dieser Überwindung des Rohsinnlichen durch die Formarbeit sagt Adorno nun weiter: »[. . .] das, nicht die Verkündigung moralischer Thesen oder die Erzielung moralischer Wirkung ist ihre [d. h. der Kunst] Teilhabe an der Moral und verbindet sie einer menschenwürdigeren Gesellschaft.«[38] Der Kristallcharakter des Kunstwerks soll also gleichbedeutend mit seinem Einspruch gegen die faktischen gesellschaftlichen Verhältnisse sein; das in sich durchgeformte Kunstwerk soll der Entfremdungs- und Tauschgesellschaft den Spiegel eines Besseren vorhalten. »Nichts Reines, nach seinem immanenten Gesetz Durchgebildetes, das nicht wortlos Kritik übte, die Erniedrigung durch einen

36 »Radikale Moderne wahrt die Immanenz der Kunst, bei Strafe ihrer Selbstaufhebung [. . .]. Nichts Gesellschaftliches in der Kunst ist es unmittelbar, auch nicht wo sie es ambitioniert« (Theodor W. Adorno, *Ästhetische Theorie*, in: Th. W. A., *Gesammelte Schriften*, Bd. 7, Frankfurt a. M. [4]1984, S. 336). »In jeder noch möglichen [Kunst] muß soziale Kritik zur Form erhoben werden, zur Abblendung jeglichen manifesten sozialen Inhalts« (S. 371).

37 Ebd., S. 344.

38 Ebd.

Zustand denunzierte, der auf die totale Tauschgesellschaft sich hinbewegt: in ihr ist alles nur für anderes. Das Asoziale der Kunst ist bestimmte Negation der bestimmten Gesellschaft.«[39] Der gesellschaftlichen Nützlichkeit, in der ein jedes nur für anderes ist, tritt die Freiheit des Kunstwerks gegenüber, in dem alles es selbst ist. Kurzum: Die Autonomie des künstlerischen Werks kritisiert die Heteronomie der Gesellschaft.

Manches in Adornos Bestimmungen mag spektakulär klingen, aber im Grunde handelt es sich bis hierher nur um eine Wiederkehr klassischer Topoi der Ästhetik. Die erste Bestimmung, der Schritt vom Rohen zum Durchgeformten, entspricht dem traditionellen ästhetisch-elevatorischen Imperativ, dem Gebot einer Übersteigung des Grobsinnlichen zugunsten des Reflexivsinnlichen. Auch die zweite Bestimmung, die Verbindung dieses Überstiegs mit Freiheitsprädikaten, ist altvertraut. Schon traditionell galt der Schritt von kruder Sinnlichkeit zu sublimer Ästhetik als Aufstieg aus dem Reich der Nützlichkeit und Heteronomie in die Sphäre der Freiheit und Autonomie. – Adorno artikuliert den klassischen ästhetisch-elevatorischen Imperativ in zeitgenössischer Wendung.[40]

39 Ebd., S. 335.

40 Dabei war das klassische Konzept längst von Nietzsche energisch kritisiert worden. Im Namen des Primärsinnlichen protestierte er gegen den ästhetisch-elevatorischen Imperativ und forderte umgekehrt, das Primärsinnliche zum Beurteilungskriterium des Höhersinnlichen zu machen. Nietzsche hatte durchschaut, daß die Ästhetik »unablöslich an [...] biologische Voraussetzungen gebunden« ist (Friedrich Nietzsche, *Der Fall Wagner. Ein Musikanten-Problem*, in: F. N., *Sämtliche Werke. Kritische Studienausgabe in 15 Bänden*, hrsg. von Giorgio Colli und Mazzino Montinari, München 1980, Bd. 6, S. 9–53, hier S. 50), ja daß Ästhetik in Wahrheit »nichts als eine angewandte Physiologie« ist (Nietzsche, »Nietzsche contra Wagner. Aktenstücke eines Psychologen«, in: ebd., S. 413–445, hier S. 418). Daher sagte er, all seine »Einwände gegen die Musik Wagner's« seien »physiologische Einwände« (ebd.). Nietzsche stellt das traditionelle ästhetische Schema vom Kopf auf die Füße: »Meine ›Thatsache‹, mein ›petit fait vrai‹ ist, dass ich nicht mehr leicht athme, wenn diese Musik erst auf mich wirkt; dass alsbald mein *Fuss* gegen sie böse wird und revoltirt: er hat das Bedürfniss

2. Innere Widersprüche und Verkehrungseffekte

Das bedeutet allerdings, daß Adornos zeitgenössisches Gebot einer künstlerischen Negation des Rohen ebenso dubios ist wie das traditionelle. Erstens wahrt es – das war schon mein Einwand gegen Schiller – die ästhetische Differenz nicht, sondern tilgt sie durch Elimination des Entgegenstehenden, des Primär-Sinnlichen, das von Adorno pauschal als Rohes diskriminiert wird. Zweitens verliert dadurch auch die vermeintliche Heilsidee namens Autonomie – gegenläufig zu ihrer Inanspruchnahme durch Adorno – ihre Unschuld. Autonomie soll Freiheit verkörpern. Sie soll, im Unterschied zum gesellschaftlichen Zustand, in dem »alles nur für anderes« ist, die Möglichkeit des Selbstseins vor Augen führen. Aber das tut sie unter der Formprämisse gerade nicht. Denn die Momente des Werkes treten ja keineswegs von sich aus zur Ganzheit des Werkes zusammen, sondern müssen durch die Formarbeit zu dieser Einheit zusammengezwungen werden – ganz ähnlich wie die Individuen in der Gesellschaft.[41] Autonomie gilt allenfalls für das Werk, nicht aber für dessen Momente. Sie haben Wert nur durch ihren Beitrag zum Ganzen, und daraufhin werden sie zugerichtet.

Negation des Unmittelbar-Sinnlichen und Form als Zwang, das sind die beiden Schattenseiten des traditionellen Ansatzes – unabhängig davon, ob er im 18. oder im 20. Jahrhundert artikuliert wird.[42] Adorno hat sich, wie gesagt, er-

nach Takt, Tanz, Marsch – nach Wagner's Kaisermarsch kann nicht einmal der junge deutsche Kaiser marschieren –, er verlangt von der Musik vorerst die Entzückungen, welche in *gutem* Gehn, Schreiten, Tanzen liegen. Protestirt aber nicht auch mein Magen? mein Herz? mein Blutlauf? betrübt sich nicht auch mein Eingeweide? [. . .] Wagner macht krank.« (Ebd., S. 418 f.)

41 Schiller hatte diesen Zwangscharakter der künstlerischen Formarbeit immerhin offengelegt, als er von der Gewalt sprach, die der Künstler der Materie antut.

42 Die beiden Seiten hängen natürlich untereinander zusammen: Die prinzipielle Diskreditierung des Primärsinnlichen legitimiert die Zurichtung durch die Form.

staunlich weit solch traditioneller Vorstellungen bedient. Wo Schiller von »Veredelung« sprach, da redet Adorno, gleichermaßen euphemistisch, von »Vergeistigung«. – In Wahrheit käme es jedoch längst darauf an, den Zwangscharakter solcher Formarbeit zu dekuvrieren.

3. Kritik am Formprimat

Andererseits hat natürlich gerade Adorno das Dubiose und Herrschaftliche kristalliner Formarbeit erkannt. Prägnant notiert er: »Pointiert gegen das sensuelle Moment, kehrt Vergeistigung sich vielfach blind gegen dessen eigene Differenzierung, ein selber Geistiges [...].«[43] Damit diagnostiziert Adorno erstens den anti-sinnlichen Affekt solcher Formarbeit, und zweitens wendet er ein, daß das Sinnliche dabei verkannt werde, denn die Differenzierungstendenz des Sinnlichen – traditionell als dessen Mannigfaltigkeitscharakter verbucht, den es durch die synthetische Tätigkeit der Form oder des Geistes zu überwinden gelte[44] – sei in Wahrheit selber als Geistiges zu erkennen und zu würdigen. Der objektive Widerspruch der klassischen Ästhetik lag darin, daß sie dem Sinnlichen Gewalt antat, weil sie seine Ansprüche als roh verkannte, anstatt die sinnliche Diversität selber als geistartig zu erfassen und zu achten.

4. Gerechtigkeit gegenüber dem Heterogenen

Das zeichnet zugleich den künftig einzuschlagenden Weg vor: Man müßte die Momente im Werk nicht zu einem Ganzen zusammenzwingen, sondern sich auf ihre Eigenart einlassen. Es käme darauf an, die divergierenden Impulse

43 Adorno, *Ästhetische Theorie* (s. Anm. 36), S. 143.
44 Diese Terminologie durchzieht beispielsweise Schillers Ausführungen.

des Materials so aufzunehmen, daß die Gestaltung »ihnen dorthin folgt, wohin sie von sich aus wollen«.[45] Ästhetische Arbeit müßte, statt Herrschaft auszuüben, den »einzelnen Impulse[n]« folgen und versuchen, ihnen gerecht zu werden.[46] Sie hätte ein Ideal nicht der Einheit durch Formarbeit, sondern der Gerechtigkeit gegenüber dem Heterogenen zu verfolgen. In diesem Sinn sagt Adorno: »Ästhetische Einheit« – und damit meint er nun wahre ästhetische Einheit – »empfängt ihre Dignität durchs Mannigfaltige selbst. Sie läßt dem Heterogenen Gerechtigkeit widerfahren.«[47] Dieser Wandel der ästhetischen Leitidee von engagierter Formarbeit, welche das Mannigfaltige zusammenzwingt, zum Ideal der Gerechtigkeit gegenüber dem Heterogenen scheint mir hochbedeutsam zu sein.[48] Die neue Leitidee be-

45 Adorno, *Ästhetische Theorie* (s. Anm. 36), S. 180.

46 Ebd.

47 Ebd., S. 285. – In dem 1968 entstandenen II. Teil des Aufsatzes »Erfahrungen an Lulu« heißt es: »Lulu [. . .] holt das Verdrängte herauf, sieht ihm ins Auge, macht es bewußt, und läßt ihm Gerechtigkeit widerfahren, indem sie ihm sich gleichmacht; höhere Instanz, vor der die Revision des zivilisatorischen Prozesses stattfindet« (Theodor W. Adorno, »Erfahrungen an Lulu«, in: Th. W. A., *Gesammelte Schriften*, Bd. 13, Frankfurt a. M. 1971, S. 471 bis 490, hier S. 486).

48 Dieser Wandel bestimmt Adornos eigene Entwicklung. Man kann das an seinen Äußerungen zur Musik – von der er in der *Ästhetischen Theorie* sagte, daß sie aus der Schule aller Kunst plaudere (s. Anm. 36, S. 336) – ablesen. In der 1949 publizierten *Philosophie der neuen Musik* plädierte Adorno für die souveräne Intervention des komponierenden Subjekts in die musikalische Materie. Er lobte an Schönberg, daß dieser – im Unterschied zu Webern – mit den Zwölftonreihen »›komponiert‹«, daß er überlegen mit ihnen schaltet (Theodor W. Adorno, *Philosophie der neuen Musik*, in: Th. W. A., *Gesammelte Schriften*, Bd. 12, Frankfurt a. M. 1975, S. 106). Die spezifische Gefahr der Zwölftontechnik sah Adorno hingegen darin, daß dieses »System der Naturbeherrschung in Musik« »virtuell das Subjekt« und seine kompositorische Phantasie auslöscht (S. 65 bzw. S. 70). In der Kranichsteiner Vorlesung »Vers une musique informelle« von 1961 aber schlägt Adorno andere Töne an. Jetzt kritisiert er dieses kompositorische Verfahren eines sich autonom gebärdenden Subjekts – Schönbergs Komponieren *mit* den Tönen – als selber herrschaftlich (vgl. Theodor W. Adorno, »Vers une musique informelle«, in: Th. W. A., *Gesammelte Schriften*, Bd. 16, Frankfurt a. M. 1978, S. 493–540, hier S. 507). Wenn er

freit von den traditionellen Fehlern: von der Negation des Primärsinnlichen und von der Unfähigkeit, sich auf das Sinnliche überhaupt einzulassen und somit wirklich ästhetisch zu verfahren. Anerkennung und Gerechtigkeit treten an die Stelle von Herrschaft und Unterdrückung, ein mimetischer Umgang wird möglich, wo bislang nur ein instrumenteller propagiert worden war.

5. Ästhet/hische Konsequenzen

Auch diese Ästhetik – die Ästhetik im Sinn der Gerechtigkeit gegenüber dem Heterogenen – hat die Struktur einer Ästhet/hik. Auch eine Kunst, die dem neuen Ideal folgt, wird ethisch-moralische Strahlkraft besitzen können. Nur wird sie eine Ethik nicht mehr der Unterwerfung, sondern der Gerechtigkeit vertreten.

Man kann bei Adorno zwei Aspekte finden, unter denen er die ethische Relevanz dieser neuen ästhetischen Konzeption ausgeführt hat. Erstens besitzt das neue ästhetische Ideal Vorbildcharakter für einen neuen Typus des Subjekts. Diesen hat Adorno dahingehend charakterisiert, daß ein solches Subjekt sein Glück nicht mehr im Imperialismus gegenüber dem Anderen hätte, sondern darin fände, daß das Fremde »in der gewährten Nähe das Ferne und Verschiedene bleibt,

jetzt von Schönberg sagt: »Alles in ihm wehrte sich dagegen, daß die Töne von sich aus komponieren könnten« (ebd.), so ist das höchst kritisch gemeint. Das komponierende Subjekt soll vielmehr fähig werden, die Bewegungen der Töne mitzuvollziehen. Auf einmal wird sogar Cage zu einer diskutablen, ja sogar wichtigen Figur erklärt: »In einem jedenfalls nähert sich der Impuls Cages dem einer informellen Musik: als Protest gegen die sture Komplizität von Musik mit Naturbeherrschung« (ebd., S. 534). Adornos Überlegungen, an deren Anfang das Bekenntnis stand, selbst vom »Desiderat musikalischer Befreiung« gelockt zu sein (S. 495), münden schließlich in die Aussage, daß es heute »die Gestalt aller künstlerischen Utopie« sei, »Dinge [zu] machen, von denen wir nicht wissen, was sie sind« (S. 540).

jenseits des Heterogenen wie des Eigenen«.[49] Derlei Subjekte würden – und darin kehrt der Sache nach die neue ästhetische Herzformel als Subjektsmaxime wieder – den »Stand eines Unterschiedenen ohne Herrschaft« realisieren, »in dem das Unterschiedene teilhat aneinander«.[50]
Zweitens impliziert das Konzept ästhetischer Gerechtigkeit eine scharfe Kritik an der politisch-rechtlichen Version von Gerechtigkeit. Adorno vertritt die Auffassung, daß man überhaupt nur in der Ästhetik, nicht in der Politik von einer Verwirklichung der Idee der Gerechtigkeit sprechen könne. Die politische Gerechtigkeit basiere auf dem »formalen Äquivalenzprinzip«,[51] daher bringe sie die Differenzen zum Verschwinden,[52] übe ihnen gegenüber »reale Gewalt aus«.[53] Ästhetische Gerechtigkeit hingegen erkenne die Differenzen an. Deshalb verhält sich ästhetische Gerechtigkeit – als »Gerechtigkeit gegenüber dem Heterogenen« – zu politischer Gerechtigkeit – als »Gleichheit, in der die Differenzen untergehen« – wie Gerechtigkeit zu Ungerechtigkeit. Während die politische Gerechtigkeit der Herrschaftsmaschinerie verhaftet bleibt, der auch die konventionell-ästhetische Leitidee der Formarbeit undurchschaut zugehörte, vermag einzig ästhetische Gerechtigkeit aus ihr herauszuführen.

49 Theodor W. Adorno, *Negative Dialektik*, in: Th. W. A., *Gesammelte Schriften*, Bd. 6, Frankfurt a. M. ³1984, S. 192.
50 Theodor W. Adorno, »Zu Subjekt und Objekt«, in: Th. W. A., *Gesammelte Schriften*, Bd. 10.2, Frankfurt a. M. 1977, S. 741–758, hier S. 743.
51 »Recht ist das Urphänomen irrationaler Rationalität. In ihm wird das formale Äquivalenzprinzip zur Norm, alles schlägt es über denselben Leisten« (Adorno, *Negative Dialektik* [s. Anm. 49], S. 304).
52 Es handle sich um eine »Gleichheit, in der die Differenzen untergehen« (ebd.).
53 »Die Rechtsnormen schneiden das nicht Gedeckte, jede nicht präformierte Erfahrung des Spezifischen um bruchloser Systematik willen ab und erheben dann die instrumentale Rationalität zu einer zweiten Wirklichkeit sui generis. [. . .] Dies Gehege, ideologisch an sich selbst, übt durch die Sanktionen des Rechts als gesellschaftlicher Kontrollinstanz, vollends in der verwalteten Welt, reale Gewalt aus« (ebd.).

IV. Ethische Implikationen und Konsequenzen aktuellen ästhetischen Bewußtseins

Abschließend will ich skizzieren, wie dieses Konzept einer Ästhetik der Gerechtigkeit unter gegenwärtigen Bedingungen weiterzuentwickeln wäre.

1. Pluralität

Es bedarf eines Schrittes über die werkinterne Heterogenität, die Adorno vor Augen stand, hinaus zur werkexternen Heterogenität, zur Anerkennung nicht nur der unterschiedlichen Materialtendenzen in einem einzelnen Werk, sondern auch der Divergenz von künstlerischen Paradigmen zwischen verschiedenen Werken und in der Sphäre der Kunst insgesamt.

Im Grunde ist eine solche Anerkennung von Heterogenität seit langem (zumindest in moderater Form) Bestandteil der Kunstsphäre. Sie ist dieser mehr als anderen Sphären eingebaut. Schon in der Antike war man sich dessen bewußt, daß es keinen einheitlichen Kanon für die diversen Gattungen geben kann, sondern daß es die diversen Gattungen und Stile in ihrer Spezifität zu würdigen und zu beachten gilt. So sagte Cicero: »[...] wenn es beinahe unzählige Redegattungen und -stile gibt, alle in ihrer Eigenart verschieden, als Gattung aber lobenswert, dann können, weil sie voneinander abweichen, nicht mehr dieselben Regeln und nur ein System gelehrt werden.«[54] Anderswo mögen Homogenität und das Gesetz der Chronologie gelten. Zur Kunst aber gehört die Koexistenz des Heterogenen. Während Chro-

54 Cicero, *Vom Redner* III 34. Ähnlich: »Es gibt nur eine Malkunst, und trotzdem waren Zeuxis, Aglaophon und Apelles voneinander gänzlich verschieden; und keiner ist unter ihnen, dem man in seiner Kunst Mängel vorwerfen könnte« (ebd., III 26).

nos seine Kinder frißt, bleiben die Töchter der Kunst am Leben.

Zumal seit die Moderne eine unübersehbare Vielfalt von Werkformen und Anschauungsweisen hervorgebracht hat, ist Pluralität zum Grundbefund geworden. Dabei geht es nicht mehr um Unterschiede auf gemeinsamer Basis, sondern um Basisunterschiede. Die Werke erzeugen oder vertreten unterschiedliche Paradigmen und erfordern unterschiedliche Kriteriensätze zu ihrer Beurteilung. Sie lassen sich nicht mehr über einen einzigen Leisten schlagen. Der Betrachter kommt – wenn er nicht völlig unsensibel oder ein eingefleischter Beckmesser ist – nicht mehr mit einem einzigen Modell von Kunst durch. Was man als Widerständigkeit, Rätselcharakter oder Schwerverständlichkeit der modernen Werke diagnostiziert, ist Indiz dessen, daß sie nicht einem generellen Kanon folgen, sondern ihren eigenen entwickeln; erst wenn man diesem auf die Spur kommt, enthüllen sich die Werke. Zugleich locken sie, ihren Code zu suchen und zu finden.

Daher ist für ästhetisches Bewußtsein auf dem Stand der Moderne zweierlei selbstverständlich: daß man am einzelnen Werk dessen Idiolekt herausfinden muß; und daß man sich hinsichtlich der Kunst im ganzen der Pluralität der Paradigmen bewußt sein muß.[55]

2. Ästhetik und Anästhetik

Zu diesem ersten ästhetischen Elementargebot – Pluralität – kommt ein zweites hinzu. Es läßt sich durch die Doppelfigur von Ästhetik und Anästhetik bezeichnen.

Alles Wahrnehmen ist spezifisch. Das meint nicht den trivialen Befund, daß man, einen Gegenstand wahrneh-

55 Vgl. hierzu ausführlicher: Welsch, *Vernunft* (s. Anm. 3), insbes. Zweiter Teil, Kap. III.

mend, nicht gleichzeitig einen anderen wahrnehmen kann, sondern den Umstand, daß jedes Wahrnehmen eine bestimmte Typik aufweist und daß diese Typik zwar etliches wahrnehmbar macht, anderes aber konstitutiv ausschließt. Etwas zu sehen heißt stets auch, etwas anderes zu übersehen. Es gibt kein Sehen ohne blinden Fleck. Jede Wahrnehmungstypik hat transzendentale – und das heißt eröffnende ebenso wie ausschließende – Funktion. Das zeigt sich schon zwischen den einzelnen Sinnen: Was dem Sehen erschlossen ist, bleibt für das Hören verborgen – und so fort durch die ganze Skala der Sinne. Die Bevorzugung einer bestimmten Wahrnehmungstypik oder einer künstlerischen Paradigmatik ist daher nicht bloß eine ästhetische, sondern zugleich eine anästhetische Entscheidung: Sie drängt andere Wahrnehmungsmöglichkeiten ins Abseits.

Gerade wo sich die Wahrnehmungsformen – wie heute – kulturell pluralisieren, gilt es, sich dieser Koppelung und Dialektik von Ästhetik und Anästhetik bewußt zu sein. Reflektierte Ästhetik sensibilisiert nicht nur für die Spezifität ästhetischer Paradigmen, sondern zugleich für ihre jeweilige Blindheit.

3. Kodex ästhetischen Bewußtseins

Die Pluralität einerseits und die Dialektik von Ästhetik und Anästhetik andererseits bilden Elementaraxiome modernen ästhetischen Bewußtseins. Im Ausgang von ihnen läßt sich ein Kodex dieses Bewußtseins skizzieren. Ich liste – ohne Vollständigkeitsanspruch – auf:

1. *Spezifitätsbewußtsein:* Es gilt, die Spezifität eines jeden ästhetischen Ansatzes zu beachten. Man muß ihm auf die Spur kommen, seine Logik erfassen und dieser folgen.

2. *Partialitätsbewußtsein:* Man darf das jeweilige Paradigma nicht zum einzig möglichen oder allein seligmachenden erklären. Das verstieße konkret gegen seine faktische Spezifität und generell gegen die Pluralität.

3. *Wachsamkeit:* Man muß nicht nur bedenken, daß jedes Paradigma spezifisch ist und daß deshalb legitimer- und geradezu notwendigerweise andere Paradigmen neben ihm existieren, sondern man muß auch für die unvermeidlichen Ausschlüsse eines jeden Paradigmas und für die Gegenwendigkeit der Paradigmen sensibel sein. Prinzipiell ist mit Andersheit zu rechnen.

4. *Aufmerksamkeit:* Eine für Ausschlußverhältnisse sensibilisierte Ästhetik mahnt uns zur Aufmerksamkeit – gerade dort, wo wir nichts wahrnehmen und nichts vermuten oder wo wir nur Unwürdiges und Indiskutables vor uns zu haben glauben. Man kann nie sicher sein, ob dieser Eindruck nicht bloß auf Borniertheit beruht, ob die vermeintlichen Schlacken nicht in anderer Perspektive den Glanz von Edelmetall zeigen könnten. Moderne Kunst hat sich vielfach gerade dem gesellschaftlich Abgewerteten zugewandt. Entdeckungen sind am ehesten dort zu machen, wo ›nichts‹ ist. Von John Cage gibt es einen wundervollen »Vortrag über nichts«.[56]

5. *Anerkennungstendenz:* Wahrnehmung tendiert immer zur Zuwendung und zu mehr: zur Anerkennung – des Übersehenen, Überhörten, Unerhörten. Überhaupt, das »Unerhörte«: Im alltäglichen Sprachgebrauch gilt ›unerhört‹ weithin für synonym mit ›unverschämt‹. In ästhetischer Perspektive aber muß man sagen: Unerhörtes ist erstens solches, was noch nicht gehört worden ist, aber gehört werden sollte (Unerhörtes im Sinn von Ungehörtem); zweitens solches, was noch nicht erhört, was in seinem Anspruch –

56 John Cage, »Vortrag über nichts«, in: J. C., *Silence*, übers. von Ernst Jandl, Frankfurt a. M. 1987, S. 6–35.

beinahe seinem Flehen – noch nicht vernommen wurde (Unerhörtes im Sinn von Unerlöstem); drittens solches, was das übliche Maß übersteigt und außerhalb der gewohnten Ordnung sich befindet (Unerhörtes im Sinn von Außerordentlichem). Jedesmal handelt es sich um Latentes; und jedesmal ist damit eine Wahrnehmungsaufgabe bezeichnet. Solange die entsprechenden Wahrnehmungsanstrengungen nicht unternommen und die Barrieren nicht übersprungen werden, wird das Unerhörte weiterhin wie selbstverständlich als Ungehöriges oder Unverschämtes abqualifiziert. – Man sollte nicht immer nur vom Hegelschen dreifachen Aufheben reden, sondern auch einmal auf diesen drei- oder vierfachen Sinn des ›Unerhörten‹ achten. Er artikuliert die Kehrseite der Aufhebungseuphorie.

6. *Gerechtigkeitstendenz:* All diese Punkte konvergieren in der Perspektive der Gerechtigkeit. Ihr sollte die Ästhetik sich verpflichtet fühlen, ihr gemäß sollte sie operieren. Der modernen Kunst, die vielfach weniger am Etablierten als am Übersehenen oder Unerhörten arbeitete und diesem zu Sprache, Ausdruck und Anerkennung verhelfen wollte, wohnt ein Impuls zu Gerechtigkeit inne.

4. Ästhet/hik – auch über die Ästhetik hinaus

Die genannten Momente repräsentieren Aspekte einer aktuellen Ästhet/hik. Diese macht nicht an den Grenzen der Kunst halt, sondern vermag auch auf lebensweltliche Kontexte auszustrahlen. In ihrer Zielperspektive führt sie zu dem, was ich andernorts eine »Kultur des blinden Flecks« genannt habe.[57] Das wäre eine Kultur, die prinzipiell für Ausschlüsse, Verwerfungen und Andersheit sensibel wäre. Sie verschriebe sich nicht einem Kult des Sichtbaren, Evi-

57 Vgl. in diesem Band den Aufsatz »Ästhetisierungsprozesse – Phänomene, Unterscheidungen, Perspektiven« (Abschn. IV 2, S. 58–61).

denten, Glänzenden und Prangenden, sondern eher dem Verdrängten, den Leerzonen, den Zwischenräumen, der Alterität. Die ästhet/hischen Valenzen reflektierten ästhetischen Bewußtseins vermögen ob der modernen Analogie von Kunst- und Lebensverhältnissen[58] gerade auch in lebensweltlichen Problemkonstellationen wirksam zu werden. Wünschenswert ist solcher Beistand zudem, weil die fraglichen Strukturen in den lebensweltlichen Verflechtungen aus vielerlei Gründen relativ opak, in der ästhetischen Sphäre hingegen transparenter sind und daher dort auch früher erfaßt wurden und nun gleichsam wie ein Modell beliehen werden können. Die Ästhetik sollte in der Lebenswelt nicht bloß, wie gegenwärtig grassierend, als Verschönerungsbranche, sondern als Instanz der Ästhet/hik zum Tragen kommen. Die Schale der Ästhetik mag sich als Design niederschlagen, ihr ästhet/hischer Kern jedoch zielt auf Gerechtigkeit.

Der Nachweis ästhet/hischer Valenzen in der Struktur des Ästhetischen und im aktuellen ästhetischen Bewußtsein führt schließlich auch zu einer Forderung an die Disziplin namens Ästhetik. Sie sollte die ästhetische Reflexion nicht – in allzu konventioneller Manier – auf den schönen Schein des Ästhetischen zurückstutzen, sondern sich daranmachen, die ästhet/hischen Dimensionen des Ästhetischen zu erkennen und als Ferment der Kultur zur Geltung zu bringen. Erst dann diente sie im kulturellen Haushalt nicht bloß der Kompensation, sondern auch der Korrektur.

58 Vgl. ebd.

Ästhetik außerhalb der Ästhetik – Für eine neue Form der Disziplin

Einleitung: Skizze der Problemstellung

1. Die gängige Auffassung: Kunstzentrierte Ästhetik

Was ist Ästhetik? Die Enzyklopädien geben eine klare Antwort. Die *Academic American Encyclopedia* sagt: »Aesthetics is the branch of philosophy that aims to establish the general principles of art and beauty.«[1] Entsprechend bestimmt die italienische *Enciclopedia Filosofica* die Ästhetik als »disciplina filosofica che ha per oggetto la bellezza e l'arte«.[2] Das französische *Vocabulaire d'Esthétique* definiert Ästhetik als »étude réflexive du beau« bzw. als »philosophie et science de l'art«.[3] Und das deutsche *Historische Wörterbuch der Philosophie* erklärt: »Das Wort ›Ästhetik‹ hat sich als Titel des Zweiges der Philosophie eingebürgert, in dem sie sich den Künsten und dem Schönen [...] zuwendet«.[4] Kurzum: Ästhetik gilt als Artistik, als Explikation des Begriffs der Kunst unter besonderer Berücksichtigung der Schönheit.

Was könnte dann »Ästhetik außerhalb der Ästhetik« – wie im Titel dieses Aufsatzes vorgeschlagen – bedeuten? Um sinnvoll zu sein, müßte der Ausdruck auf etwas außerhalb dieses kunstgebundenen Verständnisses von Ästhetik hinweisen, auf etwas außerhalb der Artistik. Aber wie könnte es sich dabei gleichwohl um eine Art von Ästhetik handeln?

1 *Academic American Encyclopedia*, Bd. 1, Danbury (Conn.) 1993, S. 130.
2 *Enciclopedia Filosofica*, Bd. 2, Florenz 1967, Sp. 1054.
3 *Vocabulaire d'Esthétique*, Paris 1990, S. 691 bzw. S. 692.
4 *Historisches Wörterbuch der Philosophie*, hrsg. von Joachim Ritter, Bd. 1, Basel 1971, Sp. 555.

Ist der Ausdruck ›Ästhetik‹ von sich aus für eine transartistische Bedeutung offen?

Traditionell ist dies klar der Fall. »Ästhetik« geht auf die griechische Wortgruppe αἴσθησις (*aisthesis*), αἰσθάνεσθαι (*aisthanesthai*) und αἰσθητός (*aisthetos*) zurück – also auf Ausdrücke, die Empfindung und Wahrnehmung im allgemeinen bezeichnen, vor jeglicher artistischen Bedeutung. Ebenso besteht im gegenwärtigen Begriffsgebrauch keine Einschränkung auf die Kunst; in der Alltagssprache verwenden wir den Ausdruck ›ästhetisch‹ sogar öfter außerhalb als innerhalb der künstlerischen Sphäre – beispielsweise wenn wir von einem ästhetischen Verhalten oder einem ästhetischen Lifestyle sprechen, oder von ästhetischen Besonderheiten der Medien, oder von einer zunehmenden Ästhetisierung der Welt.

Die *Disziplin* ›Ästhetik‹ allerdings hat traditionell nicht so sehr Empfindung und Wahrnehmung thematisiert, sondern sich überwiegend auf die Kunst konzentriert – und dabei mehr auf begriffliche als auf sinnliche Fragen der Kunst. Der Hauptstrom der gegenwärtigen Ästhetik verfährt noch immer so. Die akademische Disziplin tendiert dazu, sich auf Artistik zu beschränken – wie unsicher der Begriff der Kunst selbst in der Zwischenzeit auch geworden sein mag.

Gewiß: Es hat Ausnahmen und Gegentendenzen gegen diesen vorherrschenden Ansatz gegeben. Man erinnere sich beispielsweise daran, daß Alexander Gottlieb Baumgarten, der Gründungsvater und Namensgeber der Ästhetik, die neue Disziplin als ein primär kognitives Unternehmen zur Verbesserung unserer sinnlichen Erkenntniskraft konzipierte. Unter den Zielen der von Baumgarten eben als »Wissenschaft vom sinnenhaften Erkennen« definierten Ästhetik fanden die Künste nicht einmal Erwähnung.[5]

5 Zwar zog Baumgarten Beispiele aus den Künsten, insbesondere der Dichtung heran, aber doch nur, um zu illustrieren, was ästhetische Vollkommenheit – als Vollkommenheit sinnlicher Erkenntnis – sein könne.

Kurz darauf jedoch, als – zwischen Kants *Kritik der Urteilskraft* von 1790, dem *Ältesten Systemprogramm des deutschen Idealismus* von circa 1796 und Schellings *System des transzendentalen Idealismus* von 1800 – die Ästhetik eine unerhörte Karriere startete, welche sie in die Spitzenposition der Philosophie beförderte, begann man, Ästhetik exklusiv als Philosophie der Künste zu verstehen. Und dies blieb jahrhundertelang die vorherrschende Auffassung, die von so unterschiedlichen Philosophen wie Hegel und Heidegger oder Ingarden und Adorno geteilt wurde.

Gewiß gab es immer noch Gegentendenzen. Sie reichten von Schillers Übergang zunächst von künstlerischer zu politischer und dann zu pädagogischer Kunst und schließlich zur »Lebenskunst« bis zu Marcuses Idee einer neuen sozialen Sensibilität; oder von Kierkegaards Beschreibung der ästhetischen Existenz und Nietzsches Fundamentalisierung der ästhetischen Tätigkeit bis zu Deweys Integration der Kunst in das Leben. Aber diese Gegentendenzen haben das Design der Disziplin »Ästhetik« nicht wirklich zu verändern vermocht. In gewissem Maß teilten sie sogar die Grundannahme der traditionellen Ästhetik, daß die Kunst den Fokus der Ästhetik bilde; auch diese Reformer nämlich betrachteten die Kunst als Modell der ästhetischen Tätigkeit überhaupt sowie als Paradigma für den Übergang zu dem transartistischen Verständnis von Ästhetik, für das sie eintraten.

Gegenwärtig neigt die Disziplin »Ästhetik« noch immer zur Beschränkung auf Artistik. Zwar mag es viele Gründe für die Anerkennung einer Ästhetik außerhalb der Ästhetik geben, aber in den Jahren, in denen ich diese Tendenz zu befördern suchte, fand ich weit mehr Interesse und Unterstützung außerhalb der Disziplin – bei kulturellen Institutionen oder bei Theoretikern in anderen Feldern[6] –, während

6 Vgl. *Die Aktualität des Ästhetischen*, hrsg. von Wolfgang Welsch, München 1993. Der Band dokumentiert einen Kongreß, der im September 1992 in Hannover stattfand. Er vereinigte Experten aus unterschiedlichen Berei-

meine Bemühungen im Rahmen der akademisch etablierten Ästhetik (zumindest im deutschen Sprachraum) überwiegend auf Widerstand stießen. Man hält es noch immer für selbstverständlich, daß Ästhetik Artistik zu sein habe; man ist noch immer in diesem traditionellen Bild befangen. Und diese Anspielung auf Wittgenstein fortführend, könnte man sagen: »Und heraus können wir nicht, denn es liegt in unsrer Disziplin, und diese Disziplin scheint es uns nur unerbittlich zu wiederholen.«[7]

2. Überwindung des traditionellen Vorurteils

a) Singularität der Werke versus Universalbegriff der Kunst

Aber es gibt gute Gründe für den Versuch, der Ästhetik-Artistik-Gleichung zu entkommen oder – um noch einmal Wittgenstein zu zitieren – »der Fliege den Ausweg aus dem Fliegenglas zu zeigen«.[8] Denn eines der zentralen Probleme der traditionellen Ästhetik besteht darin, daß sie nicht einmal ihre Aufgabe erfüllt. Sie ist unfähig, der Singularität der Kunstwerke gerecht zu werden. Das Ziel der Ästhetik wurde denn auch auf die Etablierung eines universellen und immerwährenden Begriffs der Kunst verschoben. So konnte – und sollte – die Ästhetik ohne Orientierung an einzelnen Kunstwerken oder historisch unterschiedlichen Kunsttypen

chen: Philosophie, Soziologie, Politikwissenschaft, Feminismus, Medientheorie, Design, Neurophysiologie, Wissenschaftstheorie, Kunstpraxis und Kunstgeschichte. Mit mehreren tausend Teilnehmern fand er breite Resonanz.

7 Wittgenstein sagte: »Ein *Bild* hielt uns gefangen. Und heraus konnten wir nicht, denn es lag in unsrer Sprache, und sie schien es uns nur unerbittlich zu wiederholen« (Ludwig Wittgenstein, *Philosophische Untersuchungen*, in: L. W., *Werkausgabe*, Frankfurt a. M. 1984, Bd. 1, S. 225–580, hier S. 300 [115]).

8 Ebd., S. 378 [309]. – So beantwortete Wittgenstein die Frage nach seinem »Ziel in der Philosophie« (ebd.).

durchgeführt werden. Schelling beispielsweise gab dem freimütig Ausdruck, als er erklärte, daß eine Philosophie der Kunst einzig von der »Kunst an sich«, hingegen »von empirischer Kunst auf keine Weise« zu handeln habe[9] und daß seine eigene Philosophie der Kunst eine bloße »Wiederholung« seines »Systems der Philosophie« sei – diesmal mit Blick auf die Kunst durchgeführt, so wie ein andermal im Blick auf die Natur oder die Gesellschaft.[10]

Wie sehr uns heute eine solche Strategie unangemessen erscheint – und seit langem den Künstlern als unangemessen erschien: Robert Musil beispielsweise verspottete derlei Ästhetik als den Versuch, den Universalziegel zu finden, der auf jedes Kunstwerk passen und zum Aufbau des Gesamtgebäudes der Ästhetik taugen solle[11] –, Schelling hat zweifellos eine grundlegende Überzeugung der traditionellen Ästhetik zum Ausdruck gebracht: daß es so etwas wie einen wesentlichen und universalen Begriff der Kunst gebe, und daß diesen zu exponieren die eigentliche Aufgabe und das ganze Ziel der Ästhetik sei. Dies war ja auch der innere Grund, warum die Ästhetiker ein eingehendes Studium einzelner Kunstwerke gar nicht für nötig erachteten, sondern sich mit einer rudimentären Kenntnis einiger Kunstwerke begnügen zu können glaubten. Sie sollte als Ausgangspunkt

9 Brief an August Wilhelm Schlegel, 3. September 1802, zit. nach: *Aus Schellings Leben. In Briefen*, Bd. 1, hrsg. von G. L. Plitt, Leipzig 1869, S. 390 bis 399, hier S. 397. In seiner *Philosophie der Kunst* erklärte Schelling: »Nichts von dem, was der gemeinere Sinn Kunst nennt, kann den Philosophen beschäftigen: Sie ist ihm eine nothwendige, aus dem Absoluten unmittelbar ausfließende Erscheinung, und nur sofern sie als solche dargethan und bemessen werden kann, hat sie Realität für ihn« (Friedrich Wilhelm Joseph Schelling, *Philosophie der Kunst*, Vorlesung Jena, Wintersemester 1802/03, Nachdr. der Ausg. 1859, Darmstadt 1976, S. 384).

10 Schelling, *Philosophie der Kunst*, ebd., S. 7, vgl. S. 124.

11 »Die wissenschaftliche Ästhetik sucht nach dem Universalziegel, aus dem sich das Gebäude der Ästhetik errichten ließe« (Robert Musil, *Tagebücher*, hrsg. von Adolf Frisé, Reinbek 1976, S. 449). – Die Notiz stammt von circa 1920.

für ihre Intuition des generellen Begriffs der Kunst ausreichen.[12]

Natürlich ist diese traditionelle Strategie unhaltbar. Die Praxis der Kunst besteht nicht darin, einen universalen Begriff der Kunst zu exemplifizieren, sondern neue Versionen und Begriffe der Kunst hervorzubringen. Und gewiß wird der neue Begriff einige Aspekte mit dem vorher dominierenden Begriff gemeinsam haben, aber in anderen und nicht weniger bedeutsamen Aspekten wird er sich von ihm scharf unterscheiden. Das ist bei jedem Übergang von einem Stil oder Paradigma zu einem anderen offensichtlich. Daher sind die Paradigmen zwar durch Überlappungen verbunden (durch ›Familienähnlichkeiten‹ im Sinne Wittgensteins), nicht jedoch durch ein allgemeines Muster, das ihnen allen gemeinsam wäre oder einen Wesenskern aller Kunstwerke darstellte. Dergleichen wie ein Wesen der Kunst gibt es nicht.

Dies bedeutet, daß der traditionelle Zugang prinzipiell verfehlt ist. Er beruhte auf einem grundsätzlichen Mißverständnis des Begriffs der Kunst – wobei dieses Mißverständnis gerade den Kern des traditionellen Ästhetikkonzepts bildete. Hingegen macht die Einsicht in die historische Erzeugung unterschiedlicher Begriffe von Kunst durch die Kunst selbst sowie in die Familienähnlichkeit (anstelle einer vorgeblichen Wesenseinheit) dieser Begriffe die Ver-

12 Das Ergebnis eines solchen Ansatzes ist dann freilich, daß eine Kunstphilosophie dieses Typs zur wirklichen Kunst nichts zu sagen vermag. Als Schelling Generalsekretär der Akademie der bildenden Künste in München wurde, war er von Amts wegen verpflichtet, Vorlesungen über die Philosophie der Kunst zu halten. Aber er schwieg. Er las in den fünfzehn Jahren seiner Amtszeit nicht ein einziges Mal. Kommt es zum Spruch, zur Konfrontation mit der Kunst, so verstummt die Philosophie der Kunst. Die Stunde der Bewährung am Gegenstand bringt den Offenbarungseid dieser Art von Ästhetik. – Die Probleme der traditionellen Ästhetik habe ich generell diskutiert in: »Traditionelle und moderne Ästhetik in ihrem Verhältnis zur Praxis der Kunst«, in: *Zeitschrift für Ästhetik und Allgemeine Kunstwissenschaft* 28 (1983) S.264–286. Mein Gegenkonzept habe ich erstmals in *Ästhetisches Denken*, Stuttgart 1990, vorgestellt.

fehltheit dieses traditionellen, globalisierenden Ansatzes der Ästhetik offenkundig und gebietet den Übergang zu einem anderen, pluralistischen Typ von Ästhetik.

b) Für ein erweitertes Verständnis der Disziplin

Die Umorganisation der Ästhetik, die wir gegenwärtig ins Auge zu fassen haben, wird jedoch noch weiter gehen müssen. Bislang habe ich nur den Paradigmenwechsel diskutiert, der innerhalb des klassischen Rahmens der Ästhetik, also innerhalb der Artistik fällig ist: Wir können nicht länger vom essentialistischen Bild der Kunst gefangen sein. Es dürfte sich jedoch überdies als nötig herausstellen, diesen ganzen Rahmen – die traditionelle Gleichsetzung von Ästhetik und Artistik – zu überschreiten. Die innere Pluralisierung der artistischen Ästhetik – der Übergang von einer monobegrifflichen Analyse der Kunst zur Betrachtung unterschiedlicher Typen, Paradigmen und Begriffe von Kunst – ist durch eine äußere Pluralisierung der Ästhetik zu ergänzen: durch eine Öffnung des Feldes der Disziplin auf transartistische Fragen. – Das ist es, was ich in diesem Aufsatz vertreten will.

Im ersten Teil werde ich einige Hauptthemen einer Ästhetik außerhalb der Ästhetik entwickeln. Im zweiten Teil versuche ich, die konzeptionelle Zulässigkeit einer solchen Ästhetik zu klären und einige Vorschläge zu unterbreiten, wie das Territorium der Ästhetik umzuorganisieren sei. Ich werde für eine Öffnung der Ästhetik auf Fragen außerhalb der Kunst und für die Entwicklung einer transdisziplinären Struktur der Disziplin eintreten. Diese Struktur schließt natürlich immer noch Fragen der Kunst ein, aber sie umfaßt ebenso transartistische Fragestellungen, und dies ist, wie dann vor allem zu zeigen sein wird, noch für die Analyse der Kunst selbst von Bedeutung. Man kann sich mit Kunst angemessener in der Perspektive einer Ästhetik beschäftigen, die nicht auf die Analyse von Kunst allein beschränkt ist.

I. Einige Hauptthemen und die Bedeutung einer Ästhetik außerhalb der Ästhetik

Generell gibt es zwei Gruppen von Gründen für eine Erweiterung der Ästhetik. Die erste bezieht sich auf die gegenwärtige *Gestaltung der Realität*, die zweite auf das gegenwärtige *Verständnis der Realität*.[13]

1. Ästhetische Gestaltung von Wirklichkeit – Verschönerung

a) Globale Ästhetisierung

Wir leben heute inmitten einer früher unerhörten Ästhetisierung der realen Welt.[14] Verschönerung und Styling finden sich allenthalben. Sie erstrecken sich vom Erscheinungsbild der Individuen bis zur urbanen und öffentlichen Sphäre sowie von der Ökonomie bis zur Ökologie.
Die *Individuen* unterziehen sich einem umfassenden Styling von Körper, Seele und Verhalten. In Schönheitsstudios und Fitneßzentren betreiben sie die ästhetische Perfektionierung ihrer Körper, in Meditationskursen und New-Age-Seminaren die Ästhetisierung ihrer Seelen, und in Benimmkursen trainieren sie sich das ästhetisch erwünschte Verhalten an. Der *homo aestheticus* ist zur neuen Leitfigur geworden. Im *urbanen Raum* ist so gut wie alles in den letzten Jahren einem Facelifting unterzogen worden – zumindest in den reichen westlichen Ländern. Auch die *Ökonomie* profitiert großenteils von der neuen Tendenz der

13 Vgl. hierzu ausführlicher im vorliegenden Band den Aufsatz »Ästhetisierungsprozesse: Phänomene, Unterscheidungen, Perspektiven« (Abschn. I 1, S. 10–14).

14 ›Ästhetisierung‹ bedeutet, daß Nicht-Ästhetisches ästhetisch gemacht oder als ästhetisch begriffen wird.

Konsumenten, nicht eigentlich einen Artikel zu erwerben, sondern sich mittels seiner in den ästhetischen Lifestyle einzukaufen, den Werbestrategien mit ihm assoziiert haben. Sogar die *Ökologie* ist in ästhetischer Hinsicht ein Partner der Ökonomie. Sie ist auf dem Weg zur Verschönerungsbranche und favorisiert ein Styling der Umwelt im Sinn ästhetischer Ideale wie Komplexität oder Naturschönheit. Könnten die reichen Industriegesellschaften ganz, wie sie wollten, sie würden die urbane, industrielle und natürliche Umwelt wohl in toto in ein hyperästhetisches Szenario verwandeln. Die *Gentechnologie*, die individuelles und ökologisches Styling verbindet, ist ein weiterer Beleg. Sie paßt alle Sorten von Leben unseren Bedürfnissen an und vermag uns just mit der Sorte Kinder zu versorgen, die wir – unseren ästhetischen Erwartungen entsprechend – wünschen. Die Gentechnologie ist eine Art genetischer Schönheitschirurgie.

Es ist sicherlich nicht nötig, auf diese Tendenzen zur Verschönerung und zur globalen Ästhetisierung im Detail einzugehen – die Phänomene sind allzu offenkundig. Statt dessen will ich die Bedeutung dieser Entwicklungen für die Ästhetik analysieren.

Diese Phänomene begründen nicht eigentlich neue Bereiche des Ästhetischen. Ästhetische Aktivität und Orientierung haben sich stets auch auf die reale Welt bezogen – wie wenig auf der anderen Seite die Disziplin Ästhetik dies in Rechnung gestellt haben mag. Was heute neu ist, das ist das Ausmaß und der Rang dieser Ästhetisierungstätigkeiten. Ästhetisierung ist zu einer globalen und primären Strategie geworden.

b) Auswirkung auf die zeitgenössische Ästhetik

Ich denke, daß diese Tendenz sowohl die zeitgenössische als auch die traditionelle Ästhetik beeinflussen muß. Die Auswirkung auf die zeitgenössische Ästhetik besteht darin, daß die Reflexion dieser Phänomene obligat wird, denn sie stellen nicht nur eine Erweiterung des Ästhetischen dar, sondern sie verändern zugleich die Konfiguration und Wertigkeit des Ästhetischen. Daher muß die Ästhetik – als Reflexionsinstanz des Ästhetischen – den Zustand des Ästhetischen heute auch in Feldern wie Lebenswelt und Politik, Ökonomie und Ökologie, Ethik und Wissenschaft aufsuchen. Sie muß, kurz gesagt, der neuen Konfiguration des Ästhetischen Rechnung tragen. Dies bedeutet nicht, daß die Globalisierung und Fundamentalisierung des Ästhetischen einfachhin gutzuheißen wäre – aber sie gehört zum Pensum jeder zureichenden ästhetischen Diagnose und Kritik.

c) Der Bezug zur traditionellen Ästhetik

Auswirkungen auf die traditionelle Ästhetik werden evident, wenn man der Frage nachgeht, ob die Tradition jemals eine Globalisierung des Ästhetischen befürwortet hat. Das ist klar der Fall. Einige prominente Ästhetikprogramme der Vergangenheit sind entschieden für eine globale Ästhetisierung eingetreten, von der sie sich sogar die definitive Erfüllung all unserer Aufgaben auf Erden und das endgültige Glück der Menschheit versprachen. Man denke etwa daran, wie das *Älteste Systemprogramm des deutschen Idealismus* die vermittelnde Kraft des Ästhetischen beschwor: Durch Verbindung des Rationalen und Sinnlichen sollte die Ästhetik bewirken, daß »endlich Aufgeklärte und Unaufgeklärte sich die Hand reichen«, so daß »ewige Einheit unter uns« herrsche – dies werde gar »das lezte, gröste Werk der Menschheit« sein.[15] Ebenso waren Vermittler ästhetischer Ideen wie das Arts-and-Crafts-Movement oder Werkbund und Bauhaus – Vermittler insofern, als sie die von der

15 *Mythologie der Vernunft. Hegels ›ältestes Systemprogramm des deutschen Idealismus‹*, hrsg. von Christoph Jamme und Helmut Schneider, Frankfurt a.M. 1984, S. 13 bzw. S. 14.

Ästhetik propagierten ästhetischen Werte in der Alltagswelt zu realisieren suchten – davon überzeugt, daß eine Globalisierung des Ästhetischen insgesamt eine Verbesserung der Welt bringen werde.

Mithin werden in der gegenwärtigen Ästhetisierung alte ästhetische Träume eingelöst. Das irritierende Faktum jedoch, das nach einer Erklärung heischt, liegt darin, daß die heutigen Resultate von den ursprünglichen Erwartungen höchst verschieden sind. Sie sind zumindest enttäuschend zu nennen. Was unsere Welt mit Schönheit begaben sollte, endet in bloßer Hübschheit und Aufgedrehtheit und erzeugt schließlich Indifferenz oder sogar Abscheu – jedenfalls bei ästhetisch empfindlichen Personen. Wohl niemand würde es wagen, die gegenwärtige Ästhetisierung einfachhin als Erfüllung zu bezeichnen. Irgend etwas muß also an dieser Einlösung alter ästhetischer Träume falsch sein. Entweder ist die gegenwärtige Anwendung den alten Programmen inadäquat, oder diese ehrbaren Programme enthielten selbst schon einen Fehler, der nur bislang verborgen blieb, sich jetzt aber enthüllt. Manchmal können Einlösungen Offenbarungen gleichkommen. Dies, denke ich, ist bei der gegenwärtigen Ästhetisierung der Fall.

d) Einige Fehler in der globalisierten Ästhetisierung

Was sind die Gründe für die Enttäuschung gegenüber der gegenwärtigen Ästhetisierung? Was sind die kritischen Punkte, die eine ästhetische Reflexion dieser Prozesse herausstellen muß? Ich will drei Punkte anführen.

Erstens: Alles als schön zu gestalten zerstört die Qualität des Schönen. Ubiquitäre Schönheit verliert ihren ausgezeichneten Charakter und verfällt zu bloßer Hübschheit oder wird einfachhin bedeutungslos. Man kann das Außerordentliche nicht zum Standard machen, ohne seine Qualität zu verändern.

Zweitens: Die Strategie globalisierter Ästhetisierung wird

zum Opfer ihrer selbst. Sie endet in Anästhetisierung. Das globalisierte Ästhetische wird als lästig und sogar als Terror empfunden. Ästhetische Indifferenz wird dabei zu einer vernünftigen und geradezu unvermeidlichen Haltung, um der Aufdringlichkeit dieses ubiquitären Ästhetischen zu entgehen. Anästhetisierung – daß wir uns weigern, die himmlisch verhübschte Umwelt überhaupt noch wahrzunehmen – wird zu einer Überlebensstrategie.[16]

Drittens: Statt dessen entsteht ein Verlangen nach dem Nicht-Ästhetischen, ein Wunsch nach Unterbrechungen und Störungen, nach der Durchschlagung der Verhübschung. Wenn es für Kunst im öffentlichen Raum heute noch eine Aufgabe gibt, dann besteht sie nicht darin, immer noch mehr Schönheit in die bereits im Übermaß verschönte Umgebung einzubringen, sondern darin, diese Ästhetisierungs-Maschinerie zu stoppen, indem man inmitten des Hyperästhetischen ästhetische Kahlflächen und Wüsten schafft.[17]

e) Rückwirkungen auf die traditionelle Ästhetik

Diese kritischen Erfahrungen mit der gegenwärtigen Einlösung der alten ästhetischen Träume von einer Verschönerung der Welt müssen umgekehrt auch Rückwirkungen auf unsere Einschätzung der traditionellen Ästhetik haben.

Üblicherweise hat die Ästhetik Schönheit und Verschönerung gelobt, und sie glaubte dafür gute Gründe zu haben. Aber sie bedachte niemals die Konsequenzen der globalisierten Verschönerung, die sie befürwortete und die wir heute erfahren. Sie kam gar nicht auf den Gedanken, daß globalisierte Verschönerung die Welt verunstalten könnte – anstatt sie zu vervollkommnen oder gar zu erlösen. Dar-

16 Ich habe dies erstmals diskutiert in »Ästhetik und Anästhetik«, in: Welsch, *Ästhetisches Denken* (s. Anm. 12), S. 9–40.

17 Vgl. hierzu im vorliegenden Band den Aufsatz »Gegenwartskunst im öffentlichen Raum: Augenweide oder Ärgernis?«.

über hinaus hat der Lobpreis des Schönen, wie ihn die traditionelle Ästhetik vertrat, für die gegenwärtigen Ästhetisierungsprozesse immer wieder als rhetorischer Beistand gedient. Das traditionelle Pathos der Schönheit hielt uns selbst dann noch davon ab, die negativen Effekte der Ästhetisierung zu bedenken, als diese längst offenkundig geworden waren. Die unterstützende, legitimierende und heroisierende Kraft der traditionellen Ästhetik ist zumindest mitverantwortlich für die moderne Tendenz zur Ästhetisierung und für die Blindheit gegen deren Negativeffekte.

Daher ist eine dreifache Kritik der traditionellen Ästhetik geboten. Erstens ist ein Einspruch gegen das pauschale Lob der Schönheit fällig. Dafür kann man entweder zwischen mediokrer und großer Schönheit unterscheiden – wobei die erstere in der Tat der bloßen Hübschheit so nahesteht, daß man sie als gemeinsames Gut der »Aufgeklärten und Unaufgeklärten« ansehen mag und durch die gegenwärtigen Strategien der Verhübschung umgesetzt glauben kann; während nur die letztere ein außerordentliches und bewegendes Phänomen ist, wie Rilke es beschrieb, als er von der Schönheit sagte, sie sei »des Schrecklichen Anfang«.[18] Oder man kann sich darauf besinnen, daß Schönheit nur im Gegensatz zu standardmäßiger Nicht-Schönheit einen Wert darstellt, hingegen durch Ausbreitung ihre Auszeichnung verliert.

Zweitens: Einer der Fehler der traditionellen Ästhetik bestand darin, allein (oder überwiegend) für Schönheit einzutreten und andere ästhetische Werte zu vernachlässigen. Anders gesagt: Sie vergaß die der Ästhetik eigene Entdeckung, daß *variatio delectat* – und nicht eine einzige ästhetische Qualität allein. Dieser Fehler wird in der gegenwärtigen Verhübschung schmerzlich deutlich. Ästhetik – möglicherweise die eigentliche Disziplin der Pluralität – hatte sich fälschlich singularisiert und hatte verkannt, daß Homogenisierung auch in ästhetischer Hinsicht systematisch falsch ist.

18 Rainer Maria Rilke, *Duineser Elegien*, in: R. M. R., *Sämtliche Werke*, 6 Bde., Frankfurt a. M. 1955–66, Bd. 1, S. 685 [Erste Elegie].

Drittens: Die Wirksamkeit der traditionellen Ästhetik im Haushalt unserer kulturellen Überzeugungen und Wünsche bedarf einer kritischen Befragung. Es gilt, alte ästhetische Dogmen aufzubrechen. Die Ästhetik hat jeden Grund, selbstkritisch zu werden.
Zusammengefaßt: Die gegenwärtige Ästhetisierung bringt nicht nur neue Probleme und Aufgabenstellungen für eine zeitgenössische Ästhetik mit sich, sondern sie hat auch kritische Rückwirkungen auf die traditionelle Ästhetik, sofern diese zum Teil verantwortlich und weithin unterstützend für Fehler in den Ästhetisierungsprozessen war. Daher gehen die Fragen einer Ästhetik außerhalb der Ästhetik nicht nur diejenigen etwas an, die ohnehin bereit sind, den Ausgriff der Ästhetik zu erweitern, sondern sie stellen ebenso für diejenigen ein verbindliches Thema dar, die noch immer am traditionellen Rahmen der Ästhetik festhalten wollen. Man kann heute die Ästhetik außerhalb der Ästhetik selbst dann nicht ignorieren, wenn man bloß eine gültige Version von Ästhetik innerhalb der Ästhetik entwickeln will.

2. Ästhetische Auffassung der Wirklichkeit

Eine zweite Gruppe von Argumenten zugunsten des Übergangs zu einer Ästhetik außerhalb der Ästhetik bezieht sich auf die gegenwärtige Auffassung von Wirklichkeit. Diese ist, so will ich darlegen, mehr und mehr ästhetisch geworden.
Eine offenkundige Vorherrschaft von Bildern und ästhetischen Mustern besteht heute nicht nur in der Gestaltung der Realität, sondern ebenso in der Vermittlung von Realität. Diese Dominanz reicht von der Präsentation einzelner Objekte und Subjekte über das Nachrichtenwesen bis hin zu unserem grundlegenden Verständnis von Wirklichkeit. Man denke etwa an die Vorherrschaft von Bildern in der Werbung und der Selbstdarstellung von Firmen oder an unsere eigene visuelle Erscheinung im World Wide Web. Oder

daran, wie die Bilderfordernisse des Fernsehens nicht nur selektiv bestimmen, was überhaupt als Nachricht zählt, sondern neuerdings auch auf die Nachrichtenpräsentation außerhalb des Fernsehens, etwa in den Printmedien abfärben. Schließlich ist an den Wandel unserer Auffassung von Wirklichkeit zu denken. Früher mußte etwas, um als real zu gelten, berechenbar sein; heute muß es ästhetisch präsentierbar sein. Ästhetik ist zur neuen Leitwährung im Realitätshandel geworden.

Wiederum will ich auf diese Phänomene nicht detailliert eingehen. Sie sind allzu vertraut und wurden oft analysiert. Statt dessen will ich die Auswirkungen dieser Entwicklung auf die Ästhetik bedenken und einige der daraus resultierenden neuen Aufgaben der Ästhetik benennen.

Ich konzentriere mich auf einen einzigen Punkt – auf das, was ich die »Derealisierung der Realität« nenne, sowie auf zwei ihrer Konsequenzen: die Rekonfiguration der *aisthesis* und die Revalidierung von Erfahrungen außerhalb der elektronischen Medien.[19]

a) Derealisierung der Wirklichkeit

Unter »Derealisierung der Wirklichkeit« verstehe ich die Tatsache, daß Wirklichkeit – deren Vermittlung heute in erster Linie durch die Medien erfolgt – durch diesen Typus der Vermittlung tief affiziert ist.[20] Die Realität neigt dazu, ihr Gewicht zu verlieren, von Verbindlichkeit zu Spielcharakter überzugehen, sie unterliegt anhaltenden Prozeduren des Leichtwerdens.

19 Vgl. zu Derealisierung und Revalidierung im vorliegenden Band auch den Aufsatz »Künstliche Paradiese? Betrachtungen zur Welt der elektronischen Medien – und zu anderen Welten«.

20 Mit dem Ausdruck ›Medien‹ beziehe ich mich im folgenden stets auf die elektronischen Medien – natürlich ohne damit suggerieren zu wollen, daß es eine von Medien *irgendwelcher* Art unabhängige Erfahrung überhaupt geben könne.

Dafür sind Eigentümlichkeiten der Medienästhetik verantwortlich. Diese favorisiert die freie Beweglichkeit und Schwerelosigkeit von Körpern und Bildern. Alles ist Gegenstand möglicher elektronischer Manipulation, und innerhalb der Medien ist ›Manipulation‹ nicht mehr ein normativer, sondern fast nur noch ein deskriptiver Ausdruck. Was immer in den Raum des Fernsehens eintritt, betritt einen Raum der Veränderlichkeit anstelle der Konstanz. Wenn es irgendwo eine »Leichtigkeit des Seins« gibt, dann im elektronischen Raum.

Zudem kennen und wissen wir nicht nur, daß alles manipulierbar ist, sondern wir haben auch Kenntnis von tatsächlichen Manipulationen. Man denke etwa daran, wie uns in der Golfkrieg-Berichterstattung gelegentlich technologische Simulationen für Wirklichkeit vorgespiegelt wurden – während uns niemals die Wirklichkeit von Opfern gezeigt wurde; oder man nehme das Beispiel der Pixeltechnologie. Letztlich weiß man nicht, ob man einer Wiedergabe von Wirklichkeit oder einer Simulation beiwohnt, und dies färbt natürlich auf unseren Glauben an die vorgebliche Realität ab. Gewiß gilt der Slogan »What You See Is What You Get« – aber was man nicht sehen soll, bekommt man gar nicht erst, und bei dem, was man bekommt, ist man nie sicher, ob es sich um eine Gabe der Realität oder bloß des Kanals handelt.

Erfahrungen dieser Art bewirken erstens eine Aufweichung unseres Glaubens an die Medienrealität. Der Unterschied zwischen der Wiedergabe und der Simulation von Wirklichkeit wird immer weniger evident und verliert tendenziell an Bedeutung. Entsprechend präsentieren die Medien selbst ihre Bilder zunehmend im Modus der Virtualität und des Spiels.[21]

21 Bei den Zuschauern gewinnt im Maße, wie der frühere Glaube an die Realität des medial Vermittelten schwindet, der Wunsch nach Unterhaltung durch die Medien die Oberhand. – Ich beziehe mich hier vornehmlich auf das Fernsehen, obwohl dieses in der heutigen elektronischen Welt ein

Andererseits bringt uns dies jedoch nicht dazu, uns von den Medien abzuwenden. Obwohl wir wissen, daß die Bilder lügen mögen, bleiben wir zugeschaltet. Offenbar ziehen wir eine andere Konsequenz vor: unsere Auffassung von Wirklichkeit zu verändern, der Bahn der Derealisierung zu folgen.

Zweitens dehnt sich die Einstellung zur Medienrealität zunehmend auch auf die Alltagsrealität aus. Dazu kommt es allein schon deshalb, weil die Alltagsrealität zunehmend gemäß medialen Mustern geformt, präsentiert und wahrgenommen wird. Indem das Fernsehen der Hauptspender und das Leitmodell von Realität ist, färbt die mediale Derealisierung überallhin ab. Das Wirkliche verliert tendenziell seine Eindringlichkeit, Verbindlichkeit und Schwere; es scheint immer leichter, weniger bedrängend, weniger verbindlich zu werden. Schon die Aufdringlichkeit der medialen Wirklichkeitspräsentationen erzeugt nicht mehr Betroffenheit, sondern eher deren Gegenteil: Indifferenz. Wenn man die gleichen Bilder – wie immer eindrucksvoll sie arrangiert oder gemeint sein mögen – auf mehreren Kanälen am gleichen Abend oder wiederholt während einer Reihe von Tagen sieht, so reduziert dies ihre Wirkung: Sensation plus Repetition erzeugen Indifferenz. Im Gefolge solcher Mechanismen wird unsere Einstellung zur Wirklichkeit – innerhalb und außerhalb der Medien – immer mehr so, als handle es sich insgesamt um Simulation. Wir nehmen die Realität nicht mehr ganz so ernst, nicht mehr ganz so real. Und inmitten dieser Suspension der Realität urteilen und agieren wir auch anders. Unsere Verhaltensweisen werden zunehmend simulatorisch und austauschbar. Viele der beunruhigenden Phänomene der heutigen Alltagswelt haben mit dieser voranschreitenden Aufweichung unseres

etwas altertümliches Medium ist. Es ist jedoch dasjenige, das jedermann kennt und benutzt. Und die Wirkungen der avancierteren Technologien sind qualitativ nicht anders, sondern verstärken die Derealisierungstendenz.

Verständnisses von Wirklichkeit zu tun – aber auch manche Freiheitsfortschritte, wie ich festhalten möchte.
Weil die genannten Prozesse durch Besonderheiten der Medienästhetik veranlaßt sind, bildet ihre Reflexion ein obligates Pensum jeder zeitgenössischen Ästhetik, die den gegenwärtigen Zustand des Ästhetischen nicht ignorieren, sondern analysieren und damit ihrer Verantwortung gerecht werden will.

b) Rekonfiguration der *aisthesis*

Des weiteren ist heute eine Rekonfiguration der *aisthesis* zu beobachten. Beispielsweise zählt es zu den Konsequenzen der Mediendominanz, daß der Visualprimat, wie er die abendländische Kultur seit den Griechen geprägt hat und im Televisionszeitalter kulminiert, zugleich einer Infragestellung ausgesetzt wird. Die zeitgenössische Kritik am Okularzentrismus hat zwar auch andere Gründe, aber die Erfahrung der Medien bildet einen wichtigen Faktor.
Traditionell wurde das Sehen wegen seiner Merkmale der Distanz, Präzision und Universalität sowie wegen seiner Bestimmungskraft und seiner Nähe zum Erkennen an die erste Stelle gesetzt. Von Heraklit über Leonardo da Vinci bis zu Merleau-Ponty galt das Sehen als unser ausgezeichnetster und edelster Sinn.
Inzwischen jedoch wurden die Muster, die diesem Privileg zugrunde liegen – herrschaftliche Muster des Wahrnehmens und Erkennens –, von Autoren wie Heidegger, Wittgenstein, Foucault, Derrida und Irigaray einer Kritik unterzogen.[22] Gegenwärtig erleben wir zudem, daß das Sehen in der Tat nicht mehr der verläßliche Sinn für Kontakt mit der Realität ist, als der es einst galt – es ist dies nicht mehr in der Welt einer unanschaulich gewordenen Physik und ebensowenig noch in der Welt der Medien.

22 Vgl. Martin Jays Überblickswerk *Downcast Eyes: The Denigration of Vision in Twentieth-Century French Thought*, Berkeley 1994.

Gleichzeitig haben andere Sinne neue Aufmerksamkeit gefunden. Das Hören beispielsweise wird aufgrund seiner anti-metaphysischen Nähe zum Ereignis statt zu dauerhaftem Sein, wegen seines wesentlich sozialen Charakters im Gegensatz zum individualistischen Vollzug des Sehens und wegen seiner Verbindung mit Gefühlsmomenten im Unterschied zur emotionslosen Meisterung der Phänomene durch das Sehen neu geschätzt.[23] Ebenso hat der Tastsinn Fürsprecher gefunden, sowohl aufgrund neuer Entwicklungen der Medientechnologien, wie sie von Marshall McLuhan und Derrick de Kerckhove analysiert wurden,[24] als auch wegen seines betont körperlichen Charakters – wiederum im Gegensatz zum ›reinen‹, unbeteiligten Charakter des Sehens.

Im Zug solcher Entwicklungen kommt es immer mehr zum Abschied von der traditionellen Sinneshierarchie – mit dem Sehen an der Spitze, gefolgt vom Hören bis hin zum Riechen. Die Karten der Sinnlichkeit werden neu gemischt. Anstelle einer fest etablierten Hierarchie tendiert man entweder zu einer gleichmäßigen Schätzung aller Sinne oder (was ich vorziehen würde) zu unterschiedlichen, zweckspezifischen Hierarchien.

Diese Reorganisierung der *aisthesis* ist zugleich mit einer beträchtlichen Veränderung kultureller Muster und Anforderungen verbunden. Die Ästhetik sollte diese neuen Zustände der *aisthesis* und die mit ihnen einhergehende Transformation kultureller Muster zum Gegenstand ihrer Analysen machen. Dadurch könnte sie uns vermutlich auch helfen, diese Transformationsvorgänge in geklärterer und verläßlicherer Weise zu vollziehen. Zudem liegt darin eine Chance für die Ästhetik, von einer vergleichsweise angestaubten Disziplin wieder zu einem interessanten Feld zeitgenössischer Analyse und Diskussion zu werden.

23 Vgl. hierzu ausführlicher im vorliegenden Band den Aufsatz »Auf dem Weg zu einer Kultur des Hörens?«.

24 Vgl. Derrick de Kerckhove, »Touch versus Vision: Ästhetik neuer Technologien«, in: *Die Aktualität des Ästhetischen* (s. Anm. 6), S. 137–168.

c) Revalidierung nicht-elektronischer Erfahrungen

Eine andere Konsequenz der Medienerfahrung und der Tendenz zur Derealisierung besteht in der Revalidierung von Erfahrungen außerhalb der elektronischen Medien. Das generelle Schema ist das folgende: Im Kontrast zu den Eigentümlichkeiten der Medien-Realität (oder Medien-Derealisierung) kommt es zu einer neuen Wertschätzung nicht-elektronischer Realität und Erfahrungsweisen, wobei insbesondere auf jene Züge derselben Nachdruck gelegt wird, die durch Medien-Erfahrung weder imitierbar noch ersetzbar sind. Die hochentwickelte elektronische Welt überwindet oder absorbiert die traditionellen Erfahrungsformen nicht einfach – wie manche Medien-Freaks uns weismachen wollen –, sondern komplementär zur Medien-Erfahrung ist eine Revalidierung gewohnter Erfahrungsformen festzustellen. Dieser Punkt ist in den Diskussionen der letzten Jahre zu wenig beachtet worden.

So lernen wir heute, gegenüber der universellen Beweglichkeit und Veränderlichkeit der Medienwelten die Widerständigkeit und Unveränderlichkeit des Natürlichen neu zu schätzen, und ebenso gegenüber dem freien Spiel der Information das Beharren des Konkreten, gegenüber dem Schweben der Bilder die Massivität der Materie. Im Kontrast zur beliebigen Wiederholbarkeit gewinnt die Einmaligkeit neu an Wert. Die elektronische Omnipräsenz weckt die Sehnsucht nach einer anderen Präsenz: nach der unwiederholbaren Präsenz des *hic et nunc*, nach dem singulären Ereignis. Im Unterschied zum sozial gemeinsamen elektronischen Imaginären beginnen wir unsere eigene, für andere unverfügbare Imagination wieder höher zu bewerten. Und ebenso entdecken wir die Souveränität und Eigensinnigkeit der Körper neu – man denke etwa an Nadolnys »Entdeckung der Langsamkeit«[25] oder an Handkes Lob der Müdigkeit.[26]

25 Sten Nadolny, *Die Entdeckung der Langsamkeit*, München 1983.
26 Peter Handke, *Versuch über die Müdigkeit*, Frankfurt a.M. 1989.

Um nicht mißverstanden zu werden: Natürlich verstehe ich diese Tendenzen nicht als simples Gegenprogramm gegen die künstlichen Paradiese der elektronischen Welten, sondern als Komplementärprogramm zu ihnen. Weder verneinen diese Gegenmomente die Faszination der elektronischen Welten, noch geht es dabei einfach um eine Rückkehr zu sinnenhafter Erfahrung, wie sie vor-elektronisch gewesen sein mag. Die Revalidierungen sind vielmehr von der Erfahrung elektronischer Medien auch gefärbt. Und es gibt offenbar Verbindungen zwischen elektronischer und nicht-elektronischer Erfahrung. Manchmal ist natürliche Erfahrung just das, worauf auch die Virtuality-Liebhaber aus sind. Mein bevorzugtes Beispiel sind die Elektronik-Freaks von Silicon Valley, die abends zur Küste fahren, um die in der Tat unvergleichlichen kalifornischen Sonnenuntergänge zu betrachten, bevor sie dann an ihren Homecomputer zurückkehren und in die künstlichen Paradiese des Internet eintauchen.

Gemäß der vorherrschenden Medien-Tendenz auf der einen Seite und der Revalidierung nicht-elektronischer Erfahrungen auf der anderen Seite wird unsere *aisthesis* zweispurig. Sie folgt sowohl der Medien-Faszination als auch nicht-medialen Zielen. An dieser Doppelgleisigkeit ist nichts Falsches. Im Gegenteil: Wir haben es hier mit einem interessanten Beispiel der gegenwärtig weithin erfolgenden Zuwendung zu Pluralität zu tun. Wir werden fähig, zwischen unterschiedlichen Typen von Realität und Erfahrung hin- und herzugehen. Die zeitgenössische *aisthesis* ist vielleicht die Domäne, wo dies schon am selbstverständlichsten und erfolgreichsten geschieht.

d) Resümee

Nachdem ich in meinen einleitenden Bemerkungen dafür votiert hatte, daß die Disziplin Ästhetik die traditionelle Ästhetik-Kunst-Gleichung überschreiten sollte, habe ich in diesem ersten Teil meiner Ausführungen den Einfluß der gegenwärtigen Ästhetisierungsprozesse sowohl auf die zeitgenössische als auch auf die traditionelle Ästhetik erwogen und inzwischen auf drei spezifische Felder einer Ästhetik außerhalb der Ästhetik hingewiesen. Die Derealisierung der Realität, die Rekonfiguration der *aisthesis* und die Revalidierung gewohnter Erfahrungsformen sind wichtige Themen für jede zeitgenössische Ästhetik, die ihrem Namen gerecht werden will. Die Ästhetik würde sich sträflich beschneiden, wenn sie die Diskussion dieser Fragen allein den Soziologen und Psychologen oder den Feuilletons überlassen wollte.

II. Zur neuen Form der Disziplin

Im zweiten Teil meiner Überlegungen will ich drei verbleibende Fragen diskutieren, die sich auf meinen Vorschlag beziehen, das Territorium der Ästhetik neu zu organisieren, indem man es auch auf Fragen jenseits der traditionellen Ästhetik hin öffnet. Erstens: Warum ist es begrifflich korrekt, von der Disziplin zu verlangen, daß sie alle Dimensionen und Bedeutungen des Ästhetischen umfassen soll? Zweitens: Inwiefern bringt die Öffnung der Ästhetik Vorteile für die Disziplin mit sich – gerade auch im Hinblick auf ihr engeres Ziel der Kunstanalyse? Und drittens: Wie würde die disziplinäre Struktur einer solchen Ästhetik außerhalb der Ästhetik aussehen?

1. Begriffliche Klärungen

a) Polyvalenz und Familienähnlichkeit

Einige Kollegen wenden gegen die Möglichkeit einer Ästhetik außerhalb der Ästhetik ein, daß die Unterschiedlichkeit der Bedeutungen des Ausdrucks ›ästhetisch‹ innerhalb und außerhalb der Ästhetik eine Disziplin, welche sie alle zu umfassen suchte, hoffnungslos uneindeutig und zum Opfer bloßer Äquivokationen machen würde.[27]

Gewiß weist der Ausdruck ›ästhetisch‹ eine beträchtliche Vielzahl unterschiedlicher Bedeutungen auf. Der Terminus kann sich speziell auf Kunst und Schönheit oder generell auf *aisthesis* beziehen, er kann einen Typus unverbindlicher Existenz meinen oder eine Ontologie der Virtualität, Fiktionalität und Suspension bezeichnen. Aber verurteilt diese polyvalente Grammatik einen Ausdruck wirklich zur Unbrauchbarkeit?

Das Problem der semantischen Uneindeutigkeit des Ästhetischen ist so alt wie die Disziplin selbst. Die Definitionen der Ästhetik durch Baumgarten, Hegel, Fiedler, Ingarden oder Adorno sind nicht auf einen einzigen Nenner zu bringen. Aber andererseits hat diese Uneindeutigkeit die Ästhetiker niemals dazu geführt, an der Brauchbarkeit des Ausdrucks und dem Sinn einer ihm gewidmeten Disziplin zu zweifeln.

Und dazu hatten sie auch keinen Anlaß. Wittgenstein hat den Ausweg aus dieser vermeintlichen begrifflichen Schwierigkeit gewiesen, indem er zeigte, daß die Kohärenz eines Ausdrucks sich nicht einem einheitlichen Wesen zu verdanken braucht, sondern auf andere Art zustande kommen kann: durch Überschneidungen von einer Verwendungsweise zur nächsten. Die unterschiedlichen Bedeutungen

27 Vgl. zum Folgenden die ausführlichere Diskussion dieses Punktes in dem Aufsatz »Ästhetisierungsprozesse: Phänomene, Unterscheidungen, Perspektiven« (Abschn. II, S. 21–43).

sind dann durch »Familienähnlichkeiten« verbunden. Genau so funktioniert der Terminus ›ästhetisch‹ – Familienähnlichkeiten bestimmen seine Grammatik.

b) Umfassendheit der Disziplin

Das hat beträchtliche Konsequenzen. Erstens ist aufgrund der Familienähnlichkeiten zwischen den unterschiedlichen Bedeutungen des Ausdrucks ›ästhetisch‹ eine Kohärenz der Disziplin Ästhetik sehr wohl möglich. Gewiß muß man zwischen den verschiedenen Verwendungsweisen ausreichend differenzieren, aber wenn man dies tut, kann man aus dieser Vielfältigkeit auch großen Nutzen ziehen, indem man die Überschneidungen verfolgt und von da aus fähig wird, eine Ästhetik zu entwickeln, die den vollen Umfang des Ausdrucks ›ästhetisch‹ abzudecken vermag.

Zweitens sollte die Ästhetik von dieser Möglichkeit Gebrauch machen. Es gibt für sie keine guten Gründe, sich auf Artistik zu beschränken. Natürlich mag jemand das in seiner eigenen Forschung tun – gerade so wie andere Ästhetiker sich in erster Linie auf nicht-künstlerische Aspekte beziehen mögen. Aber *als Disziplin* sollte die Ästhetik den *vollen* Umfang solcher Bemühungen umfassen.

Im übrigen ist die Polyvalenz des Ausdrucks ›ästhetisch‹ eher ein Indiz der Fruchtbarkeit der Sache als Zeichen einer Unbrauchbarkeit des Terminus. Gerade wichtige Begriffe sind gerne polyvalent, und bezüglich ihrer hat niemals ein Eindeutigkeitsgebot gegolten. Wie hätte es sonst beispielsweise eine Ontologie geben können, wo doch der Ausdruck ›*to on*‹ beinahe hoffnungslos vieldeutig ist – wie gerade Aristoteles zeigte, der dann gleichwohl als erster ein explizites Konzept von Ontologie entwickelte?[28] Oder hätte man

28 Aristoteles weist im grundlegenden Kapitel *Metaphysik* IV 2 darauf hin, daß die vielfältigen Verwendungen von *to on* nur eine schwache Einheitlichkeit aufweisen: nicht die strenge eines *kath' hen legomenon*, sondern bloß die lockere von *pros hen legomena* – die kategorialen Seinssinne wer-

wegen der Unterschiedlichkeit der Bedeutungen von *logos* – ›Sprache‹, ›Verhältnis‹, ›Vernunft‹ – darauf verzichten sollen, eine Logik auszuarbeiten?[29] Die Polyvalenz eines Ausdrucks kann kein Hinderungsgrund sein, eine auf all seine Varianten bezogene Wissenschaft auszubilden.
Eine wirklich vollständige Ästhetik – für deren Entwicklung ich plädiere – ist also konzeptuell möglich. Dann sollte man sich dieser Aufgabe auch stellen und die Disziplin nicht dekretorisch auf die Bahn einer Schmalspur-Ästhetik festlegen. Reduktionismen und Kahlschläge vorzunehmen, weil man sich der Komplexität der Phänomene und Begriffe nicht gewachsen fühlt und sie daher lieber leugnet, ist in Philosophie wie Ästhetik gleichermaßen verfehlt.

2. Vorteile einer Öffnung der Disziplin

Inwiefern wird die konzeptuell mögliche und sachlich gebotene Öffnung der Ästhetik über ihre traditionellen Grenzen hinaus für die Disziplin selbst Vorteile bringen?

a) Interdisziplinäre und institutionelle Vorteile

Indem die Ästhetik komplexer wird, mag sie – zugegebenermaßen – auch schwieriger werden. Aber sofern sie nicht mehr auf einen engen Fragenkreis beschränkt ist, vermag sie auch stärkeren Kontakt und Austausch mit anderen Diszi-

den nicht *gemäß* einer leitenden Bedeutung, sondern bloß *im Hinblick* auf eine solche (nämlich *ousia*) verwendet. Noch weiter reicht die Vielfältigkeit, wenn man auch die transkategorialen Seinssinne hinzunimmt, also ›an sich‹ und ›nebenbei‹, ›wahr‹ und ›falsch‹, ›möglich‹ und ›wirklich‹ (vgl. Met. V 7). Aristoteles' Pointe ist aber gerade, daß eine solch schwache Einheitlichkeit für die Durchführung einer auf alle Seinssinne bezogenen Wissenschaft vom Seienden völlig ausreichend ist.

29 Oder will man etwa die Hegelsche Logik, die diesbezüglich geradezu exemplarisch vollständig ist, nicht für eine Logik gelten lassen? Mit welchem Recht?

plinen zu erreichen und neue Forschungsfelder hinzuzugewinnen. Das würde einen Vorteil nicht nur hinsichtlich der Breite ihrer Themen, sondern auch auf der institutionellen Ebene mit sich bringen. Die Art von Ästhetik, für die ich eintrete, wird aufgrund ihres weiten Horizonts und ihrer Beiträge zu zeitgenössischen Problemen mehr Interesse finden, und sie wird auch mehr Unterstützung finden – auch mehr finanzielle Unterstützung für ihre Forschungsaufgaben.

b) Vorteile hinsichtlich der Kunstanalyse

Schließlich wird eine Öffnung der Ästhetik auf Fragen jenseits der Kunst sich auch für die Kunstanalyse selbst als vorteilhaft erweisen. Dies will ich nun detailliert darlegen. Die Kunst selbst greift immer auch über die Kunst hinaus, sie bezieht sich zugleich auf transartistische Phänomene und Zustände des Ästhetischen. Deshalb ist eine Überschreitung der Ästhetik-Artistik-Gleichung zugunsten einer Ästhetik außerhalb der Ästhetik auch im Blick auf den traditionellen Kern der Ästhetik, für die Analyse der Kunst, geradezu obligat. – Auf welche Weisen übersteigt die Kunst sich selbst bzw. einen allzu restringierten Begriff von ihr?

aa) Kunst überschreitet die Grenzen der traditionellen Ästhetik

Bezugnahme auf den außerkünstlerischen Zustand des Ästhetischen

Auch als scheinbar autonome hat die Kunst stets und sehr bewußt auf Zustände des Ästhetischen in der sie umgebenden Welt reagiert. Früher, in einer ästhetisch kargeren Welt, hatte sie dabei Schönheit als Elysium vor Augen geführt; als in der modernen Welt die Sinnlichkeit unter die Räder zu kommen drohte, suchte die Kunst – ihrer alten Bindung ans Sinnliche eingedenk – zur Künderin und Retterin des Sinnlichen zu werden (so bei Matisse oder Dubuffet); wo – wie heute –

Verhübschung grassiert, kann Kunst ihre Aufgabe darin sehen, dieser entgegenzutreten und sich dezidiert spröde zu verhalten (so in der *arte povera* oder der *concept art*).
Die zeitgenössische Kunst reibt sich speziell an der Dominanz der Medienbilder. Sie kann sich deren Aufdringlichkeit widersetzen oder ihr nacheifern oder mit Reibungen zwischen überkommenen künstlerischen Mustern und zeitgenössischer Medienperzeption operieren. Wie immer die Beziehung im einzelnen sein mag, solche Kunstwerke erfordern jedenfalls eine Beachtung ihrer Bezugnahme auf andere Gestaltungs- und Wahrnehmungsmodi und ein Verständnis ihrer spezifischen Intervention in den künstlerischen wie außerkünstlerischen Zuständen des Ästhetischen. Noch Optionen für Kontemplation sind von der medialen und transartistischen Situation des Ästhetischen gebeizt. Es gibt keine zureichende Beschreibung von Kunst, die nicht auch Aspekte einer Ästhetik außerhalb der Ästhetik einzubegreifen hätte.

Sichten auf die Welt

Zudem überschreitet die Energie der Werke stets deren Rahmen, die Museumsschwelle oder den Moment ihrer Betrachtung. Die Werke eröffnen Perspektiven auf die Welt – nicht nur in der Weise von deren Darstellung, sondern vor allem, indem sie neue Sichten der Welt generieren. Zu den Schlüsselerfahrungen mit Kunst (und umgekehrt zu den Tests, ob jemand der Kunst tatsächlich Wirksamkeit zuerkennt oder sie bannen will, indem er Lobreden auf ihre Autonomie hält) gehört die Tatsache, daß man, eine Ausstellung verlassend, plötzlich die Welt mit den Augen des Künstlers, durch die Optik seiner Arbeiten, im Licht der von ihnen exemplifizierten Ästhetik wahrnehmen kann.[30]

30 Schon Goethe hat dies beschrieben und gewürdigt. Beim Betreten einer Schusterwerkstatt glaubte er plötzlich ein Bild von Ostade vor sich zu sehen, »so vollkommen, daß man es nur auf die Galerie hätte hängen dürfen.

Dies ist geradezu das natürliche und unverbildete Verhalten: daß man die Wahrnehmungsform der Kunst auch zur Wahrnehmung von Wirklichkeit einsetzt, daß man sich gegen die Wirksamkeit künstlerischer Optiken nicht sperrt, sondern mit ihnen operiert und experimentiert. Die ästhetische Elementarerfahrung ist nicht, daß die Kunst etwas Geschlossenes ist, sondern daß sie einem die Augen für Sichtweisen der Welt aufzuschlagen vermag.[31] Oft sind Kunstwerke in erster Linie Werkzeuge für eine erweiterte oder intensivierte Wahrnehmung der Realität.

Verflechtungen zwischen Kunst und Realität

Ferner ist zu bedenken, daß Wahrnehmungsformen, die uns heute natürlich und selbstverständlich erscheinen, historisch in Prozessen entstanden sind, bei denen die Kunst eine Vorreiterrolle spielte – die romantische Kunst beispielsweise hatte eine Schlüsselfunktion für die Wahrnehmung der Bergwelt. Etliche Bestandteile unserer Alltagswahrnehmung sind ein Sediment generationenlanger Kunsterfahrung. Ähnliches gilt für manche Verhaltensweisen.[32]

[...] Es war das erste Mal, daß ich auf einen so hohen Grad die Gabe gewahr wurde, die ich nachher mit mehrerem Bewußtsein übte, die Natur nämlich mit den Augen dieses oder jenes Künstlers zu sehen, dessen Werken ich soeben eine besondere Aufmerksamkeit gewidmet hatte. Diese Fähigkeit hat mir viel Genuß gewährt.« (Johann Wolfgang Goethe, *Dichtung und Wahrheit*, Tl. 2, B. 8). In der *Italienischen Reise* sprach er von seiner »alte[n] Gabe, die Welt mit Augen desjenigen Malers zu sehen, dessen Bilder ich mir eben eingedrückt« (*Goethes Werke*, Bd. 11, München [8]1974, S. 7–349, hier S. 86, zum 8. Oktober 1786).

31 Dies ist auch nicht verwunderlich, denn die künstlerischen Wahrnehmungen sind ihrerseits schon in Kontakt und Auseinandersetzung mit lebensweltlicher sowie anderer künstlerischer Wahrnehmung entwickelt worden. Daher vermögen sie dann auch im Raum unserer Erfahrungen zu intervenieren und das ästhetische Geflecht unserer Welt neu zu konstellieren.

32 So hat George Steiner darauf hingewiesen, wie sehr unser Liebesverhalten und unsere Liebesrhetorik durch Generationen künstlerischer Vorbilder geprägt ist: »Die Worte, Formulierungen, Tropen, Gesten des Geistes und des Körpers, mit denen wir die Geburt, das Reifen, das Welken der Liebe

Über die Hervorbringung von Wahrnehmungsformen und Verhaltensrepertoires hinaus vermögen Kunstwerke auch Modelle für Lebensformen vorzugeben. Dies gehörte schon zu den normativen Ansprüchen der klassischen Kunst, und es setzt sich in der Moderne – nach der Auflösung genereller Normen – in der Erzeugung von Potentialen individueller Lebensgestaltung fort. Rilkes Betrachtung des archäischen Torsos Apolls, die auf den Satz »Du mußt dein Leben ändern« zuläuft, gibt die eindrucksvolle Beschreibung des Phänomens.[33]

Gewiß ist die Grenze zwischen Kunst und Realität nicht einfach niederzulegen, aber noch weniger sind die Verflechtungen und Übergänge beider zu ignorieren. Eine Ästhetik der Kunst muß immer den doppelten Charakter einer Artistik einerseits und einer Ästhetik außerhalb der Ästhetik andererseits ins Auge fassen. Daher hat Adorno, der wie kaum ein anderer um die Bedeutung der Autonomie wußte und sie verteidigte, gleichwohl gegen die Abspaltung der Kunst von der Realität und die Reduktion auf bloße Autonomie Stellung bezogen. »Wie sehr [die] Innervationen von Kunst mit ihrer Stellung in der Realität verwachsen sind, war während der ersten Nachkriegsjahre in zerbombten

in unserem Dasein, mit denen wir diese elementaren Erfahrungen sowohl unserer eigenen Wahrnehmung wie ›dem anderen‹ zu vermitteln suchen, dessen Andersheit an genau diesem Punkt für uns äußerst kritisch ist, entstammen weitestgehend, ob bewußt oder nicht, dem Repertoire der großen Sagenden, Maler, Musikmacher vor uns. [...] Den Ebenen unserer verbalen und bildungsmäßigen Bestände entsprechend erfahren und signalisieren wir Liebe wie Jack und Jill, wie Romeo und Julia oder Tolstois Natascha vor uns. Unsere Eifersüchte äffen die Othellos nach. [...] Die gebrochenen Silben, die Generationen in der Rhetorik der Verführung oder des Geschlechtsverkehrs geflüstert oder gestöhnt haben, waren aus Petrarcas Formelbuch« (George Steiner, *Von realer Gegenwart*, München 1990, S. 255).

33 Rainer Maria Rilke, »Archäischer Torso Apollos«, in: R. M. R., *Sämtliche Werke* (s. Anm. 18), Bd. 1, S. 557. Dazu George Steiner lapidar: »Und das sagen alle Gedichte, Romane, Dramen, Gemälde, Musikstücke, denen zu begegnen sich lohnt« (Steiner, *Von realer Gegenwart* [s. Anm. 32], S. 190).

deutschen Städten zu fühlen. Angesichts des leibhaften Chaos lockte jäh die optische Ordnung noch einmal als segensreich, die das ästhetische Sensorium längst von sich gewiesen hatte.«[34] Auch wenn Ordnung sich für die ästhetische Erfahrung längst als Synonym für Zweckrationalität entpuppt hatte, konnte eben doch eine zerstörte Ordnung (selbst wenn diese Zerstörung sich solcher Zweckrationalität verdankte) die ästhetische Sehnsucht nach Ordnung wieder wachrufen. Die anscheinend rein-ästhetische Wahrnehmung – das macht Adorno klar – ist eklatant kontrastbedingt.[35] Man würde die ästhetische Erfahrung systematisch verfehlen, wenn man sie um ihre Realitätsbezüge beschnitte.

bb) Die Komplexität ästhetischer Wahrnehmung

Im Anschluß an die Thematisierung der spezifischen Bezugnahme der Kunst auf den Zustand des Ästhetischen in der sie umgebenden Welt und der Verflechtungen zwischen Kunst und Realität, die von Weisen der Weltwahrnehmung über Existenzmodelle bis zu spezifischen Wechselwirkungen reichen, will ich nun darlegen, daß solch transartistische Bezüge nicht etwa von außen an die Kunst herangetragen werden, sondern dieser innerlich sind, dem einzelnen Kunstwerk innewohnen. Ich will dies zunächst anhand einiger Beispiele erläutern. Zwar kann dies hier nur abbreviatorisch geschehen, aber die Andeutungen sollten genügen, um den Skopus deutlich werden zu lassen.[36]

34 Theodor W. Adorno, *Ästhetische Theorie*, in: Th. W. A., *Gesammelte Schriften*, Bd. 7, Frankfurt a. M. [4]1984, S. 237 f.

35 Auf andere Weise hatte Klee schon 1915 einen derartigen Zusammenhang notiert: »Je schreckensvoller diese Welt (wie gerade heute), desto abstrakter die Kunst, während eine glückliche Welt eine diesseitige Kunst hervorbringt« (Paul Klee, *Tagebücher*, Köln 1957, S. 323).

36 Erstmals habe ich die folgenden Argumente in dem Aufsatz »Erweiterungen der Ästhetik – eine Replik« vorgetragen (in: *Bild und Reflexion*, hrsg. von Birgit Recki und Lambert Wiesing, München 1996).

Beispiele der bildenden Kunst

Wählen wir als erstes Beispiel Goyas *Erschießung der Aufständischen* von 1815.[37] Dieses Bild kann nicht einfachhin ästhetisch-kontemplativ rezipiert werden. Es bietet nicht nur eine erregende Farbdynamik und kompositorische Innovationen, sondern es leistet zugleich die Interpretation eines historischen Ereignisses, und sein ästhetischer Impuls zielt auf ein bestimmtes Verständnis des Dargestellten und dient der Erweckung einer neuartigen Einstellung zu Phänomenen der gezeigten Art. Offenbar sind in der Wahrnehmung des Werkes mehrere Wahrnehmungsweisen verkreuzt: die konstatierende des Bildes und seines künstlerisch-ästhetischen Arrangements, die expressive seiner Dynamik, die historische des Ereignisses vom 3. Mai 1808, die geschichtliche eines schrecklichen Handlungsmusters, die appellative künftiger Intervention und Unterbindung. Die Explosion im Bild zielt auf die Beendigung solchen Tuns und bringt dabei zugleich das Verfahren bloß ›ästhetischer‹ Darstellung und Rezeption zur Explosion. Das Bild kann nicht einfach als ästhetisch-kontemplatives Gebilde betrachtet werden, sondern löst eine Vielzahl von Wahrnehmungsvollzügen aus. Es durchstößt den Kontemplations-Kokon zugunsten einer mehrdimensionalen Wahrnehmung, überschreitet ihn auf Verständigungs- und Lebenskontexte hin. So wird das Bild zum Fanal: Dergleichen wie diese Erschießung soll nicht mehr sein, dieses Handlungsmuster soll durchbrochen werden.[38]

Daran wird ein allgemeiner Befund ablesbar: Kunstwahrnehmung ist nicht auf einen einzigen ästhetischen Vollzug beschränkt. Zur Wahrnehmung eines Werkes kann vielmehr eine Mehrzahl von Vollzugsweisen, können diverse Akt-

37 Francesco Goya, *Die Erschießungen vom 3. Mai 1808 im Manzanares-Tal* (1815), Madrid, Prado.

38 Antifaschistische Demonstranten führten in den dreißiger Jahren des 20. Jahrhunderts in Paris Transparente mit, auf die das Bild kopiert worden war. Es überschritt die Museumsschwelle nicht bloß metaphorisch.

typen aus der Palette ästhetischer Wahrnehmungsweisen gehören. Das einzelne Werke ist durch eine spezifische Auswahl und Verknüpfung aus dieser Skala ästhetischer Vollzüge charakterisiert. Es schreibt einen spezifischen Fächer von Wahrnehmungsweisen vor und fungiert gleichsam als deren Knotenpunkt.

Ein traditionalistischer Ästhetiker könnte vielleicht einwenden: Gewiß sind vor Goyas Bild mehrere Wahrnehmungsweisen im Spiel, aber davon ist nur eine die spezifisch ästhetische, und ausschließlich von dieser ist *in aestheticis* zu handeln. Diese Argumentation käme jedoch einem Offenbarungseid gleich. Man würde zugeben, daß durch diese ›ästhetische‹ Einengung nicht einmal die Kunst, sondern allenfalls ein Moment an ihr verstanden werden kann. Eine Ästhetik, die sich auf ein so verstandenes ›Ästhetisches‹ eingrenzte, würde sich selbst als Schmalspur-Ästhetik zu erkennen geben.

Eine weitere, für die ästhetische Beurteilung oftmals wichtige Wahrnehmungsdimension wird deutlich, wenn man zu Manets Bild *Die Erschießung Maximilians* von 1868 übergeht, das offenkundig Goyas Werk zur ästhetischen Folie hat.[39] Die Wahrnehmung des Bildes von Manet schließt die von Goyas Vorbild ein. Die Wahrnehmung muß hier interikonisch sein, andernfalls wäre sie schlicht defizient, verfehlte die Komplexität von Manets Bild. Zusätzlich zur zuvor genannten Palette von Wahrnehmungsweisen sind hier bildhistorische bzw. interikonische Wahrnehmungsvollzüge erforderlich.

Wählen wir als weiteres Beispiel Marcel Duchamps Mona-Lisa-Parodie *L.H.O.O.Q.* von 1919.[40] Deren interikonische Struktur liegt auf der Hand. Zusätzlich gilt es eine semantische Dimension zu erfassen: Die Buchstabenfolge des

39 Edouard Manet, *Die Erschießung Maximilians* (1868), Kunsthalle Mannheim.

40 Marcel Duchamp, *L. H. O. O. Q.* (1919), Philadelphia Museum of Art, Sammlung Louise and Walter Arensberg.

Titels ist als »elle a chaud au cul« zu lesen – »der Dame ist heiß unter dem Hintern«. Wie lächerlich wäre da der Rückzug auf bloße ästhetische Kontemplation! Man muß, um ein solches Werk zu begreifen, nicht nur sehen, sondern auch wissen, ahnen, erschließen. Mit Vollzugsorientiertheit und Selbstbezüglichkeit allein ist es hier nicht getan. Reflexion ist wichtiger als Kontemplation.[41]

Zusammengefaßt: Werke der Kunst überschreiten die bloß kontemplative Dimension; geschichtliche Wahrnehmungsdimensionen gehören ihnen ebenso zu wie semantische und allegorische, gesellschaftliche, alltägliche oder politische Dimensionen – und natürlich kommen auch Prozesse der Emotion und der Imagination hinzu. Nicht, daß in jedem Bild die ganze Palette dieser und weiterer Wahrnehmungsweisen im Spiel sein müßte, aber stets sind einige, sind mehrere dieser Wahrnehmungsweisen beteiligt. Die Werke intervenieren in unserem Verständigungshaushalt und konstellieren das Feld der ästhetischen Vollzüge je eigensinnig.

Beispiele der Musik

Ähnliches zeigt sich an der Musik. In manchen Fugen Bachs ist Erlösung geradezu zu hören. Man kann auch leicht die innermusikalische Voraussetzung dafür angeben: Jede Auflösung dissonanter Spannung bietet die Möglichkeit, bis zur Erlösung entwickelt zu werden. Will man nun etwa dort, wo Musik Erlösung nicht bloß thematisiert, sondern im Werk wirklich werden läßt, rügend einwenden, die Musik sei dabei in Trans-Ästhetisches abgeglitten und müsse im

41 Umgekehrt kann man hier schon die Gefahr ahnen, die droht, wenn jemand auch angesichts solcher Werke an Kontemplation als einzig legitimer ästhetischer Haltung festhalten und sie zum Generalkriterium machen wollte. Dann ist Beckmessertum nahe und Zensur nicht weit. Was sich dem bloß kontemplativen Zugriff nicht erschließt, wird dann eben bemäkelt, denunziert und ausgeschieden: »Das ist doch keine Kunst mehr«, wird man sagen, oder daß es sich »allenfalls um eine Randerscheinung« handle, die »der Beachtung nicht wert« sei.

Gegenzug dazu auf das Phantom eines Rein-Ästhetischen zurückgestutzt werden? Derlei Beckmesserei ginge wohl jedem zu weit. Bach hat Musik schaffen, nicht eine reduktionistische ästhetische Theorie befolgen wollen.

In Mozarts *Hochzeit des Figaro* gibt es eine Szene, wo der Graf Almaviva voll eifersüchtigen Mißtrauens an die Tür der Gräfin klopft. Auf diese menschliche Niedrigkeit läßt sich die Musik aber in keiner Weise ein. Dadurch macht sie im Gegensatz deutlich: Die Gesellschaft ist ein Ensemble von Betrügern und Betrogenen; hingegen liegen Wahrheit, Würde und Menschlichkeit allein in der Musik. Man kann diese strahlende Souveränität der Musik jedoch ganz nur hören, wenn man sie im Gegenhalt zum szenischen Vorgang wahrnimmt. Intangibel kritisiert die Musik das, wovon sie intangibel ist. Es braucht diese Doppelwahrnehmung – und nicht ein bloß ›musikalisch‹-kontemplatives Hören der Musik –, um diese Überlegenheit und Reinheit der Musik wahrnehmen zu können.

Adorno hat in bezug auf Beethoven die unabweisbare Doppelstruktur der Kunst einmal folgendermaßen herausgestellt: »Daß einer Beethovensymphonie so wenig jemand gewachsen ist, der nicht die sogenannten rein-musikalischen Vorgänge in ihr versteht, wie einer, der nicht das Echo der Französischen Revolution darin wahrnimmt; und wie beide Momente im Phänomen sich vermitteln, rechnet zu den [...] unabweisbaren Themen philosophischer Ästhetik.«[42] Das führte Adorno zu der Feststellung, daß »ästhetische Erfahrung [...] sich selbst überschreiten« müsse.[43] Damit ist in nuce bezeichnet, worauf ich hier insgesamt hinweisen will: Das Ästhetische bedarf auch des Transästhetischen, und für das einzelne ästhetische Phänomen ist entscheidend, wie in ihm beides zueinander gebracht ist.

42 Adorno, *Ästhetische Theorie* (s. Anm. 34), S. 519.
43 Ebd.

Moderne Kunst

Das zuvor Gesagte gilt für alle traditionelle Kunst – und für moderne um so mehr. Denn diese zeichnet sich dadurch aus, daß sie in besonderer Weise ihre Rahmenbedingungen erprobt, in Frage stellt und verändert. Sie spult nicht ein scheinbar wohldefiniertes Programm namens »Kunst« einfach ab, sondern wirft in ihren Werken die Frage, was ›Kunst‹ sei, jeweils neu auf und gibt neuartige Antworten. Kunstwerke vermögen ihre Nah- wie Fernbedingungen zu verändern, können ungewohnte Kriterien nötig machen oder die Grenzen der Kunst aufheben. So hat Duchamp das Diktat der Sichtbarkeit, Joyce die Form des Buches, Pollock die Grenze der Malerei, Cage den Status von Musik in Frage gestellt.[44]

Je nach künstlerischem Typus werden dabei höchst unterschiedliche Wahrnehmungsweisen relevant. Ein einzelnes Kunstwerk kann Wahrnehmungsvollzüge erfordern, die für ein anderes gänzlich bedeutungslos sind. So genügt es vor manchen Arbeiten Malewitschs nicht, bloß das faktisch Gegebene wahrzunehmen, sondern die Wahrnehmung muß sich ins Kosmische weiten (und Malewitsch verhilft einem dazu, etwa durch die Art, wie er Schwarz einsetzt). Munchs Bild *Der Schrei* hat man nicht wirklich gesehen, solange man nicht einen Schrei *vernommen* hat – die visuelle Wahrnehmung muß sich in eine akustische hinein fortsetzen. Bei Duchamp hingegen reichen die Sinne nicht aus; ohne den Hinzutritt von Reflexion würde man nur banalen Unsinn erkennen. Pollock kann man nur kinästhetisch erfassen. Aber wehe, man wollte darauf bei Mondrian insistieren. Sol LeWitt verlangt einen analytischen Aufbau des Sehens. Und

44 Es war gerade das Programm der Avantgarde, den engen Status einer Artistik zu überschreiten und sich auf eine Ästhetik außerhalb der Ästhetik hin zu öffnen. Es wäre ein Anachronismus, dies durch eine ästhetiktheoretische Restriktion ignorieren oder rückgängig machen zu wollen.

On Kawara kann man nur zusammen mit der Schreckensvision Hiroshima wirklich wahrnehmen.
Jedesmal kommt es so zu spezifischen Rekonfigurationen des Wahrnehmungsfeldes. Die Palette der konventionellen Wahrnehmungsweisen wird umgestoßen oder neu konstelliert, traditionelle Hierarchien werden außer Kraft gesetzt und neue etabliert. Gerade die Wahrnehmung eines Unscheinbaren oder Unerhörten – sogar die eines im traditionellen Sinn Unwahrnehmbaren – kann an die erste Stelle rücken. Kunst bestimmt das Feld der für sie relevanten Wahrnehmungsarten je eigen.

Kunst-Wahrnehmung: polyästhetisch

Stets also sind an der Kunstwahrnehmung verschiedene Wahrnehmungsweisen beteiligt. Die Kunstwahrnehmung ist prinzipiell poly-ästhetisch, nicht mono-ästhetisch. Ohne die Einbringung alltäglicher Wahrnehmungskompetenz könnte man schon nicht einmal die Gegenstände in Bildern erkennen; darüber hinaus ist es vorteilhaft, über durch Kunsterfahrung geschärfte Wahrnehmung zu verfügen; es kann nicht schaden, wenn man weiß, was ein Komplementärkontrast ist oder worin die Künstlichkeit der scheinbar natürlichen Zentralperspektive besteht – das erst läßt einen ja sehen, welche Maßnahmen beispielsweise Masaccio ergreifen mußte, um trotz Isokephalie spannungsreiche Bilder zu erzeugen. Anders gesagt: Man muß die etablierten Codes kennen, um die Abweichungen und neuen Pointierungen wahrnehmen zu können; der *pictor doctus* verlangt auch nach einem *receptor doctus*.
Das Wahrnehmungsvermögen des Rezipienten muß daher unterschiedliche Wahrnehmungsformen abtasten und deren spezifische, vom Werk angeregte Konstellation herausfinden. Dabei zeichnet sich ästhetische Erfahrung insgesamt durch eine Komplexion von Anschauung, Imagination und Reflexion aus. Schon die Anschauung ist ja nicht einfachhin

konstatierend, sondern prozessual und reflexiv. Und zwar von Grund auf: Bereits die Erfassung linearer Konvergenzen und Divergenzen oder farbiger Kontraste impliziert Vollzüge sinnlicher Reflexion. Was jeweils gesehen wird, ist nicht *factum brutum*, sondern ist vom Interpretationsprozeß vorausgegangenen und nachfolgenden Sehens abhängig. Und in diese Interpretationsvorgänge geht Bilderfahrung sowohl wie Lebenserfahrung ein. Die Wahrnehmung, daß eine Geste zugreifend und zugriffsscheu zugleich ist, wäre ohne eine bestimmte Reife und Sensibilität des Wahrnehmenden nicht möglich. Und Caravaggios Angriff auf die Bildhoheit ist recht zu sehen erst vor dem Hintergrund der Vorgänger und Zeitgenossen. Lebensweltliche Bezüge gehören somit ebenso wie interikonische Anspielungen zum Bildprozeß.

Des weiteren erfordert Kunsterfahrung eine besondere Offenheit für die Veränderung gewohnter Kategorien, Bereichseinteilungen und Unterscheidungen. Denn die Kunst nimmt sich die Freiheit, die Welt anders zu gliedern als gewohnt oder zwischen für getrennt gehaltenen Bereichen Korrespondenzen, Analogien, Übergänge aufzuzeigen. Morandis Stilleben beispielsweise sind nicht einfach Stilleben von Gegenständen, sondern zugleich Soziogramme. Die Fügung der Gegenstände ist ebenso als die von Familien zu lesen. Man erkennt Hierarchien, Berührungen, Ängste, Selbstbehauptungen, Ausweichmanöver, Absetzungen, Verbundensein. Morandi betreibt als Künstler Mikrosoziologie – so wie Mondrian Makrosoziologie betrieb: Seine Kunst des Auswägens betraf ja nicht nur bildnerische Momente, sondern stellte zugleich ein Vorbild für das Austarieren von Lebensgewichten dar, wie es in jedem einzelnen Leben zu leisten und analog für soziale Gebilde wichtig ist. Man nimmt diese stillen, scheinbar unprätentiösen Werke erst dann vollständig wahr, wenn man ihren Ausgriff in Dimensionen der Praxis erkennt. Mondrian verstand sie denn auch selbst als Vorbilder für den Ausgleich sozialer Kräfte, wie er für demokratische Gesellschaften charakteristisch sei. – Wieder zeigt sich: Kunsterfahrung kann gehalten sein, scheinbar fremde Horizonte einzubeziehen. Erst komplex gelingt sie.

Resümee

Noch einmal: In der Kunsterfahrung können unterschiedliche Wahrnehmungsweisen relevant sein: kontemplative, historische, alltägliche, semantische, allegorische, utopische usw. Das Feld der ästhetischen Wahrnehmung ist polymorph. Die Palette ästhetischer Wahrnehmungen ist prinzipiell mannigfaltig, breit und unabschließbar. Neue Kunstwerke können neue Wahrnehmungsweisen einführen.
Einzelne Kunstwerke sind dann durch eine spezifische Auswahl aus dieser Gesamtheit ästhetischer Wahrnehmungsweisen charakterisiert. Sie aktivieren eine Teilmenge daraus und verknüpfen diese auf je eigene Art. Dabei legen sie noch den Rang der einzelnen Wahrnehmungsweisen und deren Hierarchie eigensinnig fest. Die gleiche Wahrnehmungsweise kann in verschiedenen Bildern ganz unterschiedlichen Stellenwert haben.[45] Die Wahrnehmung eines

45 Um auch dafür ein Beispiel zu geben: Edouard Manets *Déjeuner sur l'herbe* ist bekanntlich interikonisch strukturiert; es bezieht sich via Raimondi auf Raffael und antike Flußgottdarstellungen zurück. Aber dies ist nur ein stiller Subtext des Bildes, die historische Wahrnehmungsdimension muß hier im Hintergrund bleiben. Würde man sie in den Vordergrund rücken (und man hat dies paradoxerweise versucht, um das Bild für einen bürgerlichen Geschmack, der Raffael und die Antike gewiß schätzt, salonfähig zu machen), so gäbe man dadurch die Pointe und den provokativen Gestus des Bildes preis, das ja stark ist, weil es dem Bürger visuell ins Gesicht schlägt. Ganz anders verhält es sich bei Giulio Paolinis Skulpturengruppen (z. B. der *Mimesis*). Auch sie sind interikonisch strukturiert, beziehen sich auf antike Figurendarstellungen zurück. Aber hier muß die historische Wahrnehmung an erster Stelle stehen. Denn die androgyne Schönheit, das Pathos und auch die Ironie von Paolinis Figuren – bestimmende Züge dieser Werke – ergeben sich ganz in dieser Dimension. Zu beiden Werken also gehört historische Wahrnehmung – aber ihr Stellenwert ist höchst unterschiedlich.

einzelnen Kunstwerks ist als spezifische Verknüpfung solch unterschiedlicher Wahrnehmungsweisen zu praktizieren und zu begreifen.

Also exekutiert die Kunst nicht einen einzigen Wahrnehmungstyp, sondern bringt mehrere ins Spiel und schlägt eine spezifische Konstellation derselben und eine oft ungewohnte Organisation des Feldes der Wahrnehmung im ganzen vor. Gerade daß weder der Fächer noch das Verhältnis der Wahrnehmungsdimensionen ein für allemal feststeht, sondern immer wieder auf dem Spiel steht, zeichnet ästhetische Wahrnehmung aus.

Dann vermag freilich auch nur eine prinzipiell polyästhetische und auf die Einzelkonstellation aufmerksame Einstellung den Werken gerecht zu werden. Eine Haltung genereller ästhetischer Kontemplation oder die Beschränkung auf Formanalyse hingegen würde das Ausgriffspotential der Werke systematisch verkürzen und verkennen. Wollte man sich der Polyvalenz und den Quergriffen ästhetischen Wahrnehmens verweigern – weil angeblich einzig Kontemplation relevant und die Absetzung von allen alltäglichen, gesellschaftlichen, semantischen usw. Wahrnehmungsdimensionen gefordert sein soll –, so läge die Gefahr nahe, daß die hehre Kontemplation sich tendenziell dem bloßen Glotzen nähert. Den Unterschied des Glotzens von einem wirklichen Sehen hat Brecht im *Leben des Galilei* unnachahmlich ausgedrückt: Als der Knabe Andrea behauptet, er »sehe doch, daß die Sonne abends woanders hält als morgens. Da kann sie doch nicht stillstehn!«, antwortet Galilei: »Du siehst! Was siehst du? Du siehst gar nichts. Du glotzt nur. Glotzen ist nicht sehen.«[46]

46 Bertolt Brecht, *Leben des Galilei* (1938/39), Frankfurt a. M. 1962, S. 11, 1. Szene.

cc) Umfassendheit der Ästhetik – auch zum Nutzen der Kunstanalyse

Was folgt daraus? Wenn Kunst stets eine ganze Palette von Wahrnehmungsarten ins Spiel bringt und dieser je eine bestimmte Organisation verleiht, dann muß offenbar auch die Ästhetik, als die Reflexionsinstanz des Ästhetischen, in der Lage sein, mit diversen Wahrnehmungsarten und unterschiedlichen Konstellationen zu rechnen und ihnen gerecht zu werden. Anders gesagt: Die Kunsterfahrung selbst verlangt nach einer Ästhetik, welche sowohl die innere Polyästhetik der Kunst als auch deren transartistische Verflechtungen ins Auge zu fassen und *alle* Dimensionen der *aisthesis* zu berücksichtigen vermag. Die Ästhetik muß sich auf die ganze Breite des Ästhetischen erstrecken.
Eine Ästhetik dieses Typs wird sich übrigens nicht nur für Zwecke des Verstehens und Interpretierens von Kunst – also nicht nur für die Betrachter – als fruchtbar erweisen, sondern sie wird schließlich auch für die Hervorbringung von Kunst – für die KünstlerInnen selbst – von spezifischem Interesse sein können. Sie eröffnet eine veränderte Perspektive darauf, worum es in der Kunst geht. Wenn ein Künstler einmal (etwa Schillers Beispiel folgend) die Fähigkeit der Kunst entdeckt hat, Modelle für das zu entwickeln, was Schiller »Lebenskunst« nannte, so wird er fortan möglicherweise ganz anders vorgehen als innerhalb der traditionellen Suche nach der Vollkommenheit des Kunstwerks in sich selbst – Beuys wäre ein Beispiel dafür. Oder wenn eine Künstlerin (etwa Nietzsche folgend) die konstitutive Rolle ästhetischer Muster für die Erkenntnis erfaßt hat, dann mag sie plötzlich denken: »Oh, meine eigentliche Aufgabe besteht vielleicht nicht darin, Kunst um der Kunst willen zu schaffen, sondern mögliche Sichten und Wahrnehmungsweisen zu entwickeln und zu exemplifizieren, abweichende Wahrnehmungs- und Begreifensmuster zu erfinden« – Eva Hesse ist ein Beispiel hierfür. Auf solche Art kann der Typ

von Transästhetik, für den ich eintrete, neue Schritte der Kunst selbst befördern. Es handelt sich um einen Typ von Ästhetik, der für die KünstlerInnen selbst von Bedeutung ist, die – aus guten Gründen – mit der traditionellen Ästhetik so unzufrieden sind.

Um dies zusammenzufassen: Eine Öffnung der Ästhetik über die Ästhetik hinaus zum vollen Umfang der *aisthesis* ist nicht nur um eines vollen Begreifens des Ästhetischen, sondern insbesondere auch um eines zureichenden Verstehens der Kunst willen nötig. Dies dürfte letztlich das durchschlagende Argument für eine Erweiterung der Ästhetik sein.

Die artistisch restringierte Ästhetik hingegen ist nicht einmal fähig, eine Ästhetik der Kunst zu sein. Vielmehr beschränkt und verfehlt sie die Kunst, der sie zu dienen vorgibt. Sie sperrt die Kunst in den goldenen Käfig der Autonomie ein – den doch weder die traditionelle und schon gar nicht die moderne Kunst akzeptieren mochte. Man praktiziert – scheinbar kunstfreundlich redend – noch einmal eine ästhetik-theoretische Ghettoisierung. Wird die Kunst nicht in der Perspektive einer Ästhetik thematisiert, die Gesichtspunkte von jenseits der Ästhetik einschließt, so wird sie unweigerlich ästhetisch verzeichnet.

3. Reorganisation der Disziplin

a) Transdisziplinäres Design der Disziplin

Schließlich: Was wird die Struktur der Disziplin Ästhetik im Gefolge einer solchen Öffnung sein? Meine Antwort ist sicherlich nicht überraschend: Ihre Struktur wird transdisziplinär sein. Ich stelle mir die Ästhetik als ein Forschungsfeld vor, das alle Fragen umfaßt, welche die *aisthesis* betreffen – unter Einschluß von Beiträgen der Philosophie, der Soziologie, der Kunstgeschichte, der Psychologie, der

Anthropologie, der Neurowissenschaften usw. *Aisthesis* bildet den Rahmen der Disziplin. Und die Kunst ist eines – aber, wie wichtig auch immer, doch nur eines – ihrer Themen.

Das folgende könnte überraschender klingen: Ich stelle mir die auf *aisthesis* bezogenen Teile der Disziplin als effektive Zweige der Disziplin Ästhetik vor. Sie wären in deren institutionelle Struktur zu integrieren. Ästhetik sollte in sich selbst interdisziplinär oder transdisziplinär sein – statt nur bei Gelegenheit von Treffen mit anderen Disziplinen Interdisziplinarität an den Tag zu legen. In einem Institut für Ästhetik, wie ich es mir vorstelle, sollten all die erwähnten Zweige gelehrt werden; und die einzelnen Ästhetiker selbst sollten davon beträchtliche Kenntnis haben und in der Lage sein, zumindest einige dieser Zweige selbst zu lehren – und nicht etwa nur eine Ontologie der Kunst oder die Geschichte des Geschmacks.

b) Transdisziplinarität generell

Vielleicht erscheint dieser Vorschlag einer transdisziplinären Struktur der Disziplin allzu ungewohnt, aber ich denke, daß eine solche Struktur heute in fast jeder Disziplin notwendig ist. Dies rührt aus Einsichten her, die einen grundlegenden Wandel in unserem Verständnis der Struktur der Rationalitäten bewirkt haben und konsequent ein verändertes Design der Forschungsgebiete und Forschungsgegenstände erfordern.

In der Moderne hatte man eine Differenzierung und Trennung der Rationalitätstypen vertreten – und gemeint, diese Rationalitätstypen seien klar umrissen und im Kern unterschiedlich. Neuere Analysen haben jedoch gezeigt, daß dies allenfalls oberflächlich richtig, im Grunde jedoch falsch ist. Die unterschiedlichen Rationalitäten lassen sich nicht in wasserdichter Weise voneinander abgrenzen, sondern sie weisen in ihrem Kern Verflechtungen und Übergänge auf, welche die traditionelle Departementalisierung unterlaufen. Solche Verflechtungen, Übergänge und Durchdringungen sind zum Pensum der Gegenwart geworden.[47]

c) Ausblick

Ich kann auf diesen Punkt hier nicht weiter eingehen. Aber auch wenn man diese Perspektive zwar interessant finden, nicht aber von der Notwendigkeit, sie auf jeden Bereich anzuwenden, überzeugt sein mag – hinsichtlich der Ästhetik, so hoffe ich doch, wird man den Vorschlag für ein transdisziplinäres Design der Disziplin plausibel finden. Schon in ihrer Geschichte hat die Ästhetik beträchtliche Paradigmenwechsel erfahren. Gewiß geschehen solche Wechsel nicht jeden Tag, aber eines Tages mögen sie – aus guten Gründen – erfolgen. Für eine kommende Generation könnte die transdisziplinäre Struktur einer Ästhetik außerhalb der Ästhetik ziemlich selbstverständlich sein. Außerhalb der Disziplin scheint dies ohnehin bereits der Fall zu sein.

47 Vgl. Wolfgang Welsch, *Vernunft. Die zeitgenössische Vernunftkritik und das Konzept der transversalen Vernunft*, Frankfurt a.M. 1995, stw 1996.

Diagnosen

Konstellationen der Wahrnehmung

1. Altes und Neues

1857 notierte Karl Marx in seiner Einleitung in die *Grundrisse der Kritik der politischen Ökonomie*, daß der einst kanonischen Kunst des Abendlandes – der griechischen Kunst – inzwischen durch die gesellschaftliche Entwicklung der Boden entzogen sei. Die griechische Kunst habe auf Mythologie, mithin auf einer imaginären Beherrschung der Naturkräfte beruht. Wir aber beherrschen die Natur real. Da kann die alte Kunst nicht mithalten. »Wo bleibt Vulkan gegen Roberts et Co., Jupiter gegen den Blitzableiter, und Hermes gegen den Crédit Mobilier?«[1]

Marx' Auffassung ist typisch für die Fortschrittsperspektive des 19. Jahrhunderts. Die Vergangenheit soll nicht nur zeitlich vorbei sein, sondern sie soll ihre ganze Bedeutung verloren haben. Das Frühere war bloß ein Kinderspiel, allenfalls ein Vorspiel; inzwischen sind die Träumereien von einst durch reale Errungenschaften abgelöst.

Um so mehr wundert Marx sich dann jedoch über den Umstand, daß uns die Werke der griechischen Kunst gleichwohl noch immer »Kunstgenuß gewähren und in gewisser Beziehung als Norm und unerreichbare Muster gelten«.[2] Allerdings hat er auch dafür eine fortschrittsbewußte Erklärung parat. Der Reiz des Vergangenen, sagt er, *ist* der Reiz an einem Überwundenen, er hängt »unzertrennlich damit zusammen, daß die unreifen gesellschaftlichen Bedingungen, unter denen diese Kunstwerke entstanden, und allein entstehen konnten, nie wiederkehren können«.[3] Die Freude

1 Karl Marx, Einleitung in die *Grundrisse der Kritik der politischen Ökonomie*, in: K. M. und Friedrich Engels, *Gesamtausgabe*, 2. Abt., Bd. 1, Tl. 1, Berlin 1976, S. 17–45, hier S. 44.

2 Ebd., S. 35.

3 Ebd.

am Vergangenen mag als nostalgisch erscheinen, sie ist es aber nicht. Ganz im Gegenteil: Man sehnt sich nicht zurück, sondern freut sich daran, daß das Vergangene überwunden ist und nicht wiederkehren kann. Siegerfreude ist das Pathos der Freude am Vergangenen.

Gilt das auch noch für uns? Blicken auch wir mit der Stimmung historischer Sieger auf die Vergangenheit zurück, also beispielsweise – anläßlich dieser Ausstellung[4] – auf Bauten aus der Blütezeit Nürnbergs wie den Sebalder Pfarrhof, das Wolffsche Rathaus oder den Krafftschen Hof, auf Hellerhaus, Kreuzigungshof und Herrenschießhaus?[5] Es wäre leicht, dies zu verneinen; aber es wäre zugleich eilfertig und bloß die halbe Wahrheit. Denn auch zu unserer Bewunderung gehört die sichere Distanz, und kein historisch Bewußter wird die reale Wiederkehr jener Zeiten ernsthaft wünschen, wissen wir doch nur zu gut, daß die bewunderten Bauten und Zeugnisse nur die Vorder-, die Schau- und Prunkseite einer Gesellschaft darstellen, auf deren Kehrseite sich uns Unterdrückung und soziales Elend zeigen würden. Es gibt in unserer Vergangenheit kein Dokument der Kultur, das nicht zugleich eines der Barbarei wäre.

Die letztere Formulierung stammt von Walter Benjamin.[6] Dieser hat die Marx-Passage, von der ich ausging, zwar als »eine wichtige Stelle« bezeichnet,[7] aber insgesamt ist Benjamins Sicht eine völlig andere. Wenn Benjamin sich mit der Welt der modernen Technik und der frühen Industrieer-

4 Der Vortrag wurde anläßlich der Eröffnung der Ausstellung »andernorts – Installationen zeitgenössischer Künstlerinnen und Künstler in historischen Räumen« gehalten (Nürnberg, 4. Mai – 24. Juni 1990). Beteiligt waren Thom Barth, Hella Berent, Barbara & Michael Leisgen, Marianne Pohl, Samuel Rachl und Ulrike Rosenbach.

5 Dies waren die Orte der Installationen.

6 »Es ist niemals ein Dokument der Kultur, ohne zugleich ein solches der Barbarei zu sein« (Walter Benjamin, »Über den Begriff der Geschichte«, in: W. B., *Gesammelte Schriften*, hrsg. von Rolf Tiedemann, Frankfurt a. M. 1974, Bd. 1,2, S. 691–704, hier S. 696).

7 Walter Benjamin, *Das Passagen-Werk*, in: W. B., *Gesammelte Schriften* (s. Anm. 6), Bd. 5,1, S. 581.

zeugnisse befaßt (und er hat sie von den Fabriken über die Maschinen bis hin zu den Warenhäusern und ihrer Reklame im Detail studiert), so tut er das nicht, um – à la Marx – das Überwundensein, sondern um die Permanenz des Vergangenen aufzuweisen. Benjamins Augenmerk gilt den Konstellationen, in denen das Alte verändert wiederkehrt. Ihm zufolge kann man die Moderne nur begreifen, wenn man ihre Korrespondenz mit Altem und Vergangenem erkennt. Das unterscheidet ihn nicht nur von Marx, sondern noch von dem ansonsten von Benjamin so sehr bewunderten Baudelaire. Dieser hatte, so rügt Benjamin, in seiner Theorie der modernen Kunst die Wiederkehr des Alten im Neuen völlig ausgeblendet – während sie freilich seinem poetischen Sensorium (wie die *Fleurs du mal* belegen) nicht verborgen blieb.[8]

Benjamin erhebt also Einspruch gegen das vulgäre Fortschrittsdenken. Für ihn ist das Gegenwärtige von Vergangenem durchdrungen und um so wahrhaftiger, je mehr es, wie ein Magnet, Vergangenes an sich zu ziehen vermag. Das prägt noch Benjamins Begriff des Bildes: »Bild ist dasjenige, worin das Gewesene mit dem Jetzt blitzhaft zu einer Konstellation zusammentritt.«[9]

Es steht außer Frage: Benjamins Perspektive ist für uns ungleich fruchtbarer als die von Marx. Nicht nur generell, weil unser Fortschrittsglaube geschwunden ist, seit der industriell-ökonomische Fortschritt nach seinen eigenen Kriterien keiner mehr ist, sondern auch speziell, was den Kontext dieser Ausstellung angeht. Sie zeigt an jedem ihrer Orte eine Konstellation von Neuem und Altem, Arbeiten zeitgenössischer Künstlerinnen und Künstler in historischen Räumen. In einem Punkt allerdings trifft Benjamins Formel – wonach »das Gewesene mit dem Jetzt blitzhaft zu einer

8 Vgl. Walter Benjamin, »Charles Baudelaire. Ein Lyriker im Zeitalter des Hochkapitalismus«, in: W. B., *Gesammelte Schriften* (s. Anm. 6), Bd. 1,2, S. 509–690, hier S. 585.

9 Benjamin, *Das Passagen-Werk* (s. Anm. 7), S. 576.

Konstellation zusammentritt« – hier nicht zu. Sofern nämlich diese künstlerischen Arbeiten den historischen Beständen nicht autonom, nicht aus eigener Machtvollkommenheit gegenübertreten, sondern von Anfang an auf sie reagieren, aus ihrer Wahrnehmung heraus gebildet sind. Die berühmte surrealistische Formel von der zufälligen Begegnung einer Nähmaschine und eines Regenschirms auf einem Seziertisch, die im Hintergrund von Benjamins Bild-Definition steht, gilt hier nicht.[10] Der Geist dieser Installationen ist nicht einer der Konfrontation von Heterogenem, sondern diese Arbeiten sind von vornherein im Umgang mit diesen Räumen entstanden. Sie entstammen einer Wahrnehmung dieser Räume, und sie artikulieren Momente dieser Wahrnehmung und inszenieren weitere Wahrnehmungsprozesse.

Dieses Verfahren ist derzeit kein Einzelfall. Vielfach entstehen künstlerische Werke heute aus Wahrnehmungsreaktionen, und sie zielen nicht auf die Erstellung autonomer und geschlossener Werke, sondern auf die Erzeugung temporärer und offener Wahrnehmungssituationen. Sie schaffen Installationen, die Konstellationen der Wahrnehmung sind.

Um diese Verlagerung der künstlerischen Tätigkeit zur Erzeugung von Wahrnehmungssituationen zu erklären, will ich etwas weiter ausholen und auf die Situation der Wahrnehmung heute – in unserer späten Moderne oder Postmoderne – eingehen. Vorher will ich jedoch zu diesem Zweck eine kleine Geschichte der Wahrnehmung im Abendland erzählen. Freilich muß ich das abbreviatorisch – in Form einer Kurzgeschichte – tun.

10 Die Formel geht auf Lautréamont zurück. In den *Chants de Maldoror* (VI 1) sagte dieser von Mervyn, er sei »beau comme [. . .] la rencontre fortuite sur une table de dissection d'une machine à coudre et d'un parapluie« (Lautréamont, *Œuvres Complètes*, Paris 1969, S. 234).

2. Kurze Geschichte der Wahrnehmung im Abendland

In der *Antike* hatte es die Wahrnehmung mit Wahrheit zu tun. »Die Wahrnehmung ist immer wahr«, sagte Aristoteles. Wenn gleichwohl oft Sinnestäuschungen thematisiert wurden, so spricht das nicht gegen diese grundsätzliche Wahrheitsthese. Irritierend ist das Faktum von Sinnestäuschungen ja nur dann, wenn man dem Wahrnehmen prinzipiell Wahrheitscharakter zuspricht. Zudem wird in der Erklärung der Sinnestäuschungen die Grundthese vom Wahrheitsbesitz der Wahrnehmung aufrechterhalten. Wenn ein Gelbsuchtkranker Honig als bitter empfindet, dann täuscht er sich darin, so sagen die antiken Autoren, keineswegs; der Honig schmeckt für ihn tatsächlich bitter. Nur wenn er daraus das Urteil ableiten wollte, Honig als solcher sei bitter, dann verfiele er einem Irrtum. Kurz gesagt: Das *einfache* Wahrnehmen ist untrüglich; erst die *Urteile*, die sich daran knüpfen, können falsch sein.
Im *Mittelalter* tritt die Wahrnehmung in ein anderes Koordinatensystem ein. Dessen Achsen sind nicht mehr durch Wahrheit und Irrtum, sondern durch Sünde und Heil bezeichnet. Vor allem erkennt man der Wahrnehmung jetzt keine ursprüngliche Wahrheit mehr zu. Von sich aus ist sie bedeutungslos. Sie enthält allenfalls ganz schwache und unsichere Sinnspuren, aber wie es mit deren Bedeutung wirklich steht, das ist erst weiterreichenden Zusammenhängen und nicht der Wahrnehmung allein, sondern dem Denken oder dem Glauben zu entnehmen. Was uns beispielsweise als schön erscheint, kann sehr unterschiedliche Bedeutung haben: Es kann ebenso eine Chance des Heils wie ein Werk des Teufels sein. Dieselben kostbaren Steine, die Suger von St. Denis, der ›Vater der Gotik‹, als sinnliche Medien einer Erhebung zur göttlichen Vision beschreibt, werden von Bernhard von Clairvaux als Tand des Teufels diskriminiert. Manche Autoren greifen sogar zu dialektischen Formeln wie »Das Häßliche ist schöner als das Schöne« und »Das

Schöne ist häßlicher als das Häßliche«. Sie haben dabei im Sinn, daß das Schöne uns ans Irdische bindet, während das Häßliche uns davon eher abstößt; und da es im Kontext von Heil und Sünde auf die Übersteigung des Irdischen ankommt, ist das Häßliche in dieser Hinsicht besser und daher ›wirklich schöner‹ als das Schöne. – Es gibt also mittelalterlich keinen autonomen und unangreifbaren Bedeutungskern des Wahrnehmens mehr. Während für die Antike erst jenseits des unmittelbaren Wahrnehmens – mit dem Urteilen – die Sphäre möglichen Irrtums begann, wird nunmehr der Wahrnehmung als solcher Transparenz abgesprochen. Mit einer originären Wahrheit des Wahrnehmens ist es nichts mehr.

Diese Entmächtigung des Wahrnehmens setzt sich in der *Neuzeit* unter veränderten Prämissen fort. Es kommt zu einer radikalen Trennung zwischen Objektivem und Subjektivem. Fürs Objektive soll fortan allein die Wissenschaft, die Wahrnehmung hingegen bloß noch fürs Subjektive zuständig sein. Sie belehrt uns nicht über das Sein der Gegenstände der Welt, sondern signalisiert uns bloß deren Erscheinensart und ihre Zuträglichkeit oder Abträglichkeit für uns. Daß eine Wiese grün *sei*, wird zu einer lächerlich unsinnigen Behauptung; einzig, daß die Wiese für unseren subjektiven Wahrnehmungsapparat als grün *erscheint* und daß dieses Grün auf unser Gemüt beruhigend wirken mag, ist eine zulässige (wenn auch reichlich belanglose) Feststellung. – Von diesem Verlust von Objektivität, von dieser Abdrängung ins bloß Subjektive hat sich die Wahrnehmung nie mehr ganz erholt.

3. Subjektivität und Wahrnehmung

Die spezifisch *moderne* Geschichte der Wahrnehmung will ich nun unter dem Stichwort »Subjektivität« verfolgen. Die Verlagerung ins Subjektive bedeutet auch eine Chance. Die

Wahrnehmung kann auf diesem Weg zum Medium einer eigenständigen Wahrheit der Subjektivität aufrücken. Das geschieht in dem Moment, wo sich die Ansprüche der neuzeitlichen Wissenschaft, auch noch das Subjektive begreifen zu wollen, als überzogen und verfehlt erweisen. Dann wird man die Eigenständigkeit beispielsweise von Gefühlen anerkennen und die Wahrnehmung als privilegierten Zugang zu den Phänomenen der Subjektivität schätzen lernen. Das geschieht im 18. Jahrhundert und führt zur Begründung einer neuen Disziplin: der Ästhetik. Diese war damals nicht eigentlich eine Doktrin der Kunst oder des Schönen, sondern eine Lehre vom sinnlichen, wahrnehmungshaften, imaginativen Erkennen.

Nun herrscht allerdings im Bereich der Subjektivität eher Mehrdeutigkeit als Eindeutigkeit. Man muß mit Unerwartetem – mit vielerlei Unerwartetem – rechnen. Eben deshalb ist die Eigenart dieser Sphäre dem auf Eindeutigkeit und Folgerichtigkeit fixierten Methodenideal der klassischen Wissenschaft verschlossen und verlangt eine andere Weise der Explikation. Also muß sich die Ästhetik konsequent vom traditionellen Wissenschaftsideal der Allgemeingültigkeit absetzen. Das fällt ihr freilich schwer. Noch lange hofft sie auf die Allgemeingültigkeit ihrer ästhetischen Urteile. So hat beispielsweise Kant den Geschmack als ›Gemeinsinn‹ bezeichnet und damit gemeint: Auch wenn wir derzeit in Geschmacksdingen noch nicht alle übereinstimmen, so wird doch dereinst, in der voll entwickelten Menschheit, ästhetische Einhelligkeit herrschen. Alle Menschen werden die gleichen ästhetischen Urteile fällen.[11]

Aber das war eine Hoffnung gegen die Logik der Phänomene und gegen den Zug der Zeit. Zugenommen hat – im Maße, wie die Subjektivität sich frei ausbildete – konsequenterweise nicht die Homogenität, sondern die Disparatheit der Wertungen. Die Ästhetik sah sich immer mehr genötigt, das fälschlich mitgeschleppte Allgemeinheitsideal

11 Vgl. Immanuel Kant, *Kritik der Urteilskraft* (1790), § 22, B 67 f.

aufzugeben. Der Adressat des Künstlers konnte immer weniger die Menschheit im ganzen, sondern zunehmend nur noch diese oder jene Gruppe, oder eine besondere Gemeinde, oder eine kleine Zahl potentiell weit verstreuter Geistesverwandter sein.

Schon Baudelaire war sich dessen bewußt, daß nicht einmal alle Gebildeten seine Leser würden sein können. Im Vorwort zu den *Fleurs du mal* sprach er den Leser als Bruder an. Nicht der Mensch als solcher, sondern nur ein Geistesverwandter – eben ein »Bruder« – werde seine Dichtung aufnehmen und verstehen können.[12] Man muß die gleiche Erfahrungslage wie der Autor besitzen, um einen Zugang zu finden.

Aber noch solch beschränkte Übereinstimmungserwartung erwies sich in der Folgezeit als überzogen. Nicht einmal alle Künstler nehmen dasselbe wahr. Das hat in Balzacs Erzählung *Das unbekannte Meisterwerk* seine dramatische Formulierung gefunden. Während der Maler Frenhofer auf seiner Leinwand eine Frau der vollkommensten Art hervortreten sieht, erkennen die Malerkollegen Poussin und Porbus dort so gut wie gar nichts.[13] Umgekehrt kann sich ein gesteigertes ästhetisches Sensorium dadurch auszeichnen, daß es dort, wo alle anderen das Gewohnte sehen, das Ende des Gewohnten erblickt. So sagt Hamm in Becketts *Endspiel*: »Ich habe einen Verrückten gekannt, der glaubte, das Ende der Welt wäre gekommen. Er malte Bilder. Ich hatte ihn gern. Ich besuchte ihn oft in der Anstalt. Ich nahm ihn an der Hand und zog ihn ans Fenster. Sieh doch mal! Da! Die aufgehende Saat! Und da! Sieh! Die Segel der Sardinenboote. Wie schön das alles ist. *Pause*. Er riß seine Hand los und kehrte wieder in seine Ecke zurück. Erschüttert. Er hatte nur Asche gesehen. *Pause*. Er allein war verschont ge-

12 Charles Baudelaire, *Die Blumen des Bösen – Fleurs du Mal*, frz./dt., übers. von Friedhelm Kemp, München 1986, S. 11.

13 Vgl. Honoré de Balzac, *Das unbekannte Meisterwerk*, übers. von Heinrich C. Jacob und Hete Maass, Frankfurt a. M. 1987, S. 104–110.

blieben. *Pause.* Vergessen. *Pause.* Der Fall ist anscheinend ... der Fall war gar keine ... keine Seltenheit.«[14]
Man kann in den Bereich der Subjektivität nicht vordringen, ohne mit eminenter Verschiedenheit rechnen zu müssen. Daß die Wahrnehmungen der Menschen nicht mehr auf einen Nenner zu bringen sind, zählt zu den elementarsten Fakten von Kunst und Kultur heute. Während der eine sich zu Recht an aufgehender Saat und Segelbooten freut, erkennt der andere mit ebensolchem Recht darin nur Masken des Verfalls. Des einen Erleuchtung wird für einen anderen bloß Anlaß von Langeweile sein. Auf solche Disparatheiten muß man sich fortan einstellen. Man kann den Dissens der Wahrnehmungen nicht mehr in einer Synthese aufheben, nicht mehr bereinigen. Das gehört zur Logik der Subjektivität und zur gesellschaftlichen Entwicklung der Moderne. Man wird mit dieser Diversität umgehen und zurechtkommen müssen. Vorerst sind wir höchstens dabei, das zu üben.
Im 20. Jahrhundert unterlag die Kunst weiteren Pluralisierungsschritten und hat sie auch willentlich betrieben. Sie hat die Palette der Kunstmöglichkeiten eminent erweitert und sich Experimenten der Diversität verschrieben. Für diese Kunst gibt es keinen einheitlichen Kanon mehr; die Bemessung aller Werke am Maßstab einer einzigen Ästhetik wäre nur noch Beckmesserei.
Diese Situation aber ist nicht nur für die Rezipienten und Theoretiker, sondern auch für die Künstler selber schwierig. Selbst Heroen der Moderne gaben gelegentlich einer regressiven Sehnsucht nach klassischen – und doch längst obsolet gewordenen – Verbindlichkeits- und Allgemeinheitsgarantien Ausdruck. Man denke beispielsweise an Paul Klees Klage von 1924: »uns trägt kein Volk«.[15] Klee hoffte auf ein

14 Samuel Beckett, *Endspiel*, in: S. B., *Dramatische Dichtungen*, 2 Bde., Frankfurt a. M. 1963, Bd. 1, S. 207–317, hier S. 263.
15 Paul Klee, *Das bildnerische Denken*, hrsg. und bearb. von Jörg Spiller, Basel ^{3}1971, S. 95.

Volk als gemeinsame Basis von Kunstproduktion und -rezeption (und wo dieses Volk nicht vorhanden war, da wollte man es schaffen, »drüben am Staatlichen Bauhaus«[16]). Dagegen müssen wir heute illusionslos das Fatale solcher Hoffnungen erkennen. Von Klees Satz ist es – horribile dictu – gar nicht so weit zu der Aussage »Solange aber ein Volk besteht, ist es in der Flucht der Erscheinungen der ruhende Pol. Es ist das Seiende und das Bleibende. Und damit ist auch die Kunst, als dieses Seienden Wesensausdruck, ein ewiges Denkmal, selbst seiend und bleibend« – und das sind Schlüsselsätze aus Hitlers Rede zur Eröffnung des »Hauses der deutschen Kunst« im Jahre 1937.[17]
Normierungen dieser Art – der Rekurs auf die gemeinsame Basis eines Volkes oder einer Weltanschauung – können die Lösung nicht sein. Aber auch nicht Normierungen anderer Art – etwa durch die definitorische Gleichsetzung des Sinns eines Werkes mit der Intention des Künstlers. Derlei Geniekult ist retrograd gegenüber der Pluralisierungsdynamik der Moderne und der Emanzipation des Betrachters.
Statt dessen wird man sich auf die Pluralisierung vorbehaltlos einlassen müssen. Und damit schlägt die Stunde einer freigesetzten Wahrnehmung, die nicht mehr dem Gesetz bestimmender, sondern der Struktur reflektierender Urteilskraft folgt. Gefordert ist eine Wahrnehmung von Erscheinungen, die man nicht als Fälle eines bekannten Typs verbuchen, klassifizieren, einordnen kann, sondern für die es das adäquate Verständnis erst zu finden und zu erzeugen gilt. Es geht um die Wahrnehmung nicht von Bekanntem, sondern von Unbekanntem.[18] Das betrifft die Produktion

16 Ebd.

17 »Der Führer eröffnet die ›Große Deutsche Kunstausstellung 1937‹«, in: *Völkischer Beobachter. Berliner Ausgabe*, 19.7.1937, S.3.

18 Die ästhetische Herzformel dafür lautet seit langem: »Je ne sais quoi« – »Ich weiß nicht was«. Älteren Ursprungs, wurde sie im 18. Jahrhundert – in der Gründungszeit der Ästhetik – geradezu zu einem Modewort. Der ästhetisch Urteilende bedient sich dieser Formel, um auszudrücken, daß er, obwohl er sicher ist, *daß* etwas ästhetisch vortrefflich ist, doch gar nicht anzugeben weiß, *was* es eigentlich ist, was diese Vortrefflichkeit begründet.

wie die Rezeption gleichermaßen. Adorno hat es einmal als die Gestalt aller künstlerischen Utopie heute bezeichnet, daß wir »Dinge machen, von denen wir nicht wissen, was sie sind«.[19]

Aber auch wenn uns nicht nur die Kunst, sondern ebenso die Wissenschaft der letzten Jahre zunehmend die Augen für Pluralität und Divergenz geöffnet hat, so ist es gleichwohl schwierig geblieben, mit dieser Pluralisierung zurechtzukommen – künstlerisch, wissenschaftlich und vor allem auch sozial. Dennoch führt an der neuen Situation kein Weg vorbei. Es wird darauf ankommen, sich *inmitten* dieser Pluralität richtig zu bewegen. Wir werden lernen müssen, auf schwankenden Böden und mit vielfältigen Fundamenten zu leben und darauf etwas Rechtes zustande zu bringen. Vielleicht haben wir das ja auch schon weit mehr gelernt, als die offiziöse Sicherheitsrhetorik wahrhaben und uns noch immer glauben machen will. So hat Paul Valéry schon 1932 darauf hingewiesen, daß die modernen Menschen de facto längst in erstaunlichem Maße fähig sind, mit Unordnung und Unsicherheit zu leben.[20] Das verlangt freilich ein hohes Maß an Sensibilität, gerade auch an neuartiger Sensibilität für Andersartiges, für Brüche und Divergenzen sowie für

Diese Indemonstrabilität des ästhetischen Urteils ist freilich – das gilt es zu begreifen – kein Manko, sondern ein Indiz der Eigenart ästhetischer Erfahrung.

19 Theodor W. Adorno, »Vers une musique informelle«, in: Th. W. A., *Gesammelte Schriften*, Bd. 16, Frankfurt a. M. 1978, S. 540.

20 Paul Valéry begann seinen Vortrag »Die Politik des Geistes« mit den Worten: »Ich unternehme es, vor Ihnen die Unordnung erstehen zu lassen, die unser Leben ist« (Paul Valéry, »La politique de l'esprit«, in: P. V., *Œuvres*, Paris 1957, Bd. 1, S. 1014–40, hier S. 1014). Valéry legte dann dar, daß es gar nicht stimmt, daß die modernen Menschen, wie die Traditionalisten behaupten, noch immer allenthalben Ordnung wollen. Im Gegenteil: Wir suchen geradezu die Unordnung – zwar nicht die totale Unordnung, aber eine die Ordnung allenthalben durchziehende Unordnung. Und der moderne Alltag beweist für Valéry, daß wir längst gelernt haben, mit solcher Unordnung und Unsicherheit zu leben. Wir sollten uns daher nicht länger das Gegenteil einreden lassen, sondern unsere Unsicherheitskompetenz entwickeln. Eben das verstand Valéry als seine Entdeckung und Botschaft.

Grenzen und Ausschlüsse. Eben dies scheint mir die heutige Konstellation der Wahrnehmung zu charakterisieren. Die Wahrnehmung muß in einem offenen und vielfältigen Raum alternativenwach und als Sinn für das Besondere operieren.

4. Die Installationen der Ausstellung

a) Mimesis und Artikulation

Die Arbeiten dieser Ausstellung operieren in der geschilderten Situation neuer Sensibilitätsanforderungen, vielfältiger Wahrnehmungsmöglichkeiten und offener Rezeptionsprozesse. Sie lassen sich zunächst auf die Räume ein, die sie zum Sprechen bringen. Man könnte ihr Verfahren in einem weiten Sinne ›mimetisch‹ nennen. Seitdem die Zeiten selbstbewußter Rücksichtslosigkeit vorbei und die Tage allzu forscher Modernisierung gezählt sind – die Tage, da man des Bestehenden (gerade auch in der urbanen Umwelt) nicht achtete –, sind solche Arbeiten der Rekonstruktion und Artikulation häufiger geworden. Das Verfahren hat für die Künstlerinnen und Künstler zudem den Vorteil, daß sie das Kap des absoluten Anfangs, die Crux der *creatio ex nihilo* – dieses Riff vieler Ängste und gescheiterter Hoffnungen – elegant umschiffen können.
Die mimetische Einfühlung führt zur Artikulation offenkundiger oder versteckter Momente, auch zu eingreifenden Umdeutungen und Verfremdungen. Keines der rekonstruktiven Elemente – auch nicht das getreueste – versackt in bloßem Historismus. Ästhetische Spannungen können gerade dort entstehen, wo Elemente der vorgegebenen Architektursprache in einer neuen künstlerischen Sprache formuliert werden.

b) Ästhetische Psychoanalyse

Oft werden dabei verborgene semantische Schichten ans Licht geholt. Ich möchte dieses Verfahren das einer ›ästhetischen Psychoanalyse‹ nennen. Diese wird nicht an Personen, sondern an Artefakten, an geronnener Geschichte geübt. Die künstlerische Arbeit dringt in historische Schichten der Gegenstände, in versteckte symbolische Bedeutungen, auch in latente Regungen der Freude oder des Grauens ein. Dies verlangt subtile Sensibilität auf seiten der Künstler wie der Betrachter. Das Aufspüren des Zwangs in einer Architekturform, das Erleben ihrer inneren Absperrungen und äußeren Abschlüsse, das Erhören ferner Glücksträume gelingt nicht auf dem Weg des Bücherstudiums, sondern ist Sache gesteigerter Sensibilität.

Derlei ästhetische Psychoanalyse scheint auch sonst zu den fruchtbarsten Verfahrensweisen heutiger Kunst zu gehören. Die Werke dringen wie mit Fühlern und Sonden nicht nur in architektonische, sondern auch in unsere mentalen und psychischen Bildschichten ein, wie sie uns in der familiären und sozialen Kindheit eingeprägt wurden und Muster vorgaben, die uns seitdem bestimmen. Ich denke etwa an selbstverständlich scheinende Grundbilder von Mann und Frau, Geschlechtlichkeit und idealem Zusammenleben. Gerade als unbewußte sind solche Tiefenbilder oft wirksam und zwingend. Verfahren ästhetischer Psychoanalyse legen sie frei, machen sie bearbeitbar und veränderbar. Fortan wird man nicht mehr, in ihrem unbewußten Glanz sich sonnend, ein Leben lang nach ihrer Pfeife tanzen müssen.[21]

21 Vgl. zur Idee der »ästhetischen Psychoanalyse« sowie zum nachfolgenden Themenkomplex den Aufsatz »Ästhetik und Anästhetik«, in: Wolfgang Welsch, *Ästhetisches Denken*, Stuttgart 1990, S. 9–40.

c) Ästhetik und Anästhetik

Oft hat sich die Kunst im 20. Jahrhundert dem Latenten, Verborgenen, Unterdrückten zugewandt. Das Unsichtbare wurde ihr wichtiger als das Sichtbare. Auch heute hat sie – anders als im pseudo-postmodernen Animationsbetrieb – in der Zuwendung zu Verborgenem, in der Exploration von unwahrnehmbar Gewordenem, Ausgeschlossenem oder Abweichendem eine ihrer wichtigsten Aufgaben. Die Arbeiten dieser Ausstellung kehren verdeckte Seiten der Geschichte unserer Gegenwart zu. Ihr Interesse zielt nicht so sehr auf die Erfindung und Akkumulation immer neuer ästhetischer Potentiale. Sie entwickeln nicht, wie das modernistische Pathos der Dauerinnovation es gebot, die soundsovielte Überbietungs-Ästhetik. Eher machen sie die herrschende Empfindungslosigkeit – unsere alltägliche Anästhetik – zu ihrem Arbeitsfeld.

d) Dialektik der Darstellung

Freilich: Man tut nichts ungefährdet. Eine Kunst, die sich nur der Sichtbarmachung des Übersehenen verschriebe, liefe Gefahr, in die Falle ihrer eigenen Ästhetisierung zu gehen. Ästhetische Zurschaustellung ist ja nichts Unschuldiges. Sie hat immer etwas vom Sklavenmarkt: Sie führt vor und gibt preis. Und die Wahrnehmung greift zu. Denn unser Blick stellt, fixiert, faßt. Der französische Ausdruck für den schnell hingeworfenen Blick – ›*coup d'œil*‹ – benennt wörtlich den Schlag, den der Blick seinem Objekt versetzt. Wahrnehmen ist immer auch ein Akt der Bemächtigung.

Zweifellos sind diese Installationen Wahrnehmungs-Maschinen. Daher müssen sie darauf achten, nicht nur reibungslos zu funktionieren, sondern solche Reibungslosigkeit auch zu problematisieren und zu stören. Sonst laufen sie, wie gesagt, ihrer eigenen Dialektik ins Messer: Während sie die Überherrschung beseitigen und für das Übersehene eintreten wollten, würden sie es durch die Darstellung erneut der Herrschaft und Bemächtigung aussetzen. Dem gebieten etliche Momente von Sprödheit, auch Verweigerung in manchen dieser Installationen Einhalt, bis hin zu jenen »Vitrinen«, in denen nichts ausgestellt ist, die auch nicht begehbar sind und die gerade dadurch unser Wahrnehmungsbegehren auflaufen lassen und bemerklich machen, es »exponieren«.

e) Pluralität und Imagination

Die Subjektivität und Pluralität der Wahrnehmungsweisen hat auch damit zu tun, daß wir bei ästhetischen Wahrnehmungen stark imaginativ tätig sind; wir steigern uns geradezu in Sichtweisen und Zusammenhänge hinein. Ästhetische Wahrnehmung hat etwas vom Rausch, wie in der Liebe. Wie dort Frau oder Mann sich hinterher fragen mögen, wie sie sich denn bloß auf jenes andere Wesen einlassen konnten, so ist auch bei Kunstwerken die Wiederbegegnung oft mit Enttäuschung verbunden – was man freilich nicht mißverstehen sollte: Es rührt daher, daß man die früher eingebrachten imaginativen Anteile nicht jederzeit in der gleichen Weise reproduzieren kann. Daher wird nicht nur der neben einem Stehende andere Imaginationen oder Assoziationen haben, sondern man wird über kurz oder lang zu seinem eigenen Nebenmann werden.

f) Sinn und Verflechtung

Ein abschließendes Wort noch zu dieser unbeendbaren Pluralität, von der ich den Eindruck habe, daß wir sie noch kaum überblicken. Sie hat nicht bloß subjektive, sondern auch objektive Gründe. Verschiedene Strömungen der Wissenschaften und der Philosophie haben uns in den letzten Jahrzehnten gezeigt, daß Sinn und Bedeutung nicht wie Atome oder Elemente verfaßt sind, sondern eher Knotenpunkten gleichen, in denen sich verschiedene Stränge, Perspektiven, Herkünfte und Zugehörigkeiten kreuzen. Klopft man einen vermeintlichen Bedeutungskern etwas genauer ab, so springt er auf wie eine Samenhülse, verschiedenste Stränge treten in ihm zutage oder aus ihm hervor. Er war kein Punkt, sondern ein Knäuel. Wenn man die Struktur von Sinn und Bedeutung in ein Bild fassen sollte, dann hätte man nicht das von Substanzen oder Elementen und ganzheitlichen Hierarchien zu wählen, sondern das von Verflechtungen und Geweben, die aus sehr unterschiedlichen Fäden und Materialien zusammengesetzt sind und bei je anderer Beleuchtung oder verändertem Maßstab ganz Verschiedenes zeigen.[22]

Mit solchen Verflechtungen und Durchkreuzungen – einschließlich ihrer Divergenzen und Sprünge – müssen wir heute in allen Sparten der Kunst, Kultur und Gesellschaft rechnen. In diese Verfassung haben wir uns einzuüben. Unbekannt ist sie nicht, unvertraut aber wohl. Und oft verleitet ihre Ungewohntheit und Schwierigkeit zu voreiliger Abwehr, zur allzu raschen Diskreditierung als ›Relativismus‹, ›Beliebigkeit‹, ›Orientierungslosigkeit‹. Als ob nicht an denen, die so sprechen, selbst abzulesen wäre, daß sie dabei Abwehrgefechte führen, um sich etwas, was sie schon in sich tragen, rhetorisch noch einmal vom Leibe zu halten. Anders verfahren die künstlerischen Arbeiten dieser Ausstellung. Sie bewegen sich neugierig und tastend im Gebiet dieser Verflechtungen, Korrespondenzen, Verschiebungen und Instabilitäten. Sie führen uns ein Stück näher an unsere Wirklichkeit heran.

22 Näher habe ich dies ausgeführt in: Wolfgang Welsch, *Vernunft. Die zeitgenössische Vernunftkritik und das Konzept der transversalen Vernunft*, Frankfurt a.M. 1995, stw 1996.

Streifzüge eines Virtuosen (Daniel Buren)

Da steht ein Pavillon in Venedig. Und da kommt ein Künstler, macht fast gar nichts (bringt nur ein paar Streifen an), und der Pavillon existiert nicht mehr.
Der Pavillon ist der französische Ausstellungspavillon der Biennale. Der Künstler heißt Daniel Buren. Die Zauberei dauert vom 29. Juni bis 28. September 1986. Man geht auf den Pavillon zu und ist überrascht, statt eines Repräsentationsgebäudes ein Gartenhaus vor sich zu sehen: weiße Latten, zwischen denen man auf einen Park mit schönen Bäumen durchblickt. Durchzublicken meint. Bis man, näher gekommen, bemerkt, daß die Durchblicke in Wahrheit Spiegelbilder sind; man schaut zwischen den weißen Latten nicht hindurch, sondern dort befinden sich Spiegelstreifen, in denen sich die umgebenden Giardini spiegeln. Die Mauer ist alternierend mit Spiegelstreifen und weißen Streifen bestückt. Das ist die erste Irritation. Was Durchblick schien, ist Widerschein. Und die Mauer, die man inexistent und durch ein Gartenhaus ersetzt glaubte, ist in Wahrheit doppelt belegt und nirgends so massiv wie hier. – Im Schlußraum wird einen die umgekehrte Irritation erwarten.
Die Räume dazwischen zeigen sukzessiv verschiedene Zustände eines im Ausgang von ihren Elementen entwickelten Systems. Im linken Seitenraum sind die Wände ganz unverändert. Der Künstler hat nur die Sockelleiste mit blauen Streifen versehen (und dieses Muster dann folgerichtig auch am Türrahmen hochgezogen und oben querlaufen lassen). Die Dekoration (wenn man Burens Arbeit so bezeichnen will) setzt beim vorgegebenen dekorativen Moment des Raumes an und geht über dieses zunächst nicht hinaus. Im rechten Seitenraum hingegen hat das System dann bereits die ganze Wand erobert. Alle Wände sind jetzt mit solch

blauen Streifen versehen, nur die Sockelleiste nicht mehr. Der Mittelraum ist mit schwarzen Wandstreifen gestaltet, aber nur von der Mittelachse zur rechten Seite hin, so daß die rechte Hälfte dieses Raumes und der rechte Nebenraum gewissermaßen ein Streifenpaket bilden.

Burens System greift überdies auf Decke und Boden aus. Der Boden ist von einem rechtwinkligen System durchlaufender bzw. regelmäßig unterbrochener Streifen überzogen, das an der Türöffnung zwischen Mittelraum und Seitenraum Maß nimmt und das sich, ohne von der Mauer Notiz zu nehmen, von einem zum anderen Raum unverändert fortsetzt.

Sensationell wirkt die Deckengestaltung. Weiß-gelb gestreifter Stoff deckt, in Längsrichtung gespannt, die halbe Deckenöffnung ab. (Der Pavillon hat, als Ausstellungspavillon, ausgiebiges Oberlicht.) Das wirkt, als ob die Wandstreifen nach oben umgesprungen wären und dabei nicht nur die Farbe, sondern auch die Ebene und die Richtung gewechselt hätten. Ein ebensolches Sonnensegel bedeckt das Oberlicht des rechten Seitenraumes.

Im Schlußraum schließlich erwartet den Betrachter eine ähnliche Überraschung wie am Anfang – nur umgekehrt. Wieder ist nur die rechte Hälfte ›dekoriert‹. Aber diesmal scheint sich zwischen den weißen Wandstreifen ein besonders apartes Streifenmaterial zu befinden. Von ferne sieht es wie Kork aus. Aber während man im Eingangsbereich zwischen den Latten auf Natur durchzublicken meinte, hat man in diesem Schlußraum – wo man Streifen besonderer Art vor sich glaubt – die roheste Wand vor sich: die vom Putz befreite Wand. Buren hat diesmal gar nichts aufgebracht (nicht je zwei Streifen wie draußen, nicht je einen wie in den mittleren Räumen), sondern er hat nur weggenommen. Streifenweise hat er die Wand mal unversehrt gelassen, mal den Putz entfernt, so daß man dort den rohen (und um seiner Wirkung willen etwas aufgeschlagenen) Backstein vor sich hat.

Insgesamt ist so die Mauer nicht mehr Mauer, die Wand nicht mehr Wand, der Raum nicht mehr Raum.
Die *Mauer* ist im Eingangsbereich zweifach negiert: Hinter den Spiegel- und Lattenstreifen ist sie unsichtbar; zudem glaubt man sie optisch aufgehoben. Durch Burens Kunstgriff entsteht an ihrer Stelle – freilich ganz und gar scheinhaft – ein leichtes, luftiges Gebilde. Im Schlußraum kommt es zur gegenteiligen Aufhebung der Mauer durch ihre Transformation ins Ornament. Faktural ist sie nicht mehr verborgen, sondern wird offen gezeigt, dies aber so, daß sie dabei optisch als etwas erscheint, was gerade nicht Mauer ist, sondern was sich üblicherweise auf der Mauer bzw. der Wand befindet: als dekorativer Streifen.
Ähnlich erfährt in den dazwischenliegenden Räumen die *Wand* eine Transformation, und zwar eine doppelte. Zuerst die bei Buren gewohnte. Versieht man eine Wand mit farbigen Senkrechtstreifen, die genauso breit sind wie die dazwischen verbleibenden Wandstücke, so wirken diese selbst wie Streifen und werden zu dekorativen Elementen. Die Wand trägt nicht mehr eine Dekoration, sondern tritt selbst in das Dekorationssystem ein. Es gibt keine Wand mehr, sondern nur noch Dekoration. Die zweite Transformation entsteht dadurch, daß die eine Hälfte der Räume unverändert geblieben ist. So hat man insgesamt nicht einen fertigen Endzustand vor sich, sondern ein instabiles Gebilde, einen Raum im Übergang. Die Wand verwandelt sich zuerst vom vorgegebenen Raumelement zur dekorativen Streifenwand und dann noch einmal zur Decke hin, indem das Deckensegel den Streifencharakter von Burens Wand fortsetzt und wie ein Paravent wirkt, der die Hälfte der Lichtöffnung abdeckt. Man hat somit drei Zustände von Wand um sich (neutrale Wand, gestreifte Wand, wandartiges Deckensegel), von denen einer zum andern führt und die insgesamt eine zunehmende Aufhebung der Wand bewirken. (Vielleicht sollte man als vierten und letzten ›Wand‹-Typus die freie Deckenöffnung hinzunehmen.)

Die Veränderung von Mauer und Wand vollendet sich in einer Transformation des *Raum*-Charakters. Vom Gartenhaus-Effekt bis zum Dekor-Effekt der Mauer (in der Tiefenerstreckung), von der Sockel-Dekoration bis zur Total-Dekoration (in der Breitenerstreckung), vom Übergang der neutralen Wand zum Streifensystem und zu dessen Umspringen ins Deckensegel wird der Raumcharakter zunehmend instabil, irritierend, irreal. Man hat nicht mehr ein Gebäude vor sich, sondern bewegt sich in einem die natürliche Ordnung aufhebenden Gebilde. Die konventionelle Tektonik und die einfachen Gesetze der Horizontalität und Vertikalität gelten nicht mehr. Der Raum entfaltet sich in Mutationen seiner selbst.

Diese Mutationen vollzieht man nicht bloß nach, sondern man führt sie selbst aktiv weiter. Denn die Wahrnehmung dieser Raumgebilde ist von Anfang an imaginativ und wird es bei allem analytischen ›Buchstabieren‹ erneut. Der Übergang vom weißen zum gestreiften Raum und die Kippung und Drehung zur Decke – eine mathematisch präzise wie imaginativ schwerelose Operation – setzen sich in der Vorstellung fort. Das Lapidare der Eingriffe (nur Streifen in einfachen Farben), die große Helligkeit und überpräzise Atmosphäre sowie die Leichtigkeit der Übergänge stimulieren die Phantasie. Die anschaulichen Wirkungen gehen über die Mittel weit hinaus, und diesen Überschuß nützt die Imagination als Potential weiterer Schritte. Wahrgenommen wird ein bei aller Offensichtlichkeit kaum faßliches Gebilde. Das löst einen Imaginationsprozeß aus, der zu weiteren Sprüngen und Auflösungen (über kurzfristige atmosphärische Erscheinungen bis zum Entschwinden in einem unsichtbaren Weiß) führt. Aus dem vorgegebenen Raum ist ein wundersames Gebilde geworden, das als Szenerie der Imagination funktioniert.

Buren ist ein Zauberer der Leichtigkeit. In den Abteilungen »Alchemie« und »Wunderkammer« hat die Biennale viel Anstrengung ums Wunderbare aufgeboten. Buren genügen

einfachste Mittel. Ihre Wirkung ist ebenso präzis wie reich. Die üblichen Vorstellungen von Räumlichkeit, Substantialität und Ordnung werden mit wenigen Gesten und Schritten übersprungen. Wir treten in eine mögliche Welt ein. Und heiter ist nicht nur deren Charakter, sondern auch das Erlebnis dieses Übergangs.
Die Zeiten der Schwere und Unveränderlichkeit sind vorbei. Mauer wird zum Durchblick, Wand wird Dekoration, Raum entfaltet sich als Sukzession von Transformationen. Der Künstler schafft nicht verbissen ein Werk, sondern er setzt Gesten. Die Installation ist denn auch faktisch so vorübergehend wie anschaulich instabil. In einigen Monaten wird nichts mehr von ihr zu sehen sein. Sie wird allein in den Köpfen und Vorstellungskräften – den eigentlichen Orten alles Bedeutenden – weiter existieren. Sie ist so ephemer und virtuell wie alles Reale in dieser Zeit, die man ›Postmoderne‹ nennt. (Das Realste derselben, die elektronische Information, ist geradezu exemplarisch virtuell.) Dieser Reiz des Passageren und der Flüchtigkeit ist ebenso groß wie der des Dekorativen. Es gibt keine Schwere, keine Tiefe, keine Metaphysik mehr. Alles ist Schein, Leichtigkeit, Oberfläche geworden. Dorthin – an ihren eigentlichen Ort – ist die Schönheit heute zurückgekehrt. Burens Installation gehört der Ontologie des Virtuellen zu, in die wir zunehmend eintreten. In diesem ›Pavillon‹ kann man sich für Stunden schon in dieser Welt fühlen. In einer Welt, die früher als die der Engel beschrieben wurde. Und die heute an ausgezeichneten Orten inmitten unserer Existenz möglich wird. In Venedig – bei Buren – und anderswo.

Gegenwartskunst im öffentlichen Raum: Augenweide oder Ärgernis?

»Kunst im öffentlichen Raum« ist ein Thema voller Probleme. Haben wir überhaupt noch öffentliche Räume? Sind die Räume, die wir so nennen, wirklich Räume einer Öffentlichkeit? Was heißt heute noch »Öffentlichkeit«?
Was man gemeinhin »öffentlicher Raum« nennt, ist nicht mehr, wie es einst gemeint war, der Raum einer demokratischen Öffentlichkeit, sondern ist Einkaufszone, Verkehrsbereich oder Behördenareal. Öffentlichkeit existiert, wenn überhaupt noch, nicht dort, sondern eher in den Medien. Der öffentliche Raum ist nur noch dem Wort, nicht mehr der Sache nach öffentlicher Raum.
Manche aber haben diese Veränderung, haben diesen Wegfall von Voraussetzungen der Denkfigur »Kunst im öffentlichen Raum« nicht bemerkt. Sie folgen noch immer den alten Mustern, Kriterien und Entscheidungsregeln, obwohl der Kontext längst ein anderer geworden ist. – Es gibt einen französischen Film, in dem ein Sänger allabendlich die Bühne betritt, obwohl seit Jahren kein Publikum mehr kommt. Anderswo habe ich erlebt, wie ein alter Mann regelmäßig in der Kirche seiner Jugendzeit betete, obwohl sie schon lange zu einem Freizeitzentrum umgebaut worden war. So ähnlich verhält es sich mit den Reden über Kunst im öffentlichen Raum heute. Vor lauter Insider-Betriebsamkeit haben die Matadore des Themas den Wegfall einer entscheidenden äußeren Voraussetzung, eine einschneidende Veränderung in den Rahmenbedingungen von »Kunst im öffentlichen Raum« offenbar nicht mitbekommen.

1. Der öffentliche Raum heute: ein hyperästhetisches Arrangement

Der herkömmliche Denkrahmen bezüglich »Kunst im öffentlichen Raum« besagte: Da ist zunächst der öffentliche Raum, der als solcher kunstlos ist; zu ihm kommt die Kunst hinzu, in ihn tritt sie ein. Diese Figur aber gilt heute nicht mehr. Der öffentliche Raum – so meine These – ist heute, schon bevor die Kunst in ihn hineinkommt, als solcher hyperästhetisch.[1]

Man denke beispielsweise an die ästhetische Inszenierung unserer Innenstädte. Seit Jahren werden sie einem pseudopostmodernen Facelifting unterzogen. Die Einkaufszonen werden elegant, chic und animatorisch gestaltet. Die urbane Umwelt wird insgesamt auf Hochglanz gebracht, verhübscht und geschönt. Man nennt das »Ästhetisierung«. Im Zuge dieser Tendenz gestaltet man heute jede Boutique und jedes Café ›erlebnisaktiv‹. Die deutschen Bahnhöfe heißen nicht mehr Bahnhöfe, sondern nennen sich, seit sie mit Kunst garniert werden, »Erlebniswelt mit Gleisanschluß«. ›Erlebnis‹ ist überhaupt das neue Stichwort – alltäglich gehen wir vom Erlebnis-Büro über den Erlebnis-Kauf zur Erlebnis-Gastronomie. Nichts in unserem öffentlichen Raum – kein Pflasterstein, keine Türklinke und schon gar kein Platz – blieb von diesem Ästhetisierungs-Boom verschont. »Schöner wohnen« war eine Parole von gestern, heute heißt es »Schöner leben, schöner einkaufen, schöner kommunizieren, schöner schlafen«.

Ästhetik ist auch für die Selbstdarstellung der Wirtschaft unentbehrlich geworden. Banken errichten gegenwärtig die spektakulärsten Architekturen – spektakulär auch darin, daß man nicht mehr ohne weiteres erkennt, daß es sich um eine Bank handelt. Man betreibt die Inszenierung eines

1 Vgl. zur Ästhetisierungsdiagnose im vorliegenden Band ausführlicher den Aufsatz »Ästhetisierungsprozesse: Phänomene, Unterscheidungen, Perspektiven«, insbes. Abschn. I, S. 9–21.

Schauspiels, eines Spektakels. Waren es bis vor kurzem Museumsgebäude, die zeitgleich mit ihrer Fertigstellung als Monographien auf dem Buchmarkt präsent waren, so sind es heute die Bankgebäude. Ebenso ästhetikträchtig sind das Schlagwort von der »Corporate Identity« und das Kunst- und Kultursponsoring, das jede Firma, die etwas auf sich hält, derzeit betreibt.

Es wäre freilich verfehlt, nur wirtschaftliche Interessen oder politische Vorgänge für die globale Ästhetisierung unserer Tage verantwortlich zu machen. Wir selber wirken durch unser individuelles Styling an dieser Ästhetisierung kräftig mit. Nicht mehr Heilige (wie einst) und nicht Forscher oder Intellektuelle (wie vielleicht noch bis vor kurzem), sondern die *beautiful people* sind die zeitgenössischen Vorbilder des Lebens. In Beautyfarms und Fitneßzentren betreiben wir eine gnadenlose Verschönerung unserer Körper; und die Gentechnologie – diese neue Ästhetisierungsbranche – verspricht uns eine Welt voll perfekt gestylter Vorführmodelle.

Die Ästhetisierungswelle – darauf wollte ich als erstes hinweisen – rollt allenthalben. Längst hat sie den öffentlichen Raum erobert und überspült. Alles in diesem Raum ist durchgestylt. Und die Schönheit, die dabei erzeugt wird, ist voller Glätte; auch scheinbare Irritationen sind kalkuliert. Dies ist der Befund, von dem man heute ausgehen muß, wenn man vom öffentlichen Raum spricht: Der öffentliche Raum ist hyperästhetisch geworden.

2. Kunst in einem hyperästhetischen öffentlichen Raum?

Was soll in einem solcherart hyperästhetischen Raum noch die Kunst? Was kann sie da noch hinzutun? Und wie kann sie sich unterscheiden?

a) Schöne Kunst ist überflüssig

Ein Hinzutun ist offenbar nicht mehr nötig. Es ist schon alles getan. Es ist bereits alles schön. Keineswegs sind die ästhetischen Inszenierungen ja allesamt schlecht. Es finden sich exquisite Leistungen darunter, übrigens nicht zuletzt deshalb, weil etliche Künstler den Weg zum Alltagsverschönerer bzw. Designer-Architekten eingeschlagen haben. Manche taten es bewußt, wie Roy Lichtenstein, David Hockney, Sam Francis, Norman Foster und Michael Graves, die für eine Teppichbodenfabrik, nachdem diese starke Umsatzeinbußen erlitten hatte, attraktive Muster entwarfen – mit alsbaldigem Erfolg. Andere haben eher unbemerkt das Terrain gewechselt. Jean Tinguely beispielsweise, der einst ein offensiver Künstler war, wurde zunehmend zu einem affirmativen. Eines seiner späten Werke, der *Luminator*, schmückt die Ankunftshalle des Basler Hauptbahnhofs. (Nicht nur in Deutschland gibt es »Erlebnisstätten mit Gleisanschluß«.)
Weithin sind ehemalige Funktionen der Kunst in der Ästhetisierung des Alltags aufgegangen. Michael Schirner, der Düsseldorfer Werbeexperte, sagt zu Recht: »Die Werbung hat heute die Funktion übernommen, die früher die Kunst hatte: die Vermittlung ästhetischer Inhalte ins alltägliche Leben.«[2] In einer solcherart hyperästhetisierten Alltagswelt braucht es die Kunst nicht mehr, um Schönheit in die Welt zu bringen. Das haben die Designer und Stadtgestalter schon mit größtem Erfolg getan.
Erstmals hat die neuen Verhältnisse Jean Baudrillard beschrieben. Er bezeichnete unsere Realität als das Hyperreale, »in dem sogar der Widerspruch zwischen dem Wahren und dem Imaginären ausgelöscht ist«.[3] Seine Schlußfolgerung lautete: »Kunst ist daher überall, denn das Künst-

2 Michael Schirner, *Werbung ist Kunst*, München ^{2}1991, S. 12.
3 Jean Baudrillard, *Der symbolische Tausch und der Tod*, übers. von Heinz Feichtinger, München 1982, S. 114.

liche steht im Zentrum der Realität. Die Kunst ist daher tot, [...] weil die Realität selbst – vollständig von einer Ästhetik geprägt [...] – mit ihrem eigenen Bild verschmolzen ist.«[4]
Um dieses Überflüssigwerden von Kunst im öffentlichen Raum ganz zu begreifen, muß man es geradezu positiv formulieren: Kunst ist überflüssig geworden, weil sie gesiegt hat. Die alten Ästhetisierungsprogramme wurden sogar umfassender eingelöst, als ihre Apologeten es sich je erträumt hatten. Alles ist schön geworden.
Überflüssig kann man eben auch dadurch werden, daß man auf der ganzen Linie siegt. Das scheint das Schicksal dieser Ästhetisierungsprogramme und ihres Eintretens für schöne Kunst und schöne Gestaltung zu sein. Nur müßte man dies dann auch endlich bemerken, statt immer noch die alten Beschwörungsformeln leerlaufend zu wiederholen. Allzu viele Experten aber denken, von Gegenwartskunst im öffentlichen Raum sprechend, im Grunde immer noch an ›Straßenmöblierung‹. Ergänzend zu den Designmöbeln in den Innenräumen wollen sie Kunstmöbel im öffentlichen Raum aufgestellt sehen.[5]

b) Schöne Kunst wäre ununterscheidbar

Nun wäre schöne Kunst, in den öffentlichen Raum eingebracht, heute offenbar von der alltäglich schon bestehenden schönen Gestaltung, vom Design unseres öffentlichen Rau-

4 Ebd., S. 119.
5 Im übrigen ist der Begriff der Kunst im öffentlichen Raum durch drastische und hochproblematische Selektionen gekennzeichnet. Wäre es anders, so würde ja an erster Stelle die Architektur stehen müssen, die den öffentlichen Raum primär prägt. Aber an sie denkt man unter diesem Etikett überhaupt nicht. Es herrscht eine schier selbstverständliche Verengung auf Plastik. Selbst Malerei, die im herkömmlichen Kontext von »Kunst am Bau« noch dazugehörte, wird heute fast völlig ausgeblendet. Die Einengung ist nicht unschuldig, sondern skandalös. Sie hält das falsche Grundschema, wonach der öffentliche Raum kunstlos und vorgegeben sei und in diesen dann Kunst hineintrete, am Leben.

mes, ohnehin kaum noch zu unterscheiden. Zwar könnte man in einer Zwischenphase glauben, die Kunstwerke würden es schon von selber fertigbringen, sich von der schönheitlichen Ästhetisierung des Alltags abzuheben. Aber zum einen haben allzu viele Künstler selbst die Sparte gewechselt und sich den animatorischen Inszenierungsbedürfnissen angeglichen; sie arbeiten nun – erfolgreich und lukrativ – am Embellissement des öffentlichen Raumes mit. Zum andern sollte man die Absorptionskraft des Kontexts nie unterschätzen: Werke, die nur wenig abweichen, werden ohne weiteres in den Funktionskreislauf der Ästhetisierung integriert. Die gewisse Fremdheit, die sie aufweisen, wirkt eher als Steigerung der Alltagsästhetisierung. Kunstzutaten vollenden das ästhetische Alltagsmenü. Und nur unter dieser Bedingung sind sie auch erwünscht, bekommen sie den Zuschlag.

Die Zeit jedenfalls, wo uns ein Kunstwerk das große Augenaufschlagen bereiten konnte, indem es uns eine unbekannte schöne Welt (im Gegensatz zur trivial-häßlichen des Alltags) vor Augen stellte, ist vorbei – diese Figur geht nicht mehr. Wenn Kunst im öffentlichen Raum heute noch Sinn haben soll, dann kann es nicht der einer fortdauernden ästhetischen Verschönerung sein. Er wird anderswo liegen müssen.

3. Kunst im öffentlichen Raum: Unterbrechung der Ästhetisierung

Laufen diese Überlegungen auf das Ende der Kunst, auf das Ende jeder sinnvollen Möglichkeit von Kunst im öffentlichen Raum hinaus? Ja und nein.

Denn einerseits: Eine Kunst, die nur der Verschönerung dient, brauchen wir im öffentlichen Raum in der Tat nicht mehr; diese Aufgaben sind, wie gesagt, längst anderweitig erfüllt. Aber andererseits bleibt der Kunst eine Alternative: Sie kann als Instanz der Fremdheit, der Irritation, der Sperrigkeit wirksam werden. Heute muß sie diesen Weg einschlagen. Die Kunst hat der schönheitlichen Ästhetisierung und deren Amalgam entgegenzutreten, diese zu unterbrechen. Öffentliche Kunst, die ihren Namen verdient, wird gegen die grassierende Ästhetisierung intervenieren müssen.

Und dies ist selbst eine ästhetische Aufgabe. Denn unsere Wahrnehmung (*aisthesis*) benötigt auch Zonen der Unterbrechung, der Andersheit und Ruhe. Jeder Wahrnehmungspsychologe weiß das. Wo alles schön wird, ist nichts mehr schön, Dauererregungen führen zu Abstumpfung.[6] Inmitten der Hyperästhetik des öffentlichen Raumes tun ästhetische Brachflächen not.

Dies also wäre die eigentliche Aufgabe von Kunst im öffentlichen Raum heute: sich der schönheitlichen Ästhetisierung zu widersetzen, statt sich ihr anzugleichen. Kunst soll nicht gefällig einschlagen wie ein Artikel, sondern eher dreinschlagen wie ein Meteor.

Dafür sind verschiedene Verfahren denkbar. Beispielsweise können hermetische Gebilde von hoher Eigenlogik und Sperrigkeit, einem Kristall vergleichbar, inmitten der aufgedrehten Ästhetisierungs-Szenarien Orte der Autonomie und Ruhe schaffen. Ebenso können Kunstwerke ausdrücklich widerständig, verletzend, schwerverständlich bis unverständlich auftreten, können eine Störung darstellen und ein Ärgernis bereiten. Natürlich kommen auch weniger kontroverse Interventionen in Frage. Aber ein Moment des Ungewöhnlichen müssen sie immer enthalten. Ich denke beispielsweise an die Umdeutung bestehender Situationen, an irritierende Eingriffe, die sich gegen Bebauungsmuster, Straßensysteme oder die Optik der Reklame wenden. Bei alledem müssen die Werke Züge aufweisen, die sie uneinnehmbar machen.

6 Näheres habe ich dazu unter dem Titel »Ästhetik und Anästhetik« ausgeführt in: Wolfgang Welsch, *Ästhetisches Denken*, Stuttgart 1990, S. 9–40.

Auf die Alternative »Augenweide oder Ärgernis« bezogen,[7] bedeutet dies: Die Kunst soll keine Augenweide bieten, wie die alltägliche Ästhetisierung das schon so erfolgreich tut, sondern sie muß zum Ärgernis bereit sein und Anstoß erregen. Übrigens sollte man auch über das Wort »Augenweide« noch einmal nachdenken: Werden wir nicht, wenn man uns mit einer »Augenweide« beglücken will, wie Vieh behandelt? Gehen Werke heute ohne Aufregung durch, so ist das meist ein Zeichen dafür, daß sie überflüssig waren. Selbst wenn die Werke unspektakulär agieren, muß das Moment des Ungewöhnlichen und der Widerständigkeit stark sein. Nur so können sie sich der Gefahr der Vereinnahmung durch die Alltagsästhetisierung widersetzen. Richard Serras Arbeiten sind ein Beispiel dafür. Sie sind so widerständig, daß sie nicht absorbiert werden können, sondern entweder ertragen oder abgerissen werden.

Widerstand gegen die grassierende Ästhetisierung des öffentlichen Raumes also scheint mir die Conditio sine qua non, und Fremdheit, Störung, Unterbrechung und Andersheit scheinen mir unerläßliche Kategorien für Kunst im öffentlichen Raum heute zu sein. Nur eine Kunst dieser Art ist noch den Aufwand wert.

7 Diese Alternative war das Motto der Veranstaltung, bei der ich diese Thesen als Einführungsstatement vortrug (Universität Münster, UniKunstTag, 13. November 1991).

Zur hermeneutischen Verfassung der Kunst

Einleitende Erörterungen
Philosophie und Kunst: Kongruenz oder Gegensatz?

1. Wechselverhältnisse zwischen philosophischer Hermeneutik und Kunst

Geläufig ist, daß zwischen philosophischer Hermeneutik und Kunst Affinitäten bestehen. Gadamers *Wahrheit und Methode* ist ein Zeugnis dafür. Die »Freilegung der Wahrheitsfrage« erfolgt dort »an der Erfahrung der Kunst«.[1] Schon Gadamers Lehrer Heidegger zufolge sollte die Kunst eine ausgezeichnete Instanz der Wahrheit darstellen.
Andererseits ist das Verhältnis zwischen der philosophischen und der künstlerisch-ästhetischen Sphäre spannungsvoll. Auch dafür kann Gadamers *Wahrheit und Methode* als Beleg dienen. Die Frage nach der Wahrheit der Kunst muß im Gegenzug gegen das ästhetische Bewußtsein wiedergewonnen werden. In diesem Punkt ist sogar Gadamers Kontrahent Derrida mit ihm einig – auch er meint, daß das traditionelle ästhetische Bewußtsein das Eigentümliche der Kunst verfehlt habe.
Beide Positionen – die der Kongruenz und die des Gegensatzes – hat ein anderer Großer des 20. Jahrhunderts miteinander verbunden: Theodor W. Adorno. Er erklärte einerseits: Die »Wahrheit des Werkes an sich ist der philosophischen Interpretation kommensurabel«.[2] Andererseits wies er auf das Spannungsverhältnis zwischen Philosophie und

1 Hans-Georg Gadamer, *Wahrheit und Methode. Grundzüge einer philosophischen Hermeneutik*, Tübingen ²1965, S. 1 ff.
2 Theodor W. Adorno, *Ästhetische Theorie*, in: Th. W. A., *Gesammelte Schriften*, Bd. 7, Frankfurt a. M. ⁴1984, S. 197.

Kunst hin: »Kunstwerke sind nicht von der Ästhetik als hermeneutische Objekte zu begreifen; zu begreifen wäre, auf dem gegenwärtigen Stand, ihre Unbegreiflichkeit.«[3]

2. Die traditionelle Konkurrenz zwischen Philosophie und Kunst

Seit alters stehen Philosophie und Kunst in Konkurrenz miteinander. Das könnte ein Indiz ihrer Gleichrangigkeit sein. Die gegenseitigen Verurteilungen enthalten immer auch ein Stück Anerkennung. Platon und Leonardo da Vinci bieten Beispiele dafür. Wenn Platon die Dichtung rügt, weil sie uns erstens an das Scheinhafte binde, statt uns auf das Seiende auszurichten, und weil sie zweitens die Leidenschaften errege, statt sie zu kontrollieren und einzig die Stimme der Vernunft zur Geltung zu bringen, dann hat Platon die Kunst offenbar wirklich für gefährlich gehalten – daher seine Exilierung der Dichter einschließlich Homers. Und wenn Leonardo da Vinci sagt, die Malerei stehe höher als die Philosophie, denn die Malerei ziele auf die Oberfläche der Naturdinge, die Philosophie hingegen suche in deren Inneres zu dringen, während sich die Wahrheit der Naturdinge doch gerade an der Oberfläche zeige und keineswegs in deren Innerem verborgen sei, so spürt man, wie sehr Leonardo Mühe hat, seiner begrenzten Wahrheit gegen einen übergroßen und respektierten Gegner Geltung zu verschaffen.[4]

3 Ebd., S. 179.
4 Vgl. Wolfgang Welsch, »Das Zeichen des Spiegels. Platons philosophische Kritik der Kunst und Leonardo da Vincis künstlerische Überholung der Philosophie«, in: *Philosophisches Jahrbuch* 90/2 (1983) S. 230–245.

3. Das hermeneutische Verhältnis der Philosophie zur Kunst

Aber nicht eine *Konkurrenz* zwischen Philosophie und Kunst soll hier das Thema sein, sondern eine mögliche *Kooperation* beider, wie sie im philosophisch-hermeneutischen Verstehen der Kunst vorliegt. Lehren uns die genannten Beispiele auch dafür etwas?

Der traditionelle Wettstreit zwischen Philosophie und Dichtung oder zwischen Malerei und Philosophie konnte unter verschiedenen Aspekten ausgetragen werden – unter einem anthropologischen Gesichtspunkt bei Platon, unter einem Wahrheitsgesichtspunkt bei Leonardo, und verschiedentlich finden sich auch andere Unterscheidungsgesichtspunkte, etwa solche der gesellschaftlichen Nobilität oder der Zukunftsfähigkeit oder der prognostischen Kraft. Nie jedoch wurden in dieser Geschichte *Fragen der Interpretation* zum Anlaß der Absetzung genommen.

Das hat zwei Gründe. Erstens verlangt Interpretation grundsätzlich Kongruenz. Wenn die Kunst Gegenstand philosophischer Interpretation sein soll, dann müssen Kunst und Philosophie im Grunde kommensurabel sein – sonst bestünde gar keine *Möglichkeit* der Interpretation; erst sekundär muß dann auch eine Differenz bestehen – sonst bestünde keine *Aufgabe* der Interpretation.[5] So weit der erste Grund, warum Probleme der Hermeneutik traditionell unter den Absetzungsschemata zwischen Philosophie und Kunst nicht auftauchen: Hermeneutik muß Verträglichkeit, nicht Unverträglichkeit unterstellen.

Der zweite Grund liegt von daher nahe. Eine hermeneutische Bestimmung des Verhältnisses der Philosophie zur Kunst ist ein Sonderfall. Historisch gesehen, taucht derglei-

5 Der Klassiker für die Behauptung einer Kommensurabilität von Philosophie und Kunst ist Aristoteles, der in der *Poetik* jegliche Kunst als Erkenntnisübung begriff und der großen Kunst sogar den Rang philosophieartiger Wahrheit (etwa im Unterschied zur Historie) zusprach.

chen erst relativ spät auf. Um 1800 geschieht es, daß die Kunst für die Philosophie primär zum Gegenstand der Interpretation wird – während sie zuvor als Konkurrent oder Vorbild oder als vergleichsweise belanglose Zierde des Daseins galt. Am deutlichsten zeigt sich das neue Verhältnis in Hegels *Vorlesungen über die Ästhetik*.
Im folgenden will ich insgesamt drei Ansätze diskutieren: erstens den traditionellen, von Hegel auf den Begriff gebrachten Ansatz einer philosophischen Hermeneutik der Kunst, der von einer grundsätzlichen *Kommensurabilität* zwischen Kunst und Philosophie ausgeht; zweitens den modernen Ansatz, der im Gegenzug dazu eine prinzipielle *Inkommensurabilität* zwischen Kunst und Philosophie behauptet; schließlich einen dritten, beide Einseitigkeiten übersteigenden Ansatz, der die *hermeneutische Verfassung der Kunstwerke selber* zum Ausgangspunkt nimmt – dies ist der Ansatz, zu dem ich selbst mich verstehe.

I. Die traditionelle Kommensurabilitätsthese und der Anspruch eines philosophischen Begreifens der Kunst

1. Hegel: von der Kunst zur Kunstwissenschaft

Hegel bringt die Kunst unter den Zugriff der Philosophie, unter das Gebot philosophischen Begreifens. Diese Behauptung mag zunächst überraschend klingen, denn Hegel war im Lauf der Zeit gerade in Sachen Kunst majorisierungs-kritisch geworden. Zwar hatte er in seiner Frühzeit selbst an einer ästhetischen Majorisierung mitgewirkt – das *Älteste Systemprogramm des deutschen Idealismus* vertrat ja eine offenkundige ästhetische Majorisierung, wenn es »Wahrheit und Güte nur in der Schönheit verschwistert«

sein lassen wollte und den »höchste[n] Akt der Vernunft« zu einem »ästhetischen Akt« und »die Philosophie des Geistes« zu einer »ästhetische[n] Philosophie« erklärte.[6] Aber in seinen Berliner *Vorlesungen über die Ästhetik* wandte sich Hegel dann scharf gegen eine andere Majorisierung, gegen die des Ästhetischen durch moralische Gesichtspunkte. Dem Versuch, die Kunst auf das Ziel »der *moralischen* Besserung« zu verpflichten,[7] hielt er entgegen, daß sich zwar »aus jedem echten Kunstwerke [...] eine gute Moral ziehen« lasse,[8] daß man aber das Kunstwerk nicht in seinem Kern »als ein nützliches Werkzeug zur Realisation dieses außerhalb des Kunstbereichs selbständig für sich geltenden Zwecks« ansehen dürfe.[9] Die Kunst habe vielmehr »ihren Endzweck in sich«.[10]

Nur: Diese These wird bei Hegel dann zum Ausgangspunkt einer anderen Majorisierung – diesmal einer philosophischen Majorisierung der Kunst. Denn worin liegt für Hegel der Endzweck der Kunst? Darin, daß sie »die *Wahrheit* in Form der sinnlichen Kunstgestaltung« enthüllt.[11] Wahrheit wird der Kunst also zwar zugesprochen, aber sie soll diese Wahrheit bloß in sinnlicher, noch nicht in ihrer wahrhaften, geistigen Form enthalten. Die Bindung ans Sinnliche bezeichnet die Schranke der Kunst. Die Kunst ist zwar »aus dem Geiste entsprungen und erzeugt« und stellt somit »eine Entwickelung des Begriffs aus sich selber« dar – aber bloß in der Weise seiner »Entfremdung zum Sinnlichen hin«.[12] Genau diese Entfremdung aber gilt es aufzuheben,

6 *Mytholcgie der Vernunft. Hegels »ältestes Systemprogramm des deutschen Idealismus«*, hrsg. von Christoph Jamme und Helmut Schneider, Frankfurt a.M. 1984, S.12.

7 Georg Wilhelm Friedrich Hegel, *Ästhetik*, hrsg. von Friedrich Bassenge, 2 Bde., Frankfurt a.M. o.J., Bd.1, S.61.

8 Ebd.

9 Ebd., S.64.

10 Ebd.

11 Ebd.

12 Ebd., S.24.

die Sinnlichkeitsschranke der Kunst ist zu übersteigen. Das geschieht durch »die Macht des denkenden Geistes«, der, auf das Kunstwerk sich richtend, »das Entfremdete zu Gedanken verwandelt und so zu sich zurückführt«.[13] Und Hegel zufolge steht das Kunstwerk dem begreifenden Denken »durchaus nach allen Seiten hin offen«, sofern das Denken nur »wirklich mit der Macht des Begriffs ausgerüstet ist«.[14] Die Kunst lädt uns geradezu zu denkender Betrachtung ein,[15] um darin »erst ihre echte Bewährung« – und das heißt: ihre eigentliche Bewahrheitung – zu erfahren.[16] Kurzum: Der Endzweck der Kunst, Wahrheit zu enthüllen, erfüllt sich nicht schon in der Kunst, sondern erst im denkenden Begreifen derselben.[17]

Mit diesem Konzept legitimiert Hegel ein Selbstverständnis der Kunstwissenschaft als eigentlicher Einlösungsinstanz der Kunst. Zwar kommt die Kunst darin ans Ende – aber im Sinn ihrer Vollendung, der Befreiung ihrer Wahrheit, der definitiven Einlösung ihres »Endzwecks«. Indem der wissenschaftliche Begriff die Kunst aus ihrem Sinnenkleid erlöst, tritt, was die Kunst eigentlich sagen wollte, als Kunst jedoch nicht zu sagen vermochte, endlich unverhüllt zutage. Das Kunsthafte fällt als Schlacke ab, und der reine Begriff bleibt zurück. So gehören das Ende der Kunst und der Aufstieg der Kunstwissenschaft zusammen.[18]

13 Ebd.

14 Ebd., S. 99.

15 Vgl. ebd., S. 22.

16 Ebd., S. 24.

17 Dies ist der tiefere Sinn von Hegels These vom Ende der Kunst. Seitdem die Epoche der Reflexion angebrochen ist (vgl. ebd., S. 22), wollen wir statt bloßer Kunst Wissenschaft der Kunst. Die »Zeiten, in welchen die Kunst für sich als Kunst schon volle Befriedigung gewährte«, sind vorbei. Heute verlangen wir »die *Wissenschaft* der Kunst« (ebd.).

18 Das erklärt vielleicht auch den latenten und oft manifesten Ikonoklasmus der Kunstwissenschaft.

2. Die traditionelle philosophische Ästhetik: ad maiorem philosophiae gloriam

Hegel ist kein Sonderfall, sondern er bringt ein Konstruktionsprinzip der traditionellen Ästhetik auf den Begriff. Die Ästhetik wurde schon bald nach ihrer Begründung zu einem Unternehmen der philosophischen Usurpation der Kunst. Sie zielte nicht auf ein Verständnis der Kunst, sondern auf eine Verbesserung der Philosophie.[19] Und sie war von der prinzipiellen Kommensurabilität von Kunst und Philosophie überzeugt.[20]
Daß es in dieser traditionellen Ästhetik mehr um Philosophie als um ein Verständnis der Kunst ging (weswegen sie für eine wirkliche Hermeneutik der Kunst unbrauchbar ist), läßt sich am deutlichsten an Schelling ablesen. Schelling hat 1800 im *System des transzendentalen Idealismus* die Kunst – scheinbar rühmend – »das einzige wahre und ewige Organon der Philosophie« genannt, weil sie »dem Philosophen das Höchste, [...] das Allerheiligste gleichsam öffnet«, indem sie das Bewußtlose und dessen ursprüngliche Identität mit dem Bewußtsein vergegenwärtigt, auf welche Identität die Philosophie zwar hinausdenken muß, die sie infolge ihrer eigenen Reflexität aber nicht genuin zu denken vermag.[21] Natürlich läuft diese Auffassung auf eine philosophi-

19 Bereits die Kantische Ästhetik erwuchs ja offensichtlich nicht aus ästhetischen, sondern aus philosophischen Motiven. Kant benötigte die *Kritik der Urteilskraft* als »Verbindungsmittel der zwei Teile der Philosophie zu einem Ganzen«. Und das *Älteste Systemprogramm des Deutschen Idealismus* knüpfte an diesen Gedanken vom Schönen als Verbindungsglied des Wahren und Guten an und hoffte, auf diesem ästhetischen Weg die alten Einheitssehnsüchte noch einmal erfüllen zu können.

20 Daß sich hingegen de facto Inkommensurabilität abzeichnete, hat Schlegel notiert: »In dem, was man Philosophie der Kunst nennt, fehlt gewöhnlich eins von beiden; entweder die Philosophie oder die Kunst« (Friedrich Schlegel, »Lyceums-Fragmente«, in: F. S., *Kritische Ausgabe*, hrsg. von Ernst Behler, Bd. 2, München 1967, S. 147–163, hier S. 148).

21 Friedrich Schelling, *System des transzendentalen Idealismus*, Hamburg 1962, S. 297, 6. Hauptabschn., § 3,2.

sche Funktionalisierung der Kunst hinaus – »Organon« heißt ja auch »Werkzeug«. Schelling sagt selbst von seiner *Philosophie der Kunst*, daß sie nichts anderes als eine Anwendung seines »Systems der Philosophie« auf die Kunst sei, nämlich »die allgemeine Philosophie«, nunmehr »in der Potenz der Kunst« durchgeführt.[22]

Gerade weil diese Ästhetik von einer prinzipiellen Kommensurabilität von Kunst und Philosophie ausgeht, kann sie erstens die Kunst umstandslos für philosophische Zwecke in Anspruch nehmen und hat sie es zweitens nicht nötig, sich von der wirklichen Kunst, der Kunst der Kunstwerke, etwas sagen zu lassen.[23] Freilich weiß sie zu dieser dann auch nichts zu sagen. Als Schelling Generalsekretär der Münchener Akademie der bildenden Künste wird und kraft Amtes verpflichtet ist, Vorlesungen über Kunst zu halten, liest er in den fünfzehn Jahren seiner Amtszeit nicht ein einziges Mal über Kunst. Die Stunde der Bewährung wird zum Offenbarungseid der Ästhetik.[24]

22 Friedrich Schelling, *Philosophie der Kunst* (Vorlesung Jena, Wintersemester 1802/03), Nachdr. der Ausg. 1859, Darmstadt 1976, S. 7 bzw. S. 124.

23 Schelling erklärt, daß eine Philosophie der Kunst einzig von der »Kunst an sich«, hingegen »von empirischer Kunst auf keine Weise« zu handeln habe (Brief an August Wilhelm Schlegel, 3. September 1802, zit. nach: *Aus Schellings Leben. In Briefen*, Bd. 1, hrsg. von G. L. Plitt, Leipzig 1869, S. 390 bis 399, hier S. 397).

24 Ausführlicher habe ich die Probleme der traditionellen Ästhetik diskutiert in: »Traditionelle und moderne Ästhetik in ihrem Verhältnis zur Praxis der Kunst«, in: *Zeitschrift für Ästhetik und Allgemeine Kunstwissenschaft* 28 (1983) S. 264–286.

3. Die Unbrauchbarkeit dieser Ästhetik für eine Hermeneutik der Kunst

Dieser traditionelle Typus von Ästhetik ist für die Zwecke einer Hermeneutik der Kunst insgesamt untauglich. Sein Begreifen der Kunst intendiert nicht ein Verstehen der Kunst, sondern deren Aneignung, ihre Übersetzung in Philosophie, ihre philosophische Substitution.
Dafür sind zwei Prämissen ausschlaggebend. Und wenn die Hermeneutik der Kunst künftig nicht mehr ein solches Unternehmen der Aneignung sein soll, dann wird man diese Prämissen verabschieden müssen. Erstens nämlich die Behauptung, daß die Wahrheit der Kunst mit der philosophischen Wahrheit im Grunde *gleichartig*, ihr *kommensurabel* sei. Und zweitens die These, daß die Wahrheit in der Kunst vorerst nur in sinnlich eingeschränkter Form vorliege und von dieser Entfremdung durch die *Übersetzung in den philosophischen Begriff* befreit werden müsse. Diese beiden Axiome der traditionellen Ästhetik hat Hegel in völliger Klarheit exponiert – ebenso wie ihre Konsequenz: den Untergang der Kunst.

II. Das moderne Inkommensurabilitätstheorem

1. Adorno

a) Kritik der traditionellen Ästhetik

Wie könnte man dieser Misere entgehen? Adorno hat das Manko der traditionellen Ästhetik folgendermaßen charakterisiert: »Daß in Philosophie und Kunst der gleiche Geist waltete, gestattete es der Philosophie, [. . .] über Kunst zu handeln, ohne den Werken sich zu überantworten. Freilich

scheiterte sie regelmäßig bei dem notwendigen, durch die Unidentität der Kunst mit ihren Allgemeinbestimmungen motivierten Versuch, deren Spezifikationen zu denken: dann resultierten bei den spekulativen Idealisten die peinlichsten Fehlurteile.«[25]
Liegt also der Ausweg darin, zur Interpretation von Einzelwerken überzugehen? Inwieweit hat Adorno selbst diesen Weg eingeschlagen? Was hat sich bei ihm – und damit in einer der wirkkräftigsten Ästhetiken der letzten Jahrzehnte – gegenüber dem traditionellen Ansatz verändert?

b) Traditionelle Motive bei Adorno

Adorno macht sich in der Tat daran, das Besondere einzelner Werke aufzusuchen. Aber er begnügt sich damit nicht. Philosophische Analyse muß ihm zufolge mehr als bloß werkimmanente Analyse sein; sie muß zum Wahrheitsgehalt vordringen; und dieser erschließt sich erst dort, wo man ins Ganze ausgreift, wo man die Stellung des Werkes im gesellschaftlichen Kontext begreift.[26]
Adorno hält also am Wahrheitsmotiv fest – und nicht nur daran, sondern ebenso an der These von einer Kongruenz bzw. Kommensurabilität zwischen philosophischer und künstlerischer Wahrheit. »Philosophie und Kunst«, sagt er, »konvergieren in deren Wahrheitsgehalt: die fortschreitend sich entfaltende Wahrheit des Kunstwerks ist keine andere als die des philosophischen Begriffs.«[27] Schließlich über-

25 Adorno, *Ästhetische Theorie* (s. Anm. 2), S. 496.
26 »Philosophische Ästhetik, in enger Fühlung mit der Idee werkimmanenter Analyse, hat [. . .] ihre Stelle dort, wohin diese nicht gelangt. Ihre zweite Reflexion muß die Sachverhalte, auf die jene Analyse stößt, über sich hinaustreiben und durch emphatische Kritik zum Wahrheitsgehalt dringen« (ebd., S. 517 f.). »Der Wahrheitsgehalt der Werke ist nicht, was sie bedeuten, sondern was darüber entscheidet, ob das Werk an sich wahr oder falsch ist [. . .]« (S. 197). Gesellschaft wohnt »dem Wahrheitsgehalt inne« (S. 198).
27 Ebd., S. 197. Die »Wahrheit des Werkes an sich ist der philosophischen Interpretation kommensurabel und koinzidiert [. . .] mit der philosophischen Wahrheit« (ebd.).

nimmt Adorno auch die These, daß die Kunst geradezu auf ihre philosophische Interpretation warte: »Die Werke, vollends die oberster Dignität, warten auf ihre Interpretation.«[28] Und: »genuine ästhetische Erfahrung muß Philosophie werden oder sie ist überhaupt nicht«.[29]
Noch immer also soll sich die Kunst – wie schon bei Hegel – der denkenden Betrachtung darbieten; erst durch die philosophische Interpretation soll sie ihre Bewährung bzw. Bewahrheitung erfahren. Insoweit ist Adorno – um ein Wort Herbert Schnädelbachs aufzugreifen – »trotz aller Hegelkritik bei Hegel geblieben«.[30] Adorno hat gerade die problematischsten Annahmen der traditionellen Ästhetik beibehalten – die Kommensurabilitäts- und die Einlösungs-These.

c) Adorno und die Position der Modernität

Andererseits finden sich bei Adorno Aussagen, die diesen traditionellen Rahmen überschreiten und für den modernen Ansatz kennzeichnend sind. Beispielsweise sagt er: »Aufgabe einer Philosophie der Kunst ist nicht sowohl, das Moment des Unverständlichen, wie es unweigerlich fast die Spekulation versucht hat, wegzuerklären, sondern die Unverständlichkeit selber zu verstehen. [. . .] das allein bewahrt Philosophie der Kunst vor der Gewalttat an jener [der Kunst].«[31] Schließlich lautet Adornos hermeneutische – oder beinahe anti-hermeneutische – Maxime: »Kunstwerke sind nicht von der Ästhetik als hermeneutische Objekte zu

28 Ebd., S. 193.
29 Ebd., S. 197. Komplexer: »Deshalb bedarf Kunst der Philosophie, die sie [die Kunst] interpretiert, um zu sagen, was sie [die Kunst] nicht sagen kann, während es doch nur von Kunst gesagt werden kann, indem sie es nicht sagt« (ebd., S. 113).
30 Herbert Schnädelbach, »Dialektik als Vernunftkritik. Zur Konstruktion des Rationalen bei Adorno«, in: H. S., *Vernunft und Geschichte. Vorträge und Abhandlungen*, Frankfurt a. M. 1987, S. 179–206, hier S. 202.
31 Adorno, *Ästhetische Theorie* (s. Anm. 2), S. 516.

begreifen; zu begreifen wäre, auf dem gegenwärtigen Stand, ihre Unbegreiflichkeit.«[32] – Hier ist Adorno kein Parteigänger des *furor hermeneuticus* mehr.

2. Moderne Hermeneutik der Kunst: Anerkennung der Inkommensurabilität

Für eine Hermeneutik der Kunst auf dem Stand der Moderne ist die Betonung der Inkommensurabilität obligat geworden. Dabei ist Inkommensurabilität doppelt zu verstehen: erstens als in den Kunstwerken selbst vorliegende Inkommensurabilität (etwa von heterogenen Materien oder Formen oder Zeiten) und zweitens als generelle Inkommensurabilität zwischen Kunst und Philosophie.

a) Vorläufer Nietzsche

Inkommensurabilität als Bedingung einer Hermeneutik der Kunst, das ist ein Gedanke, den erstmals Nietzsche formuliert hat. In der *Geburt der Tragödie aus dem Geiste der Musik* faßte er die Kunst grundsätzlich als Instanz des Inkommensurablen auf – seitdem aus dem Dionysoskult die attische Tragödie hervorgegangen war. Die Philosophie hingegen galt ihm als exemplarisches Unternehmen von Kommensuration – seitdem Sokrates durch Elimination alles Inkommensurablen den Siegeszug der Vernunft eingeleitet hatte.[33] Von da an stehen die Kunst – als prototypische Sphäre des Inkommensurablen – und die Philosophie – als exemplarisches Unternehmen einer Kommensuration – einander ihrerseits inkommensurabel gegenüber.

32 Ebd., S. 179.

33 Friedrich Nietzsche, *Die Geburt der Tragödie aus dem Geiste der Musik* (1871), in: F. N., *Sämtliche Werke. Kritische Studienausgabe in 15 Bänden*, hrsg. von Giorgio Colli und Mazzino Montinari, München 1980, Bd. 1, S. 156, hier S. 80 f.

b) Lyotard und andere

In neuerer Zeit hat vor allem Lyotard die Inkommensurabilität unterstrichen. Sie bildet für ihn geradezu den Fokus der modernen Kunst. So habe Duchamp nichts anderes getan, als »Material, Werkzeuge und Waffen für eine Politik des Inkommensurablen« zu liefern.[34] »Alle Forschungen der Avantgarden [...] gehen seit hundert Jahren dahin, die gegenseitige Inkommensurabilität der Spracharten aufzudecken«.[35]

Angesichts dieser Inkommensurabilität auf der Gegenstandsseite und angesichts der Inkommensurabilität zwischen Philosophie und Kunst kann eine moderne Hermeneutik der Kunst nicht mehr auf Übersetzung, Substitution, Begreifen oder Bewahrheitung der Kunst zielen, sondern muß es sich umgekehrt zur Aufgabe machen, der Unübersetzbarkeit Ausdruck zu verleihen. Daher sagt Lyotard, daß »die Philosophen den Schauplatz der ›Kritik‹« dort betreten, »wo sich das Werk seiner Umsetzung in Sinn entzieht«.[36] Heutiger Philosophie geht es – seit Nietzsche, Adorno, Lyotard und ebenso bei Derrida, Kofman und anderen – nicht um ein Begreifen der Kunstwerke als hermeneutischer Objekte, sondern um die Wahrung ihrer Unbegreiflichkeit. Es geht nicht um Interpretationsarbeit, sondern um den Abbau hermeneutischer Overkill-Arsenale, um Widerstand gegen den *furor hermeneuticus*.[37,38]

34 Jean-François Lyotard, *Die Transformatoren Duchamp*, übers. von Regine Bürkle-Kuhn [u. a.], Stuttgart 1986, S. 22.

35 Jean-François Lyotard, *Tombeau de l'intellectuel et autres papiers*, Paris 1984, S. 84.

36 Jean-François Lyotard, »Philosophie und Malerei im Zeitalter ihres Experimentierens« (1979), in: J.-F. L., *Philosophie und Malerei im Zeitalter ihres Experimentierens*, Berlin 1986, S. 51–77, hier S. 53.

37 Das konventionelle philosophische Verfahren einer Einholung der Kunst durch ihre sprachliche Überbietung oder Substitution hingegen ist heute in die Geschwätzigkeit der Kunstkommentare abgewandert und zum diskursiven Sahnehäubchen der Kunstszene verkommen.

38 Auch reflektierte Kunstgeschichte wird sich entscheiden müssen. Man kann schlecht einerseits das »Je ne sais quoi« stark machen wollen und an-

III. Hermeneutik der Kunst heute

1. Fragestellung

Aber ist die Hermeneutik der Kunst durch diesen modernen Schritt nicht in eine mißliche Lage geraten? Läuft die Inkommensurabilität nicht darauf hinaus, daß die Philosophie nun zur Kunst gar nichts mehr zu sagen vermag? Und wird die Kunst dabei nicht ins Ghetto der Kunstsphäre eingeschlossen und ihrer Potentiale zu weiterreichender Verständigung beraubt? Werden hier nicht die Philosophie sprachlos und die Kunst stumm?

Diese Fragen verlangen eine behutsame Erörterung – und vielleicht auch einen Perspektivenwechsel. Wenn die Philosophie inkommensurabel zur Kunst ist, dann muß es zumindest auch möglich und sinnvoll sein, die Kunst einmal nur für sich zu betrachten – ohne die Philosophie, also unter Absehung sowohl von deren alten Bemächtigungsansprüchen wie von neueren Andersartigkeitsinteressen.

Daher lautet die Frage meiner folgenden Überlegungen: Ist die Kunst von sich her hermeneutisch verfaßt? Wie ließe sich die genuine Verständigungsweise der Kunst beschreiben?

2. Die hermeneutische Struktur der Kunstwerke selbst

Es gilt, mit einem Doppelbefund zurechtzukommen: Kunst muß von sich her verstanden werden – aber sie spricht nie allein aus sich. Das Kunstwerk spricht zwar auf eigene

derseits erklären: »Ästhetik konvergiert mit Interpretation« (Gottfried Boehm, »Der erste Blick. Kunstwerk – Ästhetik – Philosophie«, in: *Die Aktualität des Ästhetischen*, hrsg. von Wolfgang Welsch, München 1993, S. 355–369, hier S. 357 bzw. S. 359).

Weise, aber sein Sprechen erfolgt in Anknüpfung an bestehende Symbolsysteme, durch eine spezifische Intervention inmitten vorhandener Verständigungsweisen. Ein Werk kommt nur, indem es anderes berührt, zum Sprechen.
Kein semantischer Raum existiert ohne Umfeld – auch nicht der des Kunstwerks. Allerdings muß dieses Umfeld nicht eine stabile Voraussetzung darstellen. Gerade Kunstwerke verändern ihre Umfeldkoordinaten, modifizieren ihre Nah- und Fernbedingungen. Insbesondere die modernen Werke zeichnen sich dadurch aus, daß sie die definitorischen Marken von ›Kunst‹ thematisieren und verschieben.
Jede Geste der Kunst bezieht sich auf andere Gesten, auf Gesten innerhalb wie außerhalb der Kunst. Dasselbe Blau kann sehr verschiedene Bedeutungen haben – je nach den übrigen Farbwerten im Bild, nach symbolischen Vorgaben, aufgrund der wirtschaftlichen Verfügbarkeit von Farben oder gemäß kulturellen Moden. Ähnliches gilt von ganzen Kompositionsformen und Werken. Zum internen Sinn gehören immer auch externe Komponenten. Die Binnenkristallisation eines Werkes sowie seine Absetzung vom Umfeld und seine Neustrukturierung dieses Umfelds erfolgen in eins. Auch Autonomes entsteht nur durch Interaktion. Kunstwerke beziehen sich immer auch auf andere Kunstwerke oder auf die Grenzen der Kunst oder das Jenseits der Kunst. Je größer ein Werk ist, um so mehr wird es dies tun.
Die Werke nehmen von vornherein inmitten von Sinnkontexten Gestalt an. Sie nähren sich von diesen, beziehen innerhalb ihrer Position. Sie übernehmen diese Kontexte aber nicht einfach und geben sie nicht unverändert wieder, sondern sie intervenieren in deren Konstellation und verändern diese – durch Fortführung, Neuorganisation, Überschreitung oder auf welche Weise auch immer. Ihre Bezugnahme auf ihr Umfeld ist rezeptiv und produktiv zugleich. Die Werke sind nicht stillstehende Bestände in vorgegebenen Bedeutungsrahmen, sondern arbeiten an und mit diesen.

Durch ihre interne Sinnbildung geben sie zugleich den externen Bedeutungsnetzen, auf die sie sich beziehen, eine neue Form und eigene Pointierung. Dabei liegt das Spezifische der *künstlerischen* Sinnbildung darin, daß sie vom Sinnlichen aus erfolgt und daß diese Sinnesarbeit in hohem Maße imaginativ und auf Reflexion hin offen ist.

Dies bedeutet: Die Werke sind *in sich selbst schon hermeneutisch verfaßt*. Denn erstens beziehen sie sich rezeptiv auf vorgängige Sinnkontexte – in spezifischer Selektion und Auslegung; zweitens ist in ihrer Binnenstruktur ein jedes Moment die Auslegung der anderen; und drittens generieren die Werke durch ihre interne Sinnbildung Bedeutungskonstellationen, die dann auch auf werkexterne Kunst- und Lebensverhältnisse auszustrahlen, in diesen zu intervenieren vermögen.[39] Noch das geschlossenste Kunstwerk ist intern wie extern hermeneutisch strukturiert. Es ist ein Verstehensknoten in einem weiterreichenden Verstehensgeflecht.[40]

Wenn die Werke also *von sich her* schon eine hermeneutische Struktur aufweisen, ja wenn dies geradezu ihre *ratio essendi* ausmacht, dann ist die Auslegung und Analyse von Kunst in erster Linie gehalten, diese hermeneutische Struktur der Werke zu explizieren – und zwar sowohl in ihren internen wie ihren externen Aspekten. Die Auslegung muß gewissermaßen die gesamte hermeneutische Architektur eines Werkes – seine Bezugnahme auf Vorgegebenes, seine Binnenartikulation wie die davon ausgehende Intervention in äußere Sinnkontexte – nachvollziehen und aufdecken. Man muß beispielsweise erfassen, wie der Palazzo Farnese die Tradition italienischen Palastbaus aufgreift, wie er römi-

39 Vgl. einige Beispiele hierzu in dem Aufsatz »Ästhetik außerhalb der Ästhetik – Für eine neue Form der Disziplin« (Abschn. II, 2b, bb, S. 164–173).

40 Daher ist die Rede von einer Eigensprache und einem autonomen Sinn der Werke nur halb wahr. Alle künstlerische Semantik ist verflechtungshaft und interventionistisch verfaßt. Nur in einem semantischen Netzwerk können Idiolekte Gestalt annehmen, erst dort lassen sich spezifische, unverwechselbare und scheinbar autonome Positionen einnehmen.

sche Tradition gegen florentinische artikuliert, wie er in der Stadt Position bezieht und welches Bild von Herrschaft er der Gesellschaft vorhält. – Dabei kann sich das hermeneutische Geflecht der Werke als sehr weitgespannt erweisen.

Hermeneutische Aspekte sind insgesamt vierfach im Spiel. Erstens im Sinn der Bezugnahme der Werke auf vorgängige Sinnkontexte künstlerischer und nichtkünstlerischer Art. Zweitens im Sinn des intern interpretativen Charakters der Werke – der Wechselhermeneutik ihrer Momente. Drittens im Sinn der hermeneutischen Intervention des durch sie konstellierten Sinns in den übrigen Verstehensverhältnissen. Und viertens dann natürlich im Sinn der Auslegung der Werke durch den Betrachter oder Interpreten.

Diese vier Aspekte – Kontexthermeneutik, Werkhermeneutik, Interventionshermeneutik und Auslegungshermeneutik – stehen im Verhältnis von Voraussetzung, Zentrum, Folge und Artikulation. Ohne die vorgängigen Sinnkontexte vermöchten die Werke weder zu existieren noch zu sprechen. Aber sie sind nicht eine stumme Materie, die durch die Auslegung erst zum Leben erweckt werden müßte. Vielmehr sind sie in sich schon auslegungs- und interpretationsartig. Die anschließende Auslegung der Werke durch Wahrnehmung und Reflexion hat an dieser hermeneutischen Struktur der Werke selbst ihren Anhaltspunkt und ihr Maß.

Meine Rückverlegung des hermeneutischen Akzents von den Prozessen der Auslegung auf die Struktur der Werke selbst ist in etwa der Umstellung vergleichbar, die Heidegger gegenüber der traditionellen Hermeneutik vornahm, als er zeigte, daß das Verstehen nicht erst einen nachträglichen Vollzug des Daseins bildet, sondern daß das Dasein von Grund auf verstehend ist. ›Hermeneutik‹ bezieht sich in meinen Überlegungen primär auf den interpretativen Charakter der Kunstwerke selbst – und erst von da aus und sekundär auf das nachträgliche Verstehen. Es kommt mir auf die den Werken selbst innewohnende Dimension von Hermeneutik an.

3. Resümee

Die traditionelle Ästhetik zielte auf ein Begreifen der Kunst. Dagegen richtete sich – seit Nietzsche, bei Adorno, mit Lyotard und in der Gegenwart – der Einspruch der Inkommensurabilität. Durch ihn wollte man die philosophische Usurpation der Kunst unterbinden.

Vielleicht war die Inkommensurabilitätsthese aber nur eine Antithese zur klassischen Kommensurabilitätsunterstellung und letztlich nicht haltbarer als diese. Gewiß tat sie recht daran, der philosophischen Bemächtigung entgegenzutreten, aber als Sachbehauptung war sie übertrieben, und vor allem übersah sie, daß nicht erst unsere Verstehensprozesse, sondern bereits die Werke selbst eine hermeneutische Struktur aufweisen.

Daher scheint es mir angebracht, über die klassische Kommensurabilitätsthese und die moderne Inkommensurabilitätsbehauptung hinaus zu einer dritten Position überzugehen, welche die hermeneutische Struktur der Werke selbst ins Zentrum rückt. Diese Position ist – anders als die simple Kommensurabilitätsthese – imstande, die Eigenart der Kunst zu wahren. Zudem muß sie – im Unterschied zur blanken Inkommensurabilitätsthese – diese Eigenart nicht abstrakt proklamieren, sondern vermag sie konkret offenzulegen, indem sie die hermeneutischen Strukturen der Werke Schritt für Schritt expliziert.

Ausblicke

Auf dem Weg zu einer Kultur des Hörens?

1. Das Großprogramm einer auditiven Kulturrevolution

Ein Verdacht geht um: Unsere Kultur, die bislang primär vom Sehen bestimmt war, sei im Begriff, zu einer Kultur des Hörens zu werden. Und dies sei wünschenswert und nötig. Nicht nur aus Gründen der Gleichbehandlung müsse nach der über zweitausendjährigen Dominanz des Sehens nun das Gehör emanzipiert und vielleicht sogar privilegiert werden. Sondern der hörende Mensch sei auch der bessere Mensch – er nämlich sei fähig, sich auf Anderes einzulassen und es zu achten, statt es bloß zu beherrschen. Auf einen Fortbestand der Gattung Mensch und des Planeten Erde könne man nur hoffen, wenn unsere Kultur künftig das Hören zum Grundmodell nehme, denn die alte Dominanz des Sehens treibe uns in der technisierten Moderne unweigerlich einer Katastrophe zu, vor der uns nur das rezeptiv-kommunikativ-symbiotische Weltverhältnis des Hörens zu bewahren vermöge. Untergang oder Rettung, Katastrophe oder Heil – das ist das Alternativszenario, mit dem man uns wachzurütteln, uns die Ohren zu öffnen sucht.

Am eindringlichsten hat Joachim-Ernst Berendt für einen solchen Übergang von einer visuellen zu einer auditiven Kultur plädiert. Von der letzteren erwartet er die Lösung aller Probleme – von den Beziehungskrisen bis hin zur ökologischen Bedrohung des Planeten.[1] Berendt ist sich prophetisch gewiß, daß ein Zeitalter des Hörens kommen werde: »Die alten Organisationsformen waren ›Seh-Ordnungen‹, die neuen werden ›Hör-Organismen‹ sein.«[2]

Berendt ist nicht allein. Längst hatten Heidegger als Philo-

1 Joachim-Ernst Berendt, *Nada Brahma. Die Welt ist Klang*, Frankfurt a. M. 1983, sowie J.-E. B., *Das dritte Ohr. Vom Hören der Welt*, Reinbek 1985.

2 Berendt, *Das dritte Ohr* (s. Anm. 1), S. 283.

soph und Rosenstock-Huessy als Soziologe für einen Übergang unserer Kultur vom Sehen zum Hören plädiert. Gegenwärtig achtet die neuere französische Philosophie mit großem Engagement auf auditive Momente in Texten: Man hört auf den Ton einer Rede, schenkt dem Rhythmus eines Schreibens Aufmerksamkeit, wendet sich »Unerhörtem« zu. Nietzsches Klage über den schlechten Stil der Deutschen, der daher rühre, daß ihnen »das dritte Ohr« fehle – die deutschen Schriftsteller läsen leider »nicht laut, nicht für's Ohr, sondern bloss mit den Augen«, und sie hätten schon bei der Abfassung ihrer Texte die Ohren »in's Schubfach gelegt«[3] – diese Klage Nietzsches wäre in unserem Nachbarland unnötig. Inzwischen sprechen auch in Deutschland Autoren wie Dietmar Kamper oder Peter Sloterdijk vom Ende des optischen Zeitalters und von einer neuen, »geheimen Prävalenz des Hörens« oder von einer modernitätskritischen »Metaphysik der Rezeptivität«.[4] Für nordamerikanische Autoren wie Marshall McLuhan ist der Übergang von der visuellen zur auditiven Kultur längst eine Tatsache.[5]

Die Empfehlungen für eine solche Kultur des Hörens klingen allesamt sympathisch und vielversprechend. Eine Kultur des Hörens würde unsere Aufmerksamkeit auf die Mitmenschen und die Natur verstärken; sie wäre lernfähig, statt bloß zu dekretieren; Verflechtungen und Netzwerke – also

3 Friedrich Nietzsche, *Jenseits von Gut und Böse*, in: F. N., *Sämtliche Werke. Kritische Studienausgabe in 15 Bänden*, hrsg. von Giorgio Colli und Mazzino Montinari, München 1980, Bd. 5, S. 189 f. [246, 247].

4 Dietmar Kamper, »Vom Hörensagen – Kleines Plädoyer für eine Sozio-Akustik«, in: *Das Schwinden der Sinne*, hrsg. von D. K. und Christoph Wulf, Frankfurt a.M. 1984, S. 112–114, hier S. 112; Peter Sloterdijk, *Kopernikanische Mobilmachung und ptolemäische Abrüstung. Ästhetischer Versuch*, Frankfurt a.M. 1987, S. 95. Sloterdijk bezieht sich dabei direkt auf Berendt (ebd., S. 85 ff.).

5 Vgl. Marshall McLuhan und Bruce R. Powers, *The Global Village. Transformations in World Life and Media in the 21st Century*, New York 1989, S. 15.

die Denkformen, die wir künftig benötigen – lägen ihr von vornherein näher als die herkömmlichen logischen Schnitte; sie wäre insgesamt verständnisvoll, zurückhaltend, symbiotisch, aufnahmefähig, offen, tolerant – und wie all die wohlklingenden Prädikate sonst noch heißen, die Berendt ins Feld führt.[6]

2. Bedenken

Aber besteht nicht auch Anlaß zu Bedenken, vielleicht sogar zu einem Verdacht? Müßte man – gerade wenn man des Hörens fähig geworden ist – in den Plädoyers für das Hören nicht auch eine fatale Verbindung mithören: die zur Hörigkeit? Ist es vom sympathischen Lobpreis des Hörens wirklich so weit zu fatalen Apologien von Hörigkeit und Gehorsam?

Für Hörigkeit wird niemand plädieren wollen. Man wird die Gewinne der Aufklärung – die gerade das Ende der Hörigkeit zum Programm gemacht hatte – nicht leichtfertig preisgeben wollen. Dann aber benötigt man Abgrenzungskriterien, die angeben, bis wohin dem Hören Folge zu leisten ist und wo nicht mehr. Dann kann das Hören nicht alles sein. Man wird dafür Sorge tragen müssen, daß die wie immer berechtigte Kritik an der Moderne nicht eilfertig eine postmoderne Epoche des Hörens ausruft, die sich in Wahrheit als Epoche prämoderner Hörigkeit entpuppen könnte.

Solche Grenzziehungen will ich im folgenden versuchen. Außerdem möchte ich Randbedingungen des Themas ansprechen und Vorurteile thematisieren, mit denen das Hören zu kämpfen hat. Auch gilt es zu prüfen, in welchem Sinn in unserer Tradition eine Vorherrschaft des Sehens be-

6 Vgl. Berendt, *Das dritte Ohr* (s. Anm. 1), S. 59.

stand – und mit welchen Gründen wir diesen Visualprimat in Frage stellen und für eine Gleichberechtigung des Hörens eintreten können.[7]

3. »Kultur des Hörens«

Die Rede von einer »Kultur des Hörens« kann in zweifachem Sinn verstanden werden. Sie kann einen großen, anspruchsvollen, metaphysisch-umfassenden Sinn haben, also auf eine Gesamtumstellung unserer Kultur mit dem Hören als neuem Grundmodell unseres Selbst- und Weltverhaltens zielen. Oder sie kann einen kleineren, bescheideneren, wohl auch pragmatischeren Sinn haben. Dann zielt sie in erster Linie auf eine Kultivierung nur der Hörsphäre, unserer zivilisatorischen Lautsphäre. Im einen Fall also will man das Hören zum Medium einer Revision der Kultur, ja geradezu zum Leitsinn einer neuen Kultur machen; im anderen Fall beschränkt man sich auf eine Verbesserung der Hörverhältnisse innerhalb der bestehenden Kultur. Das letztere wäre angesichts der faktischen Unterprivilegierung des Hörens und einer akustisch verrotteten Zivilisation noch immer wichtig genug.

Die Bedeutung unserer Sinne reicht stets über deren engeren Bereich hinaus. Sagt man von der Tradition, sie sei visuell dominiert, so meint man ja nicht, daß sie alle Fragen nach Auskunft des Gesichtssinns entschieden hätte. Man meint vielmehr, daß die *Typik* des Sehens noch unserem Erkennen, unseren Verhaltensformen, unserer ganzen technisch-wissenschaftlichen Zivilisation eingeschrieben gewesen sei. Diese sei beispielsweise grundsätzlich feststellend gewesen – wie das Sehen es eben ist. Ebenso meint auf der

7 Einen zur Einführung geeigneten Überblick über die Thematik gibt der Sammelband *Welt auf tönernen Füßen. Die Töne und das Hören*, hrsg. von der Kunst- und Ausstellungshalle der Bundesrepublik Deutschland, Göttingen 1994.

anderen Seite das große Plädoyer für das Hören nicht, daß die Menschen künftighin nur noch ihre Ohren gebrauchen sollten. Sondern man weist darauf hin, daß die Welt bereits mikrophysikalisch aus Schwingungen besteht, daß unserem Denken und unserer Logik eine verborgene Akustik eingeschrieben ist (es ist ja immerhin nachdenkenswert, daß wir von unseren Aussagen und Urteilen verlangen, daß sie »stimmen«) und daß unser Verhalten zu anderen Menschen und zur Welt insgesamt aufnehmend, hinhörend, sich einlassend werden sollte. Die rein sinnliche Bedeutung von Sehen und Hören ist stets von weiterreichenden Bedeutungsdimensionen begleitet.

Daher wird nicht erst die große Hör-Revolution, sondern schon eine bescheidenere Hör-Revision auf den Gesamthaushalt unserer Kultur ausstrahlen können. Platon beispielsweise – bekanntlich nicht gerade ein Sinnenfreund – hatte ein sehr genaues Gespür dafür, daß die Einführung neuer Musikformen die Formen des Zusammenlebens und die Gesetze des Staates nicht unberührt lassen werde.[8] Wie wir Menschen mit unseren Sinnen umgehen, wirkt sich auch auf unser übriges Selbstsein und unser Weltverhalten insgesamt aus.

4. Zum Vorhaben

Drei Fragenkreise will ich eingehender behandeln: I. Ist die westliche Tradition und Gegenwart tatsächlich durch einen Visualprimat bestimmt? Und warum ist uns dieser zum Problem und das Hören zur neuen Hoffnung geworden? II. Worin besteht der typologische Unterschied zwischen Sehen und Hören? Was sind die Motive für die traditionelle Bevorzugung des Sehens? Wodurch würde sich eine audiitive von einer visuellen Kultur unterscheiden? III. Mit

8 Vgl. Platon, *Politeia* 424 c.

welchen guten Gründen können wir für den Übergang zu einer Kultur des Hörens argumentieren, ja diesen legitimieren? Und was wären die Forderungen und Kriterien einer solchen Kultur des Hörens?
Hugo Kükelhaus, der große alte Mann einer Rehabilitierung unserer Sinne, hat einmal beklagt, daß den Menschen, die von den akustischen Fehlformen der Zivilisation und Technik betroffen seien, die »Argumente zu ihrer Verteidigung« fehlten. Sie hätten nichts in der Hand »außer dem Hinweis auf ihr Empfinden«. Damit aber – mit bloßen Hinweisen auf das Empfinden – könne man gegenüber politischen Entscheidungsträgern und Institutionen nicht wirksam operieren.[9] Ich will versuchen, Argumente der von Kükelhaus so schmerzlich vermißten Art anzugeben.

I. Der traditionelle Visualprimat und seine zeitgenössische Infragestellung

1. Visualprimat – von den Griechen bis heute

Ursprünglich war die abendländische Kultur gar nicht eine Kultur des Sehens, sondern des Hörens. Zu einer Kultur des Sehens ist sie erst geworden. Die griechische Gesellschaft war anfänglich vom Hören bestimmt. Egon Friedell wies darauf hin, daß »die Empfänglichkeit und Empfindlichkeit der Griechen für die Macht der Töne [...] geradezu pathologisch« gewesen sei.[10] Und Nietzsche, von dem Friedell diese Auffassung übernommen hat, leitete die zentrale Erfindung der klassischen griechischen Kultur, die Tragö-

9 Hugo Kükelhaus und Rudolf zur Lippe, *Entfaltung der Sinne. Ein »Erfahrungsfeld« zur Bewegung und Besinnung*, Frankfurt a. M. 1982, S. 120.
10 Egon Friedell, *Kulturgeschichte Griechenlands. Leben und Legende der vorchristlichen Seele*, München 1966, S. 138.

die, aus dem Geist der Musik ab. In der homerischen Adelsgesellschaft war das Hören zentral.[11]
Zu einem Primat des Sehens ist es dann erst an der Wende zum fünften vorchristlichen Jahrhundert gekommen, und zwar vornehmlich in den Bereichen Philosophie, Wissenschaft und Kunst. So erklärte Heraklit, daß die Augen »genauere Zeugen« seien »als die Ohren«.[12] Er nannte Pythagoras, den Theoretiker der Sphärenharmonie (auf den sich heute viele Apologeten einer auditiven Kulturrevolution berufen) gar den »Ahnherrn der Schwindler«.[13] Das signalisiert den Abschied vom Hörprimat und den Übergang zum Sehprimat.
Bei Platon setzte sich das visuelle Modell dann vollständig durch. Die Grundbestimmungen des Seins heißen nunmehr ›Ideen‹, werden also bis ins Wort hinein als Gegenstände des Sehens bestimmt. Zum höchsten Vollzug des Menschen wird jetzt die Theorie, die Schau dieser Ideen; der Weg des Menschen soll aus der Dunkelheit der Höhle und der Schattenbilder zum Tageslicht führen, um schließlich, nach langen Übungen, zur Schau des Lichtursprungs, der Sonne als des Inbilds des reinen Guten zu gelangen. Der Weg ist somit von Anfang bis Ende visuell bestimmt. Die Wahrheit des Kosmos wird in der Grammatik des Sehens, nicht mehr in den Strukturen des Hörens gesucht. Damit ist der Visualprimat auf absehbare Zeit befestigt. Er wird die neuplatonische und mittelalterliche Lichtmetaphysik ebenso bestimmen wie das neuzeitliche und moderne Lichtpathos der Aufklärung.

11 Vgl. Franz Mayr, »Wort gegen Bild. Zur Frühgeschichte der Symbolik des Hörens«, in: *Das Buch vom Hören*, hrsg. von Robert Kuhn und Bernd Kreutz, Freiburg i. Br. 1991, S. 16–27.

12 Hermann Diels, *Die Fragmente der Vorsokratiker*, hrsg. von Walter Kranz, 3 Bde., Berlin [17]1974, Bd. 1, S. 173: Fragment B 101 a.

13 Ebd., S. 169: Fragment B 81. – Gleichwohl bediente sich Heraklit gelegentlich, vor allem im Blick auf den Kosmos, selbst noch musikalischer Metaphern.

Einzig in einer Anekdote verrät sich noch ein Bewußtsein davon, daß die Wahrheit des Sehens vielleicht doch nicht die ganze Wahrheit ist. Wenige Stunden vor seinem Tod erzählt Sokrates seinen Schülern von einem Traum, der ihm oftmals geboten habe, Musik zu treiben; aber stets habe er unter dieser Musik das Philosophieren verstanden – das doch wohl die vortrefflichste Musik sei. Jetzt aber, angesichts des Todes, kämen ihm Bedenken, ob nicht vielleicht doch Musik im üblichen Sinn gemeint gewesen sei. Daher dichtet Sokrates am Ende ein Proömium auf Apoll, den Gott der Musik. – Nietzsche, der »Meister des Verdachts« und Vordenker jener neueren Philosophen, die über zweitausend Jahre nach Heraklit, Platon und Sokrates der Metaphysik des Sehens mißtrauen und eher wieder am Leitfaden des Hörens zu denken versuchen, hat diese Anekdote als Zeugnis des schlechten Gewissens gelesen, zu dem alle Fanatiker des Sehens Anlaß hätten.[14] Zwar haben sie eine Wahrheit entdeckt – aber sie haben dafür eine andere preisgegeben und ihre Wahrheit fälschlich für die ganze Wahrheit gehalten.
Geschichtlich jedoch hat sich, wie gesagt, die Vorherrschaft des Sehens durchgesetzt. Die aristotelische *Metaphysik* beginnt mit einem Lob auf das Sehen und dessen Modellcharakter für jegliche Einsicht und Erkenntnis; die neuplatonische und mittelalterliche Lichtmetaphysik ist eine einzige Ontologie der Sichtbarkeit; die christliche Metaphysik interpretiert noch das göttliche Wort in visuellen Metaphern, und natürlich wird den Heiligen eine *visio* beatifica zugesprochen; in der Wendung gegen das (wie man später sagen wird) »finstere Mittelalter« steigert sich die Auszeichnung des Sehens sogar noch – so wenn Leonardo da Vinci das Sehen göttlich nennt und ihm die Erfassung der Grundwahrheiten der Welt zuerkennt; die Aufklärung bringt die Metaphorik von Licht und Sichtbarkeit vollendet zur Geltung;

14 Vgl. Friedrich Nietzsche, *Die Geburt der Tragödie aus dem Geiste der Musik*, in: F.N., *Sämtliche Werke* (s. Anm. 3), Bd. 1, S. 9–156, hier S. 95 f.

und noch die Moderne kennt keinen höheren Wert als die Transparenz.

Der Visualprimat nistet – gemeinhin für selbstverständlich geltend – auch in zahllosen Details unserer alltäglichen Orientierung.[15] Hört einer Stimmen, so wird er in eine Anstalt verbracht; hat er aber Visionen, so gilt er als Vordenker, ja als Prophet. ›Wissen‹ ist etymologisch gleichbedeutend mit ›gesehen haben‹, und auch die meisten unserer anderen Erkenntnisausdrücke – ›Einsicht‹, ›Evidenz‹, ›Idee‹, ›Theorie‹, ›Reflexion‹ usw. – sind von visuellem Zuschnitt. Auch unsere politische Rhetorik und unsere privaten Erwartungen sind visuell bestimmt: Man erwartet Offenheit und will einander auf den Grund der Seele sehen.

15 Ist man für den in unserer Kultur so selbstverständlich herrschenden Ausschluß des Akustischen, für unsere einseitige Privilegierung des Visuellen erst einmal hellhörig geworden, so entdeckt man dieses Skandalon schier überall. Schlägt man beispielsweise ein Buch mit dem Titel *Ästhetik der Architektur. Grundlagen der Architektur-Wahrnehmung* (Jörg Kurt Grütter, Stuttgart 1987) auf, so ist dort in vielen Kapiteln von Kultur und Stil, von Ästhetisierung und Schönheit, Umgebung und Ort, Raum und Form, Zeit und Weg, Licht und Farbe, Teil und Ganzem die Rede. Nur die Akustik macht offenbar keinen Teil dieses Ganzen aus. Allenthalben wird nur von visuellen Elementen gesprochen. Entdeckt man dann schließlich doch ein Kapitel »Harmonie«, so ist wieder nur von visueller Harmonie die Rede, von Bauproportionen, die harmonisch abgestimmt sind. Historisch ist das erklärbar: Für die Pythagoräer hatten musikalische Verhältnisse die geheime Logik des Sinnlichen ausgemacht, und die Renaissance übertrug diese Auffassung auf die Architektur. Wie schon der griechische Mythos musikalischem Klang die Kraft zugesprochen hatte, Steine zu Gebäuden zu fügen (beispielsweise soll Orpheus einen Marktplatz und Amphion die Mauern Thebens allein durch Lyra-Spiel errichtet haben), so begriffen Denker des frühen 19. Jahrhunderts die Architektur als »gefrorene Musik« (Schelling nannte die Architektur, auf den Amphion-Mythos verweisend, eine »erstarrte Musik«, und Goethe hat sie, auf Orpheus Bezug nehmend, als »verstummte Tonkunst« und ein andermal als »stumme Musik« bezeichnet, bevor dann Schopenhauer den übermäßigen Gebrauch dieses Topos kritisierte). Aber bei alledem blieb es durchweg bei einer bloßen Krypto-Akustik der visuellen Aspekte der Architektur. Hingegen wurde die faktische Akustik der Gebäude nie ausreichend thematisiert. Über der würdevollen Krypto-Akustik vergaß man die alltägliche Akustik – Tiefennobilität und Oberflächenignorierung bildeten ein Paar.

Natürlich ist auch die Wissenschaft von diesem Visualprimat – schärfer formuliert: von dieser Okulartyrannis – geradezu behext.[16] Das reicht bis zu absurden Details. Murray Schafer hat vor Jahren darauf hingewiesen, daß die Wissenschaftler sogar akustische Phänomene vorwiegend

16 So enthält Erwin Straus' bahnbrechendes Werk *Vom Sinn der Sinne. Ein Beitrag zur Grundlegung der Psychologie* (Berlin ²1956), das glänzende Analysen zum Unterschied von visueller und akustischer Wahrnehmungstypik bietet (S. 390–409), im Register natürlich das Stichwort ›Sehen‹, aber kein Stichwort ›Hören‹. Selbst wo es in neuerer Zeit zu einer grundsätzlichen Kritik an traditionellen Wahrnehmungsauffassungen kam, konnte dennoch eine Revision des Visualprimats – dieses Urdogmas unserer traditionellen Sinneslehre – ausbleiben, ja es konnte sogar zu einer erneuten Befestigung dieses Primats kommen. Das Beispiel dafür ist Maurice Merleau-Ponty. Zwar hat er uns auf die grundlegende Bedeutung von Wahrnehmungsvollzügen für unsere Existenz und unser Denken hingewiesen und gezeigt, wie Welt uns überhaupt nur gegeben ist, weil wir leibhaft-sinnenhafte Wesen sind, aber bei all diesen Revisionen ließ er den grundsätzlichen Primat des Sehens unangetastet. Schon die *Phänomenologie der Wahrnehmung* (Paris 1945) enthielt im Register zwar das Stichwort ›Sehen‹, aber nichts von ›Hören‹, ›Ton‹, ›Klang‹, ›Laut‹, ›Ohr‹ oder dergleichen. In dem späteren Text *Das Auge und der Geist* (Paris 1960; dt. Hamburg 1984) sagt Merleau-Ponty im Anschluß an Paul Valéry, daß der Maler seinen Körper einbringe (S. 15) – aber dieser Körper bleibt für Merleau-Ponty wieder nur eine Potenz des Sehens. Geist bleibt an Auge gekoppelt, diese älteste, traditionellste Verbindung bleibt aufrechterhalten. Einzig das in Merleau-Pontys Spätphilosophie thematisierte Verhältnis von Sichtbarkeit und Unsichtbarkeit scheint zu einer Überschreitung des Visualprimats Anlaß zu geben. Aber es handelt sich doch wieder nur um eine Überschreitung der visuellen Kapazität, nicht hingegen des abendländischen Vorurteils, wonach alle wichtigen Verhältnisse im Kontext der Sichtbarkeit zu verhandeln sind. Das Sichtbare wird nur auf das Unsichtbare, nicht etwa auf das Hörbare oder Unhörbare, Tastbare oder Untastbare hin überschritten. Noch immer bleibt der Visualprimat in Geltung. In seiner Descartes-Kritik sagt Merleau-Ponty sehr treffend, dessen Theorie sei, wie jede Theorie der Malerei, eine Metaphysik (ebd., S. 25). Aber das Umgekehrte wurde Merleau-Ponty nie bewußt: daß die Metaphysik eine Theorie der Sichtbarkeit ist – und daß es darauf ankommen könnte, über dieses Axiom hinauszugelangen. Noch wo Merleau-Ponty einmal von Stimmen spricht, bezieht er sich (in Anlehnung an André Malraux) nur auf die des Schweigens, nämlich auf die »stumme Sprache« der Malerei, also erneut nur auf den Bereich der Sichtbarkeit.

nach Art visueller Erscheinungen behandeln und analysieren – Akustik wird ihnen zu einer Sache des Auges statt des Ohres.[17]

2. Kritik des Visualprimats – Plädoyer fürs Hören

a) Alltagsgründe

Seit Jahrzehnten aber ist der Visualprimat unter Beschuß geraten. Daran haben alltägliche Entwicklungen beträchtlichen Anteil. Denn zwar expandiert das Sehen in unserem durch Werbung, Fernsehen und Video geprägten Alltag weiterhin, aber die visuell dominierte Kultur ist – angesichts der manipulatorischen Intentionen dieser Bilderwelt, der Möglichkeiten elektronischer Bildmanipulation und des Übergangs zu hochgradig immateriellen Technologien – zugleich von einer Auflösung des Vertrauens in das Sichtbare begleitet.

b) Philosophische Kritik

Auch die Philosophie, die traditionell eine Disziplin der Durchsetzung des Visualprimats war, ist im 20. Jahrhundert zu einer eindringlichen Kritikerin der Sehdominanz geworden.[18] Die beiden wichtigsten Denker der ersten Hälfte die-

17 Vgl. R. Murray Schafer, *Klang und Krach. Eine Kulturgeschichte des Hörens*, übers. von Kurt Simon, Frankfurt a. M. 1988, S. 167.

18 Schon die Romantik hatte sich – im Gegensatz zur Aufklärung, die Licht und Sehen favorisierte – der Nacht und dem Hören zugewandt. Für Herder stand das Hören höher als das Sehen, und Schlegel galt das Gehör als »der edelste Sinn« (Friedrich Schlegel, *Philosophische Vorlesungen [1800–1807]*, in: *Kritische Friedrich-Schlegel-Ausgabe*, hrsg. von Ernst Behler, Bd. 12, München 1964, S. 346). Seitdem konnte das Hören gar zum Modell philosophischer Tätigkeit aufrücken. So sagte Nietzsche, der Philosoph suche »alle Töne der Welt in sich nachklingen zu lassen und diesen Gesammtklang aus sich heraus zu stellen in Begriffen« (Friedrich Nietzsche, »Nachgelassene Fragmente. Herbst 1869 bis Ende 1874«, in: F. N.,

ses Jahrhunderts, Heidegger und Wittgenstein, haben die Orientierung am Sehen geradezu als das *proton pseudos* der abendländischen Denkgeschichte identifiziert und demgegenüber Momente des Hörens zur Geltung gebracht. So hat Heidegger Platons Wendung zum Sehen als den Sündenfall der abendländischen Philosophie überhaupt begriffen.[19] Durch ihn sei das Seiende von Grund auf zu einem Objekt, zu einem Gegenstand der Feststellung und Herstellung geworden. Mit der Wende zum Sehen habe die abendländische Rationalisierung begonnen, die das Seiende berechenbar macht und in der modernen Technik gipfelt, für die das Seiende nur noch verfügbarer Bestand oder maßzuschneiderndes Produkt ist. Demgegenüber plädierte Heidegger für den Übergang zum Hören, zum Vernehmen und zum sorgenden Umgang mit den Dingen.[20] Und Wittgenstein hat die

Sämtliche Werke [s. Anm. 3], Bd. 7, S.442 [Sommer 1872 – Anfang 1873]). Ebenso hat die hermeneutische Tradition von Schleiermacher bis Gadamer den »Vorrang des Hörens vor dem Sehen« vertreten (Hans-Georg Gadamer, *Wahrheit und Methode. Grundzüge einer philosophischen Hermeneutik*, Tübingen ²1965, S. 438). – Den besten Überblick über die Infragestellung des Sehprimats im 20. Jahrhundert bietet: Martin Jay, *Downcast Eyes: The Denigration of Vision in Twentieth-Century French Thought*, Berkeley 1994; vgl. ferner *Modernity and the Hegemony of Vision*, hrsg. von David Michael Levin, Berkeley 1993; Don Ihde, *Listening and Voice: A Phenomenology of Sound*, Athens (Ohio) 1976.

19 Vgl. Martin Heidegger, *Platons Lehre von der Wahrheit. Mit einem Brief über den »Humanismus«*, Bern ²1954.

20 Am deutlichsten hat Heidegger diesen Gegensatz von hörendem Denken und traditionellem Vernunftdenken am Ende seines Aufsatzes über Nietzsches Wort »Gott ist tot« formuliert. Der genannte Gegensatz wird von ihm geradezu als Gegensatz von Denken und Nichtdenken gefaßt: »Und das Ohr unseres Denkens? Hört es den Schrei immer noch nicht? Es wird ihn solange überhören, als es nicht zu denken beginnt. Das Denken beginnt erst dann, wenn wir erfahren haben, daß die seit Jahrhunderten verherrlichte Vernunft die hartnäckigste Widersacherin des Denkens ist« (Martin Heidegger, *Holzwege*, Frankfurt a. M. 1950, S. 246 f.). Die »seit Jahrhunderten verherrlichte Vernunft«, das ist eben die visuell bestimmte Vernunft. Ihr stellt Heidegger ein vernehmendes bzw. besinnliches Denken entgegen. In *Unterwegs zur Sprache* bezeichnet Heidegger das Hören als »die eigentliche Gebärde des jetzt nötigen Denkens« (Martin Heidegger, *Unterwegs zur Sprache*, Pfullingen 1959, S.180, vgl. auch S.176 und S.179).

herkömmliche Bedeutungstheorie, die am Modell der Vorstellung orientiert war – Bedeutungen sollten Objekte eines geistigen Sehens sein –, durch eine Gebrauchstheorie der Bedeutung ersetzt: Der Sinn unserer Ausdrücke liegt in ihrem Gebrauch, und dieser ist von sozialen Formen der Verständigung und damit vom Hören unabtrennbar.[21]
Der Übergang von der Bewußtseinsphilosophie zum Paradigma der Kommunikation, wie er sich in den letzten Jahrzehnten in verschiedenen europäischen und amerikanischen Denkrichtungen vollzogen hat, bedeutet jedesmal auch einen Übergang von der traditionellen Favorisierung des Sehens zu einer neuen Betonung des Hörens.

c) »Panopticon« und Überwachungsgesellschaft

Daß es in alledem nicht um philosophische Glasperlenspiele, sondern um eine Kritik an kulturell wirksamen Prägungen geht, hat Michel Foucault gezeigt. Er demonstrierte, wie sehr das Sehen die Institutionen und Architekturen der Moderne bestimmte und wie sich dabei Maßnahmen der Befreiung in Szenarien der Überwachung und Disziplinierung verkehrten.
Das schlagendste Beispiel ist Jeremy Benthams *Panopticon* von 1787, der Idealtyp einer Strafanstalt.[22] Die Zellen sind im Kreis um einen Zentralturm angeordnet, und da sie, anders als die früheren Kerker, mit viel Licht von außen versehen sind, genügt ein einziger Beobachtungsposten im Zentrum, um alle Insassen perfekt zu überwachen. Er kann jede Bewegung in den Zellen im Schattenriß verfolgen. Das *Panopticon* ist eine perfekte Überwachungsarchitektur.
Zugleich liegt darin eine bildhafte Manifestation des optischen Weltverhältnisses überhaupt: Ein Auge im Zentrum

21 Vgl. Ludwig Wittgenstein, *Philosophische Untersuchungen*, in: L. W., *Werkausgabe*, Bd. 1, Frankfurt a. M. 1984, S. 225–580.
22 Vgl. Michel Foucault, *Überwachen und Strafen. Die Geburt des Gefängnisses*, übers. von Walter Seitter, Frankfurt a. M. 1976, S. 256 ff.

ist der Herr aller Erscheinungen. Aufschlußreich ist zudem, wie hier das Licht, das hehre Symbol der Aufklärung, nicht als Medium der Freiheit, sondern als Falle fungiert, als Überwachungsmittel. Je mehr Licht, Sichtbarkeit und Transparenz – um so mehr Überwachung, Kontrolle und Disziplinierung. Darin besteht Benthams ingeniöse Ausnutzung der Dialektik der Sichtbarkeit. Für Foucault wurde sie zu einem Paradebeispiel für die »Dialektik der Aufklärung«. Sehprimat und Überwachungsgesellschaft bilden einen schlüssigen Zusammenhang. Wenn man sich ständiger Transparenz und Überwachbarkeit ausgesetzt weiß, wird man bald anfangen, sich selber zu kontrollieren – am Ende wird es also nicht einmal mehr den einen Wachtposten brauchen, sondern wir disziplinieren uns selbst, und die Gesellschaft vollständiger Transparenz wird eine Gesellschaft vollständiger Überwachung sein.

d) Narziß und Echo

Ist man für derartige Zusammenhänge erst einmal sensibilisiert, so entdeckt man sie – überrascht und erschreckt – auch in zahlreichen älteren Dokumenten. Die Dialektik, ja letztlich die Tödlichkeit des Sehens wurde unserer Kultur schon im Mythos prophezeit – beispielsweise in der Geschichte von Narziß. Als dessen Mutter den weisen Teiresias fragte, ob ihrem Sohn ein langes Leben beschieden sein werde, antwortete Teiresias: »Nur dann, wenn er sich selbst nicht schaut.«[23] – Man weiß, wie die Geschichte ausging. Narziß starb durch die Liebe zu seinem Spiegelbild, die ihn auf nichts anderes mehr achten ließ. Und doch ist das nur die eine Hälfte der Geschichte – bezeichnenderweise die einzig geläufige, während man die andere unterschlagen hat. Denn Narziß verfiel der tödlichen Faszination des Sehens just nachdem er die Nymphe Echo – also die mythische Inkar-

23 Ovid, *Metamorphosen*, III. Buch, Vers 348.

nation reinen Tons – verschmäht, sie nicht ›erhört‹ hatte. So führt uns der Mythos in der Geschichte des Narziß die Doppelfigur von Sehprivileg und Hörverachtung mitsamt ihren tödlichen Folgen vor Augen. Er verkündet dem Abendland die Tödlichkeit eines Sehens, das nur noch sehen will und gegen das Hören sich blind verhält.

e) Griechische und jüdische Kultur

Übrigens kennt das Abendland eine Hochrangigkeit des Hörens nicht nur aus seiner später überlagerten Frühzeit, sondern auch aufgrund seiner Begegnung mit der jüdischen Kultur. Diese kann als Kultur des Hörens verstanden werden. Jakob Taubes, der als Rabbiner und abendländischer Philosoph in beiden Kulturen gleichermaßen kompetent war, schrieb: »Wenn Hellas das ›Auge der Welt‹ genannt wird, so läßt sich vielleicht von Israel sagen, daß es das ›Gehör der Welt‹ ist.«[24] Viele der gegenwärtigen Plädoyers für eine Kultur des Hörens stammen von Intellektuellen jüdischer Provenienz. Vermutlich enthielt der traditionelle Visualprimat auch ein Moment von Abwehr jüdischer Kultur – umgekehrt könnte in der Zuwendung zum Hören die Chance einer Versöhnung liegen.

24 Jakob Taubes, *Abendländische Eschatologie*, Bern 1947, S. 15. – Vorzüglich detailliert und kenntnisreich hat diesen Gegensatz Thorleif Boman herausgearbeitet (Thorleif Boman, *Das hebräische Denken im Vergleich mit dem griechischen*, Göttingen [5]1968). Er schreibt: »Die einzelnen Züge und Eigentümlichkeiten beider [der griechischen und der hebräischen Denkweise] hängen schließlich damit zusammen, daß die Griechen das Dasein sehend, die Hebräer hörend und empfindend erlebten« (S. 9). Boman kommt zum Ergebnis, »daß der für das Erleben der Wirklichkeit wichtigste Sinn für die Hebräer das Gehör [. . .], für die Griechen das Gesicht werden mußte. (Oder *vielleicht* umgekehrt: Weil die Griechen überwiegend visuell, die Hebräer überwiegend auditiv veranlagt waren, gestaltete sich allmählich die Wirklichkeitsauffassung der beiden Völker so verschieden.)« (Ebd., S. 181.)

f) Gründe zur Vorsicht

Trotz aller plausiblen Gründe, den Sehprimat zu verabschieden und für eine Kultur des Hörens zu plädieren, ist aber auch vor der umgekehrten Einseitigkeit zu warnen. Mit dem Übergang zu einer Kultur des Hörens verbinden wir die Hoffnung, das Subjekt-Objekt-Denken und das Zwillingspaar von Fremd- und Selbstunterwerfung hinter uns zu bringen und zu Strukturen der Einfügung, der Symbiose, einer ökologischen Integration von Mensch und Welt zu gelangen. Aber ist nicht auch hier mit einer Dialektik zu rechnen? Schließlich hatte auch die Kultur des Sehens mit reinen Glücksversprechen begonnen – um dann in Disziplinierung und Selbstgefährdung zu enden. Könnte Vergleichbares nicht auch einer Kultur des Hörens bevorstehen?
Auf die Gefahr der Hörigkeit wurde schon hingewiesen. Sie liegt keineswegs ganz fern. Heideggers Plädoyer für ein Hören auf das Sein beispielsweise kam einem Aufruf zum Hören auf den Führer gefährlich nahe. Auch die andere, vielstrapazierte Empfehlung des Hörens, wonach wirkliche Vernunft, ihrem Namen ›Ver-nunft‹ gemäß, vernehmende, also hörende Vernunft im Unterschied zur rechnenden und berechnenden Vernunft sein müsse, ist zumindest ambivalent. ›Vernehmen‹ enthält zwar einen Anklang an das Hören, aber ebenso an die polizeiliche bzw. gerichtliche Vernehmung, an die peinliche Befragung, wo man – ganz im Sinn jener stellenden und rechnenden Vernunft, die man hinter sich bringen möchte – zu Antworten gezwungen wird. – Es muß zutiefst bedenklich stimmen, wenn die Prediger des Hörens für solche Ambivalenzen taub sind.

II. Typologische Unterschiede zwischen Sehen und Hören

In Teil II will ich nun einige Unterschiede von Sehwelt und Hörwelt darstellen, die sowohl die Motive der traditionellen Privilegierung des Sehens erklären wie die aktuelle Option fürs Hören verständlich machen können.

1. Bleibendes – Verschwindendes

Es ist trivial, festzustellen, daß sich das Sehen primär auf räumliche, das Hören auf zeitliche Phänomene bezieht. Sich umzusehen heißt, räumliche und körperliche Gegebenheiten wahrzunehmen, die relativ konstant vorhanden sind; sich umzuhören hingegen heißt, Laute wahrzunehmen, die im nächsten Moment verschwunden sein werden.
Dieser Unterschied hat beträchtliche Konsequenzen. Man stelle sich nur einmal vor, gesprochene Worte würden nicht verklingen, sondern – ähnlich wie sichtbare Dinge – weiterdauern. Dann wäre gar kein Reden möglich, denn alle nachfolgenden Worte würden von der Dauerpräsenz der vorausgegangenen absorbiert. So folgenreich ist der Unterschied optischer und akustischer Phänomene.
Die Seinsweise von Sichtbarem und Hörbarem ist grundsätzlich verschieden. Das Sichtbare verharrt in der Zeit, das Hörbare hingegen vergeht in der Zeit. Sehen hat es mit Beständigem, dauerhaft Seiendem zu tun, Hören hingegen mit Flüchtigem, Vergänglichem, Ereignishaftem.[25, 26] Während

25 Hegel hat der phänomenalen Charakteristik des Tones eine spekulative Interpretation zuteil werden lassen. Ihm galt das Hören als der weitaus geistigere Sinn im Vergleich zum Sehen. Der Ton beinhalte nämlich eine doppelte Negation der Äußerlichkeit und stelle so den Anfang des Übergangs in die Innerlichkeit, die Subjektivität dar. Denn erstens müsse ein Gegenstand, um einen Ton abzugeben, in sich erzittern (erste Negation); und zweitens gehe der Ton mit seinem Erklingen zugrunde, höre als äußer-

daher zum Sehen Nachprüfung, Kontrolle und Vergewisserung gehören, verlangt das Hören das akute Aufmerken auf den Moment, das Gewahren des Einmaligen, die Offenheit für das Ereignis. Zum Sehen gehört eine Ontologie des Seins, zum Hören hingegen ein Leben vom Ereignis her. Daher hat das Sehen auch eine Affinität zu Erkenntnis und Wissenschaft, das Hören hingegen zu Glaube und Religion.

Übrigens erklären sich aus solchen Unterschieden auch ansonsten unverständlich bleibende Disparitäten wie die, daß wir gegenüber sichtbarer Umweltverschmutzung weitaus einschneidendere Maßnahmen ergreifen als gegenüber hörbarer. Sichtbares ist eben dauerhaft, während Hörbares vorübergehend ist und im wörtlichen Sinn eine verschwindende Größe darstellt. Außerdem ist unser ganzes Realitäts- und Handlungsverhältnis visuell und objekthaft geprägt. Auf akustische Verletzungen reagieren wir erst, wenn sie die Schmerzgrenze überschreiten und Empörung und Wut hervorrufen.

licher auf (zweite Negation); er könne – ähnlich wie ein Gedanke – nur in der Innerlichkeit, im Medium der Subjektivität fortdauern. In der akustischen Sphäre geschieht also ein Übergang vom Materiellen ins Geistige (vgl. Georg Wilhelm Friedrich Hegel, *Ästhetik*, hrsg. von Friedrich Bassenge, 2 Bde., Frankfurt a.M. o. J., Bd. 2, S. 260 f.). – Adorno hat, ebenfalls davon ausgehend, daß Töne, anders als visuelle Phänomene, sich vom Gegenstand frei machen, den Vorzug der Musik darin gesehen, daß sie nicht, wie das Sehen, ein Medium der Herrschaft, sondern der Freiheit ist: Musik ist »vorweg von jeder Bindung an die Gegenständlichkeit frei: das Ohr nimmt nicht die Dinge wahr. Weder muß sie daher die Gegenständlichkeit, als ein ihr Heteronomes, auflösen, noch ihre Herrschaft über die Gegenstände zurücknehmen« (Theodor W. Adorno, »Zum Verhältnis von Malerei und Musik heute«, in: Th. W. A., *Gesammelte Schriften*, Bd. 18, Frankfurt a. M. 1984, S. 140–148, hier S. 145).

26 Entsprechend richtet sich das Sehen auf Attribute der Dinge, das Hören hingegen auf Tätigkeiten der Dinge. Erwin Straus sagt dafür: »Im Sehen erfassen wir das Skelett der Dinge, im Hören ihren Puls« (Straus, *Vom Sinn der Sinne* [s. Anm. 14], S. 398).

2. Distanzierung – Eindringlichkeit

Sowohl Hören wie Sehen sind Fernsinne, aber das Sehen ist der eigentlich distanzbildende Sinn.[27] Das Sehen bringt die Dinge auf Distanz und hält sie an ihrem Ort fest. Es ist der objektivierende Sinn schlechthin. Im Sehen gerinnt die Welt zu Objekten. Jeder Blick hat etwas vom Blick der Medusa: Er läßt die Gegenstände erstarren, versteinert sie. – Ganz anders das Hören, das die Welt nicht auf Distanz bringt, sondern einläßt. Während das Sehen ein Sinn der Distanzierung ist, ist das Hören einer der Verbundenheit.
Von daher versteht man, daß das Sehen zum Sinn der Erkenntnis par excellence werden konnte. Es ordnet, distanziert und beherrscht die Welt. Überdies kann es seine Gegebenheiten stets nachprüfen und weiter erforschen. Denn da seine Objekte dauerhaft sind, kann es ein zweites oder drittes Mal auf sie zurückkommen. Das Hören kann das nicht. Ein zweites Mal hinzuhören, würde nichts nützen, der Ton wäre vorbei, der Moment verpaßt, die Chance vertan.

3. Affektlosigkeit – Passibilität

Das Sehen ist von seinen Gegenständen am wenigsten affektiv betroffen. Stets hat die Tradition das Sehen als unseren edelsten Sinn bezeichnet, und dabei hatte sie neben der Universalität des Sehens dessen Affektlosigkeit im Blick. Sehend sind wir am wenigsten körperlich affiziert.[28] Sehend sind wir Herren der Welt.
Das Hören hingegen hält die Welt nicht fern, sondern läßt sie ein. »Ton dringt ein, ohne Abstand.«[29] Für das Hören

27 Vgl. Dieter Hoffmann-Axthelm, *Sinnesarbeit. Nachdenken über Wahrnehmung*, Frankfurt a. M. 1984, S. 36.
28 Vgl. Immanuel Kant, *Anthropologie in pragmatischer Hinsicht* (1798), A50.
29 Helmuth Plessner, *Anthropologie der Sinne*, in: H. P., *Gesammelte Schriften*, Frankfurt a. M. 1980, Bd. 3, S. 317–393, hier S. 344.

sind solches Eindringen, sind Verletzlichkeit und Ausgesetztsein charakteristisch. Wir haben zwar Augenlider, aber keine Ohrlider. Hörend sind wir ungeschützt. Hören ist ein Sinn extremer Passibilität, und akustischem Andrang können wir nicht entrinnen.[30] – Deshalb sind wir akustisch in besonderer Weise schutzbedürftig.

4. Individualität – Sozietät

Das Sehen ist ein Sinn der Individualität, das Hören einer der Sozietät. Vom antiken Lobpreis der Theorie über Leonardo da Vincis Beschreibung des gottähnlich-souveränen Augenmenschen bis hin zum Glück schauender Einsamkeit reichen die Zeugnisse vom Sehen als Sinn souveräner Weltbetrachtung. Das Sehen hat immer etwas von der überlegenen Schau am Ende des sechsten Schöpfungstages – und von der Einsamkeit und Selbstgenügsamkeit des so Schauenden.

Das Hören hingegen ist mit Menschen, mit unserer sozialen Existenz verbunden. Wir müssen hören, um Sprache vernehmen und selber sprechen zu können. Unter diesem Aspekt ist freilich auch dem Hören in der Tradition Anerkennung zuteil geworden. Wenn man das Sehen als den edelsten Sinn des Menschen bezeichnete, so hat man – von Aristoteles über Kant bis in unsere Tage – das Hören als unseren unersetzlichsten Sinn eingeschätzt. Aber diese Anerkennung war trügerisch. Denn nicht das Hören als solches, sondern seine Dienstfunktion wurde dabei geschätzt. Die Ausblendung der genuin akustischen bzw. klanglichen Dimension des Gehörten war geradezu eine Vorbedingung dieser Anerkennung. Es kommt für die sprachliche Mitteilung ja nicht auf ein Hören von Tönen oder Klängen an,

30 Elias Canetti hat den Vorgang des Hörens geradezu als Vergewaltigung bezeichnet.

sondern einzig auf das Aufnehmen der sprachlichen Bedeutungen *mittels* der akustischen Signale.[31] Das Hörbare tritt hinter seiner Dienstfunktion für die Sprache zurück. Daß die lautlichen Elemente als solche gar nichts bedeuten, ist geradezu eine Bedingung ihrer Übermittlungsfunktion.

III. Akustische Kultur – gegen akustische Barbarei

1. Ausgangspunkt

Überlegungen zu einer akustischen Kultur heute haben ihren Ausgang von der besonderen Ungeschütztheit des Hörsinnes und von der strukturellen Rücksichtslosigkeit einer visuell geprägten Kultur gegenüber dem Hören zu nehmen. Die Empfindlichkeit des Hörsinnes, die als solche bewundernswert ist (die Physiologen sagen uns, er sei der empfindlichste aller Sinne), verkehrt sich in einer Umwelt, die auf das Gehör keine Rücksicht nimmt, zum eklatanten Nachteil. Was beglücken könnte, bringt Marter und Pein, macht krank. Dem haben Initiativen zu einer Umweltakustik entgegenzutreten.

2. Gleichwertigkeit von Sehen und Hören

Schon die Forderung nach einer Gleichberechtigung des Akustischen wird in einer visuell dominierten Kultur eine beträchtliche Umwertung und Herausforderung darstellen. Orthodoxen Visualisten kommt sie skandalös vor – und wer wollte sich ganz davon freisprechen, da oder dort selber

31 Eine Ausnahme bildet Herder. Ihm zufolge ist das Hören nicht bloß ein notwendiges Medium der Kommunikation, sondern dem zuvor für die Sprachtätigkeit als solche konstitutiv.

noch dem Visualprimat anzuhängen? Darüber hinaus mag freilich sogar ein zeitweises Übergewicht der akustischen Waagschale angebracht sein – geht es doch darum, das umgekehrte Ungleichgewicht zu beseitigen. (Man kennt Ähnliches vom Vorgang der Frauenemanzipation; auch dort mußte, was Gleichberechtigung einforderte, zunächst als einseitige Herausforderung erscheinen und tatsächlich gelegentlich zu Einseitigkeiten bereit sein.) Insgesamt aber kann es nicht um einen Primat des Hörens, sondern nur um eine Gegensteuerung gegen die konventionelle Hypertrophie des Sehens gehen, um zu einem ausbalancierten Gleichgewicht zu gelangen.[32]

Hector Berlioz' Projekt einer Stadt, in der ausschließlich Musik erklingen sollte, kann also nicht das Vorbild sein – »Euphonia« sollte diese im Harz lokalisierte Stadt heißen, deren zwölftausend Einwohner sich ausschließlich ihrer musikalischen Vervollkommnung widmen sollten.[33] Für einseitige Projekte dieser Art hat Nietzsche einmal das Bild vom »umgekehrten Krüppel« gebraucht. Normalerweise sind Krüppel Menschen, denen eines fehlt, während sie sonst alles haben. Umgekehrte Krüppel nennt Nietzsche »Menschen, denen es an Allem fehlt, ausser dass sie Eins zuviel haben«. Sie bestehen beispielsweise aus einem einzigen, riesengroßen Auge oder einem gigantischen Ohr. Von Zarathustra erzählt Nietzsche, er sei eines Tages einem Ohr begegnet, »so gross wie ein Mensch«. Bei näherem Hinsehen bemerkte er dann, daß sich »unter dem Ohre [. . .] noch Etwas [bewegte], das zum Erbarmen klein und ärmlich und schmächtig war. Und wahrhaftig, das ungeheure Ohr sass auf einem kleinen dünnen Stiele, – der Stiel aber war ein

32 Sofern unser Gleichgewichtssinn eine Sache des Ohres ist, könnte ein besonders Hellhöriger freilich einwenden, die Forderung nach einer ausbalancierten Kultur von Auge und Ohr gebe unter der Hand der Logik des Ohres den Vorzug. Sie täte das aber immerhin in einem vernünftigen, nicht mehr unterdrückenden Sinn.

33 Hector Berlioz, *Euphonie, ou La ville musicale. Nouvelle de l'avenir*, Paris 1852.

Mensch! Wer ein Glas vor das Auge nahm, konnte sogar noch ein kleines neidisches Gesichtchen erkennen; auch, dass ein gedunsenes Seelchen am Stiele baumelte. Das Volk sagte mir [...], das grosse Ohr sei nicht nur ein Mensch, sondern ein grosser Mensch, ein Genie. [...] Aber ich [...] behielt meinen Glauben bei, dass es ein umgekehrter Krüppel sei, der an Allem zu wenig und an Einem zu viel habe.«[34] – Für solch umgekehrte Einseitigkeit also sollte niemand streiten, wir wollen Augen- *und* Ohrenmenschen sein – und gewiß auch manch anderen Sinn nicht vergessen.

3. Kriterienreflexion

Ist somit die Richtung des Plädoyers klar – es geht um eine Aufwertung des Hörens – und ist das Mißverständnis abgewehrt, daß dies eine Vorherrschaft des Hörens intendiere, so bleiben die Forderungen und Kriterien einer gleichberechtigten Kultur des Hörens zu benennen.

a) Idealansprüche?

Dabei sollte man nicht von einer falschen Voraussetzung ausgehen: daß von nun an eine ideale öffentliche Klangwelt zu erfinden sei – als ob wir freie Hand hätten, alles neu zu wünschen und auch gleich zu realisieren. So ist die Situation nicht, und im übrigen wäre es – so paradox das zunächst erscheinen mag – weitaus schwieriger, für eine solch scheinbar ideale Situation Lösungen anzugeben als für die reale. Die Gründe dafür sollte man sich allerdings bewußt machen – allein schon, weil man sicher sein kann, hie und da mit solch hochfahrenden Plänen konfrontiert zu werden.
Moderne Gesellschaften sind hochgradig differenziert, und eine Unterschiedlichkeit von Erwartungen, Ansprüchen

34 Friedrich Nietzsche, *Also sprach Zarathustra. Ein Buch für Alle und Keinen*, in: F.N., *Sämtliche Werke* (s. Anm. 3), Bd. 4, S. 178.

und Geschmacksrichtungen ist für sie konstitutiv und legitim.[35] Darüber kann man sich nicht einfach hinwegsetzen. Zusätzlich wird diese Pluralität der Ansprüche noch durch rezeptive Differenzen verstärkt. Was für den einen ein Wohlklang ist, kann für den anderen einen Mißklang darstellen. Des einen Musik ist – wie Max Neuhaus sagt – des anderen Muzak.[36]

Dieser Unterschiedlichkeit der Erwartungen kann man sich auch nicht durch Rekurs auf angebliche anthropologische Konstanten entziehen – wie mancher das in Sachen Akustik gerne täte. Unsere kulturellen Formationen und Differenzen sind dafür zu stark und zu legitim. Beispielsweise sind die Konsonanzen für manche seit der Emanzipation der Dissonanz tatsächlich vergiftet.

Welche Generalnorm man auch vorschlagen wollte – ob eine hohe, sphärenharmonische, oder eine niedrige, physiologische –, sie wäre als allgemeine Norm stets verfehlt. Es gibt in der heutigen Welt kein Monokriterium, nach dem sich die akustische Welt ideal und universal einrichten ließe. Die nach einem einzigen Paradigma gestaltete öffentliche Klangwelt würde sich, so attraktiv ihr Modell zunächst für manche erscheinen mag, für ein anderes Ohr bald als Diktatur einer Gruppe, eines Geschmacks, einer Klangideologie entpuppen.

b) Anpassung?

Aber natürlich ist auch das Umgekehrte, das einfache Hinnehmen der faktischen Klangwelt, wie sie ist, keine Lösung. Allerdings gibt es – auch wenn ich zögere, das zu sagen – einen tückischen Prozeß, der uns diese Akzeptation zu leh-

35 Vgl. Wolfgang Welsch, *Unsere postmoderne Moderne*, Weinheim 1987, Berlin [4]1993.

36 Vgl. Max Neuhaus, »Klanggestaltung von Signalen und Sirenen«, in: *Der Klang der Dinge. Akustik – eine Aufgabe des Design*, hrsg. von Arnica-Verena Langenmaier, München 1993, S. 62–76, hier S. 62.

ren und zu empfehlen scheint. Ich meine die Entwicklung der avantgardistischen Musik.

Im visuellen Bereich haben die Futuristen die Schönheit und Geschwindigkeit technischer Gebilde – etwa des Rennwagens – gepriesen.[37] Und nicht nur sie taten das: Die neue Gestaltung hat sich insgesamt von technischen Innovationen inspirieren lassen. Le Corbusier verkündete: »Wir haben im Namen des Dampfschiffes, des Flugzeugs und des Autos unsere Stimmen erhoben für Gesundheit, Logik, Kühnheit, Harmonie und Vollkommenheit.«[38] In ähnlicher Weise schrieb die musikalische Avantgarde technischen Innovationen und sogar ausgesprochenen Krachmachern Vorbildfunktion zu. So pries Luigi Russolo 1913 in seinem Manifest *L'arte dei rumori* die Tatsache, daß heute der Lärm der Stadt über die menschliche Empfindsamkeit triumphiert, bevor er uns dann als neue akustische Genüsse das Rumpeln und Rattern von Maschinen, den grellen Laut von mechanischen Sägen und die Orchestrierung von Eisengießereien, Kraftwerken und Untergrundbahnen empfahl.[39] John Cage schließlich hat die Gleichwertigkeit aller Laute proklamiert.

Diese Empfehlungen der musikalischen Avantgarde laufen auf die Akzeptation von Klang und Krach hinaus.[40] Dazu wäre viel zu sagen. Ich will mich hier auf einen einzigen Aspekt beschränken. Vielleicht hat man in diesen Tendenzen verzweifelte Versuche zu sehen, uns mit einer

37 »Wir erklären, daß die Herrlichkeit der Welt um eine neue Schönheit reicher geworden ist: die Schönheit der Geschwindigkeit. Ein Rennwagen mit seiner Motorhaube, die mit großen Röhren, die Schlangen mit explosivem Atem ähneln, verziert ist [...] ein brüllendes Auto, das einem Maschinengewehr gleicht, ist schöner als die Nike von Samothrake« (Marinetti, *Manifest des Futurismus*, 1909).

38 Le Corbusier, *Ausblick auf eine Architektur*, Braunschweig [4]1982, S. 33.

39 Russolo war von Marinetti beeinflußt. Eine seiner Kompositionen heißt bezeichnenderweise *Convegno d'automobili e d'aeroplani*.

40 Helmuth Plessner urteilte diesbezüglich hart: Die musikalische Moderne schrecke »vor dem ästhetischen Selbstmord« nicht zurück (Plessner, *Anthropologie der Sinne* [s. Anm. 29], S. 350).

akustisch unerträglichen Welt noch einmal zu versöhnen, sie uns erträglicher und umgekehrt uns in ihr lebensfähiger zu machen – etwa nach dem Motto: »Wenn Dir die Musik Deiner Welt nicht paßt, so verändere Deine Organe und Deine Bewertungen, und Du wirst sehen, es geht und es hilft.«

Gewiß hat Kunst stets daran gearbeitet, unsere Rezeptoren und Rezeptionsformen zu verändern, und das hat sich auch auf den Alltag ausgewirkt. Im genannten Fall aber scheint es nicht mehr um künstlerische Erweiterungen, sondern nur noch um zivilisatorische Anpassung zu gehen. Wie will man dies bewerten? Ich fürchte: Hier wird uns nicht bloß Anpassung, sondern Überanpassung zugemutet, und schlimmer noch (aber in unserer Kultur gar nicht so ungewöhnlich): eine Identifikation mit dem Gegner – mit dem, was uns kaputt macht.

Als Leitlinie für ein humaneres Akustikdesign und für eine Ethik der akustischen Umwelt jedenfalls, das scheint mir sicher zu sein, lassen sich diese Experimente der Avantgarde nicht verwenden.[41] Dagegen sprechen allein schon medizinische Befunde. Nur ergänzend können solch avantgardistische Strategien von Interesse sein, denn natürlich müssen wir stets damit rechnen, daß unsere Aversionen auf muffigen Motiven beruhen, die es hinter sich zu lassen gälte.

c) Pragmatische Perspektiven

Unsere Aufgabe ist jedoch nicht, eine ideale Situation zu erfinden, und auch nicht, eine schlechte so zu lassen, wie sie ist, sondern eine schädigende zu verbessern. Und dafür ist

41 Nachdenkenswert ist, daß auch Muzak zunächst eine positiv gemeinte Erfindung der Avantgarde war. Schafer hat den Ursprung benannt: Erik Saties *Musique d'ameublement*, erstmals 1920 in einer Pariser Galerie aufgeführt und als »Unterhaltung während einer Spielpause« gedacht; die Zuschauer sollten umhergehen und die Musik nicht bewußt beachten, sondern lediglich als Dekoration wahrnehmen (vgl. Murray Schafer, *Klang und Krach* [s. Anm. 17], S. 149).

das Kriterien-Szenario relativ einfach. Das Beste zu bestimmen ist immer schwierig, aber gegenüber einem lamentablen Zustand, wie der gegenwärtige es ist, ein Besseres anzugeben – das läßt sich machen. Dafür braucht man keine absoluten Maßstäbe und kein verbindliches Modell, dafür genügen plausible Perspektiven.

4. Leitlinien

a) Reduzierung und Differenzierung

Sicher bedürfen wir als erstes einer Reduktion der öffentlichen Lautmenge. Unnötige Geräuscherzeugung ist zu vermeiden. Der manipulatorische Einsatz von Klang fällt als erstes darunter. Ich denke – unter dem Stichwort akustische Umweltverschmutzung – an Muzak in Kaufhäusern oder an Brian Eno, der uns auf Flughäfen umlullt.[42]

Die verbleibende, unvermeidliche Lautmenge ist – zweitens – bewußt zu verbessern. Differenzierung ist ein erstes Mittel dazu. Welche anderen Möglichkeiten bieten sich an? Sprechen wir zunächst vom öffentlichen Raum. Dort sollten Umweltakustik und Industriedesign eher nach einem wünschenswerten Standard als nach wunderbaren Exquisitäten Ausschau halten. Zeitgenössische Musik mag als Paradigma locken, aber es wäre das falsche. Um nicht mißverstanden zu werden: Ich liebe diese Musik – aber sie ist eine Alternative zum Alltag, nicht ein Standard des Alltags. Gewiß gehört zu unseren Sinnen stets auch ein Transzendieren des Bestehenden und Standardisierten, und zum Hören gehört das vielleicht in besonderem Maße. Aber das zu tun ist nicht Aufgabe der Industrie, sondern der Kunst. Die Industrie

42 Für London gibt es seit 1991 einen eigenen Führer, der über 400 Restaurants, Pubs und Geschäfte aufführt, in denen man nicht durch Muzak belästigt wird.

hingegen, die uns Klänge auferlegt, die wir tendenziell alle hören müssen, ob wir wollen oder nicht, sollte uns gute Standardklänge bieten.
Wichtig ist in alledem die Unterscheidung von öffentlichem und privatem Raum. Klänge, die individuell genützt werden, kann man natürlich interessant machen, hier kann die Industrie Diversifizierungsmöglichkeiten nützen. Ich zweifle zwar, ob ein Rasierapparat uns gerade Schlager vorspielen soll, aber warum soll nicht beim einen Modell der Klang bewußt kräftig, beim nächsten sanft, bei einem dritten schnurrend oder gleitend sein? Die Sozialverträglichkeit kann man hier Abstimmungsprozessen im Familienkreis überlassen.
Bei Klängen jedoch, die den öffentlichen Raum betreffen, sollte man sich strikt an das Gebot sinnvoller Geräuschvermeidung halten, und die unvermeidlichen Geräusche sollten so gestaltet werden, daß sie dem Prinzip der Nicht-Belästigung folgen. Dabei ist der für alle weniger interessante Klang dem für einige sehr interessanten Klang vorzuziehen. Aufdringlichkeit ist ebenso zu vermeiden wie pure Monotonie.
Im öffentlichen Raum gelten Prinzipien der Solidarität. Die Freiheit des Einen soll der des Anderen keinen Abbruch tun, wie Kant dies formuliert hat.[43] Ins Akustische übersetzt: Die Hörfreiheit des Einen darf in die Hörfreiheit des Anderen keinen *Einbruch* tun. Demokratie ist eine Sache der Rücksichtnahme schon auf der Ebene der Sinne.
Die Grundregel lautet also: Unnötiges ist zu vermeiden, Nötiges gut zu gestalten. Damit halte ich kein Plädoyer für Geräuschlosigkeit, sondern für die Ausschaltung vermeidbarer Geräusche. Die Sorge, daß dann absolute Stille aus-

43 Kant bestimmte als Zweck der bürgerlichen Gesetzgebung die »Freiheit für jeden, seine Glückseligkeit selbst, worin er sie immer setzen mag, zu besorgen, nur daß er anderer ihrer, gleich rechtmäßigen Freiheit nicht Abbruch tut« (Immanuel Kant, Brief an Heinrich Jung-Stilling, März 1789, in: I. K., *Briefwechsel*, Hamburg ^{3}1986, S. 367 f., hier 368).

brechen könnte – die uns gewiß erschrecken würde[44] –, brauchen wir nicht zu haben. Absolute Stille gibt es nicht, und im jetzigen Dasein werden wir sie nicht erleben.

b) Zonen der Stille

Besonders wichtig ist mir ein letzter Punkt: Unsere Sinne brauchen auch Ruhezonen – als Komplement zu ihrer natürlichen Neugier. Daher wird akustische Kargheit, wo sie erreichbar ist, nötig und wohltuend sein. Auch visuell leben wir heute ja in einer Zeit offenkundiger Aufgeregtheit und Überdrehtheit. Die Ästhetisierungstendenzen der letzten Jahre haben kaum einen Winkel unseres Daseins und unserer Produktwelt verschont. So wie eine Reduktion dieser visuellen Überreizung geboten ist, so sollte man nun auch nicht eine akustische Durchstilisierung von allem und jedem in Angriff nehmen. Kein akustisches Total-Styling als Komplement oder Gleichwertigkeitsbeweis gegenüber der grassierenden visuellen Ästhetisierung! Die akustische Verbesserung muß vielmehr vor allem die Schutzbedürftigkeit des Hörens berücksichtigen. Reizreduktion, die Schaffung von Bereichen ohne Eigenklang und mit wenig Fremdklang tut not. Im Bombardement der Sinne benötigen wir Zonen der Unterbrechung, merkliche Pausen, Stille. – Botho Strauß hat einmal vom Schriftsteller gesagt, er sei »inmitten der Kommunikation [...] zuständig für [...] den unterbrochenen Kontakt, die Dunkelphase, die Pause.«[45] Ich würde mir wünschen, auch mancher Akustikdesigner würde sich künftig dafür zuständig fühlen.

44 Pascal sprach von dem Erschrecken angesichts der ewigen Stille unendlicher Räume: »Le silence éternel de ces espaces infinis m'effraie« (Blaise Pascal, *Pensées*, in: B.P., *Œuvres Complètes*, hrsg. von Louis Lafuma, Paris 1963, S. 528, Nr. 201).

45 Botho Strauß, »Die Erde – ein Kopf«, in: *Büchner-Preis-Reden 1984–1994*, hrsg. von der Deutschen Akademie für Sprache und Dichtung, Stuttgart 1994, S. 126–137, hier S. 130.

Städte der Zukunft – Architekturtheoretische und kulturphilosophische Aspekte

Es mag ungewöhnlich erscheinen, daß sich ein Philosoph zu Fragen der Architektur äußert. Aber Philosophie und Architektur sind näher verwandt, als man gemeinhin annimmt. Es besteht geradezu ein altes Bündnis zwischen ihnen. Die Philosophie hat sich immer wieder architekturaler Begriffe und Metaphern bedient. Das ist uns aus der Rede von *Grundlagen* und *Fundamenten* noch immer vertraut, die man von der Philosophie und ihrem Denken erwartet, oder aus der Rede von Begriffs*konstruktionen* oder Gedanken*gebäuden*. Zudem hat die Philosophie ihre Selbstreflexion immer wieder mit Überlegungen zu Architektur und Stadtbau verbunden. In der Antike hat Aristoteles den Philosophen mit einem Architekten verglichen[1] – und später hat Goethe von Aristoteles gesagt, er habe selbst wie ein Baumeister zur Welt gestanden.[2] In der Neuzeit hat Descartes im *Discours de la Méthode*, der als Grundlegungsschrift der neuzeitlichen Philosophie gelten kann, mehrfach Parallelen zum Haus- und Städtebau gezogen.[3]

1 Vgl. Aristoteles, *Nikomachische Ethik* VII 12, 1152b 1.

2 »Aristoteles [. . .] steht zu der Welt wie ein Mann, ein baumeisterlicher. Er ist nun einmal hier und soll hier wirken und schaffen. Er erkundigt sich nach dem Boden, aber nicht weiter, als bis er Grund findet. Von da bis zum Mittelpunkt der Erde ist ihm das übrige gleichgültig. Er umzieht einen ungeheuren Grundkreis für sein Gebäude, schafft Materialien von allen Seiten her, ordnet sie, schichtet sie auf und steigt so in regelmäßiger Form pyramidenartig in die Höhe, wenn Plato, einem Obelisken, ja einer spitzen Flamme gleich den Himmel sucht« (Johann Wolfgang von Goethe, *Schriften zur Farbenlehre*, Gedenkausgabe, hrsg. von Ernst Beutler, Bd. 16, Zürich ²1964, S. 346 f.).

3 Descartes vergleicht dort – negativ – die alten, im Lauf der Geschichte gewachsenen Städte, in denen sich zwar manch schönes Haus finde, deren Ganzes aber unproportioniert und ungeordnet sei, mit dem gleichermaßen vergeblichen Herumdoktern an überlieferten Systemen, wohingegen er eine positive Parallele zwischen der vollständigen Neuanlage von Städten auf

Kants *Kritik der reinen Vernunft* enthält gegen Ende ein »Architektonik der reinen Vernunft« überschriebenes Kapitel, worin er darlegt, daß »die ursprüngliche Idee einer Philosophie der reinen Vernunft« ihrem Wesen nach »*architektonisch*« sei.[4] Und Nietzsche hat den Menschen als »gewaltiges Baugenie« charakterisiert, dem es gelinge, unter Zuhilfenahme von Metaphern und Fiktionen »auf beweglichen Fundamenten und gleichsam auf fliessendem Wasser« soziale und individuelle Lebens- und Denkgebäude zu errichten.[5] Zudem hat Nietzsche im einzelnen darüber nachgedacht, wie Architektur unsere Denkmöglichkeiten faktisch einschränkt oder befördert; er sagte beispielsweise, daß »allen unseren grossen Städten [...] stille und weite, weitgedehnte Orte zum Nachdenken« fehlen, »Bauwerke und Anlagen, welche [...] die Erhabenheit des Sich-Besinnens und Bei-Seitegehens ausdrücken«.[6] Mit den traditionellen Bauwerken könnten wir uns nicht zufrieden geben, weil sie »eine viel zu pathetische und befangene Sprache« reden, »als dass wir Gottlosen hier *unsere Gedanken* denken könnten. Wir wollen *uns* in Stein und Pflanze übersetzt haben, wir wollen *in uns* spazieren gehen, wenn wir in diesen Hallen und Gärten wandeln.«[7]

Auch die Philosophie der Gegenwart kommt immer wieder auf architektonische Züge des Denkens zu sprechen. Das

freiem Platz nach einheitlichem Entwurf und der Neuschaffung einer wissenschaftlichen Konzeption zieht (II 1); ferner weist er auf die Notwendigkeit hin, während der Bauzeit an einem neuen System bzw. Haus eine Übergangsunterkunft zu besitzen (III 1); schließlich drückt er sein Bemühen um eine in ihren Fundamenten gesicherte Wissenschaft so aus: »ich wollte [...] lose Erde und Sand beiseitewerfen, um Fels oder Ton zu finden« (III 6).

4 Immanuel Kant, *Kritik der reinen Vernunft* (1781), A 847, vgl. A 835.

5 Friedrich Nietzsche, »Ueber Wahrheit und Lüge im aussermoralischen Sinne«, in: F. N., *Sämtliche Werke. Kritische Studienausgabe in 15 Bänden*, hrsg. von Giorgio Colli und Mazzino Montinari, München 1980, Bd. 1, S. 873–890, hier S. 882.

6 Friedrich Nietzsche, *Die fröhliche Wissenschaft*, in: F. N., *Sämtliche Werke* (s. Anm. 5), Bd. 3, S. 524 [280].

7 Ebd., S. 525 [280].

gilt von der Postmoderne Lyotards ebenso wie vom Dekonstruktivismus Derridas.[8] Einer der wichtigsten Philosophen des 20. Jahrhunderts, Ludwig Wittgenstein, war einmal sogar selbst als Architekt tätig, er schuf (zusammen mit Paul Engelmann) einen der klarsten Bauten der Moderne, das Haus in der Kundmanngasse 19 in Wien. Zudem wies Wittgenstein mehrfach auf Parallelen zwischen der Philosophie und der Architektur hin: Beide, sagte er beispielsweise, seien »eigentlich mehr die Arbeit an Einem selbst. An der eignen Auffassung. Daran, wie man die Dinge sieht. (Und was man von ihnen verlangt.)«[9] Die Architektur allerdings sei schwieriger: »Sie glauben, die Philosophie sei ein schwieriges Geschäft, aber ich kann Ihnen sagen: Verglichen mit den Schwierigkeiten, die in der Architektur stecken, ist das gar nichts.«[10]

Umgekehrt gibt es zahlreiche Beispiele, wie Architekten sich von Philosophen haben inspirieren lassen, man denke etwa an Abt Suger und die neuplatonische Lichtmetaphysik oder an Schinkel und Humboldt oder in der Gegenwart an Tschumi und Derrida oder an Eisenman und Deleuze und noch einmal Derrida. Übrigens hatte schon Vitruv, der Ahnvater aller Architekturtheorie, zu Beginn seines Traktats die Architekten gemahnt, »fleißig Philosophen zu hören«.[11]

Ich meine zwar nicht, daß philosophische Reflexionen in ar-

8 Vgl. Wolfgang Welsch, »Das weite Feld der Dekonstruktion«, in: *Schräge Architektur und aufrechter Gang – Dekonstruktion: Bauen in einer Welt ohne Sinn?*, hrsg. von Gert Kähler, Braunschweig 1993, S. 50–63.

9 Ludwig Wittgenstein, *Vermischte Bemerkungen*, in: L. W., *Werkausgabe*, Frankfurt a. M. 1984, Bd. 8, S. 445–573, hier S. 472 [1931].

10 Dies berichtet M. O'C. Drury, in: »Bemerkungen zu einigen Gesprächen mit Wittgenstein« (*Ludwig Wittgenstein: Porträts und Gespräche*, hrsg. von Rush Rhees, Frankfurt a. M. 1987, S. 117–141, hier S. 117 f.).

11 Vitruv, *Zehn Bücher über Architektur*, hrsg. von Curt Fensterbusch, Darmstadt 1976, S. 25 [I 3]). Vitruv meinte sogar: »Die Philosophie [. . .] bringt den vollendeten Architekten mit hoher Gesinnung hervor und läßt ihn nicht anmaßend, sondern eher umgänglich, billig denkend und zuverlässig, und, was das Wichtigste ist, ohne Habgier sein« (ebd., S. 27 [I 6]).

chitektonische Überlegungen ohne weiteres, gewissermaßen im Verhältnis 1:1 Eingang finden könnten. Aber sie enthalten oft ein Selbstverständigungs- und Anregungspotential, das jemanden die eigenen Dinge schärfer oder überhaupt Neues sehen läßt. Die Resultate der Rezeption können dann von den Ausgangsreflexionen freilich beträchtlich verschieden sein. Um es mit Proust zu sagen: Die philosophische Reflexion ist wie eine Brille, die man probiert, und wenn man mit ihr schärfer sieht, dann wird man sie eine Zeitlang aufbehalten und nützen.

Im folgenden will ich, Architektur und Städtebau betreffend, in Teil I kurz auf grassierende Ästhetisierungstendenzen eingehen und dagegen auf die eigentliche Aufgabe von Architektur hinweisen. In Teil II will ich zu ›Durchmischung‹, einem aktuellen Stichwort der Architektur-Diskussion, Stellung beziehen: Wogegen wendet sich dieses Konzept, und inwiefern tut es das zu Recht? Teil III unterstreicht den Durchmischungs-Aspekt durch Einbringung einer aktuellen kulturellen Perspektive, der Perspektive der Transkulturalität. In Teil IV schließlich will ich Möglichkeiten und Aufgaben von Architektur und Städtebau unter Bedingungen der Transkulturalität skizzieren.

I. Ästhetischer Look oder Aufmerksamkeit auf Lebensverhältnisse?

1. Wider die Stadtverhübschung

Die westdeutschen Städte haben in den letzten Jahren eine gigantische Ästhetisierung erlebt.[12] Insbesondere die Innenstädte erfuhren ein Facelifting. Die Einkaufszonen wurden

12 Vgl. hierzu ausführlicher im vorliegenden Band den Aufsatz »Ästhetisierungsprozesse – Phänomene, Unterscheidungen, Perspektiven«.

elegant, chic und animatorisch gestaltet. Heute sind sogar die Randzonen und ländlichen Refugien von diesem Trend betroffen. Kaum ein Pflasterstein, keine Türklinke und kein öffentlicher Platz blieb von diesem Ästhetisierungs-Boom verschont.

›Erlebnis‹ ist das zentrale Stichwort dieser Verschönerungs- oder Verhübschungsprozesse. Gerhard Schulze bezeichnet unsere Gesellschaft mit Blick auf diese Ästhetisierungstendenzen zu Recht als »Erlebnisgesellschaft«.[13] Allerdings: Die Erlebnisse sind wohl gar keine. Sie sind eher schal und öd. Deshalb sucht man schnell nach dem nächsten Erlebnis und hastet so von einer Enttäuschung zur anderen. Die schönen Ensembles geraten eben allenfalls hübsch, und die erhaben gemeinten Inszenierungen gleiten ins Lächerliche ab – schon Napoleon hatte gesagt, daß es vom Erhabenen zum Lächerlichen nur ein Schritt sei. – Das kann es wohl nicht sein, was Architektur zu leisten hätte.

2. Architektur und Lebensverhältnisse

Architekten sollten nicht – wie es inmitten dieser grassierenden Ästhetisierung geschieht – für Hochglanzbroschüren und Architekturzeitschriften bauen, sondern für die Menschen und Benutzer. Architektur muß in erster Linie Architektur von Lebensräumen sein. Architektur prägt, lenkt und fördert oder behindert Lebensprozesse. Diese aber sind nicht bloß ästhetischer Natur. Daher wird eine Architektur, die nur auf ihre ästhetischen Komponenten achtet, zwar in einer erlebnissüchtigen Gesellschaft Euphorie auslösen können, aber diese Begeisterung wird nicht lange währen, sondern bald schal werden, sobald sich herausstellt, daß man hier einzig ästhetisch euphorisiert wird,

13 Gerhard Schulze, *Die Erlebnisgesellschaft. Kultursoziologie der Gegenwart*, Frankfurt a. M. 1992.

bezüglich all der anderen Dimensionen von Architektur aber leer ausgeht. Ästhetik ist eben nicht alles, und wenn man sie an die erste Stelle setzt, so bekommt das der Architektur schlecht und nicht einmal der Ästhetik gut. Ein solcher Einspruch ist gegenüber etlichen Tendenzen neomoderner und postmoderner Architektur nötig. Erst wenn die Architekten von vornherein auch über das Ästhetische hinausdenken, wenn sie sich nicht damit begnügen, Schauwerke hinzustellen und Werkschauen zu veranstalten, sondern wenn sie primär die durch ihre Maßnahmen angebahnten, geförderten oder verhinderten Lebensvollzüge ins Auge fassen, werden sie der Aufgabe von Architektur genügen können.[14]

II. Zum Konzept der ›Durchmischung‹

Wogegen wendet man sich, wenn man, wie es heute Usus wird und wie das Konzept dieses Seminars es formuliert,[15] für Durchmischung – beispielsweise für die »Durchmischung von Wohnen und Arbeiten« – plädiert?

1. Das alte Ideal der Funktionentrennung und seine Misere

Man wendet sich gegen das moderne Programm der Funktionentrennung. Folgenreich wurde dieses Programm von der *Charta von Athen* propagiert. »Die Schlüssel zum

14 Vgl. Wolfgang Welsch, »Architektur ist nicht alles«, in: *Werk, Bauen + Wohnen* 11 (1988) S. 18–23.

15 Der vorliegende Aufsatz geht auf einen Vortrag zurück, der am 8. November 1992 in Schwerin bei einem Seminar »Wohnen und Arbeiten – ein Förderprojekt für Architekturstudenten« gehalten wurde. Anlaß war ein städtebauliches Modellprojekt, das Aspekte der Durchmischung in den Vordergrund stellte.

Städtebau«, hieß es dort, »liegen in den folgenden vier Funktionen: wohnen, arbeiten, sich erholen (in der Freizeit), sich bewegen.«[16] Nach diesen vier Funktionen wollte man die Stadt planen und das Leben einrichten. Das ließ sich am einfachsten machen, wenn man diese Funktionen trennte. – Der Fehler allerdings war dabei ein doppelter: zum einen die rigorose und reduktive Festlegung der Funktionen und zum anderen ihre Trennung.

Zum ersten Punkt hat der Architekturkritiker Adolf Behne schon 1930 alles Nötige gesagt: »Der Zeilenbau will möglichst alles von der Wohnung her lösen und heilen, sicherlich in ernstem Bemühen um den Menschen. Aber faktisch wird der Mensch gerade hier zum Begriff, zur Figur. Der Mensch hat zu wohnen und durch das Wohnen gesund zu werden, und die genaue Wohndiät wird ihm bis ins einzelne vorgeschrieben. Er hat, wenigstens bei den konsequentesten Architekten, gegen Osten zu Bett zu gehen, gegen Westen zu essen und Mutterns Brief zu beantworten, und die Wohnung wird so organisiert, daß er es faktisch gar nicht anders machen kann.«[17] – Man schreibt Funktionen fest, ohne mit gleicher Intensität auf Variationsmöglichkeiten zu achten. Und man rechnet auch bloß mit einem einzigen Funktionenkatalog – als ob die Menschen und ihre Bedürfnisse allesamt gleich wären.

Wirklich durchführbar ist dieses Programm freilich ohnehin nicht. Ein vollständiger Funktionenkatalog und eine perfekte Durchplanung werden nie gelingen. Deshalb war der Rat, den Mies van der Rohe dem Kollegen Hugo Häring gab, als dieser bei der Funktionsanalyse eines Fabrikgebäudes nicht mehr weiter wußte, geradezu weise: Statt vollständiger Funktionenplanung solle Häring den »Schuppen« einfach groß genug machen, dann werde schon alles reinpassen,

16 *Charta von Athen* (1933), § 77.

17 Adolf Behne, »Dammerstock«, in: *Die Form*, Jg. 6 (1930), H. 6 (zit. nach: *Tendenzen der Zwanziger Jahre*, Ausstellungskatalog Berlin 1977, Tl. 2, S. 125 f.).

und die Benutzer würden sich selbst einrichten und die Aufteilung entsprechend dem Wandel der Produktionsverfahren auch wieder verändern können. Auf der anderen Seite war Mies' Ratschlag und Ausweg aber natürlich ein eklatantes Dementi der funktionalistischen Doktrin.
Das Vorhaben einer vollkommenen Durchplanung ist auch deswegen systematisch verfehlt, weil zum Leben essentiell solches gehört, was sich der Planung entzieht: Unprogrammierbares, Unvorwegnehmbares, Spontanes. Genau darin liegt ja der Unterschied von Leben und Mechanismus. Architektur wird sich gerade, wenn sie auf Lebensfunktionen achten und den Lebensverhältnissen gerecht werden will, auf Offenheit einstellen müssen, statt schlechthin definitiv sein zu wollen.

2. Wider die mathematische Obsession

Um das etwas grundsätzlicher zu fassen: Es gibt eine Inkommensurabilität zwischen Leben und Mathematik. Zum Abendland gehörte jedoch seit langem eine Obsession, alles mathematisch erfassen zu wollen. Dieser Obsession begegnen wir schon bei Platon. Und die Aristotelische Kritik daran hat – wie treffend und schonungslos sie auch war – wenig genützt. Aristoteles zeigte, daß der mathematische Rationalitätstypus für Fragen der Ethik, also für Fragen des guten Lebens, gerade nicht einschlägig ist. Denn die Mathematik kennt Einzelnes nur als Fall eines Allgemeinen; für die Ethik hingegen kommt es gerade auf das Besondere, also auf dasjenige Einzelne an, das nicht bloß Fall eines Allgemeinen ist. Daher wird eine Durchführung der Ethik in mathematischem Geist die Aufgabe der Ethik systematisch verfehlen müssen. Das gilt analog auch für die Architektur, denn auch diese ist primär auf Lebensprozesse bezogen. Als Architektur von Lebensräumen darf sie sich nicht einseitig an mathematischen Idealen orientieren.

Man kann die Disparität von Mathematik und Leben anhand von Wittgenstein exemplifizieren. Dessen *Tractatus logico-philosophicus* war ein Vollendungsbuch der Neuzeit, die alles durch mathematische Rationalität zu erfassen und ihr gemäß einzurichten suchte. Wittgenstein glaubte nun, in seinem Werk alle philosophischen Probleme gelöst zu haben. Dabei wurde aber zugleich die Begrenztheit dieses Neuzeitprojekts deutlich. Denn die Pointe der Schrift lag für Wittgenstein selbst in folgender Einsicht: Wenn man, wie er es in diesem Buch getan hatte, die Insel der wissenschaftlichen Probleme vollständig vermessen hat, dann zeigt sich, daß die dort lösbaren Probleme mit den Fragen, die uns wirklich bewegen, nichts gemeinsam haben. Gerade wenn man die Konturen des Sagbaren klar bestimmt, wird man des jenseitigen Ozeans der Lebensfragen gewahr, die nicht auf dieser Insel beheimatet und zu lösen sind, die also nicht in die Kompetenz der Wissenschaft fallen, sondern nur auf anderem Weg ins reine zu bringen sind: durch das Leben selbst.[18] – Da ist die Gegenwendigkeit von Mathematik und Leben auf den Begriff gebracht und der neuzeitliche Versuch einer Mathematisierung des Lebens einschneidend kritisiert.

Das zuvor erwähnte Haus Wittgensteins in der Kundmanngasse 19 entsprach jedoch noch ganz der neuzeitlichen Denkweise, wie Wittgenstein sie im *Tractatus* auf die Spitze getrieben hatte. Der Bau war ein Kristall, einer der reinsten Bauten der Moderne – ganz aus mathematischem Geist.

18 Wittgensteins Freund Paul Engelmann formulierte dies so: Wittgenstein, der »*davon durchdrungen ist, daß es für das Leben des Menschen allein auf das ankommt, worüber man, nach seiner Meinung, schweigen muß*«, richtet im *Tractatus* »trotzdem seine ungeheure Mühe darauf, dieses Unwichtige«, nämlich den Bereich des wissenschaftlich Sagbaren, »zu umgrenzen«, aber nicht weil es ihm darum zu tun wäre, »die Küstenlinie dieser Insel, sondern diese Grenze des Ozeans so peinlich genau festzustellen« (Paul Engelmann, *Ludwig Wittgenstein. Briefe und Begegnungen*, hrsg. von Brian F. McGuiness, Wien 1970, S. 77).

Aufschlußreicherweise hat Wittgenstein später selbst – nachdem er eine philosophische Revision vorgenommen hatte, die ihn vom mathematischen Ideal des *Tractatus* weg- und zum lebensweltlichen Konzept der *Philosophischen Untersuchungen* hinführte – an diesem Haus Kritik geübt. Ihm fehle just das, was nicht nur gelungene Architektur, sondern alle große Kunst auszeichne: »In aller großen Kunst ist ein WILDES Tier: *gezähmt*.«[19] Dieser Bau aber besitze leider nur »gute Manieren«, »[...] das *ursprüngliche* Leben, das *wilde* Leben, welches sich austoben möchte – fehlt«.[20]

Anders gesagt: Das mathematische Ideal verfehlt das Leben. Wir haben allen Anlaß, uns in Lebensdingen von der alten, mathematischen Obsession zu befreien.[21] Die klassisch-modernen Maximen der Funktionentrennung und der Reinheit – beide mathematischen Geistes – bekommen dem Leben schlecht und taugen nicht für eine Architektur, die dem Leben bekommen soll.[22] Unreinheit zu akzeptieren, Durchmischung zu fördern ist die vielversprechendere Strategie.

19 Ludwig Wittgenstein, *Vermischte Bemerkungen*, in: L. W., *Werkausgabe*, Frankfurt a. M. 1984, Bd. 8, S. 445–573, hier S. 502.

20 Ebd., S. 503.

21 Walter Lippmann hat dazu einen goldenen Satz geprägt: »Zu jedem menschlichen Problem gibt es eine Lösung, die einfach, sauber und *falsch* ist« (zit. nach: Stephen Toulmin, *Kosmopolis. Die unerkannten Aufgaben der Moderne*, übers. von Hermann Vetter, Frankfurt a. M. 1991, S. 321).

22 Ausführlicher bin ich auf die Problematik der modernen Architektur eingegangen in dem Aufsatz »Wie modern war die moderne Architektur?«, in: *Nachdenken über Städtebau. Stadtbaupolitik, Baukultur, Architekturkritik*, hrsg. von Klaus Novy und Felix Zwoch, Braunschweig 1991, S. 55 bis 73. Ich habe dort insbesondere die Kongruenz der ›modernen‹ Architektur mit dem geistigen Modernetypus nicht des 20. Jahrhunderts, sondern der Neuzeit dargelegt.

III. Transkulturalität – zur Verfassung heutiger Kulturen

Hinzu kommt heute ein aktueller Gesichtspunkt, der geradezu entschieden für Durchmischung zu plädieren nötigt. Er ergibt sich aus den veränderten kulturellen Rahmenbedingungen zeitgenössischer Architektur. Die Verfassung der gegenwärtigen Kulturen ist – in einem einschneidenden und positiven Sinn – eine Verfassung der Durchmischung.

1. Architektur und kultureller Kontext

Grundsätzlich ist Architektur in einem tiefen Sinn auf Fragen der Kultur bezogen. Nicht nur, weil sie selbst eine kulturelle Tätigkeit darstellt, sondern weil sie mit kulturellen Gegebenheiten umgeht und dabei auch das Bild, das wir von unserer Kultur gewinnen, mitprägt. Architektur ist real wie symbolisch wirksam. Während die Bauten real Lebensräume einrichten und Handlungsmöglichkeiten vorgeben, prägen sie auf der symbolischen Ebene unsere Vorstellungen von Urbanität, Zusammenleben und Gesellschaft, arbeiten am Haushalt unserer urbanen und kulturellen Imaginationen, Wünsche und Zielvorstellungen mit. Umgekehrt hängt die Architektur aber auch von kulturellen Bedingungen ab, die sie nicht selbst erzeugt, sondern beachten muß, um nicht – unter Umständen jahrzehntelang – an der kulturellen Realität vorbei zu operieren.
Jean Nouvel hat kürzlich darauf hingewiesen, wie sehr für die Modernität von Architektur die »Bestandsaufnahme der kulturellen und sozialen Situation« entscheidend ist.[23] »Architektur kann nur als sehr genaue Reflexion auf die äuße-

23 Jean Nouvel, »Design für die Gegenwart«, in: *Das Internationale Design-Jahrbuch 1995/96*, hrsg. von Jean Nouvel, München 1995, S.6–9, hier S.6.

ren Bedingungen entstehen, deren Einfluß zunimmt und immer unausweichlicher wird.«[24] »Dabei greift der Architekt zurück auf Vorstellungen und Konzepte aus anderen Bereichen, z.B. der Philosophie, und setzt sie zueinander in Beziehung.«[25]

Heute ist im Feld der Kultur eine dramatische Veränderung festzustellen. Die Form der Kulturen verändert sich grundlegend. Die Kulturen nehmen statt der traditionellen, einzelkulturellen eine neuartige, transkulturelle Verfassung an. Ich will zunächst erläutern, inwiefern der herkömmliche, einzelkulturelle Kulturbegriff heute obsolet geworden ist, um dann darzulegen, warum statt dessen Transkulturalität auf der Tagesordnung steht und was dies schließlich für Architektur und Städtebau bedeutet.

2. Der traditionelle Kulturbegriff und seine Probleme

a) Grundzüge

Das traditionelle Konzept von Kultur war alles andere als durchmischungsfreundlich. Es favorisierte Trennungen. In seiner von Herder begründeten Form ist dieses Konzept – das vielen unter uns noch immer als fraglos gültig erscheint – durch drei Bestimmungsstücke gekennzeichnet: durch soziale Homogenisierung, ethnische Fundierung und interkulturelle Abgrenzung.[26] Erstens soll eine Kultur das Leben des betreffenden Volkes im ganzen wie im einzelnen prägen

24 Jean Nouvel, Interview in *El Croquis*, 1994; zit. nach: *Das Internationale Design-Jahrbuch 1995/96* (s. Anm. 23), S. 10.

25 Nouvel, »Design für die Gegenwart« (s. Anm. 23), S. 6.

26 Vgl. Johann Gottfried Herder, *Ideen zur Philosophie der Geschichte der Menschheit*, hrsg. von Martin Bollacher, Frankfurt a. M. 1989. Das Werk erschien in vier separaten Teilen zu jeweils fünf Büchern in den Jahren 1784, 1785, 1787 und 1791 bei Hartknoch in Riga und Leipzig. Der Kürze halber konzentriere ich mich auf die *Typik* von Herders Kulturbegriff und sehe von Einzelheiten bei Herder ab.

und jede Handlung und jedes Objekt zu einem unverwechselbaren Bestandteil gerade *dieser* Kultur machen. Das Konzept ist also stark *vereinheitlichend*. Zweitens soll Kultur immer Kultur eines *Volkes* sein. Sie stellt – so drückte Herder das aus – »*die Blüte*« des Daseins eines Volkes dar.[27] Drittens ergibt sich daraus eine klare *Absetzung* nach außen: Jede Kultur soll, als Kultur *eines* Volkes, von den Kulturen *anderer* Völker spezifisch unterschieden und abgegrenzt sein.

b) Einwände

Von diesem Kulturbegriff behaupte ich, daß er auf die heutigen Verhältnisse nicht mehr zutrifft. Seine drei Bestimmungsstücke sind obsolet geworden.
Denn erstens sind moderne Gesellschaften in sich so hochgradig differenziert, daß Einheitlichkeit für sie weder mehr grundlegend noch überhaupt erreichbar ist. 1948 hat T. S. Eliot das Herdersche Konzept zwar noch einmal aufzugreifen versucht und behauptet, daß Kultur »*die Gesamtform*« bezeichne, »*in der ein Volk lebt* – von der Geburt bis zum Grabe, vom Morgen bis in die Nacht und selbst im Schlaf«.[28] Aber offenbar stimmt es längst nicht mehr, daß wir unsere Lebensläufe, unsere Tage und gar Nächte noch alle in der gleichen Weise zubrächten. So einheitlich lebt man in der Moderne nicht mehr. Die Kultur eines Arbeitermilieus, eines Villenviertels und der Alternativszene weisen kaum noch einen gemeinsamen kulturellen Nenner auf. Moderne Gesellschaften sind multikulturell in sich,[29] sie

27 Ebd., S. 571.
28 T. S. Eliot, »Beiträge zum Begriff der Kultur«, in: T. S. E., *Essays I* (Werke 2), Frankfurt a. M. 1967, S. 9–113, hier S. 29.
29 Dabei denke ich unter dem Stichwort »Multikulturalität« primär an die mit der Dynamik der Moderne verbundene Ausdifferenzierung unterschiedlicher Lebensformen, erst sekundär an ethnisch-kulturelle Differenzen, welche die Folge von Immigrationsprozessen sind. Die ethnische

umfassen eine Vielzahl unterschiedlicher Lebensformen. Das traditionelle Kulturkonzept jedoch ist strukturell unfähig, derartigen Differenzierungen Rechnung zu tragen.[30] – Fürs erste scheitert der traditionelle Kulturbegriff also schon einmal an der inneren Komplexität der modernen Kulturen. Er ist deskriptiv falsch.

Zweitens ist die ethnische Fundierung des klassischen Kulturbegriffs dubios: Herder stellte sich die Kulturen wie geschlossene Kugeln oder autonome Inseln vor, die mit der territorialen und sprachlichen Extension eines Volkes deckungsgleich sein sollten.[31] Aber wie wir (nicht nur aus der deutschen Geschichte des 20. Jahrhunderts) wissen, sind solch völkische Definitionen hochgradig fiktiv und müssen krampfhaft gegen die historische Evidenz von Mischungen durchgesetzt werden. Zudem sind sie politisch gefährlich, wie wir derzeit schier weltweit erfahren.

Drittens verlangt das Konzept äußere Abgrenzung. Herder sagt: »Alles was mit meiner Natur noch *gleichartig* ist, was in sie *assimiliert* werden kann, beneide ich, strebs an, mache mirs zu eigen; *darüber hinaus* hat mich die gütige Natur mit *Fühllosigkeit*, *Kälte* und *Blindheit* bewaffnet; sie kann

Multikulturalität (von der man in Sachen Multikulturalität meist zu ausschließlich spricht) macht nur einen Teil der faktischen Multikulturalität moderner Gesellschaften aus.

30 Man bedenke auch, daß in modernen Gesellschaften nicht bloß horizontale Differenzierungen – etwa von regional, sozial und funktional unterschiedlichen Kulturen, von hoher und niedriger, leitender und alternativer, oder von wissenschaftlicher, technischer, künstlerischer, religiöser usw. Kultur – bestehen, sondern daß sich ebenso vertikale Unterscheidungen geltend machen: Geschlechtsunterschiede beispielsweise durchschneiden die ethnischen, Klassen- oder Berufskulturen; Differenzen von weiblicher und männlicher, heterosexueller, lesbischer und schwuler Ausrichtung können einschneidende Unterschiede in den kulturellen Mustern und Lebensformen begründen.

31 »Jede Nation«, erklärte Herder, »hat ihren *Mittelpunkt* der Glückseligkeit *in sich* wie jede Kugel ihren Schwerpunkt!« (Johann Gottfried Herder, *Auch eine Philosophie der Geschichte zur Bildung der Menschheit* [1774], Frankfurt a. M. 1967, S. 44 f.)

gar *Verachtung* und *Ekel* werden«.[32] Man sieht: Herder *verteidigt* die Doppelfigur von Konzentration auf das Eigene und Abwehr des Fremden. Das traditionelle Kulturkonzept tendiert zu kulturellem Rassismus. Dieser besagt: Diese Kultur ist eine andere als jene; nichts aus ihr ist unverändert in die andere zu übertragen; man muß die Kulturen reinlich trennen und scheiden; es braucht eine Polizei nach innen wie nach außen: nach innen, um über die Authentizität der Kultur zu wachen, die nicht durch Importe verwässert, durch Einwanderung untergraben werden darf; nach außen, um die Grenzen dicht zu halten: kein freier Verkehr – nicht von Kulturgehalten und am Ende vielleicht nicht einmal von Personen – zwischen den Kulturen.

Zusammengefaßt: Das klassische Kulturmodell ist nicht nur deskriptiv falsch, sondern auch normativ gefährlich und unhaltbar. Dieses alte Kulturmodell scheint aber noch immer hinter manchen Wünschen nach Milieu- und Funktionentrennung und hinter den Geboten einer Scheidung der Kulturen und Lebensformen zu stehen. Der Abschied von diesem Konzept ist in jeder Hinsicht angezeigt. Heute gilt es, die Kulturen jenseits des Gegensatzes von Eigenkultur und Fremdkultur zu denken – »jenseits des Heterogenen wie des Eigenen«, wie Adorno dies einmal formuliert hat.[33]

3. Übergang zu Transkulturalität

Meine Kritik am traditionellen Konzept der Einzelkulturen läßt sich folgendermaßen resümieren: Wenn die heutigen Kulturen tatsächlich noch immer, wie dieses Konzept unterstellt, inselartig und kugelhaft verfaßt wären, dann könnte man das Problem ihrer Koexistenz und Kooperation weder

32 Ebd., S. 45.
33 Theodor W. Adorno, *Negative Dialektik*, in: Th. W. A., *Gesammelte Schriften*, Bd. 6, Frankfurt a. M. ³1984, S. 192.

loswerden noch lösen. Nur ist die Beschreibung heutiger Kulturen als Inseln bzw. Kugeln deskriptiv falsch und normativ irreführend. Unsere Kulturen haben de facto längst nicht mehr die Form der Homogenität und Separiertheit. Sie haben vielmehr eine neuartige Form angenommen, die ich als *transkulturell* bezeichne, weil sie durch die traditionellen Kulturgrenzen wie selbstverständlich *hindurchgeht*. Die kulturellen Verhältnisse sind heute allenthalben durch Mischungen und Durchdringungen gekennzeichnet. Das Konzept der Transkulturalität – das ich nunmehr darlegen will – sucht diese veränderte kulturelle Verfassung ins Licht zu rücken.[34]

a) Makroebene: der veränderte Zuschnitt heutiger Kulturen

Transkulturalität ist in erster Linie – wie schon erläutert – eine Folge der *inneren Differenzierung und Komplexität der modernen Kulturen*.
Darüber hinaus wurde die alte, homogenisierende und separierende Idee von Kultur durch die externe Vernetzung der Kulturen überholt. Heute enden die Lebensformen nicht mehr an den Grenzen der Nationalkulturen, sondern überschreiten diese, finden sich ebenso in anderen Kulturen. Diese Durchdringungen sind eine Folge von Migrations-

34 Ich habe das Konzept der Transkulturalität seit 1991 entwickelt. Eine erste Fassung erschien gekürzt unter dem Titel »Transkulturalität – Lebensformen nach der Auflösung der Kulturen« in: *Information Philosophie* (1992), H.2, S.5–20, sowie ungekürzt in: *Dialog der Kulturen. Die multikulturelle Gesellschaft und die Medien*, hrsg. von Kurt Luger und Rudi Renger, Wien 1994, S.147–169; ital. »Transculturalità. Forme di vita dopo la dissoluzione delle culture«, in: *Paradigmi. Rivista di critica filosofica*, Sondernummer »Dialogo interculturale ed eurocentrismo« 10/30 (1992) S.665–689. Inzwischen liegen weiterentwickelte Ausarbeitungen vor: W. W., »Transkulturalität – die veränderte Verfassung heutiger Kulturen«, in: *Sichtweisen. Die Vielheit in der Einheit*, Weimar 1994, S.83–122, sowie: W. W., »Transculturality – The Form of Cultures Today«, in: *Le Shuttle: Tunnelrealitäten Paris–London–Berlin*, Berlin 1996, S.15–30.

prozessen, weltweiten Verkehrs- und Kommunikationssystemen sowie von ökonomischen Abhängigkeiten.
Infolge dieser Durchmischungen treten heute vielfach die gleichen Probleme und Bewußtseinslagen in den angeblich so grundverschiedenen Kulturen auf – man denke etwa an Menschenrechts-Diskussionen, an die feministische Bewegung oder an das ökologische Bewußtsein. Sie bilden mächtige Wirkfaktoren quer durch die Kulturen.
Heutige Kulturen sind generell durch *Hybridisierung* gekennzeichnet. Für jede Kultur sind tendenziell alle anderen Kulturen zu Binnengehalten oder Trabanten geworden. Das gilt auf der Ebene der Bevölkerung, der Waren und der Information. Weltweit leben in der Mehrzahl der Länder Angehörige auch aller anderen Länder dieser Erde; immer mehr werden die gleichen Artikel – wie exotisch sie einst gewesen sein mögen – allerorten verfügbar; zudem macht die globale Vernetzung der Kommunikationstechniken sämtliche Informationen von jedem Punkt aus identisch verfügbar.
Daher gibt es, genau genommen, nichts schlechthin Fremdes mehr. Alles ist in innerer oder äußerer Reichweite. Und ebensowenig gibt es noch schlechthin Eigenes. Authentizität ist zu Folklore geworden, ist simulierte Eigenheit für andere, zu denen man als Einheimischer längst selber gehört.[35]

b) Mikroebene: transkulturelle Prägung der Indidviduen

Ebenso wie auf der Makroebene der Gesellschaft, dringt Transkulturalität auch auf der Mikroebene der Individuen vor. Die meisten unter uns sind in ihrer kulturellen Forma-

35 Zwar gibt es noch eine Rhetorik autonomer Regionalkulturen, aber wenn man genau hinsieht, zeigt sich, daß in der Substanz alles transkulturell bestimmt oder modifiziert ist. Das Regionalspezifische ist nur noch Dekor, Oberfläche, ästhetische Inszenierung. Dies ist einer der Gründe für die heute festzustellende eminente Ausbreitung des Ästhetischen (vgl. *Die Aktualität des Ästhetischen*, hrsg. von Wolfgang Welsch, München 1993).

tion durch *mehrere* kulturelle Herkünfte und Verbindungen bestimmt. Wir sind kulturelle Mischlinge. Zeitgenössische Schriftsteller beispielsweise betonen, daß sie nicht durch *eine* Heimat, sondern durch verschiedene Bezugsländer geprägt sind: etwa durch deutsche, französische, italienische, russische, süd- oder nordamerikanische Literatur. Bei Architekten kann es nicht anders sein; ihre kulturelle Formation ist transkulturell. Die der nachfolgenden Generationen wird das noch stärker sein. Die amerikanische Politologin Amy Gutmann betont, daß heute »die Identität der meisten Menschen – und nicht bloß die von westlichen Intellektuellen oder von Eliten – [. . .] durch mehr als eine einzige Kultur geformt« ist. »Nicht nur Gesellschaften, auch Menschen sind multikulturell.«[36]

Soziologen haben bereits seit den siebziger Jahren darauf hingewiesen, daß die modernen Lebensläufe »als eine Wanderung durch verschiedene soziale Welten und als stufenweise Verwirklichung einer Reihe von möglichen Identitäten« zu begreifen sind,[37] daß wir alle »mehrfache Anhänglichkeiten und Identitäten« besitzen – »cross-cutting identities«, wie Daniel Bell, der Theoretiker der postindustriellen Gesellschaft, dies ausgedrückt hat.[38]

Richard Sennett hat mit Blick auf die Architektur darauf aufmerksam gemacht, daß die Chicagoer Soziologen schon in den dreißiger Jahren als erste die Vorzüge eines solcherart fragmentierten Selbst erkannten: »Eine Frau, die nur in den Kategorien männlich/weiblich denkt, ein Geschäftsmann, der nur in den Kategorien reich/arm denkt, ein Jamaikaner,

36 Amy Gutmann, »Das Problem des Multikulturalismus in der politischen Ethik«, in: *Deutsche Zeitschrift für Philosophie* 43 (1995) S. 273–305, hier S. 284.

37 Peter L. Berger / Brigitte Berger / Hansfried Kellner, *Das Unbehagen in der Moderne*, Frankfurt a. M. 1975, S. 70 bzw. S. 159 (engl. Originalausgabe: *The Homeless Mind. Modernization and Consciousness*, New York 1973).

38 Daniel Bell, *The Winding Passage. Essays and Sociological Journeys 1960–1980*, Cambridge (Mass.) 1980, S. 243.

der nur in den Kategorien schwarz/weiß denkt – sie alle erlangen, so meinte Wirth, von der Außenwelt wenig Anregung. Ein fragmentiertes Selbst ist empfänglicher.«[39] Gerade für die spezifischen sozialen Leistungen des Stadtlebens – einen Fremden ganz nahe sein zu lassen, ohne (wie in den Dörfern oder kleinen Kommunen) an seiner Lebensgeschichte interessiert sein zu müssen, und ihn gleichwohl als Person voll zu achten – bietet ein solch plurales Selbst die besseren Voraussetzungen als ein monolithisches.

Ich fasse die bisher gegebene Diagnose der Transkulturalität zusammen: Die kulturellen Determinanten sind heute von der Makroebene der Gesellschaft bis zur Mikroebene der Individuen transkulturell geworden. Jedes Kulturkonzept, das die heutige Wirklichkeit erfassen will, und jede kulturelle Aktivität, die nicht retrograd sein will, muß sich dieser transkulturellen Verfassung stellen.

c) Transkulturalität – schon historisch

Im übrigen ist Transkulturalität historisch keineswegs ganz neu. Sie war vielmehr – im Unterschied zur Unterstellung kultureller Homogenität, die sich mit dem 19. Jahrhundert ausbreitete und noch viele unter uns behext – geschichtlich geradezu die Regel. Carl Zuckmayer hat dies in *Des Teufels General* einmal wundervoll beschrieben: »[...] stellen Sie sich doch mal Ihre Ahnenreihe vor – seit Christi Geburt. Da war ein römischer Feldhauptmann, ein schwarzer Kerl, braun wie ne reife Olive, der hat einem blonden Mädchen Latein beigebracht. Und dann kam ein jüdischer Gewürzhändler in die Familie, das war ein ernster Mensch, der ist noch vor der Heirat Christ geworden und hat die katholische Haustradition begründet. – Und dann kam ein griechischer Arzt dazu, oder ein keltischer Legionär, ein Grau-

39 Richard Sennett, *Civitas. Die Großstadt und die Kultur des Unterschieds*, übers. von Reinhard Kaiser, Frankfurt a. M. 1994, S. 166 f.

bündner Landsknecht, ein schwedischer Reiter, ein Soldat Napoleons, ein desertierter Kosak, ein Schwarzwälder Flözer, ein wandernder Müllerbursch vom Elsaß, ein dicker Schiffer aus Holland, ein Magyar, ein Pandur, ein Offizier aus Wien, ein französischer Schauspieler, ein böhmischer Musikant – das hat alles am Rhein gelebt, gerauft, gesoffen und gesungen und Kinder gezeugt – und – und der Goethe, der kam aus demselben Topf und der Beethoven, und der Gutenberg, und der Matthias Grünewald, und – ach was, schau im Lexikon nach. Es waren die Besten, mein Lieber! Die Besten der Welt! Und warum? Weil sich die Völker dort vermischt haben. Vermischt – wie die Wasser aus Quellen und Bächen und Flüssen, damit sie zu einem großen, lebendigen Strom zusammenrinnen.«[40] – Dies ist eine realistische Beschreibung der historischen Genese und Verfassung eines ›Volkes‹. Sie durchstößt die Homogenitätsfiktion.

Für Architekten, welche die europäische Baugeschichte kennen, ist die historische Transkulturalität ohnehin evident. Die Stile waren länder- und nationenübergreifend, und viele Baukünstler haben ihre besten Werke fern von der Heimat geschaffen. Die Kultur war europäisch und bildete ein Netz quer durch die Staaten.

d) Transkulturalität philosophisch: Anschlußfähigkeit und Durchdringung

Der Philosoph, der die größte Hilfe für ein heute nötiges transkulturelles Kulturkonzept bietet, ist Wittgenstein. Er entwickelte in seiner Spätzeit einen prinzipiell pragmatisch angesetzten Kulturbegriff, der von vornherein von ethnischer Fundierung und Homogenitätszumutungen frei ist. Wittgenstein zufolge liegt Kultur dort vor, wo eine geteilte

40 Carl Zuckmayer, *Des Teufels General*, in: C.Z., *Werkausgabe in zehn Bänden*, Bd. 8, Frankfurt a.M. 1978, S. 93–231, hier S. 149.

Lebenspraxis besteht, wo wir also, salopp ausgedrückt, miteinander zurechtkommen. Dafür kommt es weniger auf ein Verstehen fremder Kulturen als auf praktische Interaktion mit Fremdheit an. Und es gibt immer eine gute Chance für solche Interaktionen, denn stets bestehen zumindest einige Verflechtungen, Überschneidungen und Übergänge zwischen den unterschiedlichen Lebensformen.[41]
Diese Linie fortführend, zielt das Konzept der Transkulturalität auf ein vielmaschiges und inklusives, nicht separatistisches und exklusives Verständnis von Kultur. Die Leistungen einer solchen Kultur und Gesellschaft werden in Durchmischung liegen – statt in Ausgrenzung. Es gilt, die Überschneidungen der Lebensformen zu nützen und zu entwickeln. Dadurch kann sich die Skala der Gemeinsamkeiten überraschend verbreitern und eine Lebensform entstehen, die auch Bestände einbegreift, die früher nicht anschlußfähig schienen. Solche Erweiterungen und Durchdringungen stellen heute eine vordringliche Aufgabe kultureller Aktivitäten dar.

e) Exkurs zu analogen Veränderungen in Wissenschaft, Rationalitätstheorie und Alltagsproblemen

Übrigens nötigen neuere Entwicklungen nicht nur in der Kulturtheorie, sondern ebenso in der Wissenschaft und der Rationalitätstheorie sowie bei Alltagsproblemen zu einem analogen Übergang zu Denkformen der Mischung. Sie gebieten uns, von der alten Vorliebe für saubere Trennung, Welteinteilung und unilineare Analyse abzurücken und zu Denkweisen des Gewebes, der Verflechtung und der Ver-

41 An Wittgensteins Ideen anknüpfend, schreibt Peter Winch: »Different aspects of social life do not merely ›overlap‹: they are frequently internally related in such a way that one cannot even be intelligibly conceived as existing in isolation from others« (Peter Winch, *The Idea of a Social Science and its Relation to Philosophy*, London ²1990, S. XV f.).

netzung überzugehen.[42] So lassen sich die verschiedenen Rationalitäten nicht, wie die Moderne hoffte, als sie Ausdifferenzierung einräumte und betrieb, wasserdicht gegeneinander abgrenzen, sondern sie weisen bis in ihren Kern hinein Verflechtungen auf. Auch finden wir uns heute in der Realität zunehmend mit Problemstellungen konfrontiert, die aus Vernetzungseffekten resultieren. Selbst wenn Probleme regional entstehen, überschreiten ihre Wirkungen die Grenzen, werden global. Unsere alten, separatistischen Denkformen aber sind unfähig, darauf zu reagieren. Für sie sind solche Grenzüberschreitungen nur »unerwünschte Nebenfolgen« – die man achselzuckend hinnimmt und denen man hilflos gegenübersteht. Als »Nebenfolgen« aber erscheinen sie natürlich nur, weil man im Ansatz separatistisch gedacht hat. Die Kausalketten der Wirklichkeit jedoch halten sich nicht an diese kleingeistigen Einteilungswünsche. Daher müssen wir auch in ökonomischen, ökologischen und allen planerischen Fragen vom Trennungsdenken abrücken und zu Denkformen der Verflechtung übergehen.

f) Fazit

Transkulturalität, so wollte ich zeigen, wird zunehmend unsere Verfassung bilden. Meine These ist, daß die Zukunftsaufgaben nur durch entschiedene Zuwendung zu dieser Transkulturalität zu lösen sein werden. Das gilt in sozialer und politischer Hinsicht ebenso wie – und davon will ich nun allein sprechen – im Bereich von Architektur und Städtebau. Die Planer und Architekten sollten, so meine ich, die Perspektive der Transkulturalität eindringlich ins Auge fassen und Städte und Lebensräume in deren Sinn gestalten –

42 Näher habe ich dies ausgeführt in: Wolfgang Welsch, *Vernunft. Die zeitgenössische Vernunftkritik und das Konzept der transversalen Vernunft*, Frankfurt a. M. 1995, stw 1996.

anstatt das Rad noch einmal in Richtung muffiger und stets an der Schwelle zur Intoleranz stehender »Eigenheit« zurückzudrehen.

IV. Architektur und Städtebau unter Bedingungen der Transkulturalität

Wie läßt sich Transkulturalität architektonisch zum Ausdruck bringen oder einrichten? Ich will das zuerst hinsichtlich einzelner Bauwerke und dann im Blick auf die Stadtentwicklung erläutern.

1. Transkulturalität bei einzelnen Bauwerken

Um der allgemeinen Verständlichkeit willen wähle ich sehr bekannte Bauwerke. Mein erstes Beispiel ist der *John Hancock Tower* in Boston, 1966–76 von I. M. Pei und Partnern errichtet. Es handelt sich um eine exemplarisch transkulturelle Architektur. Pei schuf einen Wolkenkratzer, also ein emblematisch US-amerikanisches Gebilde (es ist sogar der höchste Wolkenkratzer New Englands), aber in offenkundig asiatischer Deklination. Den Grundriß bildet ein Rhomboid, das an Basis und Stirnseite asymmetrisch plazierte Einkerbungen aufweist, wodurch das 62 Stockwerke hohe Gebäude insgesamt verblüffend schlank wirkt. Anfänglich war dieser Bau, der zwei kulturelle Muster ineinanderblendet, sehr umstritten, heute ist er ein großer Erfolg. Nachts fragte ich einen Obdachlosen, ob ihm das Gebäude gefalle. Er antwortete: »Es erregt viel Aufsehen, deshalb mag ich es.« Offenbar ist der Bau transkulturell nicht nur im vorbezeichneten Sinn einer Verbindung unterschiedlicher kultureller Traditionen, sondern auch im sozialen Sinn: Er wird von Angehörigen ganz unterschiedlicher Lebens-

formen – von High and Low, von Establishment und Outsidertum – gleichermaßen geschätzt.
Mein zweites Beispiel ist strukturell völlig anders: Le Corbusiers *Carpenter Center for the Visual Arts*, 1963 am Rande des Campus von Harvard errichtet. Le Corbusier hat sich dabei der Standardarchitektur Harvards in keiner Weise angepaßt, sondern ganz das Seinige getan: Er hat einen typischen Le-Corbusier-Bau errichtet – sozusagen eine noch beschwingtere Version der *Villa Savoye* jenseits des Atlantiks. Kulturelle Mischung ergibt sich hier einzig im Ensemble, im Kontrast etwa zu Emerson Hall und den anderen Gebäuden ringsum. In dieser Konstellation entsteht ein evident transkultureller Eindruck. Harvard wäre insgesamt ohne diesen Fremdkörper weitaus langweiliger und unzeitgemäßer.
Mein Kontrastbeispiel am gleichen Ort ist James Stirlings *Arthur M. Sackler Museum* von 1986, lediglich 200 Meter entfernt: ein ganz dem Harvard-Standard angepaßter Bau, nur mit einigen Stirling-Insignien – hellgrünen Außengeländern und Lüftungsschlitzen – aufgepeppt. Hier hat die Standard-Ängstlichkeit gesiegt, und entsprechend medioker ist das Ergebnis. Transkulturalität besteht weder im Bau (wie bei Pei) noch ergibt sie sich im Ensemble (wie bei Le Corbusier). Die Chancen heutiger Architektur sind vertan; Transkulturalität ist ignoriert; statt dessen wird ein bloßer Architektengestus vorgeführt.[43]
Mein viertes Beispiel ist Jean Nouvels *Institut du Monde*

43 Erwähnenswert ist das deshalb, weil Stirlings zwei Jahre zuvor fertiggestellter Neubau der Stuttgarter Staatsgalerie (1984) ein exemplarisch transkultureller Bau war, der Codes unterschiedlichster architektonischer Herkunft und gesellschaftlicher Höhe (Hellenismus, Klassizismus, Konstruktivismus, funktionalistische Moderne, Pop-Kultur, High-Tech) ebenso spektakulär wie gekonnt kombinierte und das Bild einer pluralen und transkulturellen Gesellschaft vor Augen führte (vgl. Wolfgang Welsch, *Unsere postmoderne Moderne*, Weinheim 1987, Berlin [4]1993, S. 117–120).

Arabe in Paris von 1987.[44] Nouvel vollbringt eine architektonische Begegnung europäischer und arabischer Kultur, indem er mit Formen arbeitet, die in eins als Dokumente von High-Tech und als arabische Ornamentik gelesen werden können. Funktionales und Ornamentales sind auf verblüffende Art gekoppelt, gleichsam ineinandergeblendet. Exemplarisch geschieht das in den Karrees der Fassade. Es handelt sich um orientalisch anmutende Diaphragmen, die, fotografischen Blenden ähnlich, ihren Kontraktionsgrad und damit die Lichtzufuhr ins Innere in Abhängigkeit vom Tageslicht verändern; auf der Innenseite erreicht diese Verbindung von technischer Installation und arabischem Filigran eine schier unglaubliche Perfektion und Eigenwertigkeit. Insgesamt ist der vornehmlich aus Aluminium gefertigte High-Tech-Bau so meisterlich in Grautönen abgestimmt, daß man sich zugleich in einem Serail wähnen kann. Nouvel hat nicht Europäisches und Arabisches patchworkartig zusammengesetzt, sondern er hat Formen erfunden, die doppelt lesbar sind. Die postmoderne Ästhetik hat oft von Doppelcodierung gesprochen, diese aber selten erreicht. Nouvel ist sie gelungen. Er gestaltet transkulturell. – Ich würde mir wünschen, auch manch anderer möge das in Zukunft verstärkt versuchen.

Mein letztes Beispiel ist wieder von Pei: seine 1982–90 in Hongkong errichtete *Bank of China*. Zur Bauzeit war sie der höchste Wolkenkratzer Hongkongs, über quadratischem Grundriß in raffinierter Rohrkonstruktion errichtet und in der Formensprache durch diagonale Brechungen bestimmt, die den dreidimensionalen Körper zunehmend in die Fläche überzuführen scheinen, wobei die Winkel beim Hochwachsen kleiner werden. Manche sehen darin einen chinesischen Bambus, dessen Wachstumsknoten den geistigen Aufstieg symbolisieren; andere betrachten den

44 Das Institut wird von der französischen Regierung und neunzehn arabischen Staaten gemeinsam getragen und soll die Kenntnis der arabischen Kultur und Zivilisation in der französischen Öffentlichkeit fördern.

Bau als einen hypertechnischen Wolkenkratzer, der sich mathematisch präzis in eine fast schwerelose Erscheinung verwandelt. Natürlich ist der Bau beides. Ähnlich wie bei Nouvel sind zwei Kulturmuster ineinander verwoben. Die Transkulturalität geht so weit, daß man die beiden Momente gar nicht trennen kann.– Ich halte es übrigens für sehr bemerkenswert, daß heute ein chinesischer Architekt die westliche Moderne zu ihren besten Formen führt.

2. Städtebau

Was schließlich bedeutet die Perspektive der Transkulturalität hinsichtlich der Stadtgestaltung?

a) Durchlässigkeit

Für künftige Städte wird es wichtig sein, daß sie Möglichkeiten von Übergängen einräumen, daß sie Mehrdeutigkeit enthalten und Durchlässigkeit garantieren. Eine Stadt sollte weniger eine abgeschlossene Perle als vielmehr ein Kreuzungspunkt unterschiedlicher Netze sein. Schon in Städten mittlerer Größenordnung werden nicht nur Menschen wohnen, die sich hier absolut ›zu Hause‹ fühlen wollen, sondern auch solche, die sich hier nur dann zu Hause fühlen können, wenn die Stadt zugleich ein effizienter Kommunikationsknotenpunkt ist, wenn sie also gute Möglichkeiten innerstädtischer Vielfalt sowie außerstädtischer Kommunikation – Verkehrs- und Telekommunikation – bietet. Nicht jeder, der in einer Stadt wohnt, soll hier entweder seine ganze Identität haben oder unglücklich werden müssen. Man soll seine Identität auch anderswo haben können, den Wohnteil seiner Identität aber gerne hier plazieren mögen – oder auch den Berufsteil oder den Vergnügungsteil seiner Identität.

b) »Heimat«?

Manche jedoch wollen heute gegen die »Gesichtslosigkeit« der modernen Städte noch einmal auf die Inszenierung von »Heimat« setzen. Das ist ein heikles Unterfangen. In der europäischen Tradition war die Stadt jahrhundertelang mit Konnotationen von Freiheit verbunden: »Stadtluft macht frei.«[45] In den zurückliegenden Jahrzehnten aber scheint sich diese Einschätzung verändert zu haben. Schon im frühen 20. Jahrhundert hatte die konservative Kulturkritik vielfach die Stadt als Ort einer Entfremdung gebrandmarkt. Und neuerdings will man im Gegenzug gegen eine vermeintliche Bedrohung durch Internationalisierung die Städte wieder mit Erwartungen von Heimat und Identität assoziieren und mit Vorstellungen einer Verwurzelung und eines festen Halt gebenden Bodens verbinden.

Dieses Vorhaben droht allzu retrograd und muffig auszufallen. Im Grunde setzt man sich dabei gegen das heutige Leben zur Wehr. Noch manch vertraute und weithin geschätzte Diagnose wäre in dieser Perspektive kritisch zu befragen, beispielsweise Mitscherlichs Polemik gegen die »Unwirtlichkeit unserer Städte« von 1965.[46] Ist denn nicht das Wirts-Ideal, das Mitscherlich – im Verbund mit Heimeligkeitserwartungen – als ›kritischen‹ Gesichtspunkt geltend machen möchte, allzu altbacken? Liegt seiner Argumentation nicht überdies ein überholtes Identitätsideal zugrunde? Mitscherlich polemisiert beispielsweise gegen die moderne, die vielheits- und übergangsfähige »Momentpersönlichkeit«.[47] Als ob nicht gerade Vielheitskompetenz und Übergangsfähigkeit in der Moderne zu Bedingungen gelingender

45 Vgl. Joachim Ritter, »Die große Stadt«, in: J. R., *Metaphysik und Politik. Studien zu Aristoteles und Hegel*, übers. von Reinhard Kaiser, Frankfurt a. M. 1977, S. 341–354, sowie Sennett, *Civitas* (s. Anm. 39).

46 Alexander Mitscherlich, *Die Unwirtlichkeit unserer Städte. Anstiftung zum Unfrieden*, Frankfurt a. M. 1965.

47 Ebd., S. 129.

Subjektivität geworden wären.[48] Und als ob nicht gerade transkulturelle Subjekte des Vielheitsmanagements fähig wären und auch ein äußeres Äquivalent ihrer inneren Pluralität wünschten und bräuchten? – Auch im Vergleich mit den zuvor erwähnten Einsichten der Chicagoer Stadtsoziologen der dreißiger Jahre nimmt sich Mitscherlichs Plädoyer doch arg retrograd aus! – Ich sage nicht, daß Mitscherlichs Ausgangsbefund damals falsch gewesen sei – aber sein Therapievorschlag war und ist es.

Mit Stabilisierungen der alten Art jedenfalls wird in einem durch Transkulturalität bestimmten Kontext eine sozial erwünschbare Identität nicht mehr zu erreichen sein. Gegen die Wirtlichkeits- und Heimatserwartungen à la Mitscherlich halten transkulturelle Subjekte es eher mit einem Satz von Horkheimer und Adorno: »Heimat ist das Entronnensein.«[49]

Gewiß: Zur transkulturellen Identität gehört nicht nur eine kosmopolitische, sondern ebenso eine lokale Komponente. Und es ist eine der Aufgaben der Architektur, lokale Zugehörigkeiten zu ermöglichen und ein Stück weit einzurichten. Aber das ist gerade nicht durch ein Anziehen kultureller Identitätsschrauben und durch die Inszenierung einer monolithischen Identität zu erreichen. Wir brauchen vielmehr immer auch Öffnungen in Richtung anderer Identitätsanteile und Identitätsformen. Facettenreichtum soll man nicht erst im Wechsel in andere Städte oder in der Zuwendung zu den elektronischen Medien, sondern ein Stück weit schon in der eigenen Stadt finden. Die Städte sollen – gewiß – ein Gesicht haben – aber sie sollen auch den Übergang zu anderen Gesichtern einräumen.

48 Vgl. Wolfgang Welsch, »Subjektsein heute. Zum Zusammenhang von Subjektivität, Pluralität und Transversalität«, in: *Vernunftnähe, Vernunftferne – La raison, proche et lointaine*, hrsg. von Helmut Holzhey und Jean Leyvraz, Bern 1992, S. 153–182.

49 Max Horkheimer und Theodor W. Adorno, *Dialektik der Aufklärung. Philosophische Fragmente*, in: Th. W. A., *Gesammelte Schriften*, Bd. 3, Frankfurt a. M. ²1984, S. 97.

Wo das gewährleistet wird, ist mir um die Zukunft der Stadt nicht bange. Die elektronischen Städte können die realen nicht ersetzen. Aber transversale Städte – also solche, die den Übergang zwischen unterschiedlichen Identitäten verstatten – könnten vorteilhaft an die Stelle manch konventionell verfaßter treten.

Es gibt freilich noch immer Stadtteile und ganze Städte, die mit ihrer festen und verbindlichen Identität wie geschlossene Anstalten wirken. Davor sollten uns die Planer und Architekten bewahren. Sie sollten es uns eher ermöglichen, in offenen Anstalten zu leben. Von Wien hat eine Besucherin einmal gesagt, die Stadt komme ihr wie eine offene Anstalt vor, denn hier liefen ganz unterschiedliche, auch halbverrückte Typen frei herum. – Ich hoffe, man wird dieses Kompliment in Zukunft auch anderen Städten in größerer Zahl machen können.

Künstliche Paradiese?
Betrachtungen zur Welt der elektronischen Medien – und zu anderen Welten

Die Menschen träumen vom Paradies. Dieser Traum ist ein doppelter: Rückwärts bezieht er sich auf einen verlorenen Zustand vom Anbeginn der Zeiten, vorwärts zielt er auf einen neuen, utopischen Glückszustand, auf ein neues Paradies, das durch die menschliche Geschichte erreicht werden soll. Von Kleist stammt die berühmte Formulierung, daß wir ein zweites Mal »von dem Baum der Erkenntnis essen« müßten, um das Paradies wiederzugewinnen; dies werde »das letzte Kapitel von der Geschichte der Welt« sein.[1]

Ist dieses Kapitel heute mit den elektronischen Medien angebrochen? Haben wir inzwischen so erfolgreich vom Baum der informationstechnologischen Erkenntnis gegessen, daß nun – passend zur Jahrtausendwende – das »letzte Kapitel von der Geschichte der Welt« anhebt, das die verheißungsvolle Überschrift »elektronisches Paradies« trägt? Viele scheinen das zu meinen.

Marshall McLuhan, der originelle Theoretiker der elektronischen Medien, hatte schon 1964 davon gesprochen, daß die neuen Medien uns »das Pfingstwunder weltweiter Verständigung und Einheit« bringen würden.[2] Fortan könnten wir einander alle in der universellen Sprache der elektronischen Kommunikation verstehen. Wir gewännen damit den Zustand vor dem Turmbau zu Babel zurück – also, wenn nicht direkt das Paradies, so doch einen vergleichsweise paradiesischen Zustand.

1 Heinrich von Kleist, »Über das Marionettentheater«, in: H. v. K., *Sämtliche Werke und Briefe*, Bd. 2, München 1987, S. 338–345, hier S. 345.

2 Marshall McLuhan, *Die magischen Kanäle. »Understanding Media«*, Düsseldorf 1992, S. 99.

Anderen Theoretikern geht das nicht weit genug. Ihab Hassan erhoffte sich 1975 von der elektronischen Medienwelt die Erfüllung des alten gnostischen Traums von einer universellen Kommunikation zwischen Mensch, Materie und Kosmos.[3] Der neue paradiesische Zustand werde sogar vollkommener sein als der alte, denn in ihm werde alles Materielle in Geistiges überführt sein. Wir Menschen werden am Ende nicht bloß zu ursprünglichen Menschen, sondern wir werden sogar zu Engeln, zu reinen Geistwesen geworden sein.

In diese Richtung zielen gegenwärtig auch die Überlegungen von Hans Moravec, dem vielleicht suggestivsten KI-Freak in den U.S.A. Moravec meint, daß wir unser Gehirn auf eine datenprozessierende Maschine übertragen sollten – er nennt das »downloading«.[4] Dadurch »könnte unser Denken vollständig von jeder Spur unseres ursprünglichen Körpers und überhaupt irgendeines Körpers befreit werden. Der so entstehende körperlose Geist wäre [...] etwas Wunderbares im Hinblick auf die Klarheit seiner Gedanken und die Tiefe seiner Einsicht«.[5] Er wäre nicht mehr »menschlich«, denn er hätte den Körper überwunden und einen rein geistigen Zustand erreicht. – Auch in dieser avanciertesten Forschungsrichtung also bildet noch immer der Übergang zur reinen Intelligenz das Ziel.

Ist dies eine Vision nur der neuesten Technologien? Nein, es war bereits der innerste Traum der neuzeitlichen Wissenschaft. Francis Bacon hatte zu deren Beginn davon gesprochen, daß die Arbeit des Geistes künftig »wie durch Ma-

3 Vgl. Ihab Hassan, »The New Gnosticism: Speculations on an Aspect of the Postmodern Mind«, in: I. H., *Paracriticisms. Seven Speculations of the Times*, Urbana (Ill.) 1975, S. 121–147.

4 Vgl. Hans Moravec, »Geist ohne Körper – Visionen von der reinen Intelligenz«, in: *Kultur und Technik im 21. Jahrhundert*, hrsg. von Gert Kaiser, Dirk Matejovski und Jutta Fedrowitz, Frankfurt a. M. 1993, S. 81–90, hier S. 84 f.

5 Ebd., S. 89.

schinen zu bewerkstelligen« sei,[6] und Descartes glaubte, wir würden durch die neue Wissenschaft »ohne jede Mühe zum Genuß der Früchte der Erde und aller Annehmlichkeiten auf ihr« gelangen[7] – bis hin zur Überwindung der herkömmlichen Conditio humana.[8] Die Medizin beispielsweise werde nicht nur Heilmittel gegen verschiedene Krankheiten, sondern am Ende auch noch ein Remedium gegen den Tod finden. Die Menschen würden durch die neue Wissenschaft und deren Techniken alles erkennen, alles richtigstellen, alles geistgemäß einrichten können. Damals schon begann man davon zu träumen, daß es am Ende keine gebrechlichen Menschen, sondern nur noch reine Intelligenzen geben werde.

Heute scheinen sich diese Hoffnungen, wie gesagt, durch die aus jener neuzeitlichen Wissenschaft in einer Art Quantensprung hervorgegangenen Medientechnologien zu erfüllen – oder sogar überzuerfüllen. Denn elektronisch scheinen wir nicht nur engelgleich, sondern sogar gottgleich zu werden. Die Seinsweise Gottes hat man traditionell als »interminabilis vitae tota simul et perfecta possessio« bestimmt, also als »vollumfänglichen, instantanen und vollkommenen Besitz eines unbegrenzten Lebens«.[9] Dergleichen soll uns heute telekommunikativ zuteil werden. Denn im elektronischen Medienverbund werden alle Realien der Geschichte und Gegenwart zugänglich und alle denkbaren Formen von Kreativität interaktiv möglich. Der elektronische Superhighway der Clinton-Regierung wird, so sagt man, aus passiven »Couch Potatoes«, die sich bislang allenfalls noch bis zum Kühlschrank bewegten, hochaktive

6 Francis Bacon, *Neues Organ der Wissenschaften* (London 1620), übers. und hrsg. von Anton Theobald Brück, Darmstadt 1974, S. 22.

7 René Descartes, *Discours de la Méthode*, in: R. D., *Œuvres*, hrsg. von Charles Adam und Paul Tannery, Paris 1897–1913; Neuausg. Paris 1964–67, Bd. 6, S. 62.

8 Vgl. ebd., S. 63.

9 Boethius, *De consolatione philosophiae*, V. Buch, 6. Prosa.

»Couch Commanders« in einem unerschöpflichen Reservoir interaktiver Informations- und Unterhaltungsmöglichkeiten machen. Al Gore untertreibt offenbar, wenn er den Datenhighway allzu prosaisch nur ein Instrument nennt, das die »Demokratie fördert, Menschenleben rettet und neue Arbeitsplätze schafft«. Er hätte von neuer Kreativität mittels Computergrafik und Computeranimation sprechen sollen, vom Morphing des Ehepartners oder der Echtzeitsimulation eines Koitus, von Bewußtseinserweiterungen durch Multimedia oder vom Trend zur virtuellen Erfahrung auch im Geschmacks-, Geruchs- und Tastbereich. Denn auch hier, so versichert man uns, wird bald den ersten Anfangserfolgen das Universum der Möglichkeiten, eine Allgegenwart erfüllter Ereignisse folgen – also, nach der alten Formel, ein gottartiger Zustand.
Baudelaire hatte 1860 von »Künstlichen Paradiesen« gesprochen, von »Ausnahmezuständen des Geistes und der Sinne«, in denen der »Hang zum Unendlichen« erwache.[10] Aber Baudelaire beklagte die Unzulänglichkeit der traditionellen Mittel dafür. Opium und Haschisch hätten den Nachteil, daß die Halluzination für wirklich gehalten werde und mit einer Schwächung des Willens verbunden sei. – Wie sehr hätte Baudelaire hingegen die elektronischen Medien bewundert, die eine Realität perfekt suggerieren, ohne ihre eigene Künstlichkeit zu verleugnen, bei denen die Virtualität der Halluzination vielmehr durchschaubar und die Freiheit des imaginativen Spiels erhalten bleibt?
Kurzum: Der Traum Baudelaires, der Traum der Neuzeit, der Traum der Gnosis und der Menschheitstraum vom Irdischen Paradies scheinen sich derzeit und künftig in den künstlichen Paradiesen der elektronischen Medien zu erfüllen. – Und wenn manches sich dabei anders einlöst als erwartet, so klage man nicht: Einlösungen erfolgen nie im Verhältnis 1:1. Zudem werden eventuelle Einlösungs-

10 Charles Baudelaire, *Les paradis artificiels*, Paris 1860.

defizite durch unerwartete Einlösungsüberschüsse kompensiert.
Nach diesen Vorbemerkungen will ich in Teil I meiner Ausführungen einige Überlegungen zum Begriff der Welt und der künstlichen Welten anstellen, in Teil II auf phänomenale Eigentümlichkeiten der elektronisch-medialen Welten eingehen und in Teil III einige Gegenakzente setzen.

I. Welten zwischen Natürlichkeit und Künstlichkeit

Was sind Welten? Und was sind künstliche Welten? Wie verhalten diese sich zu nicht-künstlichen Welten?
Welt ist – nach Kant – der »Inbegriff aller Erscheinungen«.[11] Allerdings können solche Erscheinungswelten von sehr unterschiedlicher Typik sein. Ihre Typik hängt von den jeweils leitenden Grundformen der Anschauung und der Begrifflichkeit ab. Diese werden sich allen Gegenständen der betreffenden Welt aufprägen. Sinneswesen leben in beträchtlich anderen Welten als Geistwesen.
Und was sind künstliche Welten? Man wird sagen: Kontrastwelten zur natürlichen Welt. Was aber ist die natürliche Welt? Etwa die Welt der Physik – und will man darunter die Welt der Aristotelischen oder der Galileischen oder der Quantenphysik verstehen? Oder ist die natürliche Welt die Welt der erlebten Natur? Oder die alltägliche Lebenswelt?

11 Immanuel Kant, *Kritik der reinen Vernunft* (1781), A 334 und 506.

1. Welt als Deutungskomplex

Die moderne Philosophie spricht – in ihren hermeneutischen ebenso wie in ihren analytischen Versionen – von einer Vielheit von Welten. Das ist eine Konsequenz daraus, daß es einen unmittelbaren, einen deutungsfreien Zugriff auf Wirklichkeit nicht gibt. Und dies ist nicht deshalb so, weil uns ein solcher Zugriff verwehrt wäre, sondern weil die scheinbar selbstverständliche Idee eines deutungsfreien Zugriffs auf Wirklichkeit in Wahrheit in sich widersprüchlich und unhaltbar ist. Wer die These einer Welt-an-sich vertritt, tut etwas anderes, als er meint. Er meint, von einer deutungs-unabhängigen Welt zu sprechen. Aber offensichtlich gibt er dieser Welt im gleichen Zug bereits eine bestimmte Auslegung – eben im Sinn ihrer Transzendenz gegenüber allen Deutungen. Er macht also selber alles andere als eine deutungsfreie Aussage. Diesem Dilemma – daß noch die intendierte Deutungsunabhängigkeit nur als Deutung auftreten kann – läßt sich prinzipiell nicht entkommen. Auch die postulierte Welt-an-sich ist unweigerlich eine als beschreibungs-transzendent *gedeutete* und *beschriebene* Welt. Und anders als in derlei Deutungen und Beschreibungen kann es eine Weltvorstellung – wie immer sie im einzelnen beschaffen sein mag – überhaupt nicht geben. Deutung bzw. Beschreibung erweist sich somit als der fundamentalere Horizont, *innerhalb* dessen Auffassungen über die Wirklichkeit oder Bezugnahmen auf Wirklichkeit überhaupt nur möglich sind. Kurz gesagt: Nicht Realismus, sondern Interpretationismus ist das Prinzip unseres Erkennens.[12]

Ich habe diese Einsicht, daß die Idee einer strikt unabhängigen Wirklichkeit in sich unhaltbar ist, soeben in Anlehnung an die neuere hermeneutische und analytische Philosophie

12 Vgl. zum epistemologischen Interpretationsbegriff: Günter Abel, *Interpretationswelten. Gegenwartsphilosophie jenseits von Essentialismus und Relativismus*, Frankfurt a. M. 1993.

vorgetragen – im Anschluß an Rorty oder Goodman[13] –, aber diese Einsicht ist durchaus älteren Ursprungs. Sie war schon die große Lehre Nietzsches, der den Menschen prinzipiell als *animal fingens* – als Fiktionen erzeugendes Wesen – verstand;[14] sie war die Lehre Hegels, der zeigte, daß die Unterscheidung von An-sich und Für-uns, von Gegenstand und Bewußtsein in das Bewußtsein selbst fällt;[15] und sie war natürlich bereits die Lehre Kants, der unsere Wirklichkeit als eine Konstruktion im Rahmen transzendentaler Vorgegebenheiten (Anschauungsformen und Kategorien) begriff;[16] ja eigentlich gehörte diese Einsicht schon zum ganzen Ansatz der wissenschaftlichen Neuzeit, die seit Descartes nicht auf die Abbildung einer bestehenden Wirklichkeit, sondern auf eine Konstruktion von Wirklichkeit – more geometrico – zielte.[17]

Aber zurück zur Gegenwart: Die heutige Philosophie betrachtet sämtliche Welten – ganz gleich, ob die Welt des Alltags oder die physikalische Welt oder eine literarische Welt – als Konstruktionen und insofern zumindest ein Stück weit als Artefakte. Allen Welten wohnen künstliche oder fiktionale Leistungen inne, angefangen von den grundlegen-

13 Rorty beispielsweise sagt, daß es Wirklichkeit nur als »Wirklichkeit-unter-einer-Beschreibung« gibt (Richard Rorty, *Der Spiegel der Natur: Eine Kritik der Philosophie*, übers. von Michael Gebauer, Frankfurt a. M. 1981, S. 409). Ähnlich erklärt Goodman, daß wir »bei allem, was beschrieben wird, auf Beschreibungsweisen beschränkt« sind (Nelson Goodman, *Weisen der Welterzeugung*, übers. von Max Looser, Frankfurt a. M. 1984, S. 15).

14 Vgl. Friedrich Nietzsche, »Ueber Wahrheit und Lüge im aussermoralischen Sinne«, in: F. N., *Sämtliche Werke. Kritische Studienausgabe in 15 Bänden*, hrsg. von Giorgio Colli und Mazzino Montinari, München 1980, Bd. 1, S. 873–890.

15 Vgl. Georg Wilhelm Friedrich Hegel, Einleitung in die *Phänomenologie des Geistes* (1807).

16 So der Grundgedanke der *Kritik der reinen Vernunft* von 1781.

17 Geradezu emblematisch kommt dies – pars pro toto – in Descartes' Erhebung des stocktastenden Blinden zum Modell des Sehenden zum Ausdruck (vgl. René Descartes, *La Dioptrique*, in: *Œuvres* (s. Anm. 7), Bd. 6, S. 83–86, 113 f., 135–137).

den Schemata der Perzeption über die Weisen der Symbolisierung bis hin zu den Bewertungsformen der Gegenstände. Und von keinem dieser Verfahren oder Kriterien kann man sagen, daß es sich einfachhin von einer Wirklichkeit-an-sich herleiten würde. – Alle Welten sind im Grunde künstliche Welten.

2. Stufen der Künstlichkeit

Aber auch, wenn somit prinzipiell Künstlichkeit gilt, behält doch die Unterscheidung von natürlicheren und künstlicheren Welten auf einer nachgeordneten Ebene einen guten Sinn. Manche Welten sind ja offensichtlich künstlicher als andere. Die Welt von Romanen beispielsweise ist im allgemeinen künstlicher als die des Alltags, und unsere Alltagswelt ist künstlicher als die Welt archaischer Lebensformen. Telefon, Massenverkehrsmittel und Fitneßzentren – gewiß bestimmende Elemente unserer Alltagskultur – sind selbstverständlich keine Naturprodukte, sondern hochgradige Artefakte. Nur: Auch die archaische Welt hatte ihre Künstlichkeit – ihre Erfindungen und Rituale. Auch sie war nicht einfach naturgegeben oder naturgewachsen.

Generell bedeutet dies: Man wird immer wieder von etwas Künstlichem auf etwas weniger Künstliches, auf etwas vergleichsweise Natürliches zurückgehen können. Aber auch dieses wird sich gegenüber etwas noch Natürlicherem als Künstliches darstellen. Oft ist das ›künstlich‹ Genannte ganz einfach das Neue im Kontrast zum Alten – das aber seinerseits schon gegenüber einem Vorausgegangenen etwas Künstliches war. Unsere Wälder und Fluren beispielsweise erscheinen uns als natürlich, aber sie sind hochgradig künstlich gegenüber dem Urwald des Tertiär – während sie sich gegenüber dem Hochhaus-Dschungel von Manhattan als natürlich ausnehmen, der freilich seinerseits im Vergleich

mit einer künstlichen Computer-Simulation der Großstadt von morgen als natürlich erscheinen wird.
Kurzum: Künstlichkeit und Natürlichkeit sind Reflexionsbegriffe. Sie bezeichnen nicht Gegenstände, sondern Hinsichten, Perspektiven, Relationen. Eben deshalb kann ein und dasselbe Objekt einmal – in einer Hinsicht – als natürlich und ein andermal – in einer anderen Hinsicht – als künstlich erscheinen. Es gibt nicht künstliche und natürliche Welten per se, sondern nur vergleichsweise natürliche bzw. künstliche Welten. Künstlichkeit und Natürlichkeit bilden – wie andere Reflexionsbegriffe auch – jeweils ein Paar.

3. Pflicht zur Doppelreflexion

Dann muß man diese Bestimmungen aber auch gekoppelt behandeln. Die Logik der Ausdrücke ›künstlich‹ und ›natürlich‹ verlangt, daß man, von der einen Seite sprechend, immer auch die andere mitbedenkt. Das scheint mir – und darauf will ich mit diesen Hinweisen hinaus – gerade hinsichtlich der aktuellen Rede von künstlichen medialen Welten wichtig zu sein. Man kann von diesen künstlichen Welten zureichend nur sprechen, wenn man zugleich einen Blick auf diejenigen Welten wirft, von denen sie sich absetzen – und die sich allein schon infolge des Hinzutretens der künstlichen Welten begrifflich wie sachlich verändert haben. Ich werde nachher ausführlich auf solch rekursive Effekte eingehen, werde beispielsweise fragen, wie sich die Koordinaten der alltäglichen Wahrnehmung unter dem Einfluß der Medien wandeln oder wie virtuelle und reale Realität einander beeinflussen.
Indem ich diese Pflicht zur Doppelreflexion betone, distanziere ich mich von einseitigen Beschreibungen der Verhältnisse, etwa vom simplen Plädoyer für den restlosen Übergang zu virtuellen elektronischen Welten. Wer solches fordert, verkennt meines Erachtens die Doppelgleisigkeit der

Entwicklung und die Imprägnierung des einen Strangs durch den anderen. Die Faszination der künstlichen Welten ist immer auch eine Anti-Faszination gegenüber der banalgewohnten Wirklichkeit, und das Glück der neuen Welten ist ein Glück der Übererfüllung, Überhöhung oder Ablösung traditioneller Wünsche. Umgekehrt erfahren zahlreiche Momente der gewohnten Wirklichkeit im Kontrast mit den elektronischen Welten eine Veränderung und Neubewertung. Die alten Erfahrungs- und Wahrnehmungsformen sterben ja nicht einfach aus, wie manche Elektronik-Freaks dies propagieren oder wünschen.[18] Die Gutenberg-Galaxis verpufft nicht, aber sie verändert ihren Sinn. Bücherleser sind im elektronischen Zeitalter nicht einfach Fossilien, wie die Propagandisten einer neuen Monokultur der künstlichen Welten uns – paradoxerweise in Büchern – glauben machen wollen.[19]

Nur in einer doppelten, in einer dialektischen Betrachtung der neuen und der alten Welten – so meine These – sind die gegenwärtigen Verhältnisse angemessen zu erfassen. Gewiß muß, wer die heutige Zeit auf den Begriff bringen will (und als Philosoph hat man immer Hegels Diktum im Ohr, es sei »die Aufgabe der Philosophie«, »das *was ist* zu begreifen«, die eigene Zeit »*in Gedanken*« zu erfassen[20]), gewiß muß, wer solches vorhat, heute in erster Linie die Medienbestimmtheit unserer Welt begreifen. Aber wo eine solche Reflexion allein dadurch schon zu gelingen glaubt, daß sie sich

18 »Die letzten Dinosaurier der Gutenberg-Galaxis [...] drohen auszusterben« (Norbert Bolz, *Chaos und Simulation*, München 1992, S. 135). – Differenzierter äußert sich Kittler: »Neue Medien machen alte nicht obsolet, sie weisen ihnen andere Systemplätze zu« (Friedrich Kittler, »Geschichte der Kommunikationsmedien«, in: *Raum und Verfahren*, Interventionen 2, hrsg. von Jörg Huber und Alois Martin Müller, Basel 1993, S. 169–188, hier S. 178).

19 Die euphorische Umkehrung von Postmans Einseitigkeit ist nicht weniger falsch als dessen Kassandra-Pathos.

20 Georg Wilhelm Friedrich Hegel, *Grundlinien der Philosophie des Rechts oder Naturrecht und Staatswissenschaft im Grundrisse*, in: G. W. F. H., *Werke in 20 Bänden*, Frankfurt a. M. 1986, Bd. 7, S. 26.

den neuen Verfahrensweisen der Medien bloß angleicht und nur noch unzusammenhängende Gedankenfetzen in der Art von Videoclips aneinanderreiht, da liquidiert sie sich selbst. Manche Theoretiker der neuen Medien allerdings scheinen in ihrem Schreiben und Reden tatsächlich ins Delirium gelangen und Bewußtlosigkeit erzeugen zu wollen (damit dann ihre These, rationale Reflexion sei im Zeitalter der elektronischen Medien prinzipiell veraltet, wenigstens an ihrem eigenen Tun einen Beweis habe).[21] Ich schlage einen anderen Weg ein. Ich halte – eher reflexionswertkonservativ – am Bemühen um rationale Klärung und Einsicht fest. Das scheint mir gerade angesichts ekstatischer Auflösungstendenzen des Diskursiven nicht überholt, sondern geboten zu sein.

II. Zur Phänomenologie der künstlichen Welten

In Teil II will ich nun versuchen, einige Charakteristika der medialen Welten zu benennen. Ich gehe dabei phänomenologisch vor – allerdings nicht transzendentalphänomenologisch wie Husserl, sondern eher wahrnehmungsphänomenologisch wie Merleau-Ponty und einige andere, die von der Phänomenologie aus zu einem ästhetischen Denken gelangt sind. – Worin liegt das Neuartige und Andersartige, das Faszinierende der elektronischen Welten?

21 Ein Beispiel: »Der Mediatext [...] vergißt die Dialektik und sucht die Ekstase, weil er sich als Teil der Medien versteht. [...] Sein mitreißender Wille zum Text wendet auf alle Begriffe und Informationen, die vorbeigeweht kommen, systematisch Willkür an« (Agentur Bilwet, *Medien-Archiv*, Bensheim 1993, S. 15).

1. Television – eine ungewohnte Physik

Gehen wir von dem uns allen bekannten Medium Fernsehen aus. Zu den verblüffendsten Erfahrungen zählt es, wenn – etwa im Vorspann einer Sendung – aus der Tiefe des Bildraumes ein Streifen auf uns zufährt, sich dann zu einem dreidimensionalen Körper verändert, der anschließend wie von Geisterhand gehoben, gedreht, gekippt und in ein zweidimensionales Gebilde verwandelt wird. Vielleicht sind wir inzwischen an solche Vorgänge gewöhnt. Anfänglich aber waren sie absolut faszinierend. Dergleichen gibt es in der Realwelt nicht. Oder genauer gesagt: Solche Streifen, Körper und Flächen kennen wir zwar auch aus der Realwelt. Aber dort unterliegen sie anderen Gesetzen als im Raum der elektronischen Medien. Die Körperphysik läßt solch schwerelose Bewegungen und zauberhafte Transformationen nicht zu. In der Realität kann Dreidimensionales nur scheinbar, nicht wirklich zu Zwei- oder Eindimensionalem werden. Eher ist das schon in der mathematischen Konstruktion möglich. Ihr steht die elektronische Bildwelt näher als der Alltagswelt.
Auf der anderen Seite löst die mediale Physik mit solchen Verfahren alte ästhetische Wünsche ein. Der Surrealismus beispielsweise hatte von solchen Transformationen geträumt, hatte sie aber nur ansatzweise und vergleichsweise unbeholfen zu realisieren vermocht. Die elektronischen Bildmanipulationen hingegen vollführen sie voll Eleganz und Selbstverständlichkeit.[22]
Will man die phänomenalen Besonderheiten der elektronischen Welten benennen, so ist in erster Linie von Leichtigkeit, von freier Beweglichkeit, vom freien Spiel mit Dimensionen und Gebilden zu sprechen. Die Bewegungen im synthetischen Bildraum ähneln denen im schwerelosen Zustand. Die Körper haben ihre Trägheit, Widerständig-

22 Wie perfekt hätte beispielsweise Yves Tanguy mit dem heutigen elektronischen Equipment seinen Visionen Gestalt verleihen können!

keit und Massivität verloren. Sie sind leicht geworden; sie schweben und vollführen bizarre und bezaubernde Bewegungen. Der elektronische Bildraum hat etwas von der Schwerelosigkeit eines Raumschiffs. Freie Mutationen treten an die Stelle von Konstanz, und die Inhalte sind beliebig modellierbar. Zudem behalten die Erscheinungen auch dann, wenn sie sich auf Wirkliches beziehen, allenthalben das Flair des Bildhaft-Virtuellen. Sie suggerieren zwar Realität, aber diese Suggestion ist durchweg mit einem Index von Freiheit verbunden – alles könnte auch anders sein oder werden. Wenn es irgendwo eine »Leichtigkeit des Seins« gibt, dann im elektronischen Raum.

2. Die digitale Ontologie der PC-Welt

a) Hypergeschwindigkeit

Gehen wir zu einem anderen Gerät, zum Leitfossil unserer Epoche über, zum PC. Faszinierend ist hier in erster Linie die Geschwindigkeit, mit der selbst größte Datenmengen bearbeitet werden können. In wenigen Minuten lassen sich beispielsweise die Werke sämtlicher philosophischer Klassiker des Abendlandes auf einen bestimmten Begriff hin absuchen, und man bekommt die Belegstellen vollständig angezeigt. Mit der alten Kulturtechnik des Lesens hätte man dafür Jahre gebraucht, und die Fehlerquote wäre hoch gewesen.

Ähnlich verblüffend ist die Augenblicklichkeit des Erscheinens. Mit einem Mal ist die gesamte Datenmenge da, und mit einem Mal ist sie weg. Die Welt der elektronischen Medien ist eine Welt der Instantaneität. Nicht nur das Rechenwerk operiert binär, auch die Ontologie ist binär. Die Zeichen werden nicht wie in einem organischen Prozeß langsam gebildet, sondern sind instantan vorhanden. Und ebenso instantan verschwunden.

Die Restlosigkeit dieses Verschwindens ist so ungewöhnlich wie nur irgend etwas. Von unsereinem bleibt wenigstens ein Leichnam, von der Zigarette die Asche und vom Benzin der Gestank. Hier aber ist alles völlig clean, klinisch clean. Die Erscheinung war schon die ganze Substanz, es gibt nichts dahinter und danach. Es gibt nur den Gegensatz von Sein und Nichtsein. Aber selbst dieser ist nur ein momentaner. Ein Tastendruck – und was soeben vernichtet wurde, ist sofort und alterslos wieder da. Auch nach Jahren. Es gibt hier kein Altern, sondern alles behält die Frische des ersten Tages, des Originals. Die ganze Welt ist eine von messerscharfer Präzision und extremer Leichtigkeit zugleich – Gewiß eine faszinierende Welt.

b) Jenseits der Alltagsontologie

Betrachten wir des weiteren die Existenzform der Dokumente. Es gibt sie zweifach: analog auf dem Bildschirm und digital im Speichermedium. Die meisten PC-Benutzer sind nur mit der analogen Existenzform vertraut. Sie bewegen sich in der Benutzeroberfläche. Die Software hingegen ist ihnen ein Buch mit sieben Siegeln, eine Black Box. Programmiersprachen beherrschen die wenigsten von uns. Die meisten sind digitale Analphabeten. Auch ich gehöre zu dieser Gruppe.

Die genannte Doppelung von bekannter Erscheinungsform und verborgener Struktur scheint den Verhältnissen in der Realwelt analog zu sein. Wir kennen und schätzen beispielsweise Blumen. Aber die wenigsten von uns wissen, wie diese in ihrer physikalischen und chemischen Struktur beschaffen sind. Das Innenleben der Phänomene ist für uns auch im Alltag – nicht nur in der elektronischen Welt – eine Black Box. Gleichwohl besteht zwischen den beiden Welten ein gravierender Unterschied. Verläßt man ein Dokument (also einen Gegenstand der elektronischen Welt), so bleibt es nicht in analoger, sondern in digitaler Form im Speichermedium erhalten. Wendet man sich jedoch von Gegenständen der Alltagswelt ab, so bleiben diese in phänomenaler Form erhalten. Hier ist die phänomenale Form die bleibende Form der Erscheinungen. Im Datenbereich hingegen ist die analoge Seinsweise nur ein vorübergehender Zustand. Die wahre Existenz ist im einen Falle analog, im anderen digital.

Aber was heißt hier ›wahre Existenz‹? Läßt sich die Unterscheidung von Erscheinung und Wesen im elektronischen Bereich überhaupt aufrechterhalten? Für die Alltagswelt ist diese Differenz ganz und gar bedeutsam. Die klassische Ontologie – die Lehre vom Sein und den Erscheinungen – war eine unentwegte Thematisierung dieses Verhältnisses.

In der elektronischen Welt hingegen ist der Unterschied von Erscheinung und Wesen außer Kraft gesetzt. Monitorexistenz und Speicherexistenz sind völlig deckungsgleich. Die Erscheinung ist eine perfekte Repräsentation des ›Wesens‹. Ihr fehlt nichts. Das ›Wesen‹ enthält nicht mehr und nichts anderes als die Erscheinung. Der ganze Sachgehalt ist identisch, nur die Präsentationsform ist verschieden – mal analog, mal digital.

Ja mehr noch: Das Wesen unterliegt sogar den Operationen im Bereich der Erscheinung. Denn ändert man ein Dokument, so ändert man – strikt im Verhältnis 1 : 1 – auch sein ›Wesen‹. Das Wesen ist eine Kopie der Erscheinung. In der Alltagswelt verhält es sich umgekehrt: Die Erscheinung ist eine – meist schlechte – Kopie des Wesens.

Daß in der elektronischen Welt keine Sachdifferenz zwischen Erscheinung und Wesen besteht, entzieht jeder Anwendung der herkömmlichen Ontologie auf die elektronischen Medien den Boden. Auf die klassischen Kategorien gestützt, könnte man die elektronischen Welten nur mißverstehen oder verzeichnen. Die traditionelle Ontologie hatte namens der Differenz von Wesen und Erscheinung stets Kritik an den Erscheinungen geübt. Das Wesen sollte das Musterbild, die Erscheinung nur dessen unvollkommene Realisation sein. Gewiß: Die klassische Ontologie hatte auch von einem Identischwerden von Erscheinung und Wesen geträumt, und in ihrer Endphase – bei Hegel – glaubte sie das Eintreten dieser Identität vor sich zu sehen. In der elektronischen Welt aber besteht eine solche Identität von vornherein – ohne daß je eine Differenz vorgelegen hätte und ein Ungenügen der Erscheinungen als Stachel oder Antrieb in Richtung Identität hätte wirksam werden können. Erscheinung und Wesen sind in jedem Moment identisch. – Woraus übrigens folgt, daß der digitale Analphabet, der bloß analoge PC-Benutzer, auch im Recht ist; ihm fehlt tatsächlich nichts.

c) Unabsehbare Weitläufigkeit

Ist die elektronische Welt, weil ihr die *vertikale* Differenz von Sein und Erscheinung fehlt, nun etwa ärmer als die Alltagswelt? Ganz im Gegenteil: In *horizontaler* Richtung besitzt sie eine der Alltagswelt unbekannte Offenheit für Veränderungen, Mutationen, Innovationen. Die Datenverbände können von einem Moment zum nächsten wuchern, sich fortzeugen, sie können kombiniert und hybridisiert werden. Man kann das einzelne Dokument verändern, kann seine Darstellungsweise modifizieren, kann es mit anderen Dokumenten kreuzen, kann es vernetzen, ja man kann Dokumente selbsttätig miteinander kommunizieren und neue Dokumente erzeugen lassen. Denken Sie an Hyper-Text. Die elektronische Welt ist zwar eine völlig flache, aber eine unendlich weite Welt.[23] Ihr gehört eine unabsehbare Vielzahl von lateralen Anschlüssen und Ausbreitungen zu – vom Wuchern des Gleichen bis hin zu komplexen Vernetzungen. Der Entfaltungsraum des Digitalen ist unerschöpflich.

23 »Das Digitale kann sich nur flach ausbreiten« (Holger van den Boom, »Digitaler Schein – oder: Der Wirklichkeitsverlust ist kein wirklicher Verlust«, in: *Digitaler Schein. Ästhetik der elektronischen Medien*, hrsg. von Florian Rötzer, Frankfurt a.M. 1991, S.183–204, hier S.203).

d) Medialität und Philosophie

Da diese Ontologie der elektronischen Medien philosophisch hochinteressant ist, sei ein Exkurs eingeschaltet. Offensichtlich ist die Medien-Ontologie anti-klassisch, ist von ganz anderer Art als die herkömmliche Alltagsontologie und deren Würdeform, die metaphysische Ontologie. Statt einer hierarchisch organisierten Welt entfaltet sie eine Welt von lateralen Anschlüssen, von Kreuzungen und Vernetzungen sowie von rhizomatischen Wucherungen und Transformationen. Anstelle von Stabilität dominiert Veränderlichkeit, statt Tiefe Oberfläche, statt Wirklichkeit Möglichkeit.

Diese Züge konvergieren in erstaunlicher Weise mit einigen der avanciertesten Wirklichkeitsbeschreibungen, die von philosophischer Seite in den letzten Jahrzehnten vorgetragen wurden, und zwar insbesondere von poststrukturalistischen Autoren wie Derrida und Deleuze.[24] Ihnen zufolge sind Wirklichkeit und Rationalität durch Übergängigkeit, durch offene Vernetzungsketten, permanente Sinnverschiebungen und eine prinzipielle Unabschließbarkeit der Sinnprozesse gekennzeichnet. Derrida und Deleuze haben diese Sicht seit den späten sechziger Jahren – also kurz nach Beginn der Ausbreitung elektronischer Medien – entfaltet. Derrida hat dabei ausdrücklich auf diesen Kontext Bezug genommen.[25]

Diese neuen philosophischen Wirklichkeitsbeschreibungen implizieren eine einschneidende Korrektur der traditionellen Philosophie. Angesichts der Medien hat man erstmals die grundsätzliche innerphilosophische Bedeutung von Medialität erkannt und die Philosophie dadurch von einem

24 Vgl. Jacques Derrida, *De la grammatologie*, Paris 1967, dt. *Grammatologie*, übers. von Hans J. Reinberger und Hanns Zischler, Frankfurt a.M. 1974, sowie Gilles Deleuze, *Différence et répétition*, Paris 1968; dt. *Differenz und Wiederholung*, übers. von Joseph Vogl, München 1992.

25 Vgl. Derrida, *Grammatologie* (s. Anm. 24), S. 23.

ihrer ältesten Irrtümer befreit. Denn traditionell hatte sich die Philosophie von einer Prägung des Denkens durch die verwendeten Medien – sei es der Mündlichkeit, sei es der Schriftlichkeit – völlig frei geglaubt. Der Sinn sollte im Urzustand mediumfrei existieren und erst nachträglich durch die Einspeisung in Medien eine Verbreitung und Verfremdung erfahren – so dachte man von Platon bis Hegel und weit darüber hinaus.[26] Seit der Mitte der sechziger Jahre aber wurde Marshall McLuhans medienbezogenes Diktum »Das Medium ist die Botschaft« auch philosophie-einschlägig fruchtbar gemacht. Als erster tat dies Eric Havelock, McLuhans Altphilologie-Kollege in Toronto, indem er die Prägekraft des griechischen Alphabets für die Entwicklung der griechischen Philosophie aufzeigte.[27] Bahnbrechend wirkte dann Jacques Derridas Nachweis, daß Sinn sich stets der Einschreibung in Medien verdankt und daß die Medialität zum Sinn nicht erst nachträglich und äußerlich hinzutritt, sondern von Anfang an für den Sinn konstitutiv ist, daß sie *produktive* Bedeutung für die Sinnprozesse hat. Nicht wird, wie die Tradition meinte, der Sinn durch die Verbindung mit der Materialität des Mediums ›befleckt‹ oder verfälscht, sondern ohne diese Verbindung mit dem Medium gäbe es Sinn gar nicht. Der reine, zeichenfreie Sinn, den die metaphysische Tradition erträumt hatte, war ein Phantom. Das ist heute – medienerfahrungsverdankt – der Reflexionsstand in der Philosophie.

Nach diesem Exkurs zur zentralen Bedeutung des Medienthemas für die Philosophie kehre ich zum Gang der Überlegungen von Teil II zurück, worin ich, im Ausgang von Tele-

26 Nietzsche bildete (hier wie in so vielem) eine Ausnahme. Er benutzte als erster Philosoph eine Schreibmaschine und schrieb auf dieser: »[...] unser Schreibzeug arbeitet mit an unseren Gedanken« (Brief an Heinrich Köselitz, Ende Februar 1882, in: Friedrich Nietzsche, *Sämtliche Briefe. Kritische Studienausgabe in 8 Bänden*, hrsg. von Giorgio Colli und Mazzino Montinari, München 1986, Bd. 6, S. 172).

27 Eric A. Havelock, *Preface to Plato*, Cambridge (Mass.) 1963.

vision und PC, die Phänomenologie der elektronischen Welten einige Schritte weit zu skizzieren versuchte. Die zuvor geschilderte Entwicklung setzt sich heute mit neuen technologischen Verfahren wie Hologrammen, Multimedia und Cyberspace fort.[28] Auch hierbei sind Hypergeschwindigkeit, Leichtigkeit, Transformierbarkeit und Virtualität kennzeichnend. Hinzu kommt eine Erweiterung der Skala der beteiligten Sinne. Neben das Visuelle tritt das Auditive und Taktile, und die Experten des Metiers versichern uns, daß auch bezüglich des Geruchs und des Geschmacks nur vorläufig-faktische, aber keine prinzipiellen Grenzen bestehen.[29] – Ich will es für die gegenwärtigen Zwecke vorerst bei den genannten Punkten belassen. Weitere Aspekte werde ich im nächsten Teil nachtragen, wo ich nun auf die andere Seite blicken und Rückwirkungen der medialen Welten auf Erfahrungsformen in der nicht-medialen Welt darstellen will.

III. Rückwirkungen der elektronischen Welten auf die Alltagswelt

Wie verändert der Einfluß der elektronischen Welten unser alltägliches Wirklichkeitsverständnis und unsere tägliche Welterfahrung?

Manche sagen, durch das Hinzutreten der künstlichen Welten werde unsere Erfahrung ganz einfach weiter und rei-

28 Auf die spezifischen Aspekte des Internet und insbesondere des World Wide Web, die ob ihrer Neuartigkeit und kulturellen Bedeutung einer längeren Erörterung bedürften, kann ich im Rahmen dieses Aufsatzes nicht eigens eingehen. Vgl. Wolfgang Welsch, »Information Superhighway or Highway Number One?«, in: *Living* 7 (1995) H. 1, S. 42 f.

29 Vgl. Derrick de Kerckhove, »Cyberdesign – Interaktion mit virtuellen Realitäten«, in: *Das Verschwinden der Dinge. Neue Technologien und Design*, hrsg. von Arnica-Verena Langenmaier, München 1993, S. 32–58, hier S. 52.

cher. Aber wer so spricht, übersieht, daß der Hinzutritt von Neuem das Alte immer auch verändert. Beispielsweise ist mit der Erweiterung von Möglichkeiten stets eine Entwertung der einzelnen Möglichkeit verbunden: Es kommt jetzt nicht mehr so sehr auf diese eine Möglichkeit an, denn man kann ausweichen, kann sich anderen Möglichkeiten zuwenden; das bloße Akkumulationstheorem rechnet zu einfach. Zudem werden die früheren Möglichkeiten qualitativ verändert; ihr Zuschnitt und ihr Stellenwert erfahren Modifikationen.

Die Veränderungen sind heute hauptsächlich zweifacher Art. Erstens kommt es zu einer *Virtualisierung* bzw. Derealisierung des Wirklichen bzw. unseres Verständnisses von Wirklichkeit. Und zweitens kommt es – komplementär dazu – zu einer *Revalidierung* nicht-elektronischer Wirklichkeitserfahrungen, und zwar insbesondere von solchen Momenten, die nur diesen Wirklichkeiten – im Unterschied zu den elektronischen – eigentümlich sind und die daher fortan als das Spezifische dieser nicht-elektronischen Wirklichkeiten erscheinen und mit besonderem Wert belegt werden.

1. Virtualisierung

Zunächst zur Virtualisierung. Sie ergibt sich – generell gesagt – daraus, daß die Gesetze der Medien zunehmend auch die Alltagswirklichkeit durchdringen.

In den Medien gilt, wie gesagt, eine andere Physik und eine andere Logik der Erscheinungen und Abläufe als im Alltag. Das beginnt am Fernsehschirm mit den zuvor genannten Rotationsobjekten und nimmt über Videos und Cyberspace vollends ungewohnte Dimensionen an. Fortan gehören unterschiedliche Versionen von Wirklichkeit zu unserem täglichen Erfahrungsbereich. Die Existenz solcher Alternativen legt zumindest eines nahe: daß die Ausschließlichkeit und Massivität des gewohnten Wirklichkeitsverständnisses ungerechtfertigt sein könnte, daß auch alternative Weltkonstruktionen möglich sind. Damit beginnt unsere Wirklichkeitsauffassung, sich auf eine mögliche Vielzahl von Welten hin zu öffnen. Selbst wenn man dies zunächst nur in der Weise verstehen will, daß es neben der einen, der eigentlich wirklichen Welt auch andere, künstliche Weltkonstruktionen gibt, verliert die gewohnte Realerfahrung dabei zumindest schon einmal ihren Ausschließlichkeitsanspruch – wenn auch noch nicht ihre Priorität.

a) Durchdringungen von Medienrealität und Alltagsrealität

Komplizierter werden die Verhältnisse allerdings dadurch, daß die Alltagsrealität innerhalb der Medienrealität auftaucht, was zu Rückwirkungen auf die Alltagswirklichkeit führt. Von da an wird eine saubere Trennung zwischen Alltagsrealität und Medienrealität nicht mehr durchführbar sein. Ich will einige Schritte der Durchdringung nennen.
Erstens ist Medienpräsentation für die Alltagsrealität zum Beglaubigungssiegel geworden. Als vollends wirklich gilt nur, was gesendet wird. Karl Kraus schrieb (im präelektronischen Zeitalter): »Im Anfang war die Presse, und dann erschien die Welt.« Günther Anders hat dies 1956 unter Fernsehbedingungen aktualisiert und auf die sarkastische Formel gebracht: »Im Anfang war die Sendung, für sie geschieht die Welt.«
Bei ihrer medialen Präsentation wird die Alltagswirklichkeit zunehmend nach Mediengesetzen modelliert. Sie wird beispielsweise den Forderungen des schnellen Schnitts, der Bildhaftigkeit, der rhythmischen Sequenzierung unterworfen. Dadurch ergeben sich zumindest in den Fällen, wo wir Wirklichkeiten nur durch ihre mediale Präsentation kennen,

Verschleifungen zwischen der medialen und der alltäglichen Realitätslogik. Und diese Fälle sind zahlreich; das meiste, was wir über die Welt wissen, wissen wir aus dem Fernsehen, wie Niklas Luhmann bemerkt hat. Auf diese Weise schreibt sich die mediale Logik zunehmend auch der Alltagswirklichkeit ein – und zwar gerade jenen herausgehobenen Wirklichkeitsanteilen, die der Fernsehübertragung für würdig befunden werden.

Zweitens hat dies Rückwirkungen auf das Arrangement der Realität selbst. Viele Realereignisse werden heute von vornherein schon im Hinblick auf ihre mediale Präsentierbarkeit inszeniert. Das gilt für Protestaktionen ebenso wie für Kulturveranstaltungen. Ähnliches ist hinsichtlich der Selbstgestaltung der Individuen festzustellen. Da Persönlichkeitsformung in der modernen Welt vorwiegend anhand von Leitbildern der Medien erfolgt, begegnen wir im Alltag zunehmend medientypisch gestylten Figuren. Mediale Eigentümlichkeiten prägen somit auch außerhalb der Medien die Realbestände der Wirklichkeit. Nicht nur die mediale *Darstellung* der Wirklichkeit, sondern die außermediale *Wirklichkeit selbst* ist fortan von medialen Bestimmungsstücken durchzogen.

Drittens führt die Telekommunikation zu einem generellen Angriff auf Grundkoordinaten unserer gewohnten Wirklichkeit. Raum und Zeit, die Grunddimensionen, welche die alltägliche Wirklichkeit aufspannen, werden telekommunikativ zunehmend eingezogen. Wo die Lichtgeschwindigkeit herrscht, verlieren die räumlichen Distanzen an Bedeutung. Die Besonderheit der Orte schwindet, denn medienelektronisches Equipment vermag alle lokalen Eigentümlichkeiten zu überspielen: Man kann von allen Orten aus die gleichen Kommunikationen tätigen. Ebenso werden die Vergangenheit durch ihre datenmäßige Aufbereitung und die Zukunft durch ihre rechnerische Extrapolation zunehmend verfügbar und tendenziell zu Gehalten der telematischen Gegenwart.[30] Es kommt zu einem Kollaps der raum-zeitlichen Differenzierung, zu einer Struktur der Omnipräsenz ohne ausgezeichnete Präsenz. Raum und Zeit, die herkömmlichen Grundkoordinaten unserer Welt, werden vergleichsweise marginal. Insofern hat die elektronische Kommunikationswelt die reale Welt in ihren Grundkoordinaten verändert.

Hält man sich diesen Kollaps der raum-zeitlichen Differenzierung in der telematischen Kommunikationswelt vor Augen, so ergibt sich noch einmal, daß in unserer Wirklichkeit mehrere Wirklichkeitsversionen koexistieren. Raum und Zeit haben nicht mehr allenthalben, sondern nur noch in bestimmten Bereichen einschneidend trennende Funktion, in anderen Bereichen hingegen ist ihre Relevanz telematisch neutralisiert. Solche Kontraste von Wirklichkeitsversionen werden heute zur alltäglichen Erfahrung. Oder anders gesagt: Infolge der medien-induzierten Veränderungen der Wirklichkeit wird, was ich in Teil I unter Bezugnahme auf philosophische Entwicklungen dargestellt hatte, immer mehr zur Standarderfahrung der Zeitgenossen: daß es Wirklichkeit schlechthin gar nicht gibt, daß es sie vielmehr immer nur so oder anders gibt, daß Wirklichkeit jeweils eine Konstruktion ist.

b) Grenzverwischung zwischen Realität und Simulation?

Zur Abschwächung des Verbindlichkeitscharakters der Wirklichkeit tragen auch die neuen Verfahrensweisen beim Fernsehkonsum und die Verwendung mikroelektronischer Entwurfs- und Produktionstechniken bei. Die televisionäre Wirklichkeit ist offensichtlich nicht bindend und unentrinnbar, sondern wählbar, wechselbar, verfügbar, fliehbar. Paßt

30 »Die Zeitkategorie der Zukunft wird abgeschafft und durch die der erstreckten Gegenwart ersetzt« (Helga Nowotny, *Eigenzeit. Entstehung und Strukturierung eines Zeitgefühls*, Frankfurt a. M. 1989, S. 53).

einem etwas nicht, so schaltet man weiter. Im Zapping und Switchen zwischen den Kanälen übt der fortgeschrittene Fernsehkonsument die Derealisierung des Realen ein, die auch sonst gilt.[31] Und wer häufig mit CAD arbeitet, für den ist die weitgehende Modellierbarkeit und Virtualität von Wirklichkeit tägliche Erfahrung.

Aber wie weit geht die Verschleifung von Realität und Virtualität? Manche Theoretiker meinen: gar nicht weit. Realität und Simulation blieben vielmehr klar unterscheidbar. Beispielsweise habe noch nie jemand den Ehekrach in einer laufenden Familienserie mit der Ungemütlichkeit am eigenen Frühstückstisch verwechselt.[32] Das ist wohl wahr, greift aber als Diagnose zu kurz. Denn gewiß gelingt uns die Kurzzeitunterscheidung zwischen Simulation und Realität weiterhin, aber das Entscheidende sind die längerfristigen Effekte des Medienumgangs. Und diesbezüglich zeigen Untersuchungen, daß Verhaltensweisen, die in der elektronischen Leitwelt eingeübt werden, zunehmend das Alltagsverhalten imprägnieren.[33] Die Virtualisierung der Wirklichkeit ist ein Langzeiteffekt der Medienwelten.

Lassen Sie mich dies an einem Beispiel erläutern: In den USA wird unter der Bezeichnung ›Video-Baby‹ ein 8-Minuten-Band mit interaktiven Komponenten vertrieben. Geburtszertifikat und Gesundheitsattest sind der Packung beigefügt. Der Benutzer hat sein Wunschbaby vor sich auf dem Bildschirm und kann sich ungestört an ihm erfreuen. Es reagiert auf Sätze wie »Iß den Brei«, »Lächle Mammi an«. Und man kann sich denken: Die Folgsamkeit *dieses* Kindes ist perfekt. Am Ende der acht Minuten läßt es sich auch

31 Vgl. zur Derealisierung im vorliegenden Band auch den Aufsatz »Ästhetik außerhalb der Ästhetik – Für eine neue Form der Disziplin«.

32 Vgl. Hans Magnus Enzensberger, »Das Nullmedium oder Warum alle Klagen über das Fernsehen gegenstandslos sind«, in: H. M. E., *Mittelmaß und Wahn. Gesammelte Zerstreuungen*, Frankfurt a. M. 1988, S. 85–103, hier S. 91.

33 Vgl. Joshua Meyrowitz, *Die Fernsehgesellschaft. Wirklichkeit und Identität im Medienzeitalter*, Weinheim 1987.

noch in den Schlaf singen.[34] Auf der Verpackung steht: »Die volle, reiche Erfahrung der Elternschaft ohne das Durcheinander und die Lästigkeit der wirklichen Dinge! Lieben Sie Kinder, haben aber keine Zeit, sich um sie zu kümmern? ›Video-Baby‹ ist für Sie!«

Natürlich weiß der Benutzer um den Unterschied zwischen Simulation und Realität. Aber der springende Punkt ist: Dieser Unterschied *bedeutet* immer weniger. Die Simulation wird ohne weiteres als Substitut der Realität ergriffen, ja als die vollkommenere Version des Realen geschätzt – eben weil sie »die volle [...] Erfahrung der Elternschaft ohne [...] die Lästigkeit der wirklichen Dinge« bietet. Die Simulationserfahrung wird sogar immer mehr zur Matrix des Realverhaltens gemacht: Babys werden zunehmend wie Video-Babys perzipiert, und ihre Abweichungen vom elektronischen Idealbild gelten nicht etwa als Zeichen von Menschlichkeit, sondern als lästige Unvollkommenheiten. Originale sind unter medialen Bedingungen – hier wie auch sonst, etwa in der Kunst – tendenziell enttäuschend. Das Reale wird immer mehr an der medialen Idealvorstellung gemessen.[35]

Man mag solche Entwicklungen scheußlich finden – hochproblematisch sind sie gewiß. Aber nicht, indem man die Verschmelzung von Realität und Simulation leugnet, sondern indem man sich diesen Status quo bewußt macht und innerhalb seiner Position zu beziehen lernt, wird man zu anderen und möglicherweise humaneren Optionen gelangen. Ich werde darauf zurückkommen. – Zuvor ein letzter Hinweis zur heutigen Fusion von Virtualität und Realität.

34 Zit. nach: Hans Ulrich Reck, »Imitieren? Klar, immer. Aber wie?«, in: *Basler Magazin*, Nr. 47, 25. 11. 1989, S. 1–5, hier S. 2. Vgl. meine Analyse in: Wolfgang Welsch, *Ästhetisches Denken*, Stuttgart 1990, S. 22.

35 Die Restaurierung von Michelangelos Fresken in der *Cappella Sistina* wurde bezeichnenderweise von einer Fernsehgesellschaft (Nippon Television Network Corporation) gesponsert – die Fresken sind denn auch vollendet telegen wiedererstanden.

c) Cyberspace

Derzeit hat die Durchdringung von Virtualität und Realität ihren Fokus in der Cyberspace-Technologie. Gewiß handelt es sich dabei um ein Modethema sowie um einen Kristallisationspunkt rhetorischer Übertreibungen und einen aufgedrehten Hit für PR-Strategien. Gleichwohl haben diese Technologie und ihre Resonanz auch einen harten und nachdenkenswerten Kern. Davon will ich sprechen.

Cyberspace führt in die elektronischen Welten ein Moment ein, das in der Tat völlig neu ist: Im Cyberspace steht man dem Bild nicht mehr auf Distanz gegenüber, sondern man tritt in es ein und kann sich mittels Eyephones und Dataglove in der virtuellen Welt des Bildes wie in einer realen bewegen. Aus dem Vor-der-Bildwelt-sein – diesem sehr konventionellen Zug der in anderen Hinsichten so avancierten elektronischen Welten – wird ein In-der-Bildwelt-sein. Die Präsenz vor und gegenüber dem Bild wandelt sich zur Präsenz im Bild – zur Telepräsenz, wie man sagt. Interessant ist dabei weniger die in Wahrheit ziemlich beschränkte Perfektionierbarkeit dieser Cyberwelten (man kann nämlich auch hier nur im Programm vorgesehene und nicht etwa beliebig abweichende Verhaltensweisen realisieren),[36] sondern wichtig ist der Bewußtseinseffekt, den solche Cyberexperimente hervorrufen. Indem man in die virtuelle Welt wie in eine reale eintritt, macht man konkret die Erfahrung, daß das Virtuelle auch real sein kann, und daraus mag die Vermutung erwachsen, daß vielleicht alles Reale in anderer Hinsicht auch virtuell sein könnte. Die Weltsicht eines Leibniz oder Borges, wonach das, was dem einen Bewußtseinszustand als real gilt, in Wahrheit das Traum-

36 Vgl. hierzu die aufschlußreichen Ausführungen von Florian Rötzer: »Ästhetische Herausforderungen von Cyberspace«, in: *Raum und Verfahren* (s. Anm. 18), S. 29–42, bes. S. 41 f., sowie F. R., »Virtuelle und reale Welten«, in: *Cyberspace. Zum medialen Gesamtkunstwerk*, hrsg. von Florian Rötzer und Peter Weibel, München 1993, S. 81–113, insbes. S. 106.

gebilde eines anderen Bewußtseinszustandes sein könnte,[37] wird zur generellen Wirklichkeitsvermutung. Die Grenzen zwischen Realität und Virtualität werden definitiv unsicher und durchlässig.

d) Aufklärerische Wirkungen der Medienerfahrung

Daß die elektronischen Medien auf die beschriebenen Weisen zu einer Virtualisierung unseres Realitätsbewußtseins führen, ist oft festgestellt und beklagt worden. Ich halte diese Diagnose für richtig, ihre Negativbewertung aber für falsch. Meines Erachtens liegt in der medien-induzierten Veränderung unseres gewohnten Wirklichkeitsverständnisses geradezu ein aufklärerischer Effekt der medialen und künstlichen Welten. Angesichts der neuen Medien kommt uns der grundsätzlich konstruktivistische Charakter von Wirklichkeit, die Interpretativität all unserer Wirklichkeitsauffassungen deutlicher zu Bewußtsein denn je zuvor.[38]

37 »[...] Nichts hindert, daß bestimmte wohlgeordnete Träume sich unserem Geist darbieten, die von uns für wahr gehalten werden und es vom Standpunkt der Praxis wegen ihrer durchgängigen Übereinstimmung auch sind.« »Ja wollte man selbst das ganze Leben nur einen Traum und die sichtbare Welt nur ein Trugbild nennen, so würde ich meinerseits doch behaupten, daß dieser Traum oder dies Trugbild genügende Realität besitzt, wenn wir nur bei rechtem Gebrauch unserer Vernunft von ihm niemals getäuscht werden« (Gottfried Wilhelm Leibniz, »Über die Methode, reale Phänomene von imaginären zu unterscheiden«, in: G. W. L., *Hauptschriften zur Grundlegung der Philosophie*, Bd. 2, Hamburg ³1966, S. 123–128, hier S. 126 bzw. S. 125). Borges' Erzählung »Die kreisförmigen Ruinen«, in der ein Mann einen Jüngling an einem anderen Ort so präzis erträumt, daß dieser real wird – und es gibt eindeutige Berichte für den Erfolg –, endet mit einer Feuerprobe, die den Traumschöpfer zu der überraschenden Erkenntnis führt, daß auch er sich der Traumtätigkeit eines anderen verdankt: »Erleichtert, beschämt, entsetzt erkannte er, daß auch er nur ein Scheinbild war, daß ein anderer ihn träumte« (Jorge Luis Borges, »Die kreisförmigen Ruinen«, in: J. L. B., *Sämtliche Erzählungen*, München 1970, S. 171–177, hier S. 177).

38 Bezeichnenderweise ist der konstruktivistische Charakter von Wirklichkeit – nach den genannten philosophischen Vorbereitungen – in den letzten Jahrzehnten gerade von einer Richtung ausgearbeitet worden, die sich

Infolgedessen geht unsere Wirklichkeitssicht heute auch alltäglich von Realismus zu Konstruktivismus, von Vorgegebenheit zu Gemachtsein, von der Einzahl zur Mehrzahl und von Realität zu Virtualität über. Dank des Umgangs mit den medialen Wirklichkeiten begreifen wir, daß Wirklichkeit immer schon eine Konstruktion war – daß man sich dies früher nur nicht eingestehen mochte.[39]

2. Revalidierungen

Dies alles könnte nach einer Apologie der elektronischen Welten und ihrer künstlichen Paradiese klingen – aber zuletzt will ich auf etwas anderes hinaus, will einen Gegenakzent setzen.

a) Kontrasterfahrungen

Wenn alle Wirklichkeiten Konstruktionen – individuelle, gesellschaftliche, mediale Konstruktionen – sind, dann ist die Wahl zwischen ihnen nicht eine zwischen Sein und Schein oder zwischen wahr und falsch, sondern eine Wahl zwischen potentiell gleichberechtigten Versionen gemäß unterschiedlichen Präferenzen. Und dann sind wir erstens für unsere Wahlen verantwortlich. Und zweitens kann es geschehen, daß eine Wirklichkeitsversion zur Neubewertung einer anderen führt. Sie kann deren Vorzüge im Kontrast

›Konstruktivismus‹ nennt und die von Beginn an in intensivem Kontakt mit der Kybernetik stand.

39 Noch einmal stoßen wir also auf eine Kongruenz zwischen den Erfahrungsweisen, welche die neuen elektronischen Medien vermitteln, und zentralen philosophischen Theoremen der Gegenwart. Zuvor hatte ich dies hinsichtlich der anti-hierarchischen Ontologie der Medien sowie hinsichtlich der Medialität des Denkens dargelegt; jetzt hat es sich hinsichtlich der Einsicht in den konstruktivistischen Charakter von Wirklichkeit noch einmal gezeigt. Der Medienerfahrung kommt aufklärende Wirkung für die Philosophie und darüber hinaus zu.

spürbar machen und diese andere Version dadurch zu einem Desiderat werden lassen.

Das gilt gerade im Verhältnis elektronischer und nicht-elektronischer Welten. Die elektronischen Welten revalidieren Erfahrungsformen der nicht-elektronischen Welten – die sie freilich, dem Gesetz des Kontrastes entsprechend, auch verändert haben.

Genau wenn Marshall McLuhans These, daß das Medium die Botschaft ist, zutrifft (und ich zweifle nicht, daß dies der Fall ist), dann müssen den elektronischen Medien aus systematischen Gründen die eigentümlichen Erfahrungsformen der anderen Medien fehlen. Zwar können die elektronischen Medien auf *alle Gegenstände* zugreifen, aber – wie jedes andere Medium auch – *nur nach ihrer eigenen Art.*[40] Indem nun die gleichen Gegenstände mal im einen, mal im anderen Medium zugänglich werden, wird die Spezifität und Begrenztheit des jeweiligen Mediums erfahrbar. Anders gesagt: Auch die elektronischen Medien sind spezifisch. Sie bieten gewiß wundervolle Möglichkeiten. Aber nicht alle Möglichkeiten. Und nicht nur die medialen Möglichkeiten werden heute interessant, sondern im Kontrast dazu auch manche der Qualitäten, die ihnen fehlen und die exklusiv anderen Wirklichkeitsformen vorbehalten sind. – Dieser Punkt ist in den Diskussionen der letzten Jahre zu wenig beachtet worden.

b) Gegenoptionen

So lernen wir heute gegenüber der elektronischen Hypergeschwindigkeit die Trägheit neu zu schätzen, gegenüber der universellen Beweglichkeit und Veränderbarkeit die Widerständigkeit und Unveränderlichkeit, gegenüber dem freien Spiel das Beharren, gegenüber dem Schweben die Massivi-

40 Medien können, anders gesagt, zwar universal, aber nicht total sein. Sie können alles beinhalten, aber nicht auf jede Art.

tät, gegenüber der Mutierbarkeit die Konstanz und Verläßlichkeit. Die Tastendruck-Instantaneität wertet im Kontrast die langsame, eigengesetzliche Entwicklung auf, die beliebige Wiederholbarkeit erweckt den Wunsch nach Einmaligkeit. Die elektronische Omnipräsenz und das Universum der virtuellen Möglichkeiten führen zur Sehnsucht nach einer anderen Präsenz, nach der unwiederholbaren Präsenz des *hic et nunc*, nach dem singulären Ereignis. Gegenüber der vollendeten Transparenz gewinnt die Opakheit, gegenüber der elektronischen Lichtwelt das Unerhellbare, gegenüber der Intellektualität der Prozessoren die souveräne Ignoranz der Materie neu an Bedeutung.

Man kann die genannten Gegenwerte begrifflich auf Stichworte wie ›Materie‹, ›Körper‹, ›Individualität‹, ›Einmaligkeit‹ zusammenziehen. Was Eigenraum und Eigenzeit beansprucht, was nicht austauschbar, sondern unwiederholbar ist, wird uns neu wichtig. So wies Botho Strauß darauf hin, daß inmitten der überdrehten Kommunikation der Dichter zuständig ist »für das Unvermittelte, den Einschlag, den unterbrochenen Kontakt, die Dunkelphase, die Pause. Die Fremdheit«.[41] Ähnlich schuf in Bertoluccis *Letztem Tango in Paris* die Situation der Namenlosigkeit – im Gegensatz zum grassierenden Beziehungsgeschwätz – den Ort einer einmaligen Liebe.

Wir haben gute Gründe, Stille gegen Betäubung zu verteidigen; die eigene, für andere unverfügbare Imagination höher zu schätzen als das sozial gemeinsame elektronische Imaginäre; und ebenso unsere alternden und verletzlichen Körper gegenüber der Perfektion und Alterslosigkeit der synthetischen Körper neu zu würdigen.

41 Botho Strauß, »Die Erde – ein Kopf«, in: *Büchner-Preis-Reden 1984–1994*, hrsg. von der Deutschen Akademie für Sprache und Dichtung, Stuttgart 1994, S. 126–137, hier S. 130.

c) Telematische versus leibliche Welt

Telematische und leibliche Welt stehen im Kontrast. Ihre Disparität ist unaufhebbar. Wenn heute telematisch die Entfernungen schwinden, so schrumpfen darob doch nicht auch unsere Körper. Wenn die Prozessoren immer schneller werden, so doch nicht auch unsere Sensoren und unsere motorischen und psychischen Fähigkeiten. Wenn die Verarbeitungskapazität der Rechner ins Gigantische wächst, so doch nicht auch unsere Lebenszeit, unsere Reaktionszeit, unsere Begreifenszeit.

Der Leib ist ein konservatives Element, und er bleibt eine Bedingung all unserer Vollzüge. Von philosophischer Seite ist die Bedeutung der Leiblichkeit als eines Gegengewichts gegen die elektronischen Immaterialisierungstendenzen in den letzten Jahren mehrfach dargelegt worden. Lyotard hat die Frage gestellt, ob man ohne Körper denken könne – und hat dies verneint.[42] Dreyfus hat aus phänomenologischer Perspektive darauf hingewiesen, daß es kein Verstehen ohne Rückbindung an Körperlichkeit und Alltagserfahrung gibt.[43] Ähnlich haben Virilio und Baudrillard von anthropologischen Prämissen aus unsere physischen Körper gegen das Projekt ihrer meta-physischen, technologischen Umrüstung verteidigt.[44]

42 Vgl. Jean-François Lyotard, »Ob man ohne Körper denken kann«, in: J.-F. L., *Das Inhumane. Plaudereien über die Zeit*, übers. von Christine Pries, Wien 1989, S. 23–49.

43 Vgl. Hubert L. Dreyfus, *Die Grenzen künstlicher Intelligenz. Was Computer nicht können*, Frankfurt a. M. 1985.

44 Vgl. Paul Virilio, »Verhaltensdesign: Vom Übermenschen zum überreizten Menschen«, in: *Das Verschwinden der Dinge* (s. Anm. 29), S. 73–95, sowie Jean Baudrillard, »Überleben und Unsterblichkeit«, in: *Paragrana. Internationale Zeitschrift für Historische Anthropologie* 3 (1994) H. 1, S. 95–111. Mit ähnlicher Zielrichtung hat Dietmar Kamper den Körper als Kritikorgan des fortschreitenden Zivilisationsprozesses gewürdigt (vgl. Dietmar Kamper, »Die Wiederkehr des Körpers. Notizen zu einer Bestandsaufnahme des Zivilisationsprozesses«, in: D. K., *Zur Geschichte der Einbildungskraft*, München 1981, S. 39–46). – Der Traum mancher sich besonders

Körperlichkeit, Individualität, Materialität sind aber nicht bloß als Bedingungen oder Grenzen unseres Denkens und unserer Wirklichkeitserfahrung ins Feld zu führen; sie sind nicht nur defensorisch geltend zu machen – und auch nicht einfach offensiv. All das sind noch Formen einer Funktionalisierung. Sondern diese Momente wären in ihrer Selbstheit anzuerkennen und zur Geltung zu bringen.

Natürlich sind unsere Körper auch auf Veränderungen aus und für Erweiterungen offen. Das klassische citius-altius-fortius war die sportliche Formel dafür. Heute steigern wir unsere Körper im Verbund mit technischen Arrangements und elektronischen Medien. Und die Körper sagen dazu nicht nein. Die zuvor geschilderte Faszination der elektronischen Medien ist nicht nur eine des Geistes oder der Imagination, sondern auch eine unserer sehnsüchtigen und unbefriedigten Körper.

Aber es gibt auch eine mediale Untangierbarkeit, eine Souveränität und Eigensinnigkeit der Körper. Sie entdecken wir gegenwärtig im Gegenzug zur Mediatisierung der Welt neu. Man denke etwa an Nadolnys »Entdeckung der Langsamkeit«[45] oder an Handkes Lob der Müdigkeit.[46] Inmitten der Turbulenzen einer elektronisch sich potenzierenden Welt wird uns die Einmaligkeit einer unwiederholbaren Stunde oder Begegnung neu wichtig – oder die Trägheit und das Glück einer ruhenden Hand oder eines Augenpaares. Wir erinnern uns der selbstgenügsamen Vollkommenheit und Autonomie einfacher Vollzüge – eines Spaziergangs, eines Essens, des Blicks in die Landschaft, oder auch der Einsam-

avanciert dünkender Zeitgenossen (insbesondere im Designbereich) von einer möglichst hardwarefreien, gegenstandslosen Welt ist prinzipiell verfehlt. Diese umgekehrte Vision einer Neutronenbombe – während diese alles menschliche Leben auslöschen sollte, will man hier die Gegenstände vollständig eliminieren – gehört ins Verirrungsarsenal futuristischer Imaginationen.

45 Sten Nadolny, *Die Entdeckung der Langsamkeit*, München 1983.

46 Peter Handke, *Versuch über die Müdigkeit*, Frankfurt a. M. 1989.

keit, der medienlosen Einsamkeit fern von allen Kommunikationsmaschinerien.
Gewiß: Die Wiederentdeckung und Neubewertung solcher Vollzüge erfolgt vor dem Hintergrund einer medial bestimmten Welt und ihrer Turbulenzen. Sie ist davon nicht zu trennen. Am Horizont der genannten Erfahrungen brodelt die Medienwelt. Aber die genannten Erfahrungen halten die Medienwelt doch auch ab und sind in ihrem Inneren und ihrer Intensität von ihr unbetroffen. Ihre Bedeutsamkeit mag von den Erfahrungen der Medienwelt gefärbt sein – aber man merkt es ihnen in ihrer Substanz nicht an. Ähnlich vielleicht, wie es auch Glück zwar nur auf dem Boden der Vergänglichkeit gibt – wie deswegen aber doch das Vergehen nicht die Essenz, sondern allenfalls das Schicksal des Glücks ist.

d) Komplementarität

Um nicht mißverstanden zu werden: Natürlich meine ich die Revalidierung des Körperlichen und Individuellen nicht als simples Gegenprogramm gegen die künstlichen Paradiese der elektronischen Welten, sondern als Komplementärprogramm zu ihnen. Weder verneinen diese Gegenmomente die Faszination der elektronischen Welten, noch geht es einfach um eine Rückkehr zu sinnenhafter Erfahrung, wie sie vor-elektronisch gewesen sein mag. Die Revalidierungen sind vielmehr von der Erfahrung elektronischer Medien auch gefärbt. Und es gibt offensichtlich Verbindungen zwischen beiden. Manchmal ist natürliche Erfahrung just das, worauf auch die Virtuality-Liebhaber aus sind. Mein bevorzugtes Beispiel sind die Elektronik-Freaks von Silicon Valley, die abends zur Küste fahren, um die in der Tat unvergleichlichen kalifornischen Sonnenuntergänge zu betrachten, bevor sie dann an ihren Homecomputer zurückkehren und in die künstlichen Paradiese des Internet eintauchen.

Mehrgleisig fahrend, wird unser Leben gegenwärtiger und spannungsreicher. Ich denke generell, daß die Menschen heute zu etwas werden, was die traditionelle Metaphysik nie schätzte und immer ablehnte: zu Nomaden. Freilich habe ich dabei weniger ein geographisches als vielmehr ein mentales, psychisches, sozusagen tägliches Nomadentum im Sinn. Wir beginnen zwischen unterschiedlichen Wirklichkeitsformen wie selbstverständlich hin und her zu gehen. Als heutiger Mensch, meine ich also, sollte man in beiden geschilderten Wirklichkeitstypen leben. Man sollte sich lustvoll in den elektronischen Welten bewegen können – aber nicht *nur* in ihnen, sondern auch in anderen Welten. Allerdings besteht Anlaß, diese Doppelgleisigkeit eigens zu betonen, denn die Tendenz geht stets zur zeitgeistigen – und das heißt heute: zur elektronischen – Avanciertheit. Diese Tendenz obsiegt beispielsweise dort, wo man das Eigenrecht unserer Leiblichkeit und ihrer Bedürfnisse zwar anerkennt, ihm dann aber wieder nur mittels apparativer und medialer Prothesen nachkommen mag: von den Fitneßstudios über das Bungee-Jumping bis zum elektronischen Sex. Wir sollten diesem technologischen Druck widerstehen; wir sollten dem Bedürfnis nach den genannten Gegenwerten, wenn es in uns aufkeimt, nicht mißtrauen, sondern in seinen genuinen Formen Aufmerksamkeit schenken und Folge leisten.

e) Doppelcharakter der Moderne

Läuft dies alles zuletzt auf eine Absage an die Moderne hinaus, sofern diese stets die technologische Entwicklung zu ihrer Leitlinie gemacht hatte? Ja und nein. Die Moderne hatte zwei Ursprünge – zwei sehr verschiedene Ursprünge. Stephen Toulmin hat dies 1990 in seinem Buch *Cosmopolis* dargelegt.[47] Da war zum einen, im 17. Jahrhundert, die neu-

47 Stephen Toulmin, *Kosmopolis. Die unerkannten Aufgaben der Moderne*, übers. von Hermann Vetter, Frankfurt a.M. 1991, S.13; vgl. zum doppelten Ursprung auch S.49, S.78–80 u.ö.

zeitliche Wissenschaft des Descartes, die auf reine Geistigkeit und Transparenz zielte. Da war aber auch, seit dem 16. Jahrhundert, der Humanismus eines Erasmus oder Montaigne, der sich durch eine »Zuwendung zum menschlichen Leben in seinen konkreten Einzelheiten« auszeichnete.

Toulmin verfolgt die beiden Stränge bis in die Gegenwart hinein. Meine Ausführungen konvergieren mit seiner Sicht. In den künstlichen elektronischen Welten kulminiert oder explodiert die Cartesische Wissenschaftstradition. In der komplementären Neubewertung des Endlichen, Körperlichen, Individuellen hingegen kehren Grundmotive des Humanismus wieder. Der Cartesianismus hatte beansprucht, den Humanismus zu überwinden. Seine Endgestalt aber führt uns zu einer neuen Aneignung humanistischer Motive. Auch Toulmin meint, daß es heute darauf ankomme, sich »wieder auf die Weisheit der Humanisten des 16. Jahrhunderts [zu] besinnen«[48] – freilich ohne darüber die Errungenschaften der Cartesischen Tradition preiszugeben.[49] Genau das ist meine Auffassung. Wir sollten die Doppelfigur der Moderne weder medien-euphorisch noch leib-fanatisch auf nur einen Pol verkürzen. Wir sollten unsere Zweiäugigkeit bewahren – oder neu gewinnen.

48 Ebd., S. 13.
49 Vgl. ebd., S. 280.

Anhang

Ausführliches Inhaltsverzeichnis

Ausblicke

Künstliche Paradiese? Betrachtungen zur Welt der elektronischen Medien – und zu anderen Welten

Textnachweise

»Ästhetisierungsprozesse – Phänomene, Unterscheidungen, Perspektiven« ist die erweiterte Fassung meines Eröffnungsvortrages beim Kongreß »Die Aktualität des Ästhetischen«, Hannover, 2.–5. September 1992. Zuerst erschienen in: *Deutsche Zeitschrift für Philosophie* 41 (1993) Nr. 1, S. 7–29. Eine englische Fassung »Aestheticization Processes: Phenomena, Distinctions, and Prospects« ist in *Theory, Culture & Society* 13 (1996) Nr. 1, S. 1–24, erschienen.

»Ästhetische Grundzüge im gegenwärtigen Denken« ist die Druckfassung eines am 18. Juli 1991 im Rahmen der Ringvorlesung »Melancholie der Philosophie – Metamorphosen des Philosophierens« an der Ludwig-Maximilians-Universität München gehaltenen Vortrags. Erstveröffentlichung.

»Ästhet/hik – Ethische Implikationen und Konsequenzen der Ästhetik« ist die deutsche Fassung eines Vortrags am 9. Oktober 1992 im Rahmen der Tagung »The Ethics of Aesthetics« an der Stanford University. Erschienen in: *Ethik der Ästhetik*, hrsg. von Christoph Wulf, Dietmar Kamper und Hans Ulrich Gumbrecht, Berlin: Akademie Verlag 1994, S. 3–22.

»Ästhetik außerhalb der Ästhetik – Für eine neue Form der Disziplin« ist die deutsche Fassung meines Schlußvortrags »Aesthetics Beyond Aesthetics – Regarding the Contemporary Relevance of the Aesthetic and Recharting the Field of Aesthetics« beim XIII. International Congress of Aesthetics in Lahti (Finnland), 1.–5. August 1995. Deutsche Erstveröffentlichung.

»Konstellationen der Wahrnehmung« ist die Druckfassung meines am 4. Mai 1990 in Nürnberg gehaltenen Eröffnungsvortrags zur Ausstellung »andernorts – Installationen zeitgenössischer Künstlerinnen und Künstler in historischen Räumen«. Erschienen im Katalog *Andernorts*, 2 Bde., Nürnberg 1990, Bd. 2, S. 9–19.

»Streifzüge eines Virtuosen (Daniel Buren)« ist die überarbeitete Fassung eines unter dem Titel »Pavillon Frankreich: Daniel Buren« in *Kunstforum International* 85 (1986) S. 177–181, abgedruckten Essays.

»Gegenwartskunst im öffentlichen Raum: Augenweide oder Ärgernis?« geht auf eine gleichnamige Podiumsdiskussion zurück, die am 13. November 1991 aus Anlaß des UniKunstTages an der Universität Münster stattfand. Der Text diente dort zur Einführung. Erschienen in: *Kunstforum International* 118 (1992) S. 318–320, sowie gekürzt unter dem Titel »Thesen zur Kunst im öffentlichen Raum heute« in: *orte. Kunst für öffentliche Räume* 1 (1992) S. 12–13.

»Zur hermeneutischen Verfassung der Kunst« ist die Druckfassung eines am 21. Mai 1994 bei der Tagung »Interpretazione: Pluralità e Fedeltà« in Rom gehaltenen Vortrags. Erstveröffentlichung.

»Auf dem Weg zu einer Kultur des Hörens?« ist die Druckfassung eines Vortrags vom 29. November 1991 bei dem vom Design Zentrum München veranstalteten Symposium »Der Klang der Dinge: Akustik – eine Aufgabe des Design«. Erschienen in: *Der Klang der Dinge. Akustik – eine Aufgabe des Design*, hrsg. von Arnica-Verena Langenmaier, München: Verlag Silke Schreiber 1993, S. 86–111, sowie in: *Paragrana. Internationale Zeitschrift für Historische Anthropologie* 2 (1993) H. 1–2, S. 87–103.

»Städte der Zukunft – Architekturtheoretische und kulturphilosophische Aspekte« ist die Druckfassung eines Vortrags am 8. November 1992 bei dem in Schwerin vom Kulturkreis im Bundesverband der Deutschen Industrie veranstalteten Seminar »Wohnen und Arbeiten – ein Förderprojekt für Architekturstudenten«. Erschienen in: *Wohnen und Arbeiten – Städtebauliches Modellprojekt Schwerin-Lankow*, hrsg. vom Kulturkreis der deutschen Wirtschaft im Bundesverband der Deutschen Industrie, Heidelberg 1993, S. 12–18. Die damalige Fassung wurde um Überlegungen ergänzt, die unter dem Titel »Transkulturalität – Gestaltungsaufgaben für die Welt von morgen« bei der vom Internationalen Forum für Gestaltung Ulm veranstalteten Tagung »Entwürfe für die Dritte Neuzeit« am 22. September 1995 sowie bei der Verleihung des Niedersächsischen Staatspreises für Architektur am 28. Mai 1996 in Hannover vorgetragen wurden.

»Künstliche Paradiese? Betrachtungen zur Welt der elektronischen Medien – und zu anderen Welten« ist die Druckfassung meiner am 8. Juni 1994 gehaltenen Antrittsvorlesung an der Otto-von-Guericke-Universität Magdeburg. Erschienen in: *Paragrana. Internationale Zeitschrift für Historische Anthropologie* 4 (1995) H. 1, S. 255 bis 277.

Biographische Notiz

Wolfgang Welsch, Jahrgang 1946

1966–74	Studium der Philosophie, Kunstgeschichte, Psychologie und Archäologie an den Universitäten München und Würzburg
1974	Promotion zum Dr. phil.
1982	Habilitation in Fach Philosophie
1985–87	Visiting Fellow am Institut für die Wissenschaften vom Menschen, Wien
1987	Gastprofessor an der Universität Erlangen-Nürnberg
1987–88	Gastprofessor an der Freien Universität Berlin
1988–93	Professor für Philosophie an der Otto-Friedrich-Universität Bamberg
1992	Max-Planck-Forschungspreis
1992–93	Gastprofessor an der Humboldt-Universität zu Berlin
seit 1993	Professor für Philosophie an der Otto-von-Guericke-Universität Magdeburg
1994–95	Gastprofessor an der Stanford University

Weitere Veröffentlichungen von Wolfgang Welsch zu Fragen der Ästhetik

1. Buchveröffentlichungen

Aisthesis. Grundzüge und Perspektiven der Aristotelischen Sinneslehre. Stuttgart: Klett-Cotta, 1987.

Unsere postmoderne Moderne. Weinheim: VCH Acta humaniora, 1987. Berlin: Akademie Verlag, ^{4}1993.

Postmoderne – Pluralität als ethischer und politischer Wert. Köln: Bachem, 1988.

La terra e l'opera d'arte. Heidegger e il Crepusculo di Michelangelo. Ferrara: Gallio, 1991.

Ästhetische Zeiten? Zwei Wege der Ästhetisierung. Saarbrücken: Deutscher Werkbund Saar, 1992.

Ästhetisches Denken. Stuttgart: Reclam, 1990. ^{4}1995.

Vernunft. Die zeitgenössische Vernunftkritik und das Konzept der transversalen Vernunft. Frankfurt a. M.: Suhrkamp, 1995. stw 1996.

(Hrsg.): Wege aus der Moderne. Schlüsseltexte der Postmoderne-Diskussion. Weinheim: VCH Acta humaniora, 1989. Berlin: Akademie Verlag, ^{2}1994.

(Hrsg.): Die Aktualität des Ästhetischen. München: Fink, 1993.

(Mithrsg.): Ästhetik im Widerstreit. Interventionen zum Werk von Jean-François Lyotard. Weinheim: VCH Acta humaniora, 1991.

2. Aufsätze (Auswahl)

An den Grenzen des Sinns. Ästhetische Aspekte der Malerei des Informel (Dubuffet). In: Philosophisches Jahrbuch 86 (1979) Nr. 1. S. 84–112.

Traditionelle und moderne Ästhetik in ihrem Verhältnis zur Praxis der Kunst. In: Zeitschrift für Ästhetik und Allgemeine Kunstwissenschaft 28 (1983) Nr. 2. S. 264–286.

Das Zeichen des Spiegels. Platons philosophische Kritik der Kunst und Leonardo da Vincis künstlerische Überholung der Philosophie. In: Philosophisches Jahrbuch 90 (1983) Nr. 2. S. 230–245.

Tradition und Innovation in der Kunst. Philosophische Perspektiven der Postmoderne. In: Zeitschrift für Ästhetik und Allgemeine Kunstwissenschaft 30 (1985) Nr. 1. S. 79–100.

Kunst und Wissenschaft. Gegengedanken zur Biennale. In: Kunstforum International 85 (1986) S. 124–129, 323.

Platons neue Höhle. Zur postmodernen Medienkultur. In: Erwachsenenbildung. Vierteljahrsschrift für Theorie und Praxis 34 (1988) H. 1. S. 32–37.

Architektur ist nicht alles. In: Werk, Bauen + Wohnen 11 (1988) S. 18–23 (frz. Fassung S. 70–73).

Postmoderne oder: Ästhetisches Denken – gegen seine Mißverständnisse verteidigt. In: Postmoderne: Anbruch einer neuen Epoche? Hrsg. von Otto Saame und Günter Eifler. Wien: Passagen, 1990. S. 237 bis 269. – Ital. Fassung: Il postmoderno ovvero Il pensiero estetico difeso contro i suoi fraintendimenti. In: Paradigmi. Rivista di critica filosofica 7 (1990) H. 22. S. 199–223.

Asynchronien. Ein Schlüssel zum Verständnis der Diskussion um Moderne und Postmoderne. In: Jahrbuch 4 der Bayerischen Akademie der Schönen Künste in München. Schaftlach: Oreos, 1990. S. 347–367.

Gibt es eine postmoderne Ästhetik? In: Kunst machen? Gespräche und Essays. Hrsg. von Sara Rogenhofer und Florian Rötzer. München: Boer, 1990. S. 230–247.

Kreativität heute. In: Universitas 46 (1991) H. 6. S. 587–591.

Wie modern war die moderne Architektur? In: Nachdenken über Städtebau. Stadtbaupolitik, Baukultur, Architekturkritik. Hrsg. von Klaus Novy und Felix Zwoch. Braunschweig: Vieweg, 1991. S. 55–73.

Zum Standort ästhetischer Theorie. In: Nach der Destruktion des ästhetischen Scheins – van Gogh, Malewitsch, Duchamp. Hrsg. von Hans Matthäus Bachmayer, Dietmar Kamper und Florian Rötzer. München: Boer, 1992. S. 255–277.

Die ästhetische Verfassung der Gegenwart – Perspektiven für das Design der Zukunft. In: form 4 (1992) H. 140. S. 6–8.

Das weite Feld der Dekonstruktion. In: Schräge Architektur und aufrechter Gang – Dekonstruktion: Bauen in einer Welt ohne Sinn? Hrsg. von Gert Kähler. Braunschweig: Vieweg, 1993. S. 50 bis 63.

Ästhetisierung – Schreckensbild oder Chance? In: Kunstforum International 123 (1993) S. 228–235.

Für eine Kultur des blinden Flecks – Ethische Konsequenzen der Ästhetik. In: Der Riß im Raum. Positionen der Kunst seit 1945 in

Deutschland, Polen, der Slowakei und Tschechien. Hrsg. von Matthias Flügge in Zsarb. mit Jiri Svestka. Berlin: Verlag der Kunst, 1994. S. 13–21.

Information Super-Highway or Highway Number One? In: Living 7 (1995) H. 1. S. 42–43.

Immaterialisierung und Rematerialisierung – Zu den Aufgaben des Design in einer Welt der elektronischen Medien. In: Virtualität contra Realität? Hrsg. von der Hochschule für Kunst und Design Burg Giebichenstein. Halle (Saale) 1996. S. 229–240.

Namenregister